DELIUS KLASING

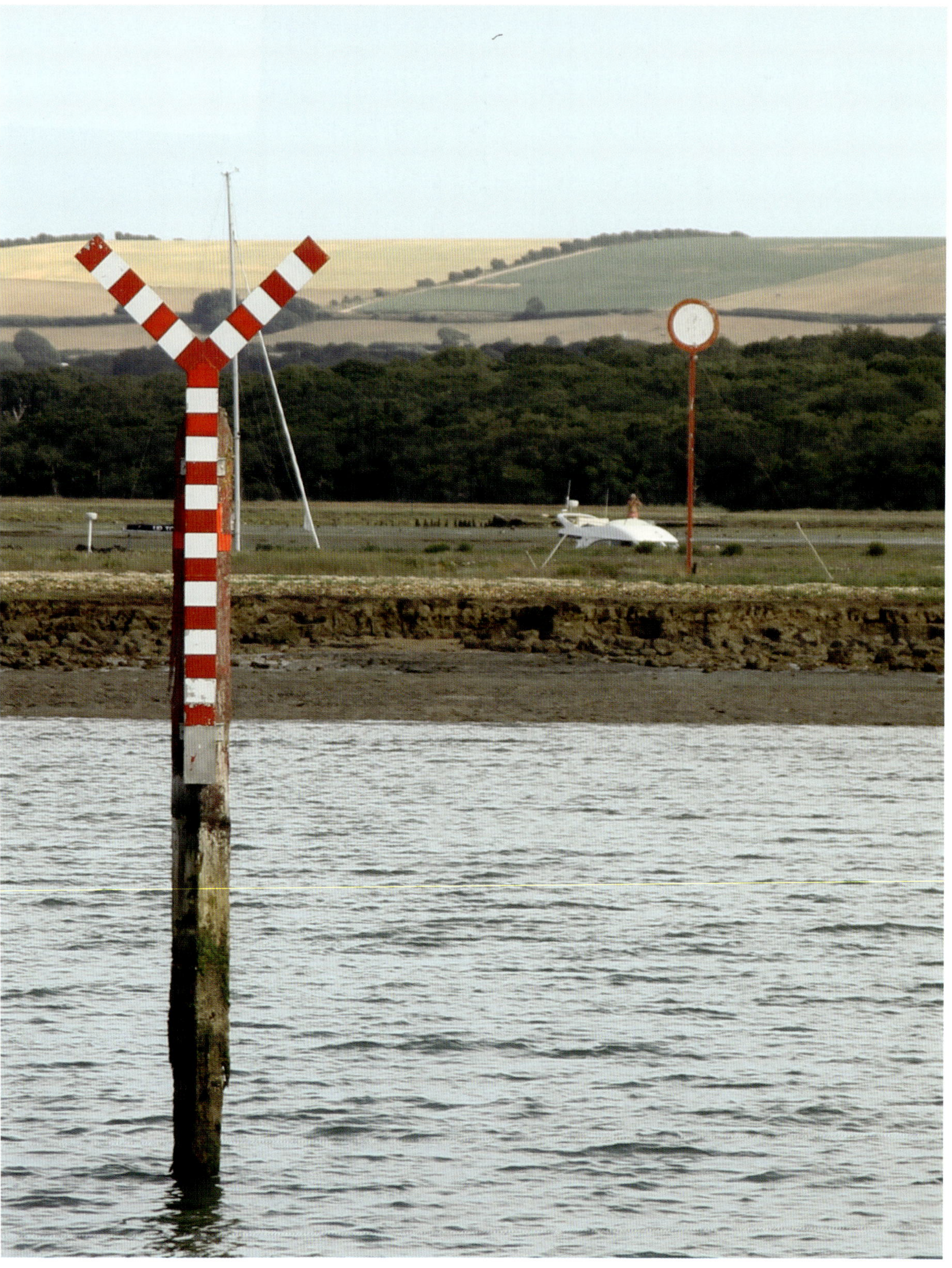

DUNCAN WELLS

STRESSFREI NAVIGIEREN

TÖRNS ERFOLGREICH PLANEN UND DURCHFÜHREN

AUS DEM ENGLISCHEN VON
EGMONT M. FRIEDL

DELIUS KLASING VERLAG

Für Sally, Katie und Ellie

Die englische Originalausgabe mit dem Titel »Stress-Free Navigation« erschien bei Bloomsbury Publishing Plc, London.

Bibliografische Information der Deutschen Nationalbibliothek
Die Deutsche Nationalbibliothek verzeichnet diese Publikation in der Deutschen Nationalbibliografie; detaillierte bibliografische Daten sind im Internet über http://dnb.dnb.de abrufbar.

2. Auflage
ISBN 978-3-667-11810-3
Die Rechte für die deutsche Ausgabe liegen bei der Delius Klasing Verlag GmbH, Bielefeld

Aus dem Englischen von Egmont M. Friedl
Lektorat: Felix Wagner
Titelfoto: Solomakha / Shutterstock
Fotos: Sofern kein anderer Fotograf angegeben ist, wurden alle Fotos von Duncan Wells oder in seinem Namen aufgenommen.
Wetterkarte Seite 134 © British Crown Copyright 2013 mit freundlicher Genehmigung des Met Office.
Umschlaggestaltung: Gabriele Engel
Layout: Susan McIntyre
Printed in India 2024

Delius Klasing Verlag GmbH, Siekerwall 21, D - 33602 Bielefeld
Tel.: 0521/559-0, Fax: 0521/559-115
E-Mail: info@delius-klasing.de
www.delius-klasing.de

Inhalt

Danksagung

Für die Verwirklichung dieses Buches und für das sachkundige Lektorat geht mein Dank an das Team von Bloomsbury, Janet Murphy und Penny Phillips. Ich bedanke mich auch bei all jenen, die mich immer hilfsbereit unterstützt haben:
Alan Watson (Raymarine)
Lance Godefroy (Navionics)
Lucy Wilson (Imray Charts & Imray Navigator)
Campbell Field von Field Yachting (Expedition)
Nigel de Q Colley (Expedition and B&G)
Daniel Conway (Furuno)
Bob Moshiri und sein Team (iNavX)
Phil Harris (Meridian Chartware)
AyeTides
Jelte (Savvy Navvy)
Tracey Cox, Dulcie Allen, Craig Davis and Rachel Oliver (Navico, Simrad, B&G, Lowrance)
Gavin Ashworth (PC Plotter)
David Ramos
Dr. Nadja Kneissler, Nadine Strathmann, Ina Feist (Delius Klasing Verlag)
Mike Kerr (ChartCo)
Eddie Broadbent
Jonathan and Rebecca Parker
James Dillon
Don Cockrill MBE (UK, Maritime Pilots Association)
Dick Holness (East Coast Pilot)
Christopher Barker
John Cangardel (Canada)
Monique van Someren (Canada)
Bill Saint (USA)
Rob Bishop
Alex Whitworth (Australia)
Rod Snook
Jeremy Dale und Keith Friar (SeaSafe Systems) – die mich stets auf dem rechten Kurs gehalten haben.
Und wie immer – Sally.

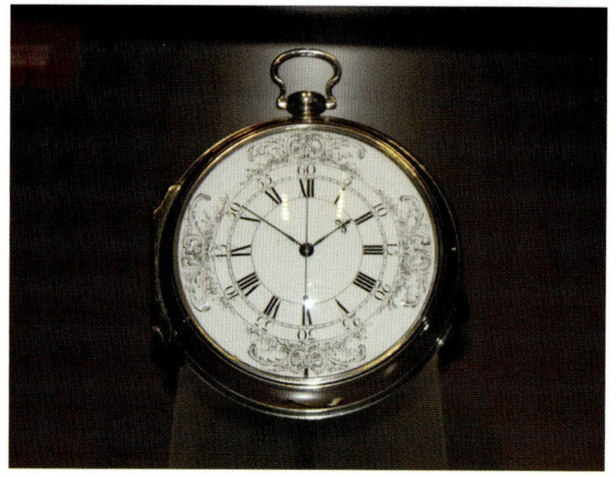

▲ *Den Beginn der modernen Navigation markiert John Harrisons berühmte »Sea Watch H4«, die 1795 fertiggestellt wurde und deren Genauigkeit erstmals ausreichte, um die geographische Länge auf See zu bestimmen.*

Vorwort

Den Anstoß zu diesem Buch gab einer meiner Segelschüler, der den Wunsch vieler Freizeitsegler nach einem Buch äußerte, das erklärt, wie man mit einer Charteryacht aus der Marina hinaus in See stechen kann. Ein Buch, das konkret mit dieser Situation an Bord sowie mit dem elektronischen Kartenplotter beginnt.
Und genau in diese Situation steige ich direkt im zweiten Kapitel »An Bord« ein.
Je mehr man elektronische Navigation einsetzt, desto mehr muss man auch wissen, wie diese clevere Technologie arbeitet und was all die Angaben bedeuten. Für dieses Verständnis ist aber wiederum die Kenntnis der Grundlagen vonnöten, und so muss man sich rückbesinnen auf die Papierseekarte, den Magnetkompass, Kursdreiecke oder -lineale, Kartenzirkel und den Gezeitenalmanach.
Schließlich muss man die Navigation mit der in Reserve mitgeführten Papierseekarte auch für den Fall beherrschen, dass die Elektronik einmal ausfällt.
Was mit elektronischer Navigation möglich ist, ist einfach umwerfend. Man sollte zwar die traditionellen Methoden unbedingt beherrschen, mit der modernen Technik jedoch bekommt man alles in Sekundenschnelle angezeigt und noch dazu unglaublich detailliert – zumindest, wenn die Geräte mit verlässlichen Daten gefüttert werden.
Don Cockrill, MBE, Lotse im Port of London und ehemaliger Vorsitzender der bedeutendsten Lotsenvereinigung Großbritanniens, drückte es mir gegenüber so aus: „Heutzutage bekommen wir unsere Position überall auf der Welt auf weniger als einen Meter genau angezeigt. Wir folgen der roten Kurslinie auf dem Bildschirm. Und dennoch wissen wir nicht wirklich, wo wir sind. Nicht bis wir hinausschauen und die Tonne, die der Bildschirm vor uns anzeigt, auch in echt sehen. Dann erst wissen wir, wo wir sind." Und damit trifft er den Nagel auf den Kopf. Denn all die Elektronik ist zwar wunderbar, aber dennoch muss sie stets mit der Realität abgeglichen werden.
Navigation ist eine faszinierende Disziplin mit einem breiten Spektrum. Sie beinhaltet so vieles, angefangen von Meereskunde, Geometrie, Meteorologie, Astronomie bis hin zu psychologischen Gesichtspunkten bei der Führung der Crew – die Liste scheint endlos.
Mit diesem Buch kann man die Standardprüfungen aller Bootsführerscheine der Welt bestehen. Es eignet sich aber ebenso für den Neueinsteiger, der zum ersten Mal einen Segelkurs belegt. Prüfen Sie selbst, was in Ihrem Kurs verlangt wird, und suchen Sie sich die entsprechenden Kapitel im Buch heraus.
Einen Schwerpunkt bildet die Einbeziehung elektronischer Kartenplotter sowie Radar- und AIS-Geräte und die Erklärung all ihrer Angaben.
Die Navigation ist im Grunde kein kompliziertes Fach, man kann aber sehr ins Detail gehen. Ich habe versucht, das Wesentliche herauszustellen, um das Thema Navigation so stressfrei wie möglich zu gestalten. Ebenso war es mir ein Anliegen, die Aufgaben international zu streuen. Zwar beziehen sich einige Navigationsbeispiele auf die Gewässer Großbritanniens wie den Solent, führen den Leser aber auch an die US-Ostküste, nach Australien und Frankreich sowie an die Ostsee.
Zu Beginn meiner Törnplanung verwende ich stets eine Papierseekarte kleinen Maßstabs, um das beabsichtigte Fahrtgebiet überblicken zu können. Unterwegs überwache ich den Kurs auf dem Kartenplotter. In der Tat ist der Kartenplotter mein primäres Navigationsmittel. Auf See trage ich jedoch stets meine Position im Abstand von einer Stunde zusammen mit dem Stand des Logs und der Uhrzeit in die Papierseekarte ein. Ebenfalls im stündlichen Abstand trage ich Geschwindigkeit über Grund, Kurs über Grund, Kompasskurs, Windrichtung und -stärke sowie Luftdruck in mein Logbuch ein.

Ein weiterer wichtiger Gesichtspunkt bei der Verwendung elektronischer Navigation auf See ist, dass jedes Crewmitglied die Geräte bedienen können muss – und damit meine ich, die Geräte wirklich zu beherrschen. Es können so viele Daten auf den Bildschirmen angezeigt werden. Es gibt die Kartenansicht, die reine Positionsangabe, den Kurs, den Kurs über Grund, den Overlay (Überlagerung) mit den AIS-Daten (Automatisches Identifizierungs-System) oder mit dem Radarbild, die Winddaten, projizierte Kurslinien, Fisch-Finder und Meeresgrund-Daten. Navigiert man bei starkem Wind durch flaches Wasser und der Steuermann möchte, dass jemand die Daten des Echolots auf die Tochteranzeige am Ruderstand legt, niemand an Bord aber dazu in der Lage ist, kann es ganz schnell gefährlich werden.

In diesem Moment segelt der Steuermann wortwörtlich blind. In Küstennähe habe ich deshalb immer die Tiefenanzeige mit im Display, ganz egal, welche weiteren Daten ich anzeigen lasse. Oder ich verwende ein separates Echolot mit eigener Anzeige.

Noch ein Punkt ist wichtig: Die fortwährende Bootsbewegung in der See trübt die Sinne, sodass man leicht verwirrt sein kann. Umso wichtiger ist es deshalb, mit dem elektronischen Kartenplotter gut vertraut zu sein, und das betrifft wie gesagt jeden an Bord.

Navigation bedeutet im Kern nichts anderes als ein Boot geschickt und sicher sowie unter Rücksichtnahme auf die Besatzung von einem Ort zum anderen zu bringen.

Im Buch verweisen zahlreiche QR-Codes auf ein entsprechendes Video. Scannen Sie den QR-Code mit dem Handy oder sehen Sie sich die Videos im Internet unter www.delius-klasing.de/stressfrei-navigieren an.

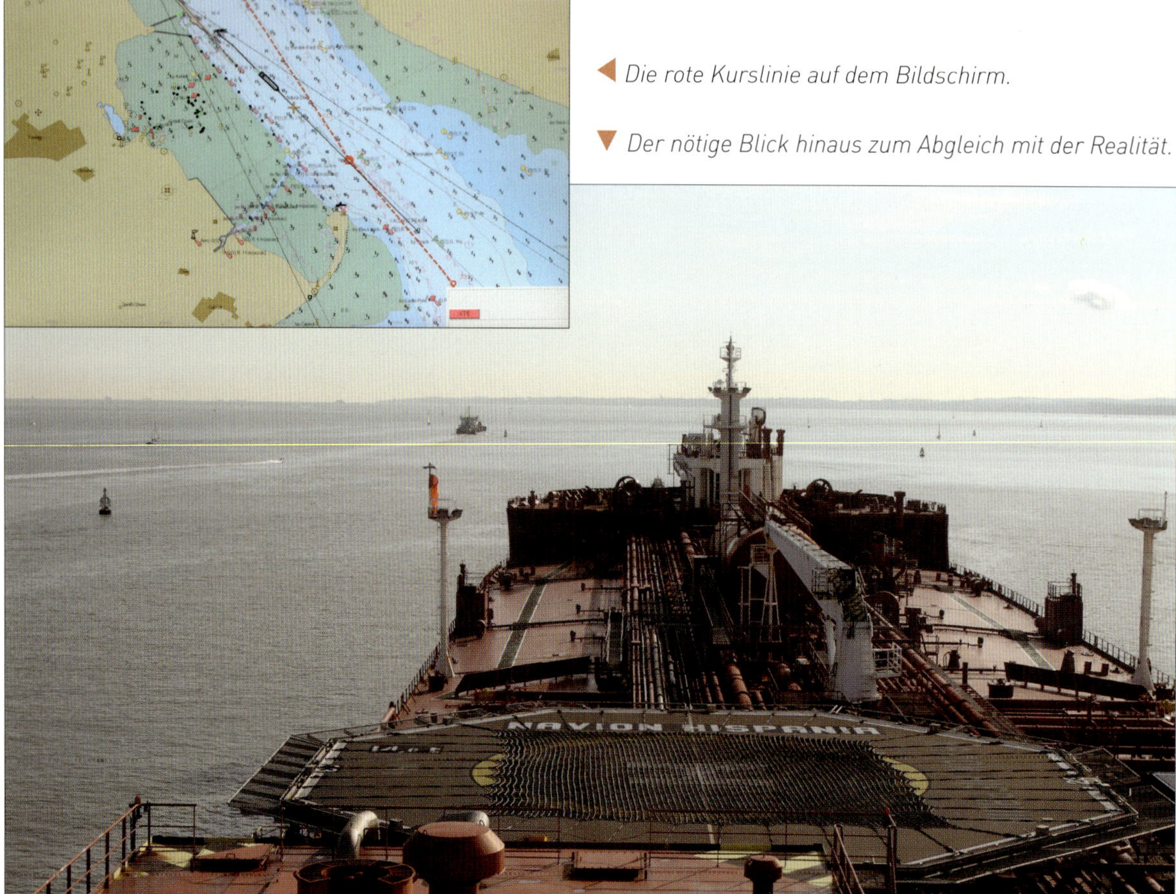

◀ *Die rote Kurslinie auf dem Bildschirm.*

▼ *Der nötige Blick hinaus zum Abgleich mit der Realität.*

1 Einführung und Methodik

Der grundlegende Unterschied zwischen der Navigation an Land und der auf See ist, dass man auf See keinen festen Boden unter den Füßen hat, sondern immer in Bewegung bleibt. Parkt man sein Auto an Land und zieht die Handbremse an, kann man sich einigermaßen darauf verlassen, dass das Auto an Ort und Stelle bleibt. Bei einem Boot auf See ist das nicht so. Man kann seine Fahrt auf dem Wasser zwar stoppen, aber ein Boot treibt mit dem Wind und dem Gezeitenstrom weiter über den Meeresboden und kann dadurch leicht in Gefahr geraten.

Man muss auch bedenken, dass man, solange man an Land ist, das Meer als potenzielle Gefahr sieht. Im Meer kann man ertrinken, man kann von der Flut überrascht werden, und starke Brandung kann zu Schäden an Land führen. Befindet man sich aber selbst auf See, muss man die eigene Sichtweise ändern. Jetzt stellt das Land die Gefahr dar. An Land zu stranden geht selten gut aus, weder für das Boot noch für die Crew. Deshalb sollte man sich vom Land stets gut freihalten und darauf achten, immer ausreichend Wasser unter dem Kiel zu haben.

Natürlich wird man irgendwann an Land gehen und einen Hafen anlaufen. Die Bücher *Stressfrei Segeln* und *Stressfrei Motorbootfahren* machen das An- und Ablegen zum Kinderspiel. Wer allerdings die Einstellung gewinnen kann, dass für ein Boot das Meer Sicherheit und das Land eine mögliche Gefahr bedeutet, der ist bereits gut gewappnet.

Ich werde alle Aspekte der Navigation zuerst unter Verwendung elektronischer Navigationsmittel behandeln und dabei auf die neueste Technik eingehen, die einem das Leben auf dem Wasser so stark vereinfacht. Dann erst werde ich die digitalen Angaben, die der Bildschirm liefert, auf die traditionelle Arbeit mit der Papierseekarte übertragen, um genau zu erklären, was diese Angaben bedeuten.

Sicherlich besteht auch immer die Möglichkeit, dass die gesamte Elektronik ausfällt, ganz egal, wie viele Geräte man doppelt und dreifach mitführt. In diesem

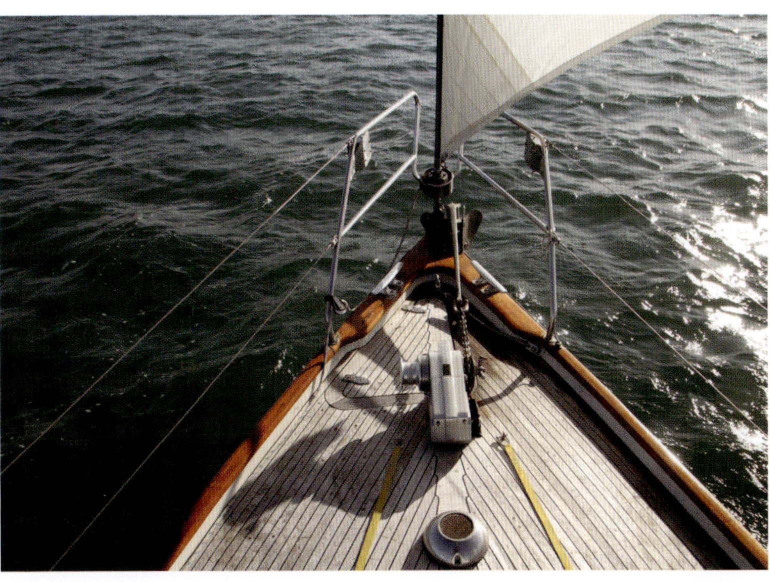

▶ *Mein Schiff – Dorothy Lee.*

Fall sind die eigenen, unabhängigen Fähigkeiten zu navigieren gefragt. Auch diese Methoden zeige ich, sodass man seine Position schnell genug und mit ausreichender Genauigkeit auch ganz ohne elektronische Hilfsmittel finden kann.

Im Buch werden einige Kartenplotter genannt. Dabei handelt es sich weder um eine vollständige Auflistung noch um einen Vergleich oder eine Bewertung der Geräte. Ich habe lediglich die Plotter verwendet, die mir zur Verfügung standen.

Ich verwende sie, um zu zeigen, was diese elektronischen Geräte leisten können und was die Daten im Einzelnen bedeuten. Welche Geräte auch immer in Zukunft auf den Markt kommen werden: Man muss die Bedeutung der Anzeigen verstehen, und man muss sich zu helfen wissen, falls die Geräte aus irgendeinem Grund einmal plötzlich ausfallen sollten.

Bedenken Sie, dass es immer auch mit einem kleinen Risiko verbunden ist, wenn man mit einem Boot, speziell mit einem kleinen Boot, in See sticht. Ich halte nichts davon zu sagen »Da kann ich doch nichts dafür«, eine Einstellung, die leider viel zu häufig in unserer Gesellschaft anzutreffen ist. Um es ganz klar zu sagen: Egal ob man elektronische Navigationsmittel oder die Papierseekarte und den Almanach verwendet – man handelt in Eigenverantwortung.

Man handelt auf eigenes Risiko und muss sich im Klaren sein, dass man jegliche Information abgleichen und überprüfen muss und dass nichts hundertprozentig genau oder unfehlbar ist.

Verlassen Sie sich nicht blind auf elektronische Hilfsmittel, schauen Sie nach draußen, suchen und machen Sie die Seezeichen auf dem Wasser aus.

Sie wundern sich vielleicht, warum dieses Buch nicht auf astronomische Navigation mit dem Sextanten eingeht. Nach den Sternen zu navigieren ist einfach wundervoll, und es ist die ursprünglichste Art der Navigation. Dabei ist es gar nicht so kompliziert, wie es manch einer beschreibt. Die Genugtuung, seine eigene Position mit dem Sextanten weit draußen auf dem Ozean auf wenige Meilen genau zu bestimmen, ist nur schwer in Worte zu fassen. Leider fehlt hier aber ganz einfach der Platz im Buch, um die Astronavigation mit aufzunehmen.

2 An Bord

Sie kommen gerade an Bord. Sie setzen Wasser auf für Tee oder Kaffee. Sie schalten den Kartenplotter ein. Als Erstes erscheint ein Warnhinweis. Dort steht zum Beispiel: »VORSICHT! Navigationshilfe. Obwohl alle Anstrengungen unternommen wurden, ein genaues und zuverlässiges Gerät zu entwickeln, können zahlreiche Faktoren die Betriebsleistung beeinflussen bzw. beeinträchtigen. Daher sollten Sie Ihr Gerät immer nur als Navigationshilfe betrachten. Es sollte niemals seemännische Fähigkeiten und gute Seemannschaft ersetzen! Halten Sie immer eine permanente Wache, damit Sie in Gefahrensituationen schnell reagieren können.«
Warnhinweise, die dazu auffordern, das Gerät überhaupt nicht für die Navigation zu verwenden, gehen meiner Meinung nach etwas zu weit, da die Geräte im realen Leben doch genau dafür eingesetzt werden. In der Regel muss man als Nächstes auf OK klicken, um den Warnhinweis zu bestätigen und den Kartenplotter verwenden zu können.
Ich habe im Vorwort versprochen zu zeigen, wie man ohne Umschweife von der Marina ablegen und in See stechen kann. Zunächst muss man den Liegeplatz verlassen und ins Fahrwasser gelangen, aber von dort können bereits Apps wie Dock to Dock von Navionics oder Expedition oder Adrena oder PC-Plotter oder Savvy Navvy oder andere, die es in Zukunft sicher geben wird, die gesamte Navigation übernehmen.
Ausgehend vom Startbildschirm klicken Sie auf die Kartenansicht. Dort sehen Sie genau das: eine Karte und in der Mitte ihre eigene Position, dargestellt als kleiner Punkt oder als Dreieck. Ihre Position ändert sich nicht. Das wissen Sie auch so, schließlich liegen Sie noch fest vertäut in der Marina. Der Kartenplotter bestätigt das, er zeigt die Fahrt über Grund (SOG) mit 0,00 Knoten an. Unter Umständen kann das GPS erkennen, in welcher Ausrichtung das Boot liegt und zeigt es mit der Spitze

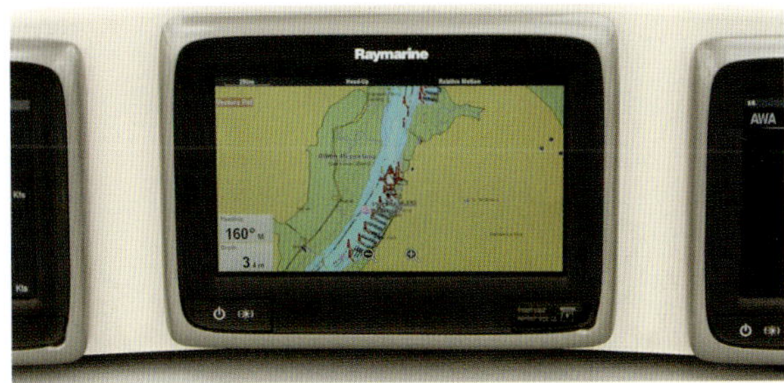

▲ *Eingeschalteter Kartenplotter.*

LIMITATIONS ON USE

This product is intended to serve only as an aid to navigation. Use of specific features such as AIS overlay, radar, and various cartographic aids are meant only to aid safety and decision-making. These features **cannot** be relied upon as complete or accurate as their use and availability may vary locally. It is **your** responsibility to use caution, sound judgment, official government charts, notices to mariners and proper navigational skill when using this or any other electronic navigational product.

By pressing OK, I am stating that:
1: I have read and agree with the above disclaimer of liability, and understand the limits of proper use of this device.
2: This product contains embedded navigational charts provided by Navionics. By continuing past this screen, I agree to be bound by the terms of the Navionics End-User License Agreement, a copy of which is included in the documentation for this product.

Press **OK** to continue

▲ *Warnhinweis.*

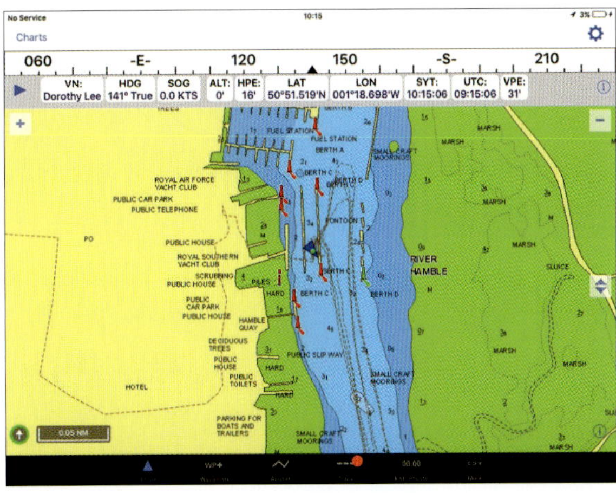

▲ *Laut Plotter liegt das Boot noch fest vertäut am Steg.*

des Dreiecks entsprechend an. Das entspricht dem Steuerkurs (Heading, HDG), der oben am Bildschirm mit 141° True (rechtweisend) angezeigt wird.
Sobald das Boot Fahrt über Grund macht, zeigt auch das Display die Geschwindigkeit über Grund (Speed over Ground, SOG) und den Kurs über Grund (Course over Ground, COG) an. Wahlweise kann der Kurs auch durch eine von der eigenen Position nach vorn gerichtete Linie zusätzlich dargestellt sein. Diese entspricht der Ausrichtung des Bootes oder dem Steuerkurs (Heading). Sie ist nicht zu verwechseln mit dem Kurs über Grund (COG).
Würde sich das Boot zur Seite hin bewegen, würde der Kurs über Grund diese seitliche Bewegung anzeigen, aber der Steuerkurs würde immer noch nach vorn weisen, so wie der Bug ausgerichtet ist.

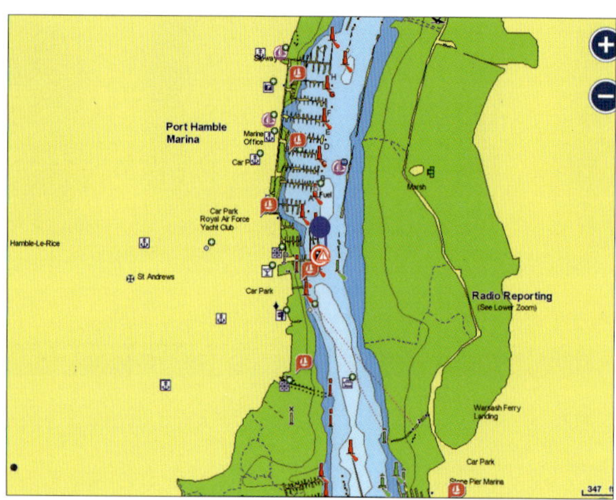

▲ Tippen Sie auf die eigene Position auf den Bildschirm. Ein Kreis erscheint.

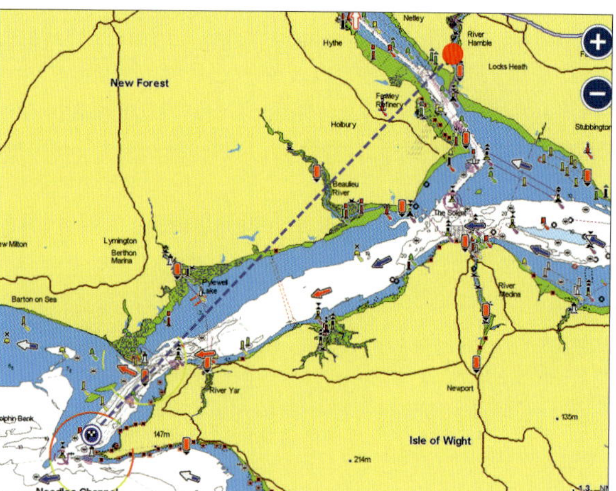

▲ Tippen Sie auf einen gewünschten Zielpunkt auf der Karte. Ein weiterer Kreis erscheint. Eine gepunktete Linie verbindet Ihre Position mit dem Zielpunkt.

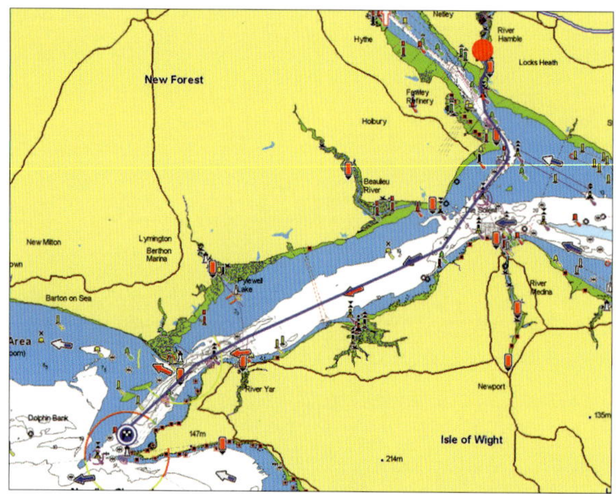

▲ Das Programm beginnt zu arbeiten: Es weiß, dass das Boot eine gewisse Wassertiefe und eine Sicherheitszugabe benötigt und führt Sie den Fluss hinunter und über die gewünschten Fahrwasser sicher zum Ziel.

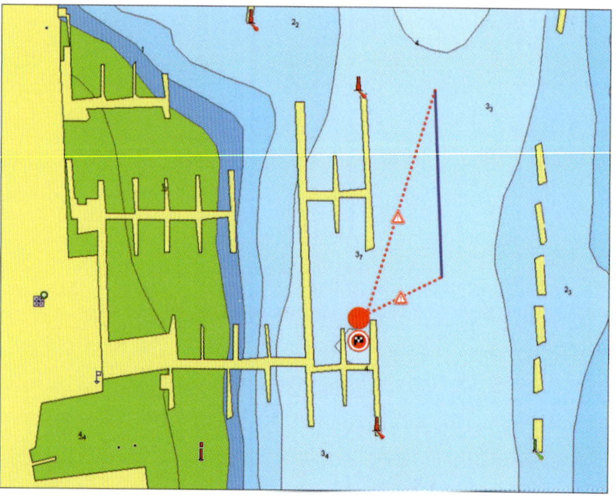

▲ Zoomen Sie näher heran, um zu sehen, dass Sie im Fahrwasser neben Ihrem Liegeplatz starten müssen.

Die geographische Länge und Breite der eigenen Position werden ebenfalls am oberen Bildschirmrand angezeigt, zusammen mit dem Steuerkurs (HDG) und der Uhrzeit, wobei UTC für Universal Time Coordinated steht, der koordinierten Weltzeit.

Mit der geographischen Breite (Latitude, LAT) und der geographischen Länge (Longitude, LON) wird die Position auf der Erdoberfläche ausgedrückt.

Stechen Sie jetzt in See. (Das gezeigte Beispiel basiert auf Dock to Dock von Navionics.) Folgen Sie der gezeigten Route, die Sie aus dem Fahrwasser hinaus in den Ärmelkanal zu den Needles führt. So schnell und einfach wie ich es versprochen hatte.

Diese Programme warnen auch vor Gefahren unterwegs.

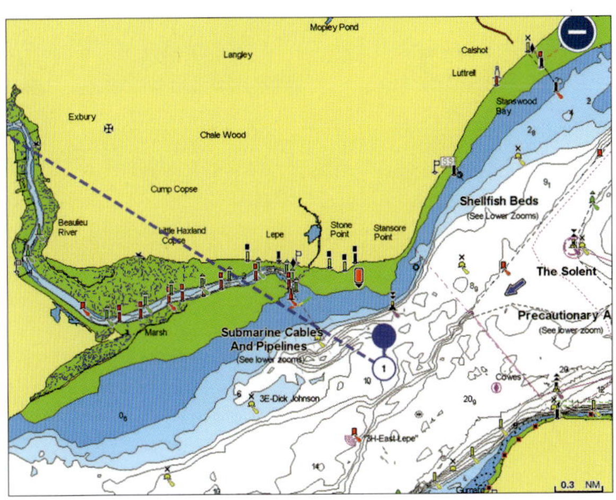

▲ Kurs vom Solent den Fluss Beaulieu stromauf nach Buckler's Hard.

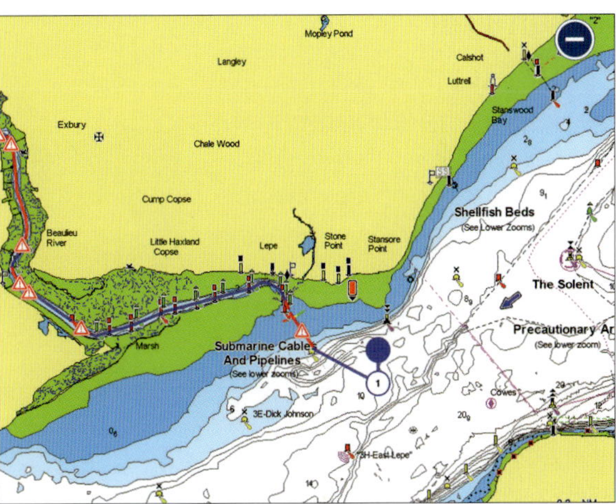

▲ So ist es schon besser – es geht den Fluss entlang ohne Abkürzungen über Land.

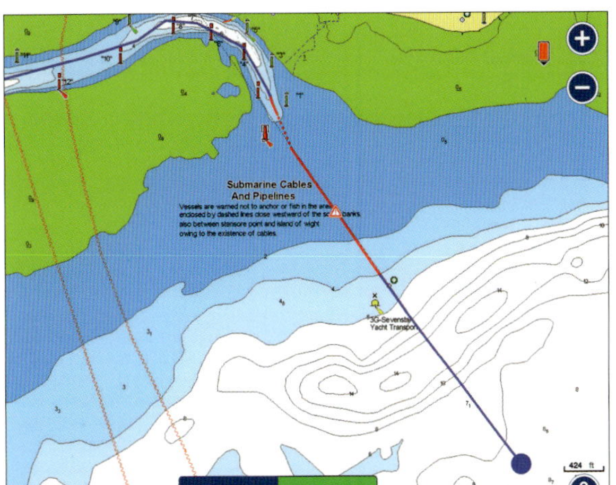

▲ Dock to Dock warnt vor Gefahren.

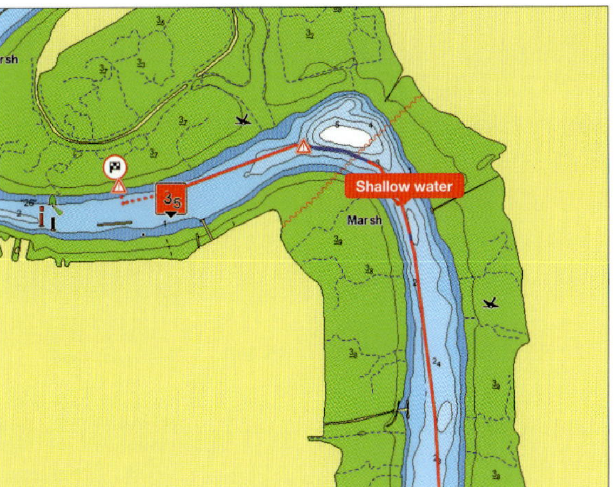

▲ Das Programm scheint vom gewählten Ziel nicht sonderlich begeistert. Ich werde mein Bestes geben, um nicht auf Grund zu laufen.

Sobald das Programm die Route berechnet hat, sollte man näher heranzoomen, um mögliche Gefahrenstellen oder Hindernisse entlang der Route ausfindig zu machen. Dann folgt man der Route und hält Ausschau nach den einzelnen Seezeichen.

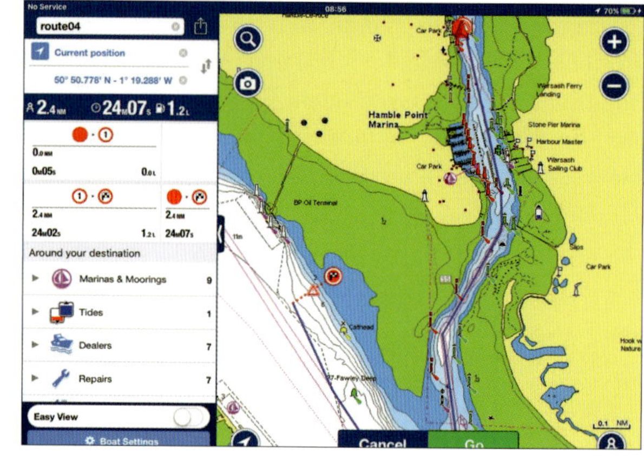

▶ *Hier ist die Wassertiefe am Zielpunkt nicht ausreichend.*

Parameter

Dieses Programm arbeitet mit Parametern, die entweder automatisch oder manuell eingegeben wurden. Dazu zählen die elektronische Seekarte und die mindestens benötigte Wassertiefe. Es greift auf Wetterinformationen, Gezeitenstand und Gezeitenströmung zu, wobei man bei den fortschrittlicheren Programmen auch noch die optimalen Windwinkel und maximalen Windstärken für die verschiedenen Segel eingeben kann. Berechnet das Programm eine Route, gibt es nicht nur an, von welcher Seite man den Wind haben wird, sondern auch noch welche Segel man am besten setzt und wie viel Diesel der Motor benötigt, falls kein Wind weht. Man kann zudem auch die maximale Wellenhöhe und die maximale Windstärke eingeben, bei der man unterwegs sein möchte. So kann das Programm berechnen, dass beispielsweise nächsten Dienstag um drei Uhr nachmittags der ideale Zeitpunkt ist, um den geplanten Törn zu starten und nicht etwa jetzt sofort.

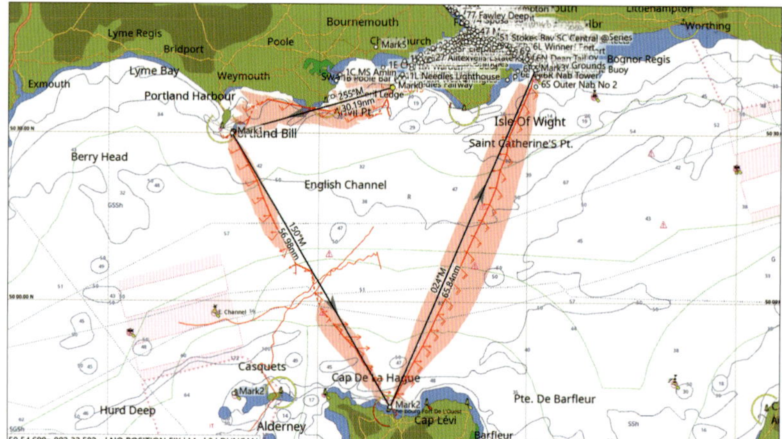

▲ *Angezeigt wird die direkte Route und die tatsächlich zu segelnde Route entsprechend den Windverhältnissen unter Berücksichtigung der Gezeiten von den Needles über Portland Bill nach Cherbourg und zum NAB-Tower.*

GMT Summer Time	Twd°M	Tws	Twa	Targ	Bsp	Set°M	Drift	Sail	Brg°M	Dist nm	Mo...	MSLP	Latitude
10-May-18 14:20	260	13.5	48	042	6.7	099	0.3	J2	209	1.85	Sail	1018.21	50 38.070
10-May-18 14:38	253	14.0	43	042	6.4	095	0.4	J2	207	1.77	Sail	1018.37	50 36.440
10-May-18 14:56	248	14.5	(33°)	042	6.3	087	0.5	J2	211	1.75	Sail	1018.52	50 34.852
10-May-18 15:17	245	14.8	(-20°)	042	6.4	082	0.7	J2	265	4.08	Sail	1018.67	50 33.337
10-May-18 16:13	238	15.5	(-40°)	041	6.4	072	0.9	J2	282	4.77	Sail	1018.92	50 32.908
10-May-18 17:04	233	15.9	-41	041	6.4	071	1.0	J2	278	3.57	Sail	1019.08	50 33.835
10-May-18 17:42	233	14.6	-46	042	6.6	078	0.8	J2	282	3.86	Sail	1019.22	50 34.274
10-May-18 18:20	235	13.6	-46	042	6.5	070	0.4	J2	282	4.11	Sail	1019.34	50 34.992
10-May-18 18:59	236	14.0	(-8°)	042	6.3	354	0.2	J2	246	2.70	Sail	1019.44	50 35.806
10-May-18 19:32	238	14.5	(38°)	042	6.3	264	0.5	J2	204	2.40	Sail	1019.55	50 34.658
10-May-18 19:55	238	14.8	42	042	6.4	241	0.5	J2	200	1.97	Sail	1019.67	50 32.457
10-May-18 20:13	239	14.8	(-19°)	042	6.4	230	0.5	J2	255	2.52	Sail	1019.75	50 30.593
10-May-18 20:39	240	15.6	97	160	8.0	231	1.4	J2	153	3.22	Sail	1019.81	50 29.901
10-May-18 21:03	243	14.3	97	160	7.9	246	0.9	A0	153	3.22	Sail	1019.92	50 27.055
10-May-18 21:28	242	12.3	93	161	7.5	259	0.5	A0	153	3.22	Sail	1019.90	50 24.217
10-May-18 21:55	240	11.1	88	042	7.2	262	0.8	A0	158	3.32	Sail	1019.87	50 21.387
10-May-18 22:25	237	10.0	86	042	7.0	266	1.2	J1	160	3.38	Sail	1019.80	50 18.327
10-May-18 22:56	229	8.9	85	044	6.8	264	1.3	J1	153	3.27	Sail	1019.72	50 15.181
10-May-18 23:29	219	7.9	77	045	6.3	266	1.3	J1	153	3.27	Sail	1019.62	50 12.288
11-May-18 00:04	200	7.4	64	045	5.8	247	1.5	J1	152	3.27	Sail	1019.52	50 09.412
11-May-18 00:44	180	6.5	76	044	5.3	240	1.4	J1	115	3.07	Sail	1019.38	50 06.554
11-May-18 01:30	162	6.3	(12°)	044	4.2	274	1.2	J1	169	4.05	Sail	1018.99	50 05.322
11-May-18 02:22	131	12.5	(-42°)	042	6.1	090	1.3	J2	159	3.53	Sail	1018.35	50 01.357
11-May-18 02:57	130	11.9	(-19°)	042	6.0	089	0.9	J2	139	3.05	Sail	1017.93	49 58.090

▶ *Detaillierte Auflistung mit Angabe, welche Segel zu setzen sind. Kurse mit Wind von Stb. sind grün, die mit Wind von Bb. rot.*

Es gibt Programme, die genau angeben, wann man wenden muss, um eine Luvmarke anlegen zu können (Layline). Das ist nicht nur für Regattasegler hilfreich. Auch Fahrtensegler können diese Angaben nützen. Anstatt einer Luvtonne kann es sich dann um ein Kap handeln. Wann muss ich wenden, damit ich um das Kap herumkomme?

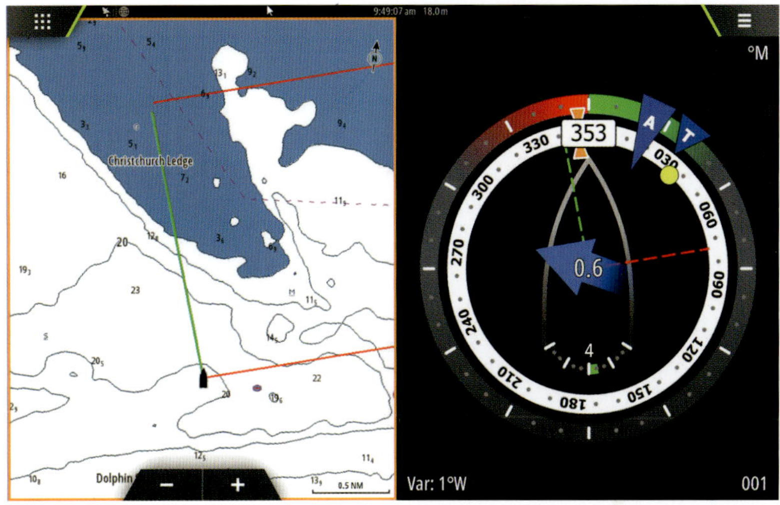

▶ *SailSteer von B&G zeigt, wann man wenden muss, um den nächsten Wegepunkt anliegen zu können.*

WIE DER KARTENPLOTTER DIE EIGENE POSITION BERECHNET

Was macht ein Kartenplotter während der Aufwärmphase? Seine Temperatur muss er jedenfalls nicht erhöhen, aber er muss einige Berechnungen anstellen.

Das Herzstück des Kartenplotters ist der GPS-Empfänger (Global Positioning System), und er muss herausfinden, wo er sich befindet. Über einzelne Kanäle sucht er den Himmel nach Satellitensignalen ab. Ein Satellit sendet mit jedem Signal eine exakte Zeitangabe. Der GPS-Empfänger kennt den genauen Zeitpunkt, wann er ein Signal empfängt. Aus dem Zeitunterschied zwischen Senden und Empfangen kann die Entfernung zum Satelliten berechnet werden. Der GPS-Empfänger erfährt auch die exakte Position des Satelliten am Himmel, wenn dieser ein Signal aussendet. Werden drei Satelliten empfangen, kann die Position auf der Erdoberfläche berechnet werden. Mit einem vierten Satelliten kann die Position auch dreidimensional unter Angabe der Höhe über der Erdoberfläche berechnet werden.

Diese Methode der Positionsbestimmung nennt man Trilateration. Moderne GPS-Empfänger können die Signale beider weltweit existierender Satellitensysteme nutzen, das amerikanische NAVSTAR sowie das russische GLONASS. Die Chinesen arbeiten an einem eigenen System namens BEIDOU, und ich bin mir sicher, es wird ebenfalls zugänglich sein, sobald es weltweite Abdeckung hat, was im Jahr 2020 der Fall sein soll.

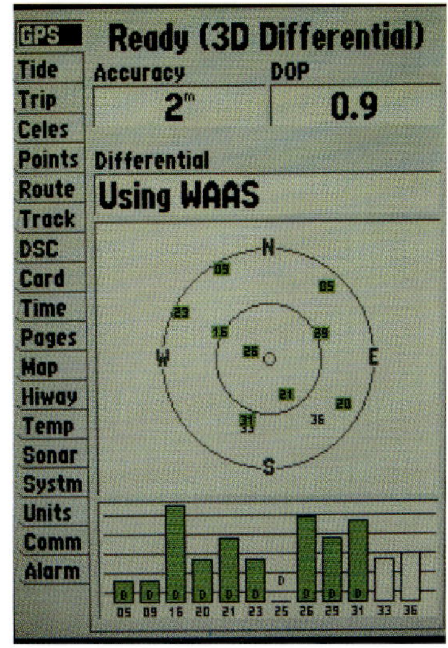

▲ *Die grünen Balken geben die einzelnen Satellitensignale und ihre jeweilige Stärke an.*

TIPPS FÜR DEN GEBRAUCH VON KARTENPLOTTERN

1. **Machen Sie sich mit der Funktion vertraut,** das Touchscreen-Display zu sperren und zu entsperren. Kartenplotter mit berührungsempfindlichem Bildschirm haben diese Funktion, da das Display bei starkem Regen verrückt spielen kann, wenn der Kartenplotter im Cockpit montiert ist. Die Hersteller arbeiten daran, dass die Displays erkennen können, ob die Berührung von einem Finger oder von Regentropfen stammt, aber bisweilen kann es nötig sein, den Touchscreen zu sperren. Die Bedienung ist von Plotter zu Plotter verschieden, weshalb man in der Gebrauchsanweisung nachsehen muss, wie das Display zu sperren und zu entsperren ist.
2. **Prüfen Sie, wie Sie das Boot in der Mitte des Bildschirms zentrieren können.** Manchmal scrollt man über die Karte, um irgendetwas nachzusehen und blickt schon voraus entlang der Kurslinie. Daher ist es wichtig, das Boot und damit die eigene Position schnell wieder finden zu können. Sehen Sie auch für diese Funktion gegebenenfalls im Handbuch nach. Viele Plotter haben eine Taste mit der Bezeichnung »Find boat«.
3. **Achten Sie darauf, die Tiefenanzeige jederzeit aufrufen zu können.** Bei den heutigen Multifunktionsdisplays sollte jeder an Bord wissen, wie zwischen den verschiedenen Ansichten und Daten hin und her geschaltet werden kann. Für mich ist die Tiefenanzeige immer besonders wichtig, vor allem nahe der Küste und in Binnenrevieren.

Wegepunkte

Verwendet man kein Navigationsprogramm, das eine komplette Route berechnet, gibt man Wegepunkte ein, und der Plotter zeigt den direkten Kurs dorthin ohne Berücksichtigung der Wassertiefe und anderer Gefahren. Hier habe ich einzelne Wegepunkte eingegeben, um eine Route von meinem Liegeplatz im Hamble River hinaus zu den Needles und in den Ärmelkanal zu erstellen.

Angenommen das Boot liegt hier vor Hook Park vor Anker. Man möchte ein Stück weit das Fahrwasser stromab fahren zu einem Wegepunkt, den man eingegeben hat. In diesem Beispiel verwende ich iNavX. Bewegt man den Cursor an die gewünschte Stelle und klickt oder tippt sie an, wird an dieser Stelle auf der Karte ein Wegepunkt platziert. Klickt man auf den Wegepunkt, kann man seine Position in Länge und Breite sowie seine Entfernung und Peilung von der eigenen Position aus ablesen. Klickt man jetzt auf »Go to«, erscheint eine Linie von der eigenen Position zum Wegepunkt, in diesem Fall in Rot dargestellt. Segelt man jetzt in Richtung des Wegepunkts, so erscheinen mehrere Linien.

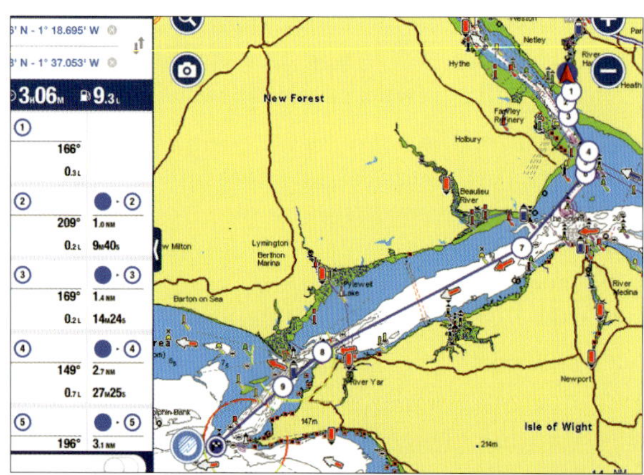

▲ *Neun Wegepunkte wurden eingegeben. Entfernung und Peilung dazwischen werden an der Seite angezeigt.*

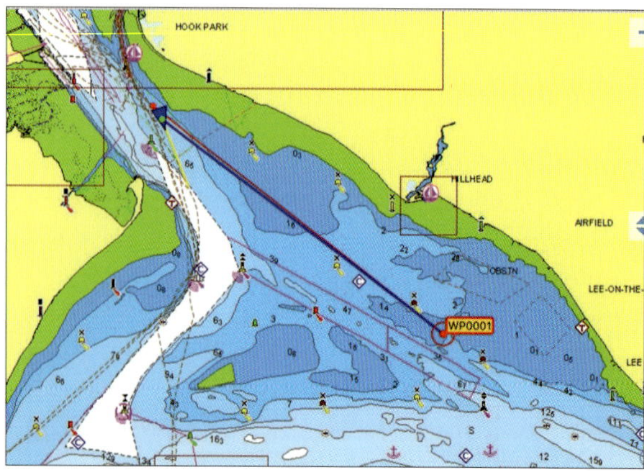

▲ *Unterwegs in Richtung zu einem Wegepunkt.*

Angenommen Sie haben die Funktion gewählt, dass die zurückgelegte Route (Track) aufgezeichnet wird, so erscheint eine gepunktete Linie hinter Ihrem Boot, die bis zum Startpunkt zurückführt. Vom Bug gerade nach vorn gerichtet erscheint eine andere Linie, die den Steuerkurs darstellt (gelb). Eine weitere Linie (blau), zeigt fortwährend von Ihrer aktuellen Position direkt zum Wegepunkt, während die rote Linie die Richtung von der ursprünglichen Startposition aus zum Wegepunkt markiert. Ein gutes Beispiel für all diese Linien ist die Abbildung rechts: Hier ist zu sehen, dass das Boot von einem Gezeitenstrom vom Kurs abgetrieben wird. Die blaue Linie ist der Kurs, den man über Grund zurücklegen muss, um den Wegepunkt zu erreichen. Man muss gegen den Gezeitenstrom ansteuern (vorhalten), um nicht abzutreiben. Vom Ankerplatz zum ersten Wegepunkt lassen sich also ablesen:

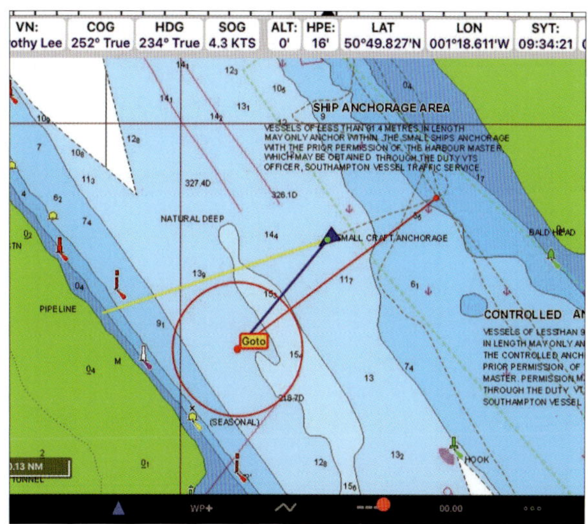

▲ *Steuerkurs, Richtung zum Wegepunkt, zurückgelegte Route und direkte Linie vom Start- zum Wegepunkt.*

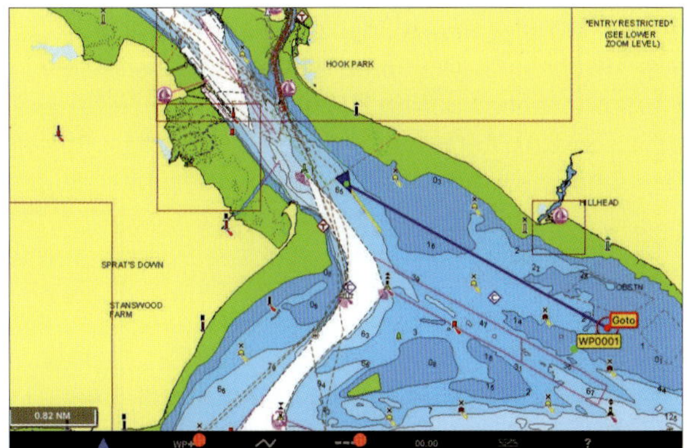

▲ *Vom direkten Kurs abkommend.*

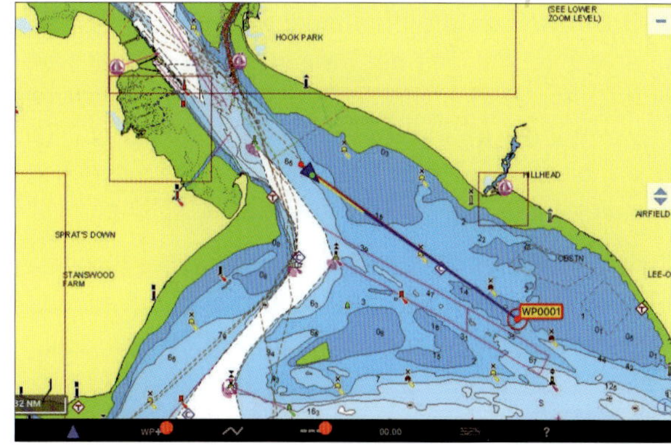

▲ *Auf direktem Kurs steuernd.*

Alle modernen Kartenplotter, Programme und Apps kombinieren mehrere unterschiedliche Datenquellen, einschließlich Gezeiten- und Winddaten, und sind in der Lage, einen Steuerkurs zu berechnen, der vom Startpunkt bis ans Ziel führt, wobei Abdrift und Versatz durch Wind und Strom einberechnet werden. Manche Plotter übernehmen dabei die gesamte Routenführung, während es bei anderen so scheint, als wollten sie nicht die gesamte Verantwortung für die Navigation auf sich nehmen. Man muss sich im Klaren darüber sein, dass man als Schiffsführer letztendlich immer selbst für Boot und Besatzung verantwortlich ist. Dabei spielt es keine Rolle, ob ein Computer den Kurs berechnet und vorgeschlagen hat oder nicht. Sobald man einem Kurs folgt und dabei in Schwierigkeiten gerät, ist man selbst verantwortlich.

Es gibt Kartenplotter, die die Peilung zum Wegepunkt anzeigen und die Abweichung vom Idealkurs sowie die nötige Kurskorrektur. Andere Plotter zeigen den nötigen Steuerkurs an, um auf direktem Kurs zum Wegepunkt zu bleiben. Und wiederum andere Plotter lassen sich mit dem Autopiloten verbinden und führen das Boot automatisch auf direktem Kurs. Selbstverständlich kann man den Steuerkurs, der einen direkt zum Zielpunkt führt, auch von Hand auf der Papierseekarte bestimmen, vgl. hierzu das Kapitel 12 »Steuerkurs«.

GPS-GENAUIGKEIT

Alles, was mit GPS zu tun hat, basiert auf Zeitsignalen. Die Genauigkeit der Uhr im GPS-Empfänger bestimmt somit, wie exakt die Position angezeigt wird. Im Allgemeinen liegt die Genauigkeit bei ungefähr zehn Metern. Es gibt aber auch mehrere Faktoren, die zu Abweichungen führen, wie lange das Signal bis zum Empfänger benötigt:

- Verzögerungen, während das Signal die Erdatmosphäre durchdringt.
- Abdeckungen, wenn Satelliten zu nah zusammen sind.
- Fehlermeldungen bei der Position der Satelliten.
- Reflexionen des Signals an Gebäuden oder Landmassen, die zu Verzögerungen führen.

Diese Fehler können durch einen Prozess ausgebügelt werden, der »Augmentation« genannt wird. Dabei werden die Satellitenposition, die das GPS errechnet hat, mit der Satellitenposition eines bekannten Objekts verglichen, sodass ein Korrekturwert für das GPS errechnet wird, um die Genauigkeit auf bis zu zwei Meter zu erhöhen. Die beiden Augmentation-Systeme, die ein GPS-Empfänger verwendet, sind:

1. **Differenzial-GPS,** wobei Fehler durch landgestützte Funksignale ausgeglichen werden.

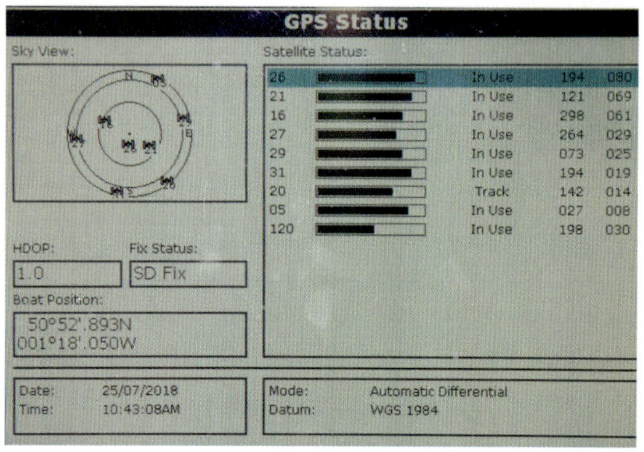

▲ *DOP von 1,0. Sehr gut.*

2. **Wide Area Augmentation System**, das Korrekturen über geostationäre Satelliten überträgt.

Wie genau ein GPS-Empfänger arbeitet, kann man am DOP-Wert ablesen, manchmal auch als HDOP-Wert (Horizontal Dilution of Precision) oder HDP-Wert angegeben. Ohne allzu tief in die Materie einzusteigen: Werte unter 2,0 bedeuten, dass die Genauigkeit einwandfrei ist. Bei Werten über 6,0 ist die Genauigkeit eingeschränkt. Die GNSS-Einstellungen (Global Navigation Satellite System) des Kartenplotters geben die Genauigkeit in Fuß oder Meter an.

Autopilot

Der Autopilot bedient das Ruder, wie der Name schon verrät, automatisch. Sein Herzstück ist ein Fluxgate-Kompass. Schaltet man von »Standby« auf »Auto«, übernimmt der Autopilot das Steuer. Man kann den Kurs manuell noch ändern oder man überlässt dem Kartenplotter die Kontrolle über den Autopilot.

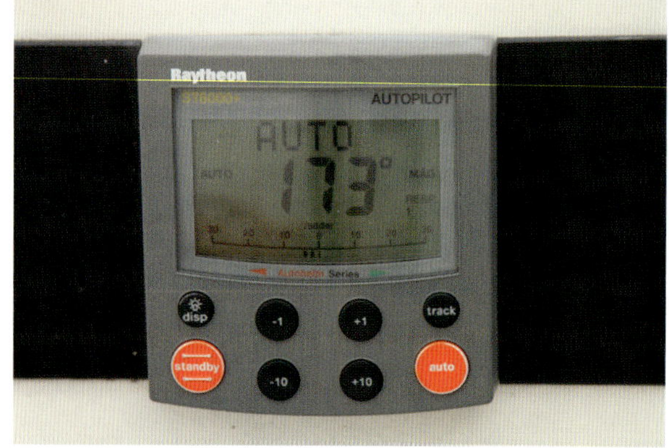

▲ *Der Autopilot steuert das Boot zum nächsten Wegepunkt.*

Routenwahl

Man kann eine Route planen und dazu die Wegepunkte manuell eingeben (im Gegensatz zu einem Programm wie Dock to Dock). Dabei erhält man eine direkte Linie zum Wegepunkt, der man nicht unbedingt folgen kann, weil sie über Land oder andere Hindernisse führt. Unter

Umständen muss man um Inseln herum oder durch Fahr- oder Flachwasser navigieren. Deshalb setzt man mehrere Wegepunkte an sicheren Positionen. Da jeder Kartenplotter etwas anders zu bedienen ist, muss man im Handbuch nachsehen, wie man Wegepunkte eingibt und Routen erstellt. Klickt man bei einer Route auf »Go«, führt der Kartenplotter, der mit dem Autopilot verbunden ist, zum ersten Wegepunkt. Dabei wird er das Boot auf direktem Kurs zum Wegepunkt halten. Wird das Boot von einem Gezeitenstrom versetzt und vom Kurs abgebracht, führt es der Plotter weiterhin auf den Wegepunkt zu. Korrigiert man den Kurs nicht selbst, steuert man zum Schluss eventuell genau gegen den Strom auf den Wegepunkt zu. Manche Navigationsprogramme ändern den Kurs automatisch von Wegepunkt zu Wegepunkt, die meisten machen das jedoch nicht und geben vielmehr ein Annäherungssignal, wenn man einen Wegepunkt erreicht. Dann klickt man auf den nächsten Wegepunkt, damit der Kartenplotter und damit der Autopilot auf ihn zuhält.

Jetzt kennen Sie den Kartenplotter und wissen, wie er Ihnen helfen kann. Aber Sie werden bemerkt haben, wie viele Details der Kartenplotter anzeigt: Symbole, Zahlen, Linien und Informationen, die für eine sichere Navigation unbedingt nötig sind. Wenn man von der Theorie des Bildschirms zur sichtbaren Realität wechselt, muss man wissen, was die Karte im Kartenplotter anzeigt.

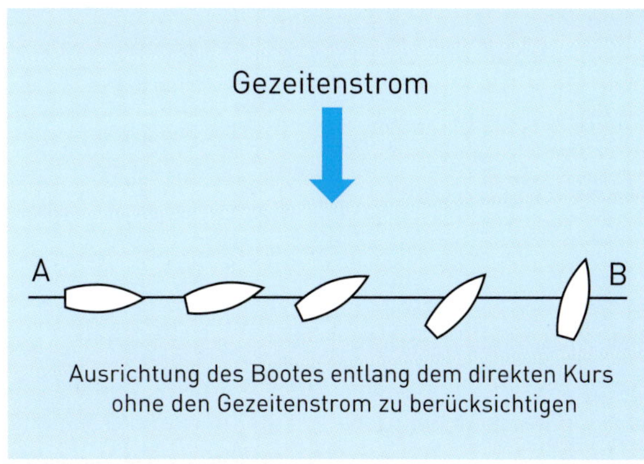

▲ *Ansteuerung eines Wegepunktes mit GPS, ohne den Gezeitenstrom zu berücksichtigen.*

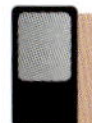

Scannen Sie diesen QR-Code, um das »An-Bord-Video« zu sehen.

3 Die Seekarte

Um zu verstehen, welche Informationen die Karte im Kartenplotter beinhaltet, muss man die Papierseekarte zur Hand nehmen, von der die elektronische Karte stammt. Die Karte »Falmouth to Plymouth« zeigt, dass die Tiefen in Meter angegeben sind und dass der Maßstab 1:75.000 beträgt. Eine Karte mit einem großen Maßstab von 1:25.000 zeigt ein kleines Seegebiet, während eine Karte mit einem kleinen Maßstab von 1:500.000 ein großes Seegebiet zeigt.

ENGLAND — SOUTH COAST

FALMOUTH TO PLYMOUTH

DEPTHS IN METRES

SCALE 1: 75 000 at lat 50°30′

1 **Depths** are in metres and are reduced to Chart Datum, which is approximately the level of Lowest Astronomical Tide.

2 **Heights** are in metres. Underlined figures are drying heights above Chart Datum. Vertical clearance heights are above Highest Astronomical Tide. All other heights are above Mean High Water Springs.

3 **Positions** are referred to the WGS84 compatible datum, European Terrestrial Reference System 1989 Datum.

Navigational marks: IALA Maritime Buoyage System – Region A (Red to port). 4

Projection: Mercator. 5

Sources: See Source Diagram. See The Mariner's Handbook for information on Source and Zones of Confidence (ZOCs) Diagrams. The topography is derived chiefly from Ordnance Survey maps. 6

▲ *Titel einer Seekarte mit weiteren Erläuterungen.*

Tiefenangaben

Die Tiefe wird in Metern angegeben. Das Kartennull entspricht dem astronomisch niedrigsten Niedrigwasser (LAT Lowest Astronomical Tide). Das ist der tiefste Wasserstand, mit dem zu rechnen ist. Dazu addiert man die aktuelle Höhe der Gezeit und erhält so die Wassertiefe.

Höhenangaben

Höhen werden auf drei unterschiedliche Niveaus bezogen:

Trockenfallende Gebiete, also Bereiche die mit der Tide mal über und mal unter Wasser sind, beispielsweise eine Sandbank, ein Strand, ein Felsen. Ihre Höhen werden mit einer unterstrichenen Ziffer in Metern über Kartennull angegeben.

Durchfahrtshöhen, beispielsweise unter einer Brücke, beziehen sich auf das astronomisch höchste Hochwasser, geben also die minimal zu erwartende Durchfahrtshöhe an.

Die Höhen von Landmassen und Gebäuden, z. B. von einem Leuchtturm, werden häufig über dem mittleren Springhochwasser (MSpHW) angegeben. Ein Felsen ist in der Karte mit seiner in Klammern gesetzten Höhe in Metern über MSpHW verzeichnet. Ein Leuchtfeuer an Land hat nach Angaben seiner Charakteristik die Höhe über MSpHW und meist auch noch die Tragweite in Seemeilen in einer klaren Nacht verzeichnet.

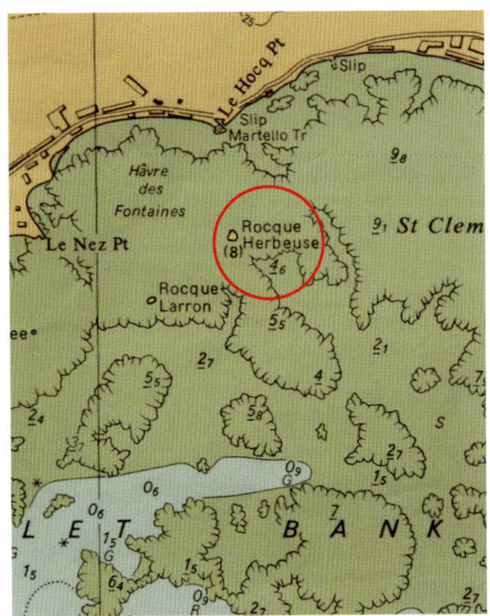

▲ *Der Felsen Rocque Herbeuse hat eine Höhe von 8 Metern über MSpHW.*

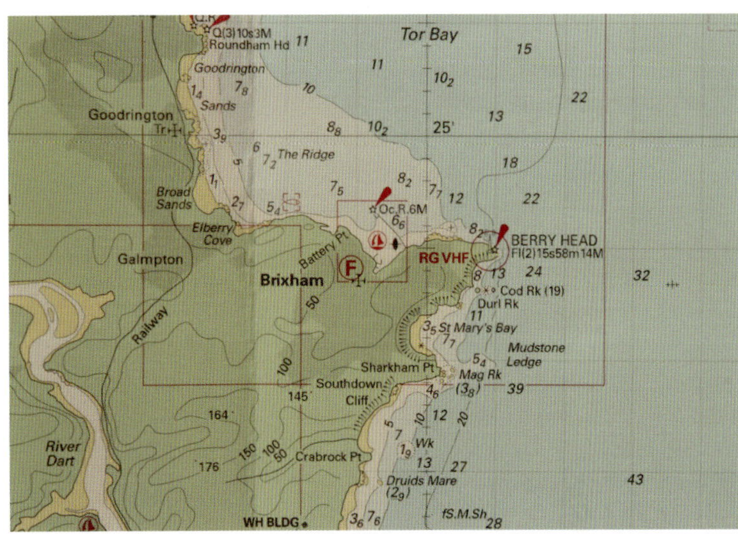

▲ *Leuchtfeuer Berry Head, Fl(2)15s58m14M: Blitzfeuer mit zwei weißen Blitzen und Wiederkehr von 15 sek. Es befindet sich 58 m über MSpHW und hat eine Tragweite von 14 sm. Da die Farbe der Blitze nicht ausdrücklich genannt ist, handelt es sich um ein weißes Leuchtfeuer.*

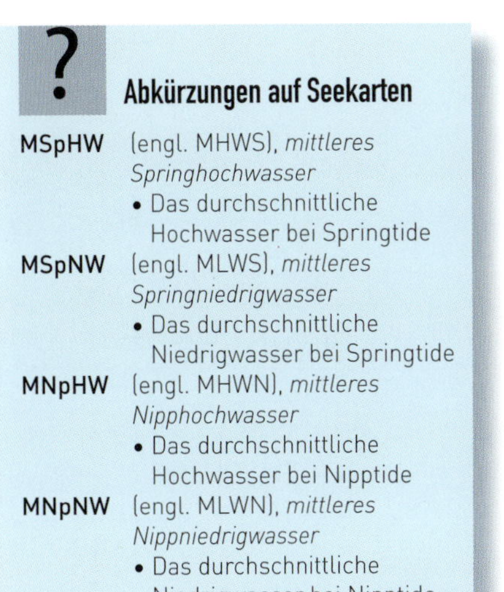

Abkürzungen auf Seekarten

MSpHW (engl. MHWS), *mittleres Springhochwasser*
- Das durchschnittliche Hochwasser bei Springtide

MSpNW (engl. MLWS), *mittleres Springniedrigwasser*
- Das durchschnittliche Niedrigwasser bei Springtide

MNpHW (engl. MHWN), *mittleres Nipphochwasser*
- Das durchschnittliche Hochwasser bei Nipptide

MNpNW (engl. MLWN), *mittleres Nippniedrigwasser*
- Das durchschnittliche Niedrigwasser bei Nipptide

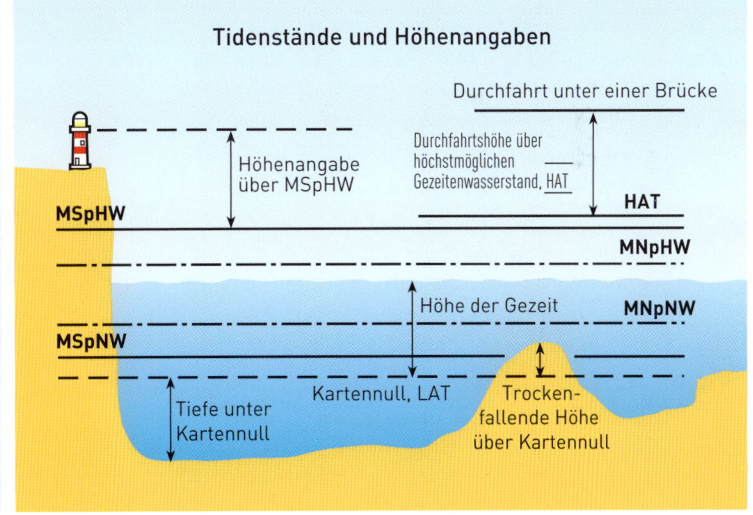

Positionen

Positionsangaben beziehen sich auf den weltweiten Standard WGS84 oder den europäischen Standard ETRS89. Ist der Kartenplotter auf einen dieser Standards eingestellt, kann man die am Plotter abgelesene Position in eine Papierseekarte übertragen.

Betonnung

Diese Seekarte verwendet das Betonnungssystem A der IALA (International Association of Lighthouse Authorities), bei dem Seezeichen von See kommend an Backbord rot sind.

Projektion

Diese Seekarte verwendet die Mercator-Abbildung. Mehr Informationen über die Kartenprojektion findet sich im 4. Kapitel »Position«.

Grundlagen

Hier steht, auf welchen Vermessungen die Seekarte beruht und wann diese durchgeführt wurden. Das kann auch ein Hinweis auf die Genauigkeit der Karte sein. Bei modernen Vermessungen wird der Meeresboden mit hochauflösenden Sonargeräten abgetastet, die jeden Quadratzentimeter erfassen. Früher vorgenommene Vermessungen mit Lotleinen ergeben zwar punktuell exakte Tiefenangaben, erfassen aber nicht die Tiefen zwischen den Messpunkten. Neuere Seekarten haben somit eine sehr hohe Genauigkeit. Unter dem Titel der Seekarte finden sich zudem noch Angaben zu Sperrgebieten, Unterwasserkabeln, Fischereieinrichtungen, Wracks und Verkehrstrennungsgebieten.

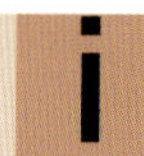

Genauigkeit

Der GPS-Empfänger gibt die Position in Länge und Breite mit einer Genauigkeit von bis zu 2 Metern an. Bedenkt man, dass die Dicke eines Bleistiftstrichs ungefähr 1 mm beträgt (eine Linie auf dem Kartenplotter kann sogar etwas dicker sein), entspricht das 150 Metern bei einer Karte mit einem Maßstab von 1:150 000. Meist ist es also gar nicht möglich, eine Genauigkeit von 2 Metern auf der Karte darzustellen.

DIE KARTE IM KARTENPLOTTER

Es gibt zwei Arten digitaler Seekarten:

Rasterkarten

Dabei handelt es sich um eine digitale Kopie einer Papierseekarte. Man kann zoomen, aber der Informationsumfang ändert sich nicht. Die Rasterkarte entspricht genau der Papierseekarte. Bei den Karten von Imray Navigator und NV wechselt die Ansicht beim Hineinzoomen automatisch zu Detailkarten mit größerem Maßstab, falls diese vorhanden sind. Bei anderen Rasterkarten unterscheidet sich die Bedienung etwas. So öffnet man bei den

▲ *Beim Hineinzoomen in diese Rasterkarte mit kleinem Maßstab erscheint ein Hafenplan in großem Maßstab.*

▼ *Eine SeaTrak-Rasterkarte von Meridian Chartware.*

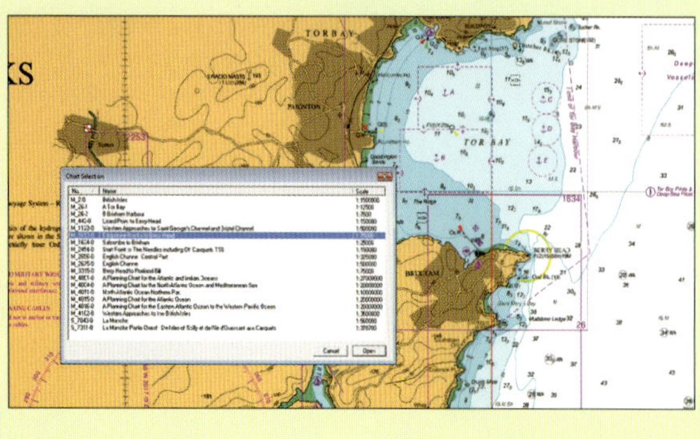

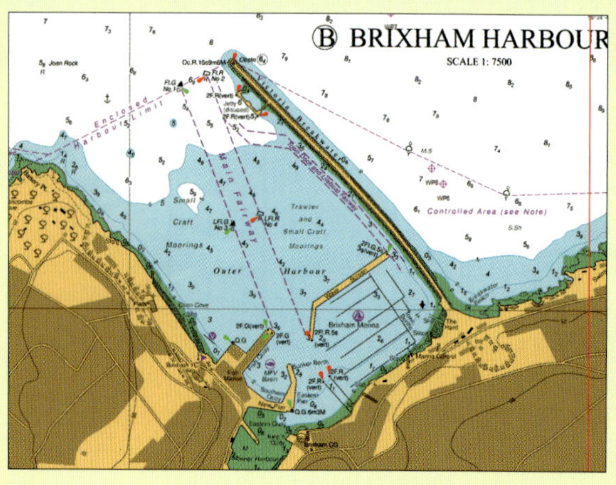

▲ Klicken Sie auf die Karte mit kleinem Maßstab, und wählen Sie eine der zur Verfügung stehenden Detailkarten aus ...

..., sodass ein Hafenplan mit größerem Maßstab erscheint. ▶

SeaTrak-Karten von Meridian Chartware die Auswahl der Detailkarten mit einem Rechtsklick, was ebenfalls gut funktioniert. Steht für ein Gebiet keine Detailkarte mit großem Maßstab zur Verfügung, stößt man beim Hineinzoomen an die Grenze der Auflösung.

Vektorkarten

Diese Karten bestehen aus mehreren Ebenen. Man kann hinein- und herauszoomen, wobei sich der Umfang der Informationen automatisch ändert. Zusätzlich kann man auch manuell wählen, ob die Darstellung sehr informationsreich oder zur besseren Übersichtlichkeit mit weniger Daten erfolgen soll. Segelt man beispielsweise über eine größere Distanz wie den Ärmelkanal, die Bass-Straße, das Mittelmeer oder die Chesapeake Bay, möchte man unter Umständen nicht den Bildschirm voller Tiefenangaben haben. Nähert man sich dagegen einem Hafen, möchte man sehr wohl die Tiefen und jedes Seezeichen angezeigt bekommen. Entsprechend lässt sich der Grad der angezeigten Details

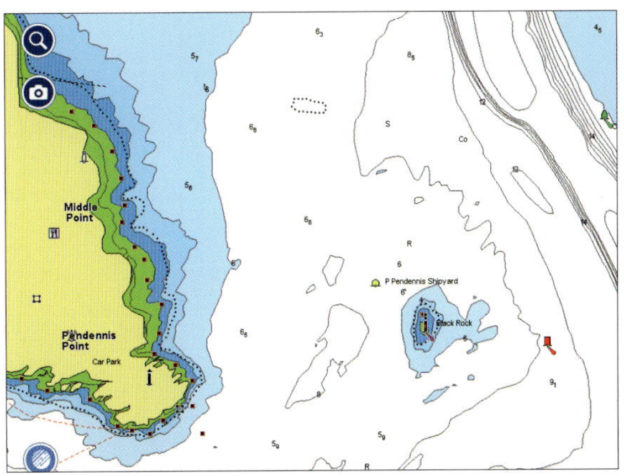

▲ *Eine Vektorkarte.*

mehr angezeigt (im Gegensatz zu einer Rasterkarte). Doch als verantwortungsbewusster Skipper überprüft man natürlich durch näheres Heranzoomen, ob Hindernisse oder Gefahren auf dem Kurs zum gewählten Wegepunkt liegen. Bei Plottern mit Programmen wie Dock to Dock oder bei Eingabe ei-

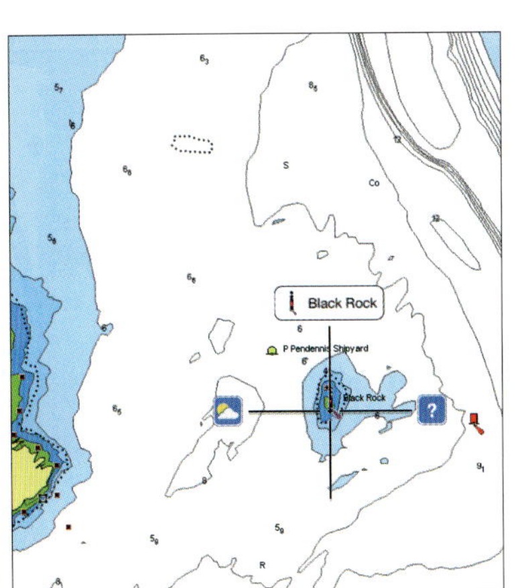

▲ *Die Gefahrenstelle Black Rock.*

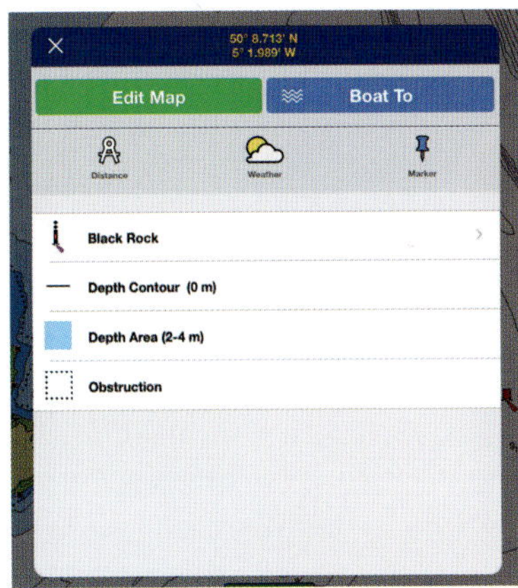

▲ *Beim Anklicken erscheinen nähere Angaben.*

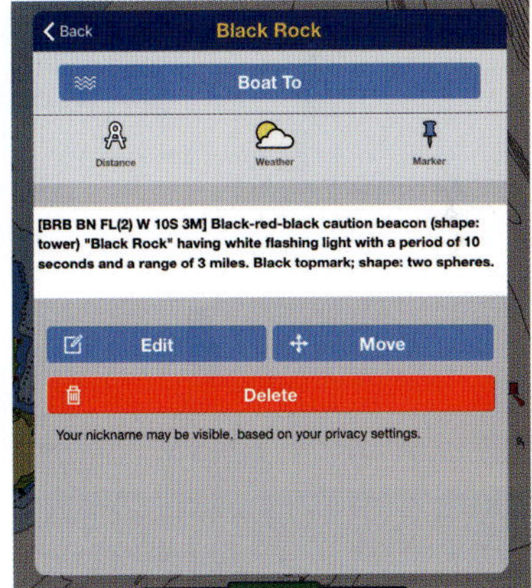

▲ *Nach einem zweiten Klick werden weitere Details wie die Befeuerung der Gefahrenstelle sichtbar.*

nach den eigenen Vorlieben anpassen. Bei Vektorkarten kann man auf einen Punkt oder ein Symbol tippen und bekommt weitere Informationen angezeigt. Zoomt man bei einer Vektorkarte heraus, werden Gefahrenstellen unter Umständen nicht ner Mindestwassertiefe wird die Route automatisch um Gefahrenstellen herumgeführt, auch wenn diese im gewählten Zoombereich nicht sichtbar sind. Eine Überprüfung der automatisch erstellten Route ist dennoch aus Sicherheitsgründen unerlässlich.

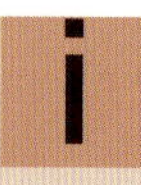

Wie Luftdruck und Wind die Wassertiefe beeinflussen

Als Zusatzinformation ist es interessant zu wissen, dass die Atmosphäre ebenfalls einen starken Einfluss auf die Wassertiefe haben kann. Hoher Luftdruck drückt das Wasser regelrecht nach unten, während es bei niedrigem Luftdruck höher aufsteigen kann. Der Wind kann ebenfalls Wassermassen vor sich hertreiben, die zu einem starken Hochwasser führen. Manche Vorhersagen berücksichtigen diese Faktoren, aber sofern man keinen tiefgehenden Öltanker durch ein Flachwassergebiet lotsen muss, braucht man sich darüber in der Regel keine Sorgen zu machen. Es erklärt allerdings, warum manche Sturmfluten zu besonders starken Schäden an Land führen. Kommt nämlich niedriger Luftdruck, starker auflandiger Wind und eine Springflut zusammen, führt das zu extrem hohen Wasserständen und spektakulärer Brandung. Gut, wenn man schöne Fotos und Videos machen möchte – weniger gut, wenn das eigene Haus nahe am Wasser steht.

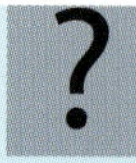

Papierseekarte immer in Reserve?

Das auf großen Schiffen verwendete elektronische Kartendarstellungs- und Informationssystem ECDIS gilt mittlerweile als so zuverlässig, dass keine Papierseekarten mehr mitgeführt werden müssen, sofern sich zwei unabhängige ECDIS-Anlagen mit voneinander unabhängiger Stromversorgung an Bord befinden.

Wenn ich in See steche, führe ich zusätzlich zum Kartenplotter immer auch eine Papierseekarte mit. In die Karte trage ich stündlich meine GPS-Position ein und schreibe die Uhrzeit zusammen mit der Geschwindigkeit über Grund, dem Kurs über Grund, dem Steuerkurs, der Windrichtung und -stärke sowie dem Luftdruck auf. Für den unwahrscheinlichen Fall, dass die Elektronik einmal ausfällt, befinde ich mich höchstens eine Stunde entfernt von meiner letzten Position. Bei meinem Boot sind das maximal 6 Seemeilen. Bei meinem Freund mit seiner 23-Meter-Motoryacht können es allerdings bis zu 35 Seemeilen sein.

▶ *Eine Tiefenangabe auf einem Kartenplotter von 13,1 Metern. Addieren Sie dazu die Höhe der Gezeit, um die aktuelle Wassertiefe zu errechnen (oben).*

▶ *Eine trockenfallende Höhe von 1,3 Metern. Bei einer Höhe der Gezeit von 3 Metern würde das Wasser 1,7 Meter hoch über der trockenfallenden Höhe stehen (unten).*

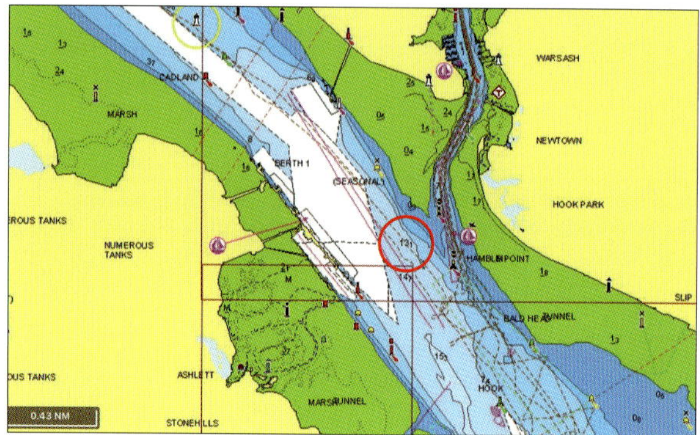

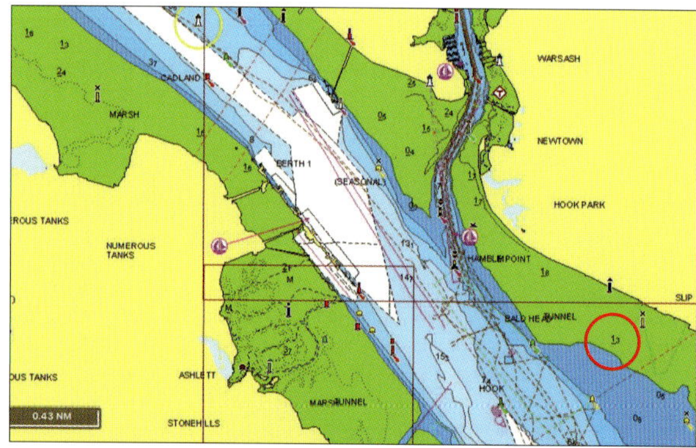

Unterschiede beim Kartennull

Manche Karten nutzen den niedrigstmöglichen Gezeitenwasserstand NGzW oder LAT (Lowest Astronomical Tide) als Kartennull. Die NOAA (National Oceanic and Atmospheric Administration / USA) bezieht das Kartennull z. B. auf MLLW (Mean Lower Low Water), was geringfügig höher als LAT ist. Um dort eine aktuelle Wassertiefe zu berechnen, muss man prüfen, ob auch der Tidenkalender auf MLLW bezogen ist. In der Ostsee sind die Gezeiten mit wenigen Zentimeter Höhe so gering, dass das Kartennull auf MW (Mittlerer Wasserstand) bezogen ist.

In Seekarten können je nach Land oder Herausgeber unterschiedliche Farben verwendet werden für:

- *Landmassen*, die immer über Wasser sind.
- *Wasserflächen*, die niemals trockenfallen.
- *Trockenfallende Höhen*, die je nach Gezeit über oder unter Wasser sind.

Die amtlichen deutschen Seekarten wie auch die britischen Admiralty Charts zeigen Landmassen braungelb, trockenfallende Höhen grün, und Wasserflächen je nach Tiefe in weiß bis dunkelblau.

Die englischen Stanford-Karten zeigen Land in weiß, trockenfallende Höhen in braun-gelb und Wasser je nach Tiefe in weiß bis blau.

Aus einer Seekarte lässt sich eine Fülle an Informationen herauslesen, einschließlich der Kardinaltonnen, Einzelgefahrenstellen, Sperrgebiete, Sondertonnen, Wracks, Leuchtfeuer mit und ohne Sektoren, Feuerschiffe sowie der lateralen Betonnung von Fahrwassern, die in Kapitel 17 »Navigationshilfen« näher erklärt wird.

Zusätzlich sind einige topographische Symbole für Kirchtürme, Berge, Hafenmolen, Schornsteine und Windmühlen verzeichnet, die ebenfalls für die Navigation in Küstennähe genutzt werden können.

Der Meeresboden

Die Beschaffenheit des Meeresbodens ist auf Papierseekarten sowie auf Rasterkarten meist eingetragen. Bei Vektorkarten finden sich je nach Herausgeber entsprechende Angaben oder auch nicht. Folgende Angaben bezeichnen gut haltenden Ankergrund:

M = Schlick (Mud)
P = kleine Steine (Pebbles)
S = Sand (Sand)
cS = grobkörniger Sand (coarse)
fS = feinkörniger Sand (fine)
Sh = Schill/Muschelschalen (Shells)
bkSh = zerbrochener Schill (broken)

Nicht so gut ist:

R = Felsen (Rock)

Bei der sogenannten Seekarte Nr. 1 oder INT 1 oder Karte Nr. 5011 handelt es sich um ein Heft, das sämtliche Symbole und Eintragungen in Papierseekarten erklärt.

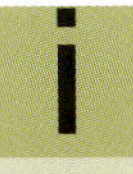

Entfernungsmessung von oder zu Kartensymbolen

Unter jedem Seezeichen oder Kartensymbol befindet sich ein kleiner Punkt. Das ist die genaue Position des Seezeichens und von oder zu diesem Punkt muss man die Distanz oder die Peilung zu dem Seezeichen auf einer Papierseekarte messen. Es gibt nur wenige Ausnahmen, bei denen es anders ist, wie Kirchtürme und Windmühlen, bei denen man zum Kreuz hin misst.

Felsen, Wracks und Hindernisse

16	Co Co 5₈	*Coral reef which is always covered.*		421.5 O10
17	5₈ Br 18 19	*Breakers*		423.2 O25
d		*Discoloured water*	Discol †Discold	424.6 O9

Plane of Reference for Depths → IH *Historic Wreck* → IN **Wrecks**

20	Mast (1-2) Wk	*On large-scale charts, wreck which does not cover, height above height datum*		422.1 O11
21	Mast (1₂) Wk	*On large-scale charts, wreck which covers and uncovers, height above Chart Datum*	† Wk † Wk	
22	5₂ Wk	*On large-scale charts, submerged wreck, depth known*	† 5₂ Wk	422.1 O15
23	Wk	*On large-scale charts, submerged wreck, depth unknown*	† Wk	422.1
24		*Wreck showing any part of hull or superstructure at the level of Chart Datum*		422.2 O11 O13a
25	Mast (1-2) Wk Funnel Mast (1₂) / Masts	*Wreck of which the mast(s) only are visible at Chart Datum*		422.2 O12
26	4₆ Wk 25 Wk	*Wreck over which the depth has been obtained by sounding but not by wire sweep*		422.4 O15
27	4₆ Wk 25 Wk	*Wreck which has been swept by wire to the depth shown*		422.3 O15a
28		*Wreck, depth unknown, which is considered dangerous to surface navigation*	*On modern Admiralty charts, this symbol is used when the depth over the wreck is thought to be 28 metres (15 fathoms) or less. The limiting depth at which a wreck is categorised "dangerous" was changed from 8 to 10 fathoms in 1960, to 11 fathoms in 1963 and 15 fathoms/28 metres in 1968.*	422.5 O14
29		*Wreck, depth unknown, which is not considered dangerous to surface navigation*	*On modern Admiralty charts, this symbol is used when the depth over the wreck is thought to be more than 28 metres (15 fathoms) (see IK 28 above for previous depth limits) OR when the depth over the wreck is thought to be 28 metres or less, but the wreck is not considered dangerous to surface vessels capable of navigating in the vicinity*	422.6 O16
30	20 Wk	*Wreck over which the exact depth is unknown, but which is considered to have a safe clearance at the depth shown*		422.7
31	# Foul	*Remains of a wreck, or other foul area, no longer dangerous to surface navigation, but to be avoided by vessels anchoring, trawling, etc*	†Foul †Foul 22 Foul (Where depth known)	422.8 O17 O29a

▲ *Ein Auszug aus der Karte Nr. 5011.*

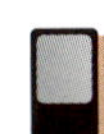

Scannen Sie diesen QR-Code, um ein Video über Seekarten zu sehen.

Felsen, Wracks und Hindernisse

Es gibt vier verschiedene Symbole für Felsen, die man kennen sollte, ich nenne es das Felsen-Einmaleins.

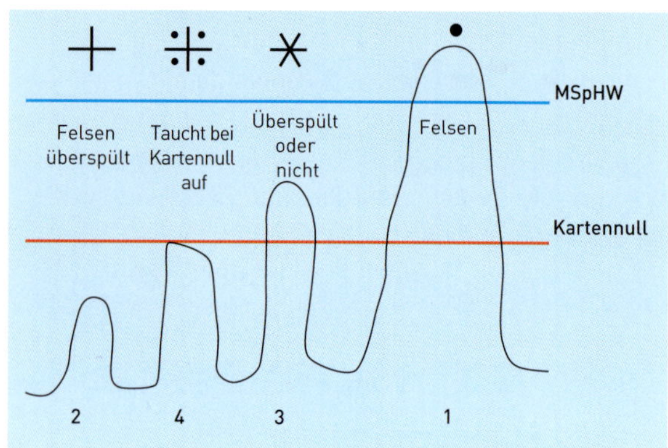

▲ *Vier Arten von Felsen*

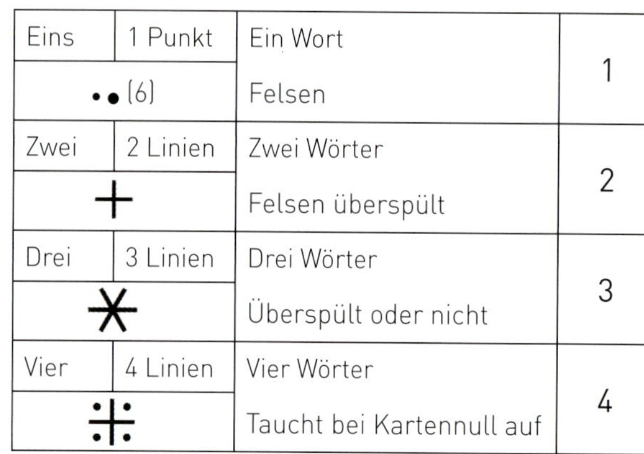

Eins	1 Punkt	Ein Wort	1
	•• (6)	Felsen	
Zwei	2 Linien	Zwei Wörter	2
	+	Felsen überspült	
Drei	3 Linien	Drei Wörter	3
	✳	Überspült oder nicht	
Vier	4 Linien	Vier Wörter	4
	⁜	Taucht bei Kartennull auf	

▲ *Das Felsen-Einmaleins*

Jetzt zu den Symbolen für Wracks:

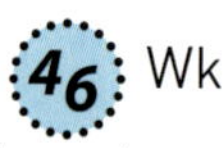

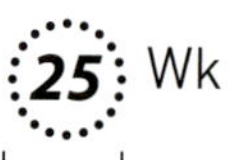

▲ *Diese Wracks wurden genau abgesucht. Masten und Teile der Aufbauten wurden entfernt. Die angegebene Tiefe ist exakt der höchste Punkt der Wracks unter Kartennull. Beide Wracksymbole haben einen gepunkteten Kreis, stellen also eine Gefahr für die Schifffahrt dar. Trawler und Fischer müssen diese Tiefen wissen. Das blau eingefärbte Symbol zeigt allein schon durch die Farbe, die der 5-Meter-Tiefenlinie der Karte entspricht, dass es weniger als 5 Meter Wasser über sich hat, obwohl es sich außerhalb dieser Tiefenlinie befindet.*

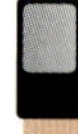

Scannen Sie diesen QR-Code, um ein Video über Felsen, Wracks und Hindernisse zu sehen.

▶ *Die Tiefe dieses Hindernisses wurde nur durch eine Messung bestimmt.*

16_8 Obstn

▶ *Die Tiefe dieses Wracks ist nicht bekannt, bis zur angegebenen Tiefe besteht jedoch keine Gefahr.*

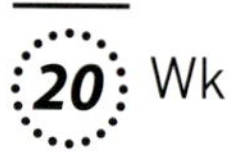

Berichtigungen und Updates

Auf einer Papierseekarte stehen die Kartennummer und das Ausgabedatum in der unteren linken Ecke. Daneben stehen die Berichtigungen. Die Berichtigungen werden vom Bundesamt für Seeschifffahrt und Hydrographie (BSH) herausgegeben und in den »Nachrichten für Seefahrer« (NfS) veröffentlicht.

Karten müssen stets auf dem neuesten Stand gehalten werden, da Sandbänke wandern, Flüsse und Zufahrten versanden und ausgebaggert werden oder Fahrwasser und Tonnen neu ausgerichtet werden. Traditionell werden die Berichtigungen in Papierseekarten in Magenta eingetragen.

Updates von elektronischen Seekarten können online durchgeführt werden oder man bringt die SD-Karte zu einem Fachhändler. Beachten Sie, dass ältere Kartenplotter oft erst ein Firmware-Update benötigen, um die

neuen Daten verarbeiten zu können. Moderne Kartenplotter führen Updates selbstständig durch, wenn sie mit dem Internet verbunden sind.
Das Erscheinungsdatum elektronischer Seekarten kann unter dem Menüpunkt »Settings« nachgesehen werden. Seien Sie vorsichtig bei der Verwendung älterer Kartenplotter mit Seekarten, die nicht berichtigt wurden. Seekarten von 2005 oder früher geben nur unzureichende Informationen über die Befeuerung einzelner Seezeichen. In dem Beispiel rechts ist eine Süd-Kardinalstonne verzeichnet, die, wie bekannt sein dürfte, sechs schnelle Blitze und einen langen Blitz hat, wie es auch auf der Papierseekarte vermerkt ist. Tippt man das Leuchtfeuer aber am Plotter an, zeigt dieser nur ein schnelles Gruppenblitzfeuer und einen langen Blitz an. Dieser Plotter braucht ein Update. Noch schlimmer ist, dass es mein eigener Plotter ist! Zum Glück koppele ich immer auf Papier mit.
Es gibt zahlreiche Publikationen wie Revierführer, Gezeitenatlas, Leuchtfeuerverzeichnis und andere, um die Navigation sicherer zu machen.

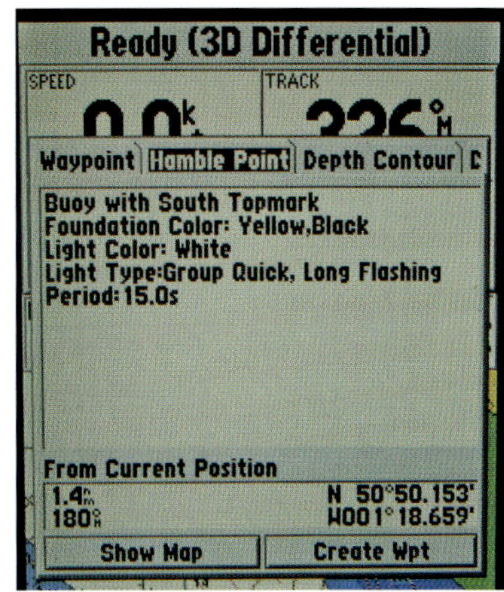

▲ *Dieser Kartenplotter benötigt ein Update. Neuere Karten zeigen die Charakteristik des Leuchtfeuers korrekt mit sechs schnellen Blitzen und einem langen Blitz an.*

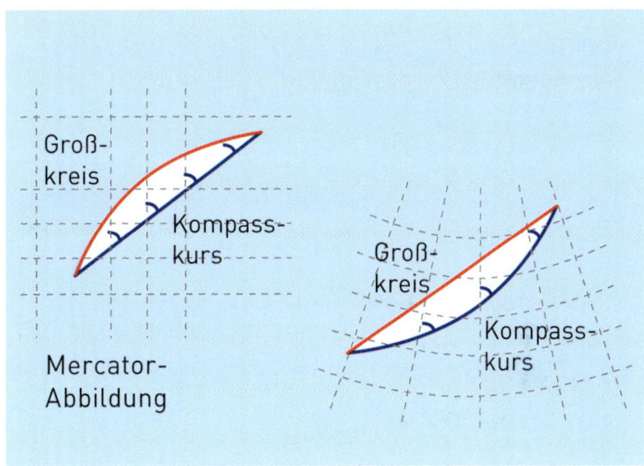

▲ *Vergleich von Großkreisroute und Kompasskurs.*

Kleine und große Entfernungen

Bei der Mercator-Abbildung schneidet ein Kompasskurs alle Längengrade im gleichen Winkel. Nach einem gleichbleibenden Kompasskurs zu steuern, empfiehlt sich jedoch nur für vergleichsweise kürzere Entfernungen. Bei großen Entfernungen über den Ozean ist meist die Großkreisroute von Vorteil. Nimmt man einen Globus und spannt eine Schnur zwischen dem gewünschten Start- und Zielpunkt, ist das die kürzeste Entfernung zwischen diesen Punkten auf der Erdoberfläche, die sogenannte Großkreisroute. Auf einer gnomonischen Seekarte laufen die Längengrade nach oben und unten zusammen und die Breitengrade sind gekrümmt. Auf dieser Karte ergibt eine gerade eingezeichnete Linie die Großkreisroute. Während man einer Großkreisroute folgt, ändert sich der Kompasskurs fortwährend. Deshalb überträgt man einzelne Wegepunkte im Abstand einiger hundert Meilen von der gnomonischen Karte auf die Seekarte mit Mercator-Abbildung und segelt so von Wegepunkt zu Wegepunkt. Zu beachten ist, dass die Großkreisroute ein Boot auf der Nordhalbkugel nördlich und auf der Südhalbkugel südlich des jeweiligen Kompasskurses versetzt, wodurch es in ein Gefahrengebiet geraten kann. Übertragen Sie deshalb den Kurs entlang der Großkreisroute zur Überprüfung immer auf die Seekarte. Wie viele Meilen man auf der Großkreisroute gegenüber dem Kompasskurs einspart, ist unterschiedlich. Auf einem Törn von Melbourne nach Kapstadt sind es 600 Seemeilen, von New York nach Kapstadt dagegen nur 48 Seemeilen. Manche GPS-Geräte können den Kurs als Großkreis oder Kompasskurs anzeigen, und manche Plotter errechnen auch eine komplette Route aus beiden. Misst man dagegen in einem Atlas einen Kurs beispielsweise von London nach Rio de Janeiro, erhält man etwa 205°, während

Courses (GC)

Great Circle Theoretical Departure Course 265°
Great Circle Theoretical Arrival Course 224°

The period of the geodetic curve is 359°.2201

Composite Sailing

No

Name	Latitude	Longitude	Course	Dist.	Tot.Dist.	Dist.to go
Start of GC	49°41'.8 N	005°37'.0 W	265°	15.0	0.0	3466.3
Intermediate point	49°40'.4 N	006°00'.0 W	261°	399.1	15.0	3451.3
Intermediate point	48°36'.7 N	016°00'.0 W	253°	423.9	414.1	3052.2
Intermediate point	46°34'.9 N	026°00'.0 W	246°	465.7	838.0	2628.3
Intermediate point	43°25'.8 N	036°00'.0 W	239°	527.3	1303.6	2162.7
Intermediate point	38°55'.5 N	046°00'.0 W	233°	610.8	1830.9	1635.4
Intermediate point	32°46'.7 N	056°00'.0 W	228°	713.9	2441.7	1024.6
Intermediate point	24°43'.4 N	066°00'.0 W	224°	310.6	3155.6	310.6
End of GC	21°01'.0 N	069°55'.7 W	000°	0.0	3466.3	0.0

with reference ellipsoid WGS 1984 - 1/298.257223560493

Lat/Long accuracy (fraction of minute) 0.1-0.9

Course accuracy 000-359

Distance accuracy 0.1-0.9

der Plotter den Kurs mit 242° anzeigt. Das liegt daran, dass die Karte im Atlas eine andere Projektion hat und nicht winkeltreu ist.

◀ *Route von Land's End in die Karibik mit Kursänderungen alle zehn Längengrade. Übertragen Sie diese Route auf eine Seekarte mit Mercator-Abbildung, um zu überprüfen, ob sie nicht in Gefahrengebiete führt.*

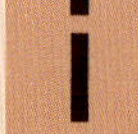

Seekarten und Landkarten

See- und Landkarten haben eine unterschiedliche Projektion. Landkarten sind weitgehend längentreu, Seekarten dagegen sind winkeltreu.

4 Positionsangaben

Dieses Kapitel zeigt, wie man die Position eines Objekts in der Karte findet und wie man die eigene Position in der Karte plottet.

Der elektronische Kartenplotter macht es einem mehr als einfach. Um eine Position abzulesen, muss man nur den Cursor an die Stelle bewegen …

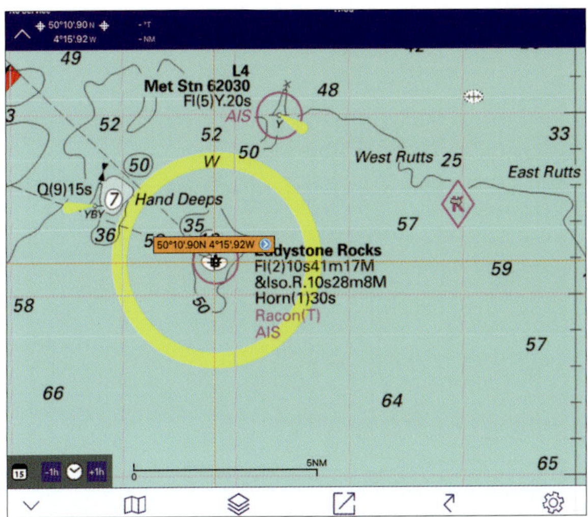

▲ *Bewegen Sie den Cursor über das Eddystone Lighthouse im Programm Navigator von Imray, und die Position wird in der Karte und am oberen linken Bildschirmrand angezeigt, wenn man für dieses Anzeigenfeld »Cursor-Position« gewählt hat. Die Charakteristik des Leuchtfeuers muss an der Karte abgelesen werden, da dies eine Rasterkarte ist.*

… oder die Stelle anklicken.

▶ *Auf einer Vektorkarte, hier iNavX, klickt man auf das Seezeichen und erhält alle weiteren Informationen.*

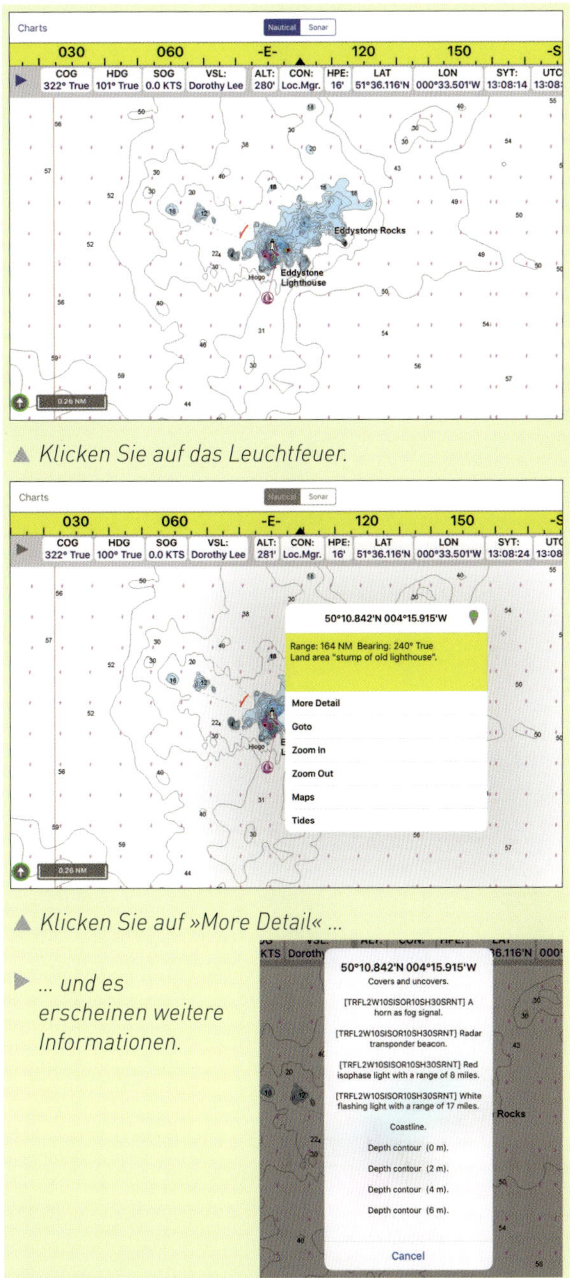

▲ *Klicken Sie auf das Leuchtfeuer.*

▲ *Klicken Sie auf »More Detail« …*

▶ *… und es erscheinen weitere Informationen.*

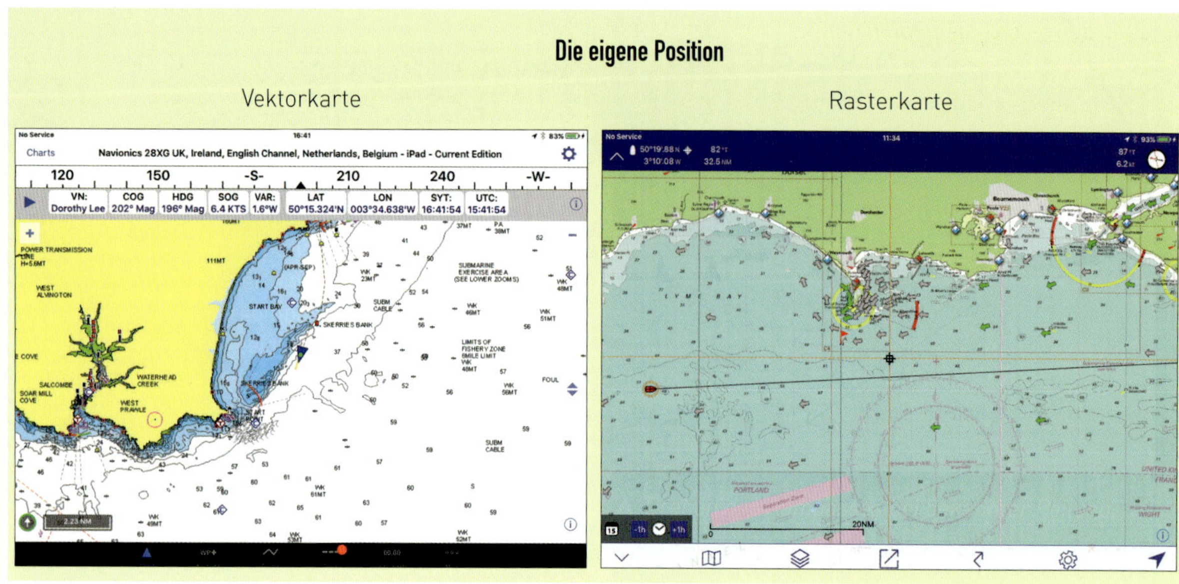

▲ *Unter LAT/LONG zeigt der Kartenplotter fortlaufend die eigene Position an.*

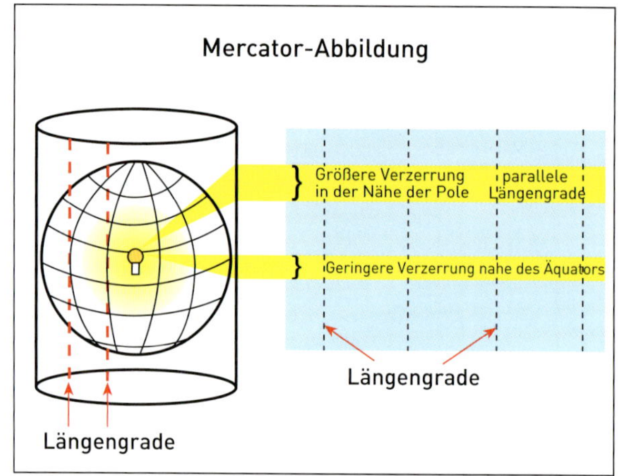

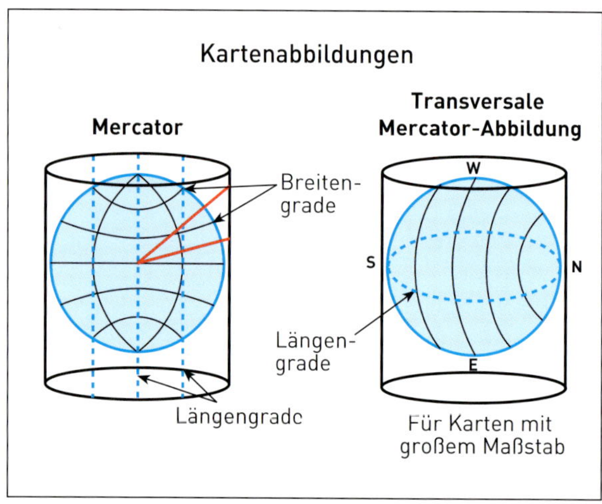

Es ist nicht nötig, die eigene Position in eine elektronische Seekarte einzutragen, da der Kartenplotter diese permanent anzeigt. Wie aber kommt die Position von der runden Erdoberfläche auf eine flache, zweidimensionale Ebene? Gerhard Mercator hat eine Abbildung entwickelt, die man sich wie eine Projektion vorstellen kann: Eine Glühbirne im Inneren eines Globus wirft die Konturen der Länder an die flache Wand. Dabei werden die Gebiete an den Rändern, wie die Pole, übermäßig vergrößert. Mercator hat diese Randzonen zwar korrigiert, aber jegliche zweidimensionale Abbildung der Erdoberfläche kann nur eine Annäherung an die wirkliche Form sein. So ist bei der Mercator-Abbildung Grönland wesentlich breiter als in Wirklichkeit. Wichtig für die Seefahrt aber ist, dass die Längengrade parallel sind und die Karte damit winkeltreu ist. Es gibt auch noch die seitliche oder transversale Mercator-Abbildung, die bei Hafenplänen und Detailkarten genauer ist. Die Position wird auf der Karte in geographischer Länge und Breite dargestellt. Die Breitengrade verlaufen im gleichen Abstand zueinander und schneiden die Erde bildlich gesprochen horizontal in Scheiben, angefangen mit 0° am Äquator bis zu 90° an den Polen. Die Längengrade oder Meridiane verlaufen dagegen nicht parallel, sondern zu den Polen hin zusammen und zerteilen den Erdball in Segmente oder bildlich gesprochen in einzelne Stücke einer Orange. Sie verlaufen von 0° geographischer Länge, dem Greenwich-Meridian, 180° nach Westen und 180° nach Osten.

Entfernung

Entfernungen werden in Seemeilen angegeben. Die Länge einer Seemeile wird durch den Erdumfang am Äquator bestimmt, der ungefähr 40.000 Kilometer beträgt. Teilt man den Erdumgang durch 360 (die Anzahl der Längengrade) und dann durch 60 (die Anzahl der Minuten eines Grades) erhält man 1852 Meter. Das ist die Länge einer Seemeile. Teilt man eine Seemeile durch 10, erhält man 185,2 Meter oder eine Kabellänge. Auf einer Seekarte müssen Entfernungen immer an der Skala der Breitengrade rechts oder links auf der Karte abgelesen werden, und zwar auf gleicher Höhe, wie sie aus der Karte entnommen werden. Entfernungen dürfen nicht an den Längengraden abgemessen werden, da eine Minute geographischer Länge nur am Äquator 1852 Meter beträgt und zu den Polen hin abnimmt.

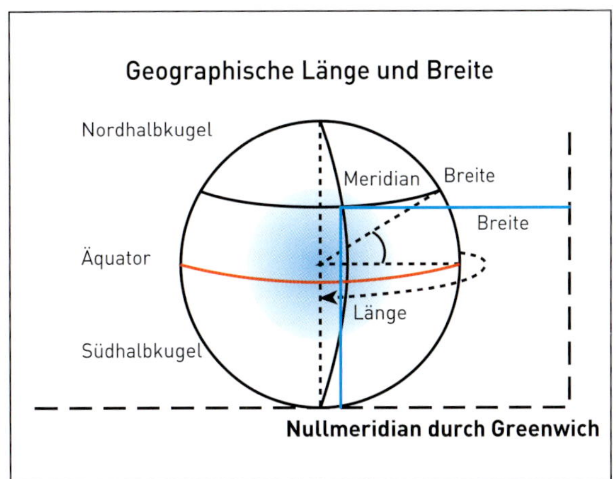

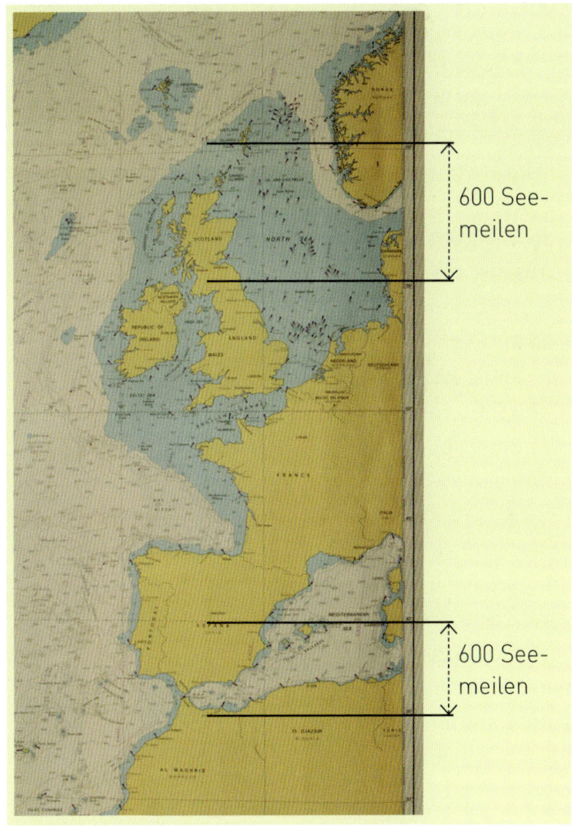

▲ *Das ist der Grund, warum man Entfernungen auf gleicher Höhe rechts oder links an der Skala der geographischen Breite ablesen muss.*

Positionsbestimmung eines Objekts auf der Papierseekarte

Dieser Kartenausschnitt zeigt den Eddystone-Leuchtturm im Ärmelkanal, dessen Position bestimmt werden soll. Da es sich um ein großes Leuchtfeuer handelt, ist es mit einem großen, nicht ausgefüllten Stern-Symbol markiert. Die Charakteristik ist angegeben mit: Fl(2)10s41m17M. Das bedeutet im Einzelnen:

Fl(2): Das Feuer zeigt zwei weiße Blitze hintereinander.

10s: Die Wiederkehr beträgt 10 Sekunden.

41m: Das Leuchtfeuer befindet sich 41 Meter über MSpHW.

17M: Es hat eine Tragweite von 17 Seemeilen.

Die Farbe der Blitze ist weiß, da keine spezielle Angabe zur Farbe vermerkt ist.

Der Leuchtturm zeigt noch ein zweites Feuer, das vor den Hands Deeps im Nordwesten der Eddystone Rocks warnt. Diese Feuer hat die Charakteristik Iso.R.10s28m8M. Das bedeutet im Einzelnen:

Iso.: Gleichtaktfeuer, Leucht- und Dunkelphase sind gleich lang.

R.: Die Farbe des Feuers ist rot.

10s: Die Wiederkehr beträgt 10 Sekunden, also 5 Sekunden an, 5 Sekunden aus.

28m: Die Höhe des Feuers beträgt 28 Meter über MSpHW.

8M: Es hat eine Tragweite von 8 Seemeilen.

Zudem gibt es ein Nebelhorn bei verminderter Sicht, das alle 30 Sekunden ertönt.

Der Leuchtturm verfügt über ein RACON, einen Radarsender, der ein Signal mit dem Morsecode T (einmal lang) aussendet, das auf dem Radarschirm im Umkreis von 10 Seemeilen angezeigt wird.

Und schlussendlich sendet der Leuchtturm auch noch ein AIS-Signal aus, dessen Informationen ein AIS-Empfänger an Bord wiedergeben kann.

All diese Informationen sind auch in einem Almanach oder einem Leuchtfeuerverzeichnis aufgeführt, zusammen mit der MMSI-Nummer (Maritime Mobile Service Identity) des Leuchtturms (AIS-Identifikationsnummer). Auch die Position des Eddystone-Leuchtturms ist mit Länge und Breite hier verzeichnet. Aber die Position soll in diesem Fall nicht im Almanach abgelesen, sondern in der Karte bestimmt werden.

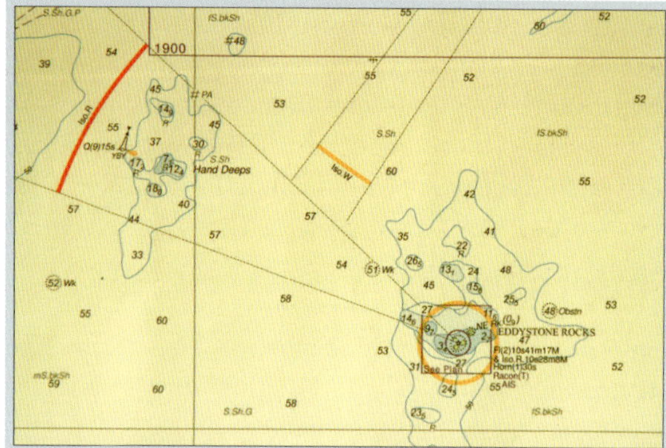

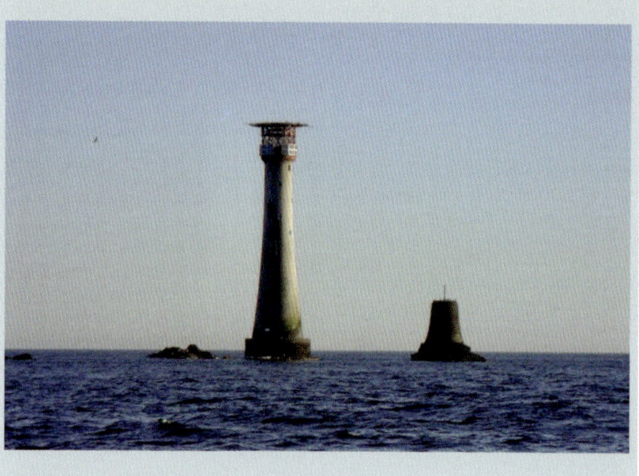

▲ *Der Eddystone-Leuchtturm.*

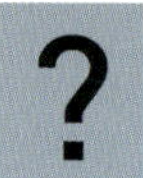

Was ist RACON?

Ein RACON ist eine Radarbake, die Radarsignale von Schiffen empfängt und mit einem eigenen Signal in Morsecode beantwortet. Der Morsecode erscheint in Punkt-und-Strich-Form auf dem Radarschirm des Schiffes.

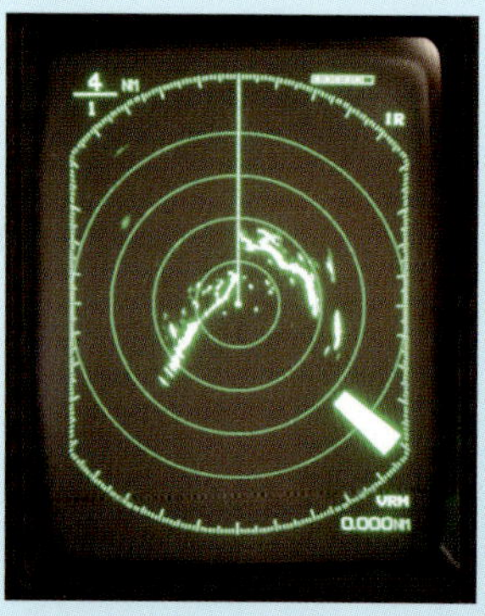

▶ *Das RACON-Signal »T« (einmal lang) der West-Kardinaltonne Bridge in der Nähe der Needles wird achteraus an Steuerbord angezeigt (heller Leuchtbalken rechts unten).*

Die geographische Breite bestimmen:

▼ **1. Schritt:** Halten Sie die Bleistiftspitze auf die Mitte des Kartensymbols des Leuchtturms, hier ist es ein nicht ausgefüllter Stern. Schieben Sie das Navigationsdreieck oder -lineal an die Bleistiftspitze heran. Richten Sie es rechtwinklig zu den Längengraden aus, und machen Sie seitlich an der Karte genau auf gleicher Höhe eine Markierung an der Skala der Breitengrade. Praktischerweise sind auf dieser Karte die Breitegrade auch in zwei senkrechten Reihen angegeben.

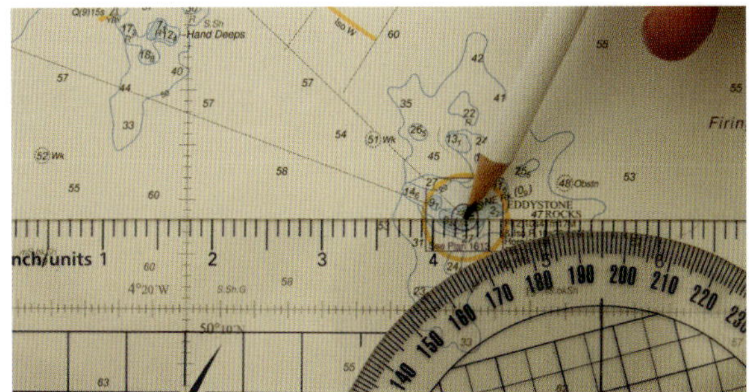

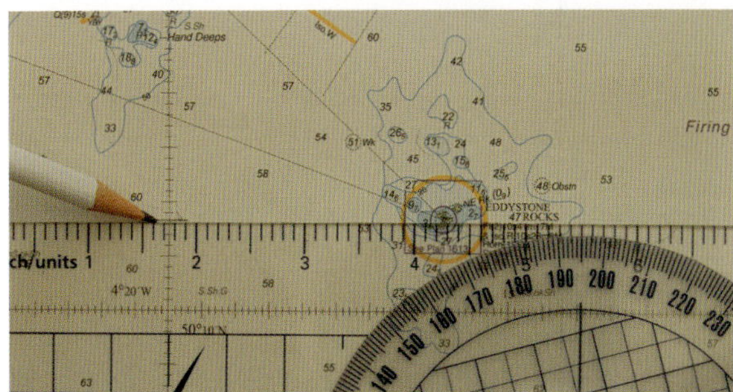

▼ **2. Schritt:** Lesen Sie 50° 10,85'N ab.

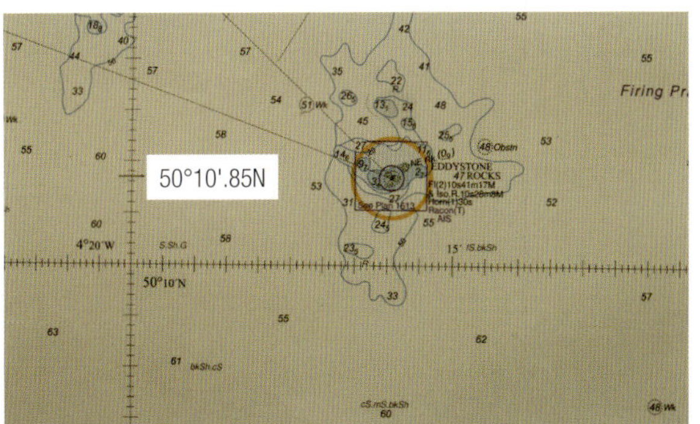

Kartenausschnitt aus der britischen Admiralty Chart 1267 **Falmouth to Plymouth.**

Die geographische Länge bestimmen:

▼ **1. Schritt:** Halten Sie die Bleistiftspitze wieder auf die Mitte des Kartensymbols des Leuchtturms. Schieben Sie das Navigationsdreieck oder -lineal an die Bleistiftspitze heran. Richten Sie es rechtwinklig zu den Breitengraden aus, und machen Sie eine Markierung an der Skala der Längengrade, die praktischerweise an dieser Stelle auch quer durch die Karte verläuft. Es ist also nicht nötig, die Markierung bis ganz an den oberen oder unteren Rand der Karte zu übertragen.

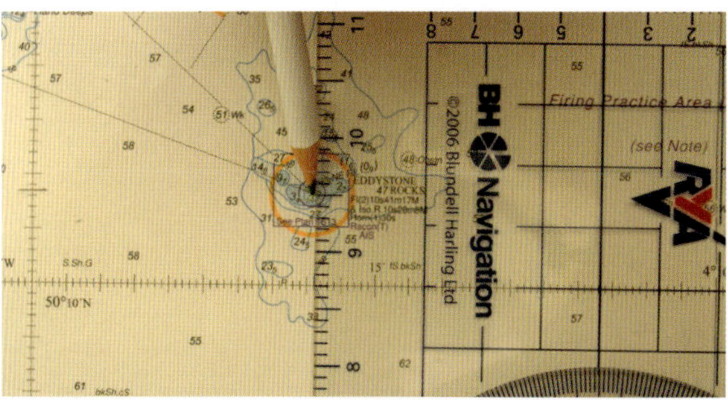

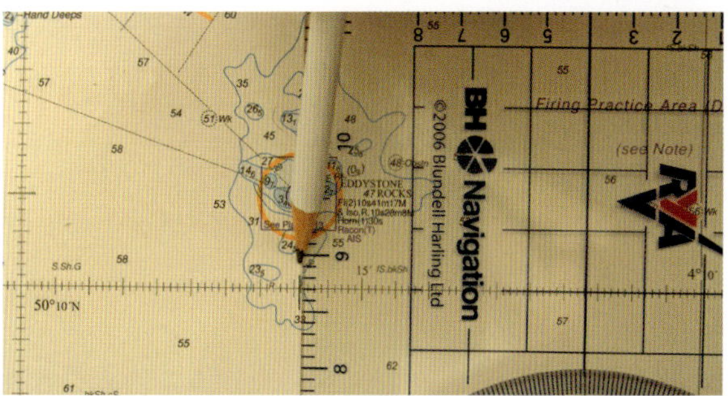

▼ **2. Schritt:** Lesen Sie 4° 15,9'W ab.

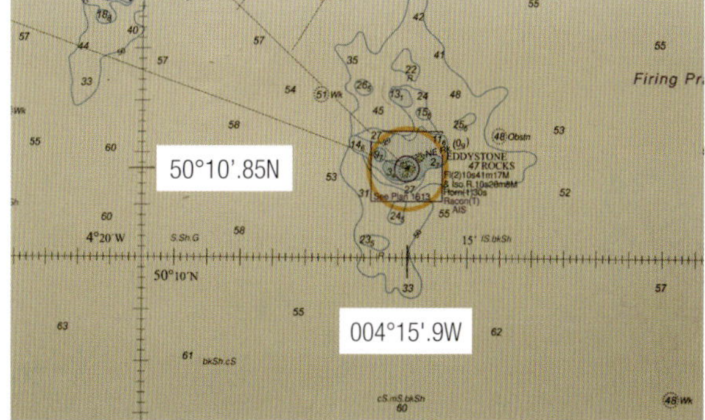

Notieren Sie die Gradzahl der Länge korrekterweise immer dreistellig, also 004° 15,9'W, da die Längengrade bis 180° reichen, die Breitengrade dagegen nur zweistellig bis 90°.

Sie haben nun die Position des Eddystone-Leuchtturms mit 50° 10,85'N und 004° 15,9'W notiert. Der Unterschied zu der auf Seite 29 genannten Position laut Imray-Navigator kommt wahrscheinlich dadurch zustande, dass ich den Cursor nicht ganz exakt über dem Leuchtturm platziert hatte. Viele Kartenplotter zeigen die Position auf ein Tausendstel einer Minute genau an. Es ist jedoch unmöglich, eine Position derart genau in eine Papierseekarte einzutragen – ein Hundertstel einer Minute ist immer noch mehr als ausreichend.

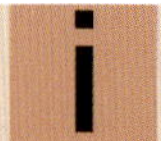

Gradnetz

Die senkrechten Linien der Längengrade und die waagrechten Linien der Breitengrade bilden das sogenannte Gradnetz einer Karte. An diesen Linien kann das Navigationsdreieck oder -lineal ausgerichtet werden. Aber auch die Einfassungen aller Info-Kästen auf einer Karte verlaufen exakt senkrecht und waagrecht und können daher ebenfalls zum Ausrichten verwendet werden.

VORSICHT BEIM ABLESEN VON GRAD UND MINUTEN

Für die geographische Breite verläuft die Skala in Grad und Minuten senkrecht am rechten und linken Rand, und die Skala für die geographische Länge verläuft waagrecht am oberen und unteren Rand. Oft sind auch mittig in der Karte zusätzliche Skalen für Länge und Breite vorhanden. Je nach Maßstab der Karte variiert auch die Unterteilung einer Minute geographischer Länge oder Breite. Eine Karte mit großem Maßstab deckt ein kleines Gebiet ab, und eine Minute kann beispielsweise mit zehn Strichen in Zehntel-Minuten unterteilt sein. Bei einer Karte mit kleinem Maßstab, die ein großes Gebiet abdeckt, kann eine Minute dagegen mit nur fünf Strichen in Fünftel-Minuten unterteilt sein oder bei einer Karte mit einem Maßstab von 1:350.000 mit nur einem Strich in halbe Minuten.

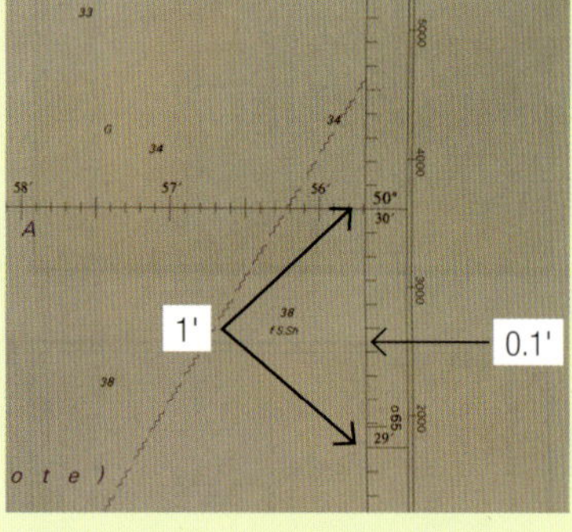

Auf dieser Karte ist eine Minute mit zehn Strichen unterteilt. Ein Strich entspricht 1/10 Minute.

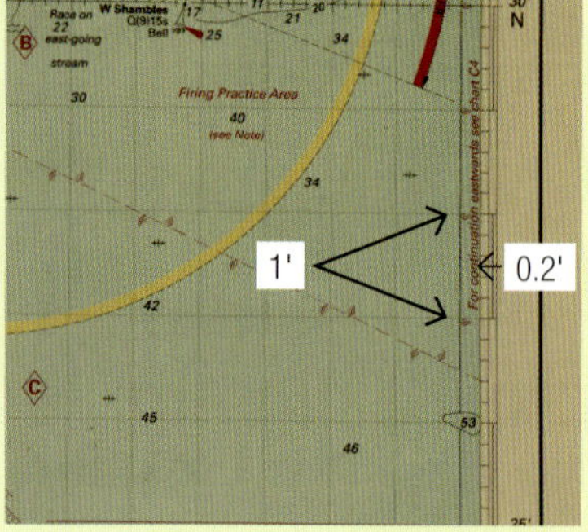

Auf dieser Karte ist eine Minute mit fünf Strichen unterteilt. Ein Strich entspricht 2/10 Minuten.

▲ *Ablesen der Minuten an der Skala.*

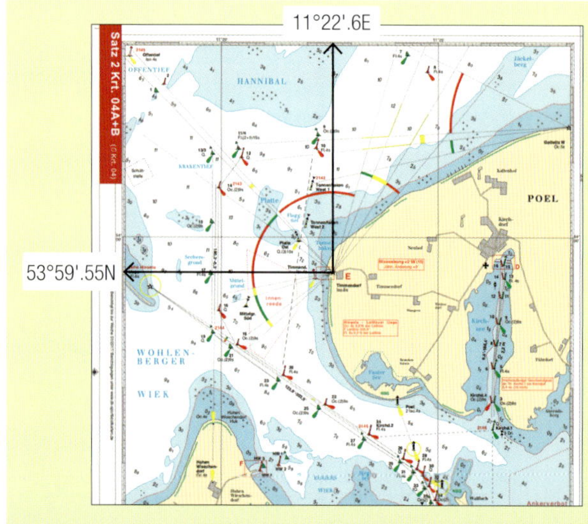

▶ *Die Positionsangabe des Sektorenfeuers Timmendorf auf der Insel Poel in der Ostsee. Hier ist die Minutenskala der Breite in Zehntel unterteilt, die der Länge jedoch in Fünftel.*

Beachten Sie, dass ich keine durchgehende Linie vom Leuchtturm zur Breiten- oder Längenskala gezogen habe. Ich habe lediglich Markierungen an den Skalen gemacht. Der Grund ist, dass man nach jedem Tag oder nach einem Törn alle Eintragungen ausradieren sollte und man es daher vermeidet, allzu viele oder unnötig lange Linien in die Karte zu zeichnen. Es ist wichtig alte Eintragungen auszuradieren, besonders an der Breiten- oder Längenskala, da man alte und neue Markierungen mit an Sicherheit grenzender Wahrscheinlichkeit im genau falschen Moment verwechseln wird und dann mit einer falschen Position navigiert.

Radieren Sie alle alten Kurse und Eintragungen aus der Karte aus, es sei denn …

Man kann nur mit sauberen und übersichtlichen Karten arbeiten, also wird nach einem Törn radiert. Als ein Bekannter eine alte Seekarte von James Cook im Museum hängen sah, auf der noch Cooks Kurseintragungen zu sehen waren, konfrontierte er den dortigen Fachmann, der ihn nur eines wunderlichen Blickes würdigte und hinzufügte: „Es wäre doch verrückt gewesen, wenn Cook seinen Kurs ausradiert hätte. Er hatte die ganze Gegend doch eben erst entdeckt und danach diese Karte erstellt."

Sie haben gerade eine Position mithilfe des Plotters gefunden. Professioneller ist es jedoch, dafür den Kartenzirkel zu verwenden, und es kann auch einfacher sein als mit dem Lineal zu arbeiten, wenn man sich auf einem schaukelnden Boot befindet. Der Kartenzirkel wird einhändig bedient, wobei die Spitzen überkreuzt gehalten werden. Drückt man den ringförmigen oberen Teil des Zirkels in der Handfläche zusammen, öffnet sich der Zirkel. Mit Zeigefinger und Daumen kann man ihn schließen.

▶ **1. Schritt:** Stechen Sie mit einer Spitze des Zirkels in die Mitte des sternförmigen Kartensymbols für den Leuchtturm, und platzieren Sie die andere Spitze auf eine quer über die Karte verlaufende Linie, hier ist es der Breitengrad auf 50° 10'N.

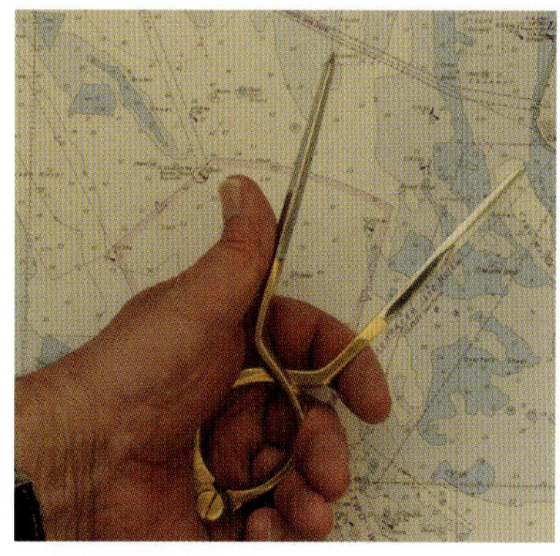

▲ *Öffnen.*

▲ *Schließen.*

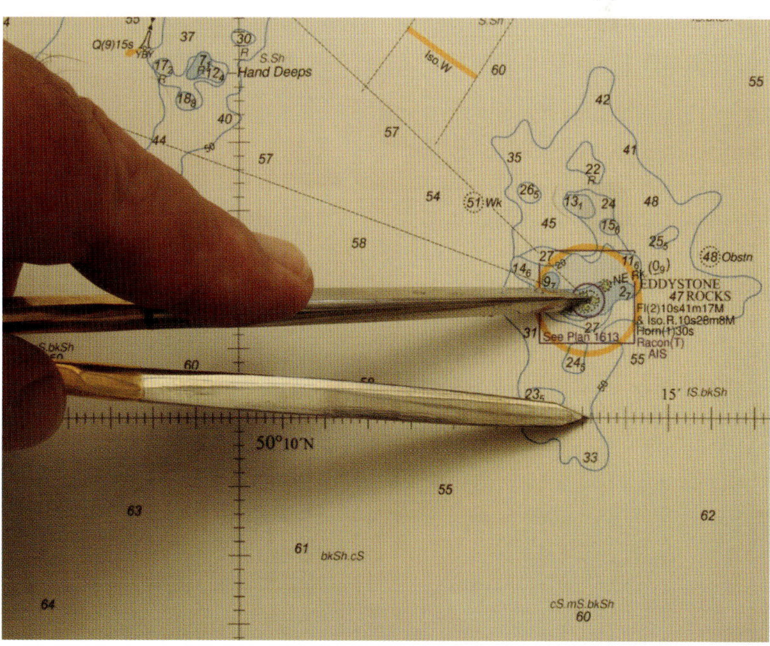

▶ **2. Schritt:** Übertragen Sie nun die mit dem Zirkel abgemessene Distanz auf die weiter links auf der Karte verlaufende Skala der Breitengrade. Stechen Sie dort mit einer Spitze auf die Breite von 50° 10'N, und lesen Sie an der anderen Spitze ab: 50° 10,85'N

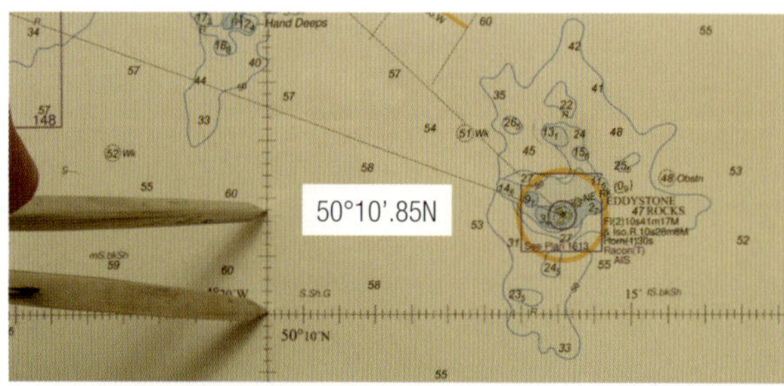

Gehen Sie genau gleich vor, um die geographische Länge zu bestimmen.

▶ **3. Schritt:** Stechen Sie mit einer Spitze des Zirkels in die Mitte des sternförmigen Kartensymbols für den Leuchtturm, und platzieren Sie die andere Spitze auf eine senkrecht über die Karte verlaufende Linie, hier ist es der Längengrad auf 004° 20'W.

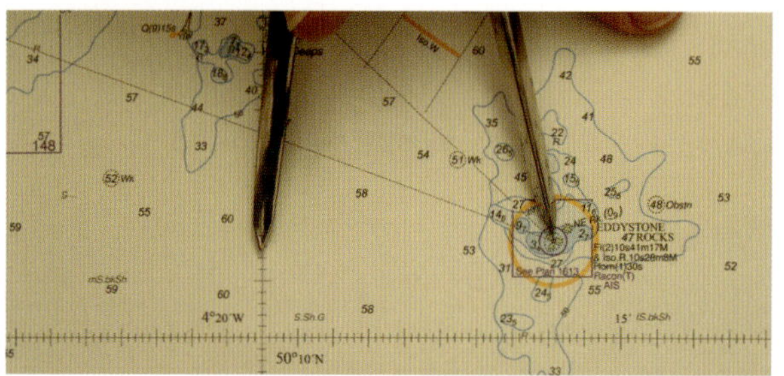

▶ **4. Schritt:** Übertragen Sie nun die mit dem Zirkel abgemessene Distanz auf die weiter unten auf der Karte verlaufende Skala der Längengrade. Stechen Sie dort mit einer Spitze auf den Längengrad 004° 20'W. An der anderen Zirkelspitze können Sie nun die Länge des Leuchtturms ablesen: 004° 15,9'W

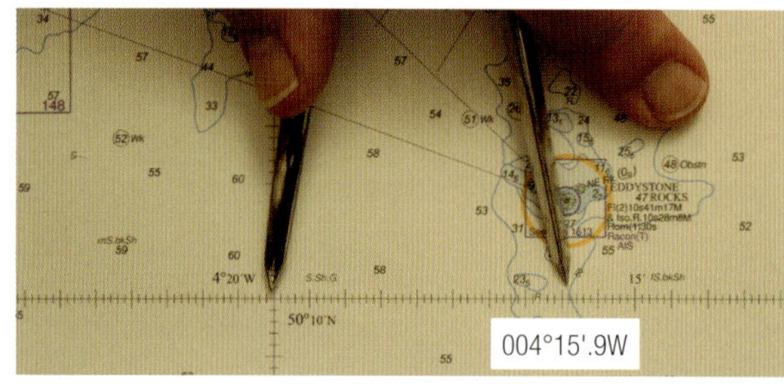

Position in die Seekarte eintragen

Verwenden Sie das Navigationslineal, und gehen Sie in umgekehrter Reihenfolge vor. Legen Sie es an der Skala der Breitengrade an, und richten Sie es rechtwinklig aus. Zeichen Sie einen Strich in die Karte, wo der Wert der Länge etwa sein wird. Legen Sie dann das Lineal an der Skala der Längengrade an, richten es aus, und kreuzen Sie den ersten Strich mit einem senkrechten Strich.

Das GPS zeigt folgende Position vor Cape May Point an: 39° 53,0'N und 074° 58,5'W

▶ *Richten Sie das Navigationslineal auf 39° 53,0'N rechtwinklig aus, und zeichnen Sie einen Strich, wo der Wert der Länge 074° 58,5'W den Strich ca. kreuzen wird.*

Vor Cape May Point, Delaware Bay, USA – geographische Länge

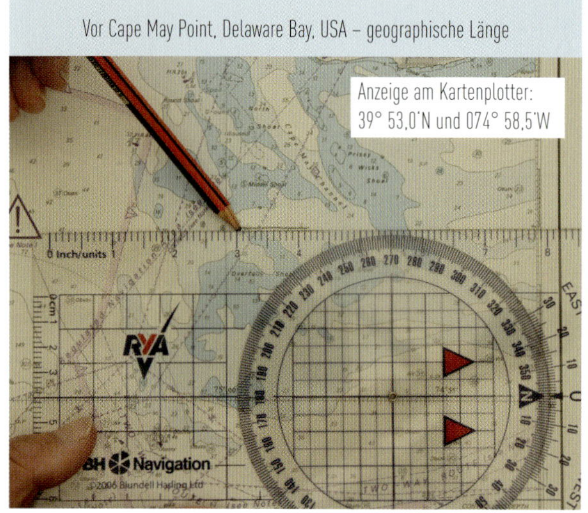

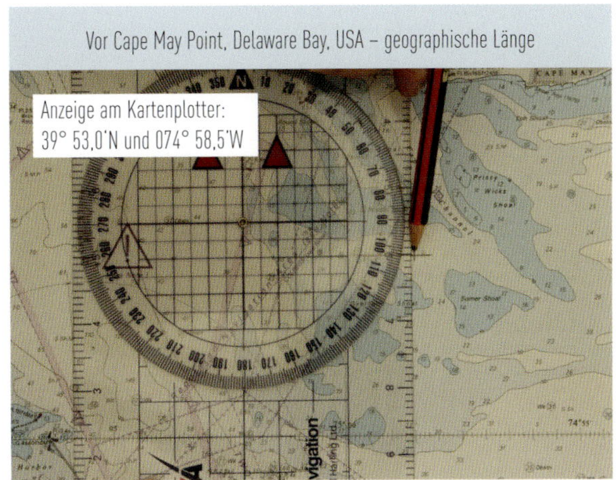

▲ *Das Navigationslineal ist auf 074° 58,5'W rechtwinklig ausgerichtet.*

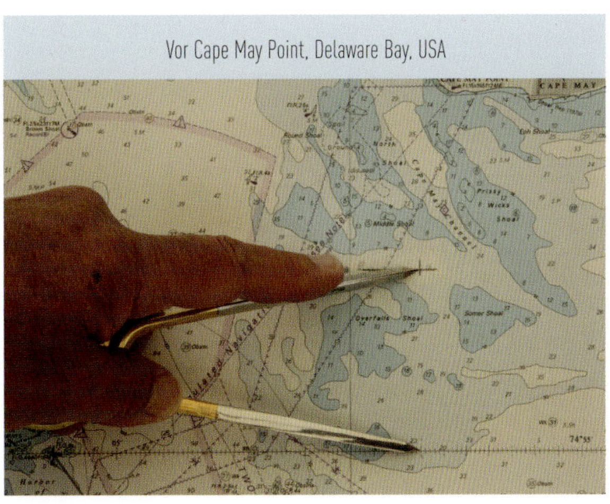

▲ *Man kann auch erst einen Strich mit dem Lineal und dann die Kreuzungsstelle mit dem Zirkel eintragen.*

Es ist nicht möglich, eine Position nur mithilfe des Kartenzirkels in die Karte einzuzeichnen. Zumindest ein Strich muss zuerst an der gegebenen Breite oder Länge eingezeichnet werden.

▶ *Markieren Sie die gesicherte Position mit einem Kreis samt Punkt in der Mitte, und schreiben Sie die Uhrzeit, 12:00 Uhr, und den Stand des Logs, 55 sm, daneben.*

Beim Eintrag von Schiffspositionen ist es üblich, die Kreuzungsstelle einzukreisen und die Uhrzeit, beispielsweise 12:00, sowie den Stand des Logs, beispielsweise 55 Seemeilen, daneben zu schreiben.
Beachten Sie, dass die Höhe des Leuchtfeuers Cape May Point in Fuß angegeben ist. Auch alle Tiefenangaben sind in Fuß angegeben, wie es auf amerikanischen Seekarten üblich ist.

Peilung und Entfernung von und zu einer Position

Eine Position kann viel schneller in die Karte eingetragen werden, wenn man nicht die am Plotter abgelesenen Längen- und Breitengrade verwendet, sondern stattdessen die am Plotter angezeigte Peilung und Entfernung zu einem anderen Objekt in der Karte.

▶ *Die Peilung und Entfernung vom Boot zum Leuchtturm Portland Bill lautet: 47°T 8,4 sm.*

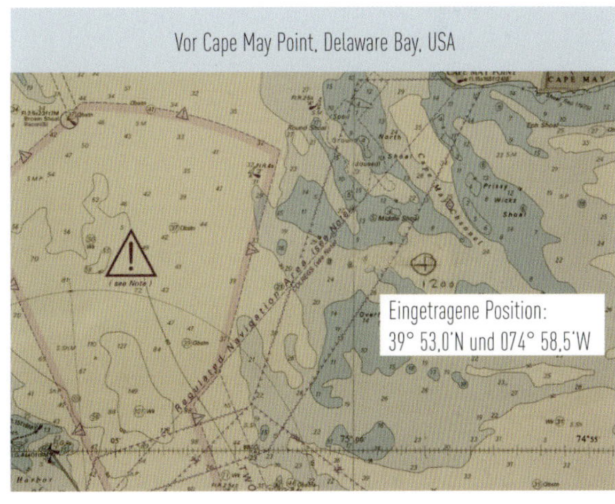

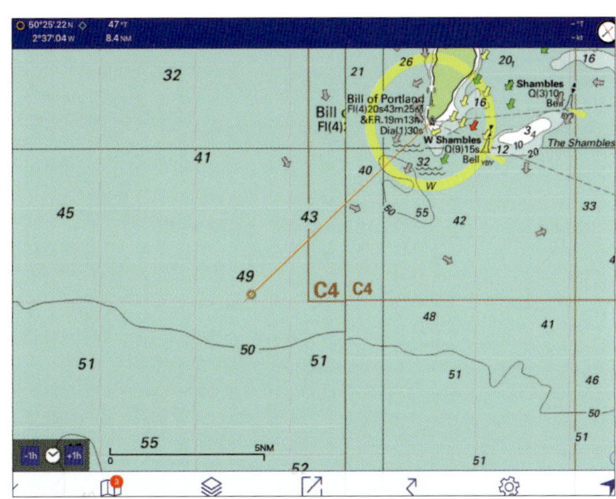

▶ *Richten Sie das Navigationslineal 47° zur Senkrechten aus, zeichnen Sie eine Linie mit dieser Peilung zum Leuchtturm Portland Bill. Tragen Sie dann die Entfernung 8,4 sm entlang dieser Linie vom Leuchtturm aus ab – fertig.*

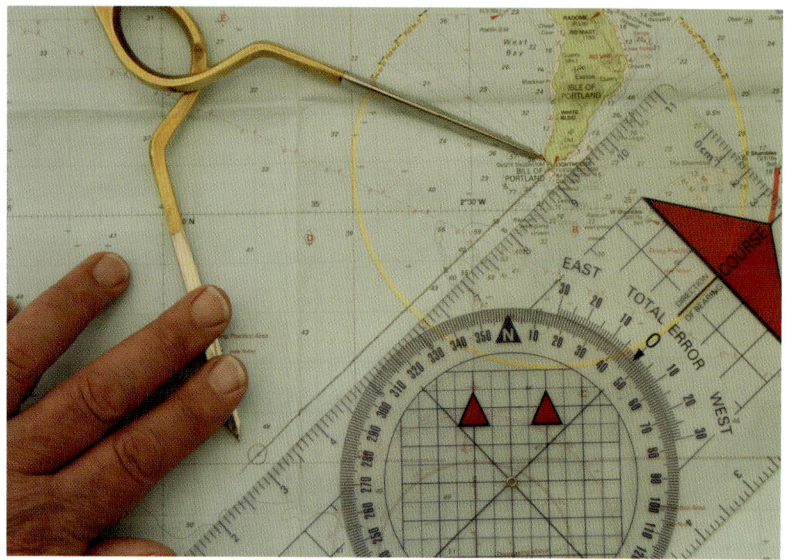

Scannen Sie diesen QR-Code, um ein Video zum Thema »Position« zu sehen.

Was steht da in der Karte?

Man muss schon gestochen scharf sehen können, um alle Details in der Seekarte zu erkennen. Eine Lupe mit eingebauter Beleuchtung kann manchmal hilfreich sein. Auch einfache Lesebrillen, wie sie mit unterschiedlicher Dioptrienzahl in Supermärkten erhältlich sind, haben sich bewährt. Sie haben zudem den Vorteil, dass man beide Hände frei hat. Zu lang sollte man solch stark vergrößernd wirkende Lesebrillen jedoch besser nicht tragen, um keine Kopfschmerzen zu bekommen.

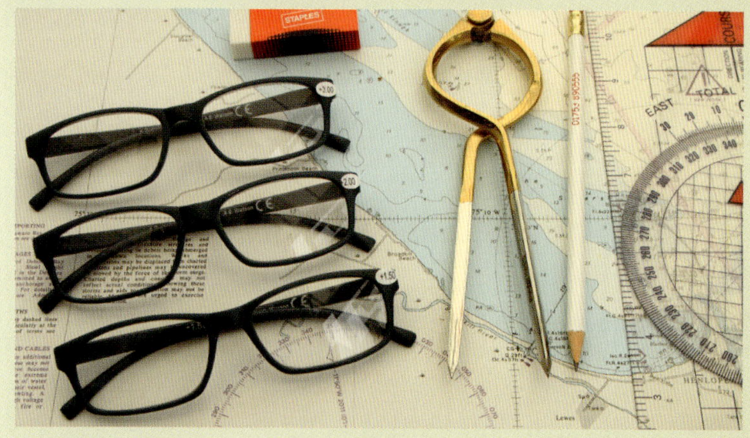

▲ *Mein persönliches Arsenal an stark vergrößernd wirkenden Lesebrillen.*

5 Der Kompass

Es gibt vier Arten von Kompassen bei der Navigation auf See.

1. Der Magnetkompass, bei dem die Nadel zum magnetischen Nordpol zeigt. Der Magnetkompass zeigt eine Richtung oder Peilung in °M (Grad magnetisch oder Grad missweisend) an. Er benötigt keine Stromquelle. Der Steuerkompass an Bord und auch der Handpeilkompass oder der in Ferngläser eingebaute Kompass sind in der Regel Magnetkompasse. Ein Magnetkompass wird zudem durch Deviation abgelenkt.

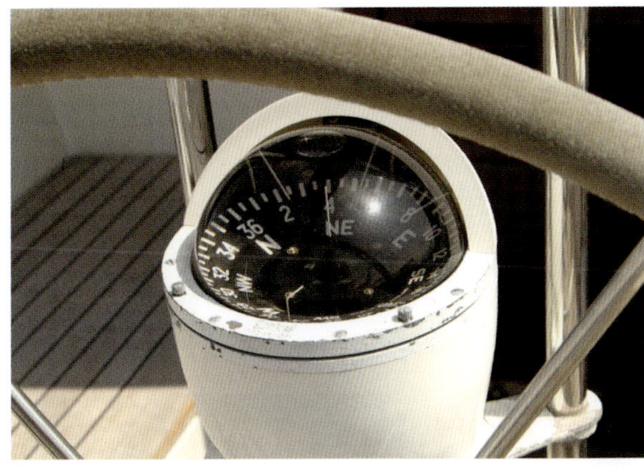

▲ *Magnetkompass an einer Steuersäule.*

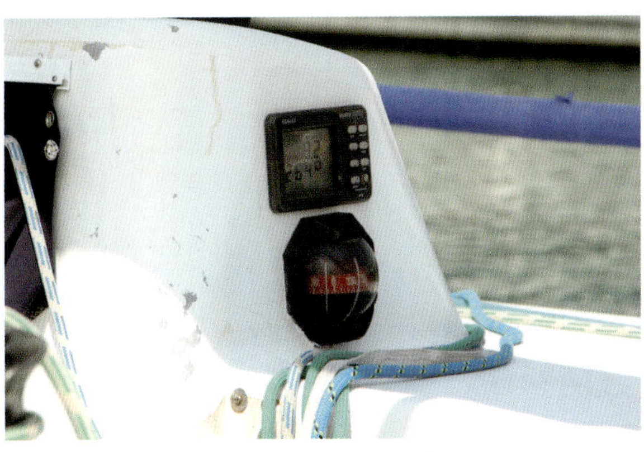

▲ *Magnetkompass für Schotteinbau.*

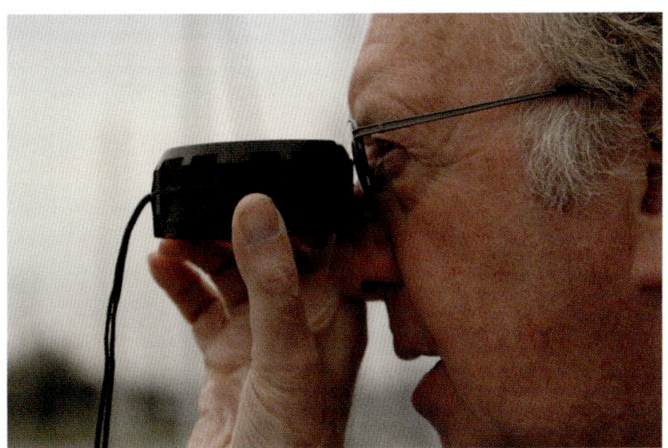

▲ *Magnetischer Handpeilkompass.*

2. Der Fluxgate-Kompass, der das Magnetfeld der Erde misst. Er benötigt eine Stromquelle und unterliegt ebenfalls der Missweisung. Diese lässt sich ggf. für das befahrene Seegebiet eingeben. Ein Fluxgate-Kompass wird auch durch Deviation abgelenkt und sollte daher weit genug entfernt von anderen magnetischen Einflüssen montiert werden. Viele Autopiloten verwenden einen Fluxgate-Kompass. Er kann nach der Deviation des Bootes kalibriert werden. Die Anzeige kann somit in °T (rechtweisend) oder °M (missweisend) erfolgen.

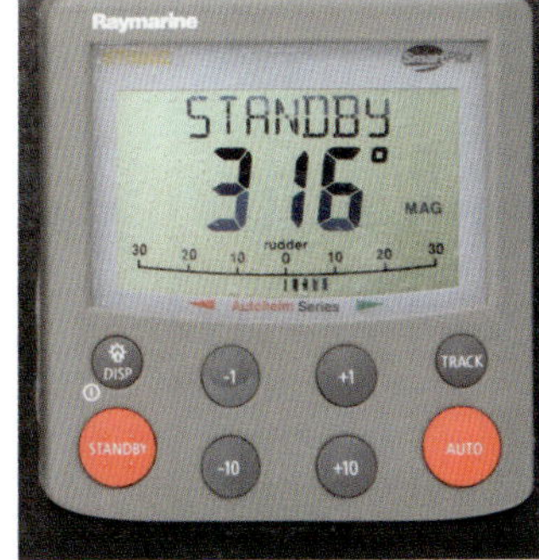

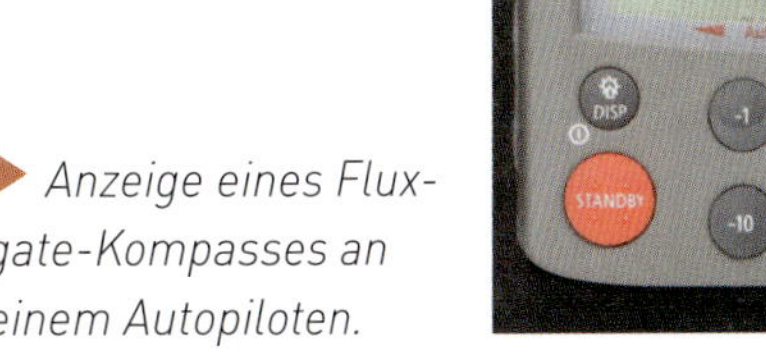

▶ *Anzeige eines Fluxgate-Kompasses an einem Autopiloten.*

3. Der Kreiselkompass, der nach rechtweisend Nord zeigt und nicht durch Deviation abgelenkt wird. Dieser Kompass benötigt eine Stromquelle.

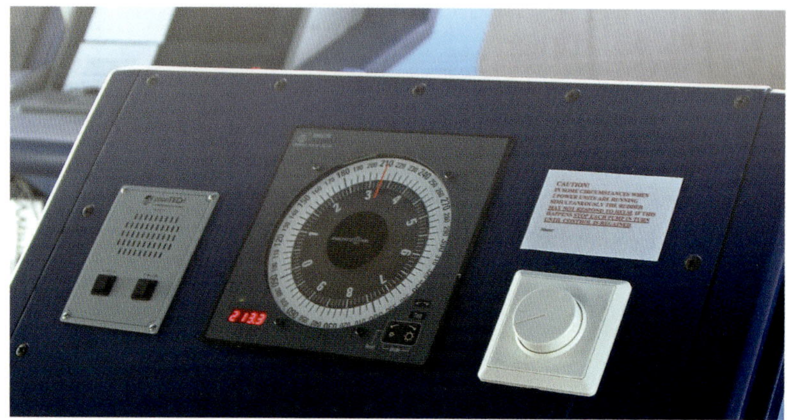

▶ *Kreiselkompass auf einem Supertanker.*

4. Der GPS-Kompass, der eine Richtung in rechtweisend oder missweisend anzeigen kann und ebenfalls eine Stromquelle benötigt. Der GPS-Kompass kann nur dann eine genaue Richtung angeben, wenn das Boot in Bewegung ist. Die Ausrichtung des Bootes bei Stillstand kann er nur bedingt anzeigen.

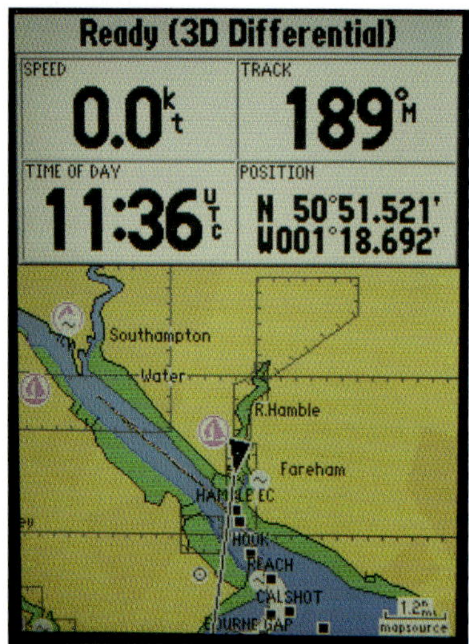

▶ *Kompass auf GPS-Kartenplotter.*

Vergleich unterschiedlicher Kompasse			
Ausführung	**Anzeige**	**Einsatz**	**Strombedarf**
Magnetisch	Zeigt zum magnetischen Nordpol.	Steuerkompass, Handpeilkompass	Nein
Fluxgate	Misst das Magnetfeld der Erde. Zeigt zum magnetischen Nordpol. Kann für Missweisung und Deviation kalibriert werden. Die Anzeige ist digital.	Autopilot	Ja
Kreisel	Zeigt nach rechtweisend Nord. Die Anzeige ist digital.	Steuerkompass auf großen Schiffen und Yachten	Ja
GPS	Zeigt den Kurs über Grund wahlweise missweisend oder rechtweisend an.	Herzstück aller Kartenplotter	Ja

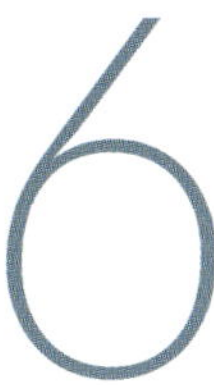

Missweisung und Deviation

Norden auf einer Karte ist rechtweisend Nord und alle Peilungen in Karten und Almanachen werden rechtweisend (°T) angegeben. Peilt man jedoch von Bord aus ein Objekt an, verwendet man in der Regel einen magnetischen Handpeilkompass, der die Peilung missweisend (°M) anzeigt. Das Magnetfeld der Erde ist zu den magnetischen Polen ausgerichtet, und diese stimmen nicht mit den geographischen Polen überein. So liegt der magnetische Nordpol nördlich von Kanada in der Arktis und ist nicht ortsfest, sondern ändert langsam seine Position. Fast überall auf der Welt gibt es eine Abweichung zwischen der Richtung zum geographischen Nordpol und der Richtung zum magnetischen Nordpol. Diese Abweichung von geographisch Nord wird in Grad angegeben und Missweisung oder Deklination genannt. Sie kann westlich oder östlich sein.

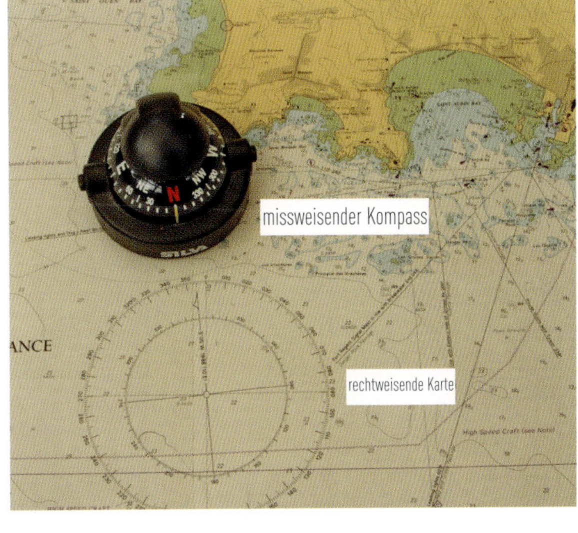

▲ *Missweisung oder Deklination.*

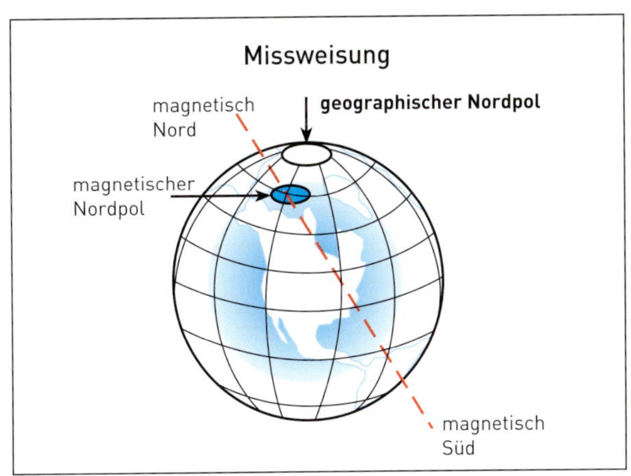

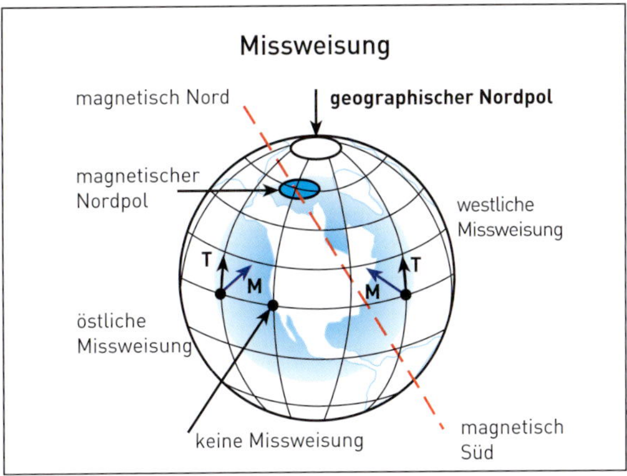

Das Erdmagnetfeld ist komplex, und die Richtung der Missweisung ist nicht nur eine Frage, ob man sich westlich oder östlich von magnetisch Nord/Süd befindet. Eisenerze in der Erdkruste sowie der flüssige Erdkern beeinflussen das Magnetfeld und lassen den Magnetpol ständig wandern.

Tatsächlich sollen sich die Pole in der erdgeschichtlich kurzen Zeit von nur 50.000 Jahren umkehren. In Großbritannien beträgt die Missweisung nach Angaben meines Almanachs von 2018 zwischen 1°W an der Ostküste und bis zu 3°W an der Westküste. Möchte man also von Land's End nach Norden reisen, zeigt dort die Nadel eines Magnetkompass nach 357°T und nicht nach 360°T. Die Missweisung muss eingerechnet werden, sowohl wenn man rechtweisende Peilungen aus einer Karte entnimmt und mit Peilungen an einem Magnetkompass vergleicht, als auch andersherum, wenn man eine magnetische Peilung nimmt und in die Karte eintragen möchte.

Was ist bei der Missweisung zu beachten?

Um eine rechtweisende Peilung aus der Karte in eine missweisende, magnetische Peilung umzurechnen, werden westliche Missweisungen addiert (+) und östliche Missweisungen subtrahiert (–). Es gibt zahlreiche Eselsbrücken, um sich das zu merken, ich denke immer an »West is Best« um rechtweisend in missweisend umzurechnen. »West is Best« – westliche Missweisungen müssen addiert werden.

DIE MISSWEISUNG IN DER SEEKARTE ABLESEN

In allen Seekarten ist die Missweisung für ein bestimmtes Jahr angegeben, zusammen mit dem Betrag und der Richtung der jährlichen Änderung. Oft finden sich diese Angaben im Zentrum einer Kompassrose. Auf der rechts abgebildeten Karte der Küste von Wales steht in der Kompassrose, dass die Missweisung (engl. Variation) im Jahr 1998 6°W betragen hat. Die jährliche Änderung betragt 8'E. im Jahr 2018, also 20 Jahre nach 1998, hat sich die Missweisung um 20 x 8' = 160' oder 2° 40' nach Osten verändert. Es müssen also 2° 40' von 6° abgezogen werden, was für die Missweisung in 2018 einen Wert von 3° 20'W ergibt. Runden Sie diesen Wert auf ganze Grad, und arbeiten Sie mit einer Missweisung von 3°W. In anderen Gebieten kann die Missweisung wesentlich höhere Werte annehmen: So beträgt sie an der US-Ostküste zwischen 11 und 12°W, in der Karibik rund 15°W und in Sydney 13°E.

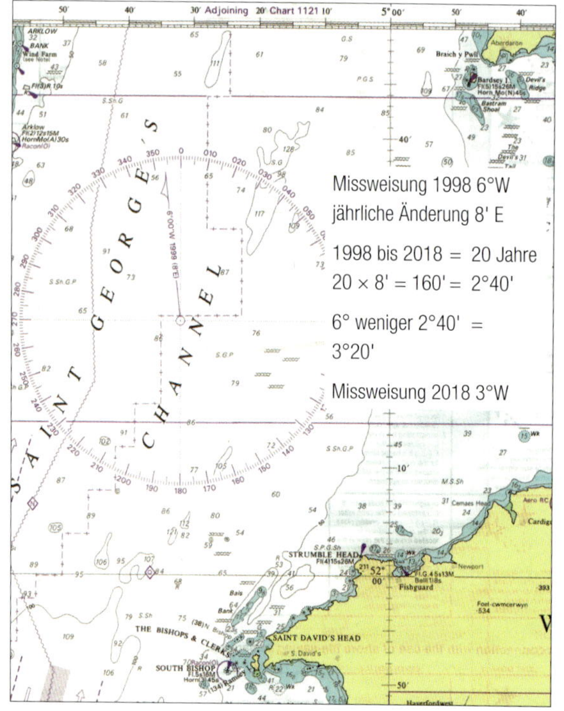

▲ *Die Missweisung an der Westküste Englands.*

Bei einer Missweisung von 12°W wie an der US-Ostküste wird eine rechtweisende Peilung aus der Karte von 090°T zu einer missweisenden Peilung von 102°M.

090°T + 12° westliche Missweisung = 102°M

Nimmt man andersherum eine missweisende Peilung mit dem Handpeilkompass und möchte diese in eine rechtweisende Peilung umrechnen, um sie in die Karte einzuzeichnen, muss die westliche Missweisung subtrahiert werden.
Eine missweisende Peilung von 314°M wird bei einer Missweisung von 12°W zu einer rechtweisenden Peilung von 302°T.

314°M –12° westliche Missweisung = 302°T

Da westliche Missweisungen addiert werden, um eine Peilung von rechtweisend auf missweisend umzurechnen, müssen östliche Missweisungen subtrahiert werden, um von rechtweisend auf missweisend umzurechnen.
Im Südosten Australiens beträgt die Missweisung 12°E und muss von einer rechtweisenden Peilung subtrahiert werden, um eine missweisende Peilung zu ergeben.

180°T – 12° östliche Missweisung = 168°M

Bei der Umrechnung von missweisend auf rechtweisend heißt es dagegen:
075°M + 12° östliche Missweisung = 087°T

Hier ist ein Hilfsdiagramm. Geht man links von einer rechtweisenden Gradzahl (T) aus, folgt man dem Pfeil. Geht man rechts von einer missweisenden Gradzahl (M) aus, folgt man ebenfalls dem Pfeil.

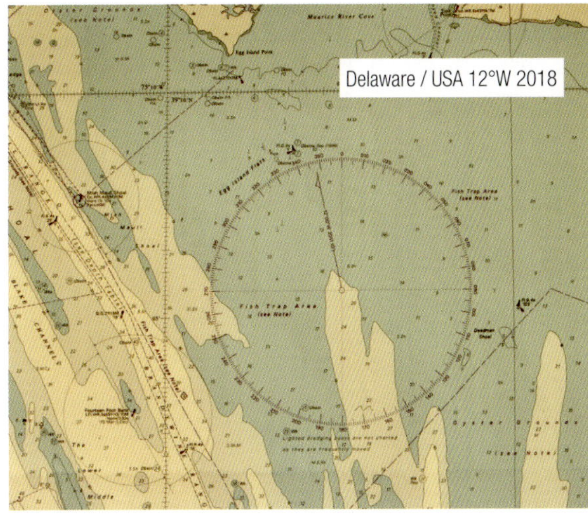

▲ *An der US-Ostküste herrscht eine stärkere westliche Missweisung.*

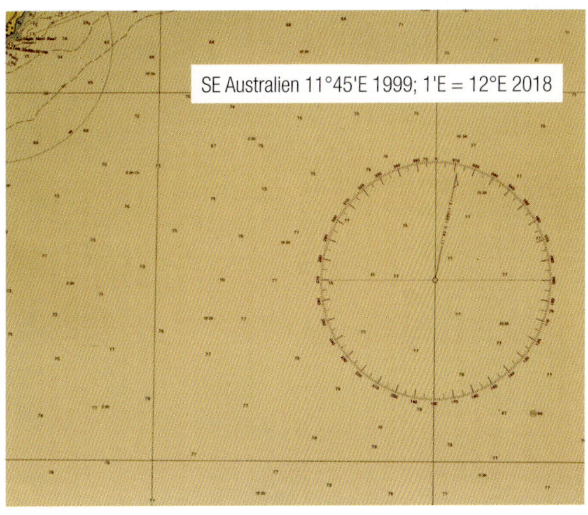

▲ *An der Südostküste Australiens herrscht dagegen eine stärkere östliche Missweisung.*

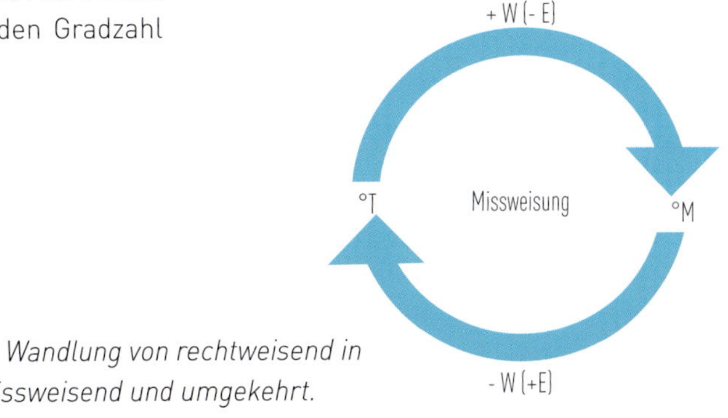

▶ *Wandlung von rechtweisend in missweisend und umgekehrt.*

ERDMAGNETFELD UND ISOGONEN

Linien gleicher Missweisung werden Isogonen genannt. Die Abbildung einer Isogonenkarte unten zeigt, wie Gebiete unterschiedlicher Missweisung auf der Erdoberfläche verteilt sind.

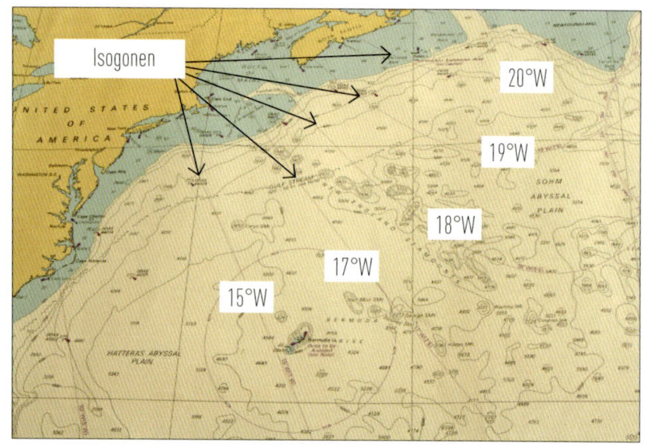

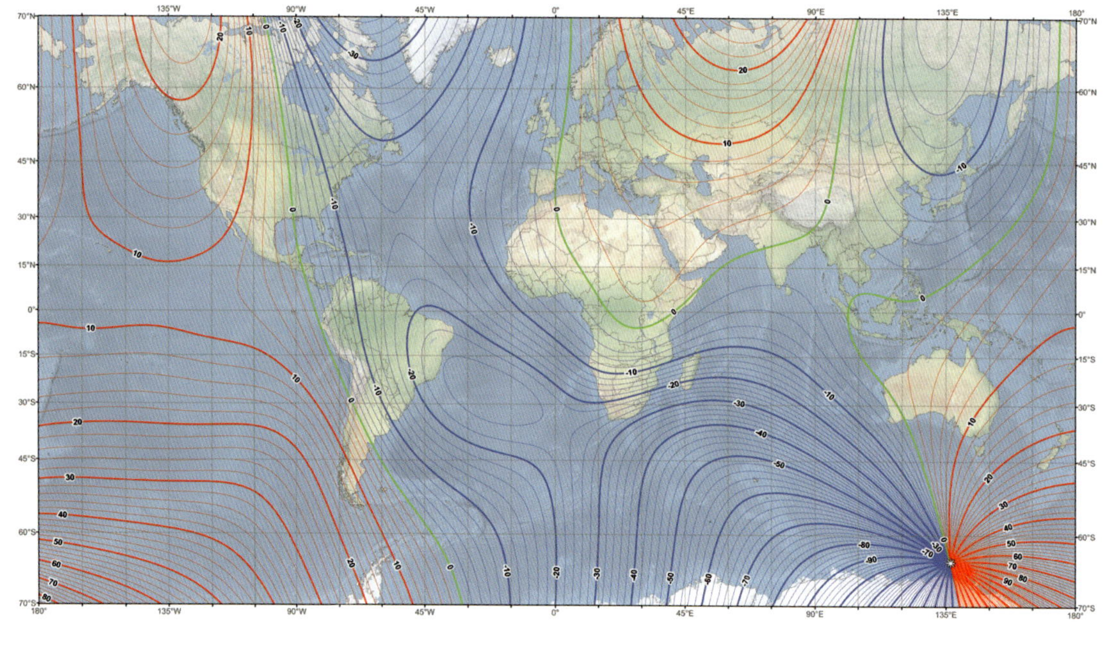

Die meisten Kartenplotter können Peilungen in rechtweisend oder missweisend anzeigen. Manche Plotter von Navionics zeigen dagegen nur rechtweisende Werte an und entsprechen in dieser Hinsicht einer Papierseekarte, bei der entnommene Peilungen ebenfalls rechtweisend sind. Überprüfen Sie, auf welche Anzeige Ihr Kartenplotter eingestellt ist und ob der korrekte Wert der Missweisung verwendet wird. Anderenfalls stimmt die elektronische Anzeige nicht mit den am Handpeilkompass abgelesenen Werten überein.

Der erste Schritt ist die Überprüfung, ob der Plotter in °T oder in °M anzeigt. Zeigt er in °M an und rechnet die Missweisung automatisch ein, überprüfen Sie ob das Ergebnis korrekt ist. Ich hatte schon Plotter, die bei der automatischen Berücksichtigung der Missweisung fehlerhaft waren. Das ist vor allem dann problematisch, wenn man dem Kartenplotter Informationen entnimmt und diese in eine Papierseekarte einträgt. Beträgt die aktuelle Missweisung laut Seekarte 1°W, laut Kartenplotter aber 3°W, und rechnet man eine elektronische Peilung in °T um, ist diese um 2° falsch.

Deviation

Unter Deviation versteht man den Einfluss in der Nähe befindlicher magnetischer oder magnetisierbarer Objekte auf einen Magnetkompass – Bordlautsprecher oder größere metallene Gegenstände können den Magnetkompass ablenken. Die Deviation ist somit auch abhängig von der Ausrichtung des Bootes beziehungsweise der Lage der ablenkenden Objekte an Bord zur Nordrichtung. Nehmen Sie einen magnetischen Handpeilkompass und halten Sie Gegenstände wie ein Taschenmesser, ein Mobiltelefon oder einen Schlüsselbund in seine Nähe, um zu beobachten, wie die Kompassnadel abgelenkt wird. Drehen Sie sich dann langsam in Kreis und halten Sie das jeweilige Objekt in gleicher Ausrichtung zum Kompass, also beispielsweise an die rechte Seite des Kompasses, und achten Sie darauf, wie die Ablenkung ab- und zunimmt, während Sie sich ganz im Kreis herumdrehen.

Überprüfen Sie immer die Deviation, wenn Sie an Bord eines neuen oder eines für Sie noch unbekannten Bootes steigen. Sie werden überrascht sein, wie gravierend die Deviation oft ausfällt, wenn nachträglich magnetische oder magnetisierbare Gegenstände in der Nähe des Steuerkompasses angebracht wurden. Da ein Kompass vor allem durch Gegenstände abgelenkt wird, die sich auf gleicher Höhe mit dem Kompass befinden, sind Steuerkompasse stärker betroffen als Handpeilkompasse, die man meist aufrecht stehend verwendet, sodass sich nur wenige störende Objekte auf gleicher Höhe befinden.

Berichtigung für Missweisung und Deviation

Ausgangspunkt ist eine rechtweisende Peilung in °T. Rechnen Sie diese Peilung in eine missweisende Peilung in °M um. Dann berichtigen Sie diese mit dem Wert der Deviation, um einen Magnetkompasskurs (°MgK) zu erhalten.

°T aus der Seekarte + W-Missweisung oder – O-Missweisung = °M
°M + W-Deviation oder – O-Deviation = Magnetkompasskurs (°MgK)

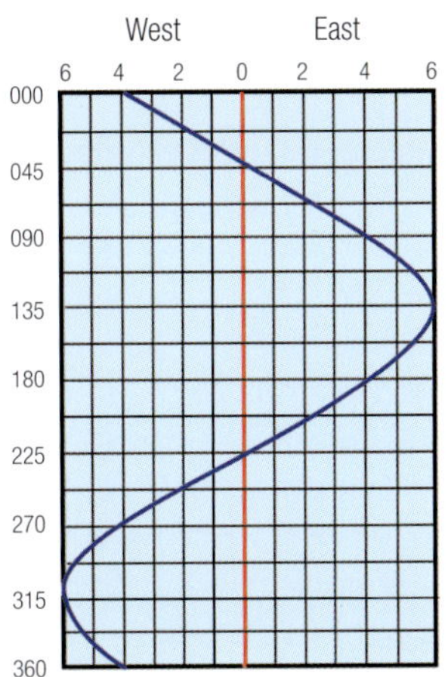

Ship's Head Compass (°C)	Deviation	Ship's Head Magnetic (°M)
000	4W	356
022.5	2W	020.5
045	0	045
067.5	2E	069.5
090	4E	094
112.5	5E	117.5
135	6E	141
157.5	5E	162.5
180	4E	184
202.5	2E	204.5
225	0	225
247.5	2W	245.5
270	4W	266
292.5	5W	287.5
315	6W	309
337.5	5W	332.5
360	4W	356

▲ *Deviationstabelle für einen Steuerkompass.*

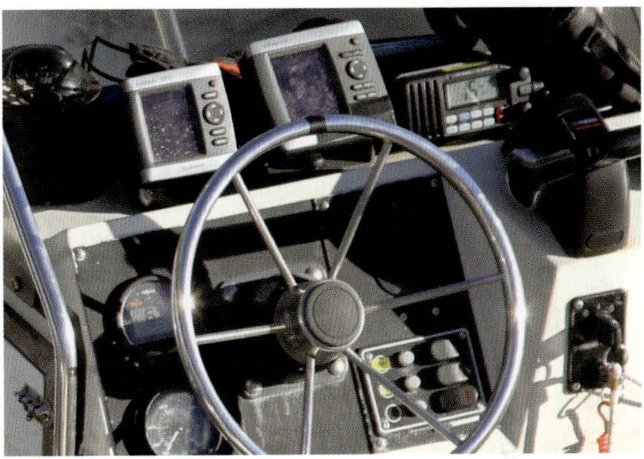

▲ *Hier wurde vor kurzem ein Fishfinder nahe am magnetischen Steuerkompass montiert. Dadurch betrug die Deviation bei manchen Kursen bis zu 47°W. So etwas kann böse ausgehen, wenn die Elektronik bei schlechter Sicht ausfallen sollte.*

Oder andersherum von °MgK zu °T:

°Mgk – W-Deviation oder + O-Deviation = °M
°M – W-Missweisung oder + O-Missweisung = °T
Jetzt kann der Kurs in °T in die Karte eingezeichnet werden.

WIE DIE DEVIATION ÜBERPRÜFT WIRD

Nehmen Sie einen magnetischen Handpeilkompass, und stellen Sie sich in ausreichender Entfernung zum Steuerkompass und anderer magnetischer Objekte an Deck. Bitten Sie den Steuermann einen Kurs von 000°M zu steuern und lesen Sie den Handpeilkompass ab. Zeigt er einen höheren Wert als 000° an, hat der Steuerkompass auf diesem Kurs eine östliche Deviation, zeigt er weniger als 360° an, hat der Steuerkompass auf diesem Kurs eine westliche Deviation. Führen sie diesen Vergleich in 45°-Schritten auf der Kompassrose durch, also bei Kursen von: 000º, 045º, 090º, 135º, 180º, 225º, 270º und 335º. Notieren Sie jedes Mal Stärke und Richtung der Ablenkung, und erstellen Sie so eine Deviationstabelle oder eine Deviationskurve. Idealerweise sollte die Deviation Werte von 2° nicht überschreiten.
Eine andere Methode, die Deviation zu überprüfen, besteht darin, das Boot an einer Stelle mit bekannter Peilung zu einer Landmarke in einem Vollkreis zu drehen und gleichzeitig den Steuerkompass abzulesen. Am besten verwendet man dazu zwei Landmarken, z. B. zwei in der Seekarte verzeichneten Türme, die sich von See aus in Deckungspeilung bringen lassen. Zeichnen Sie auf der Seekarte eine Standlinie durch diese Landmarken, bestimmen Sie die rechtweisende Peilung, und rechnen Sie diese in missweisende Peilung um. Man kann die Peillinie auch am Kartenplotter anzeigen lassen. Achten Sie darauf, dass sie missweisend angezeigt wird und dass der Plotter mit der korrekten Missweisung arbeitet. Bringen Sie nun die Landmarken von Bord aus genau in Deckung. Drehen Sie an dieser Stelle das Boot in 45°-Schritten, wozu eine Peilscheibe an Bord nötig ist. Lesen Sie jedes Mal den Steuerkompass ab. Mit den Werten der Ablenkungen bei jeder der acht verschiedenen Ausrichtungen (360:45=8) kann die Deviationstabelle erstellt werden.
Die Diagramme rechts helfen bei der Umrechnung von °T in °M und °M in °MgK und umgekehrt.

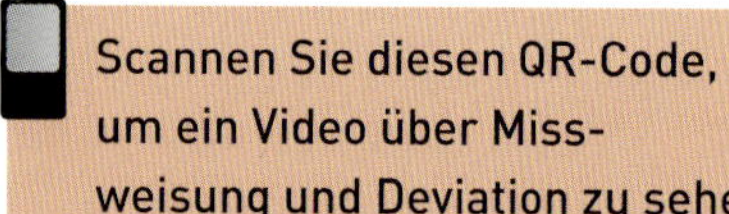

Scannen Sie diesen QR-Code, um ein Video über Missweisung und Deviation zu sehen.

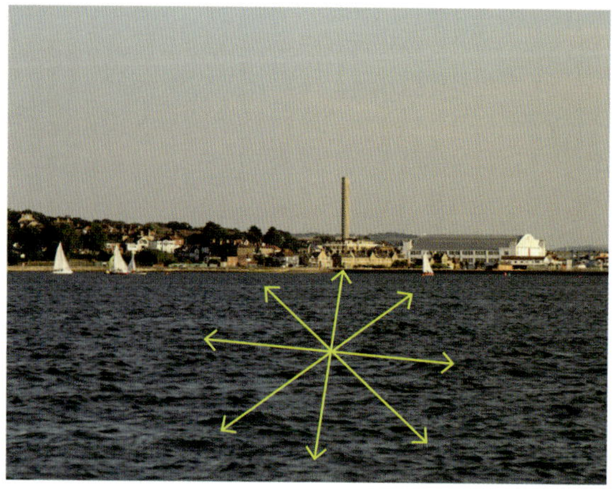

▲ *Drehen des Kompasses bei bekannter Peilung.*

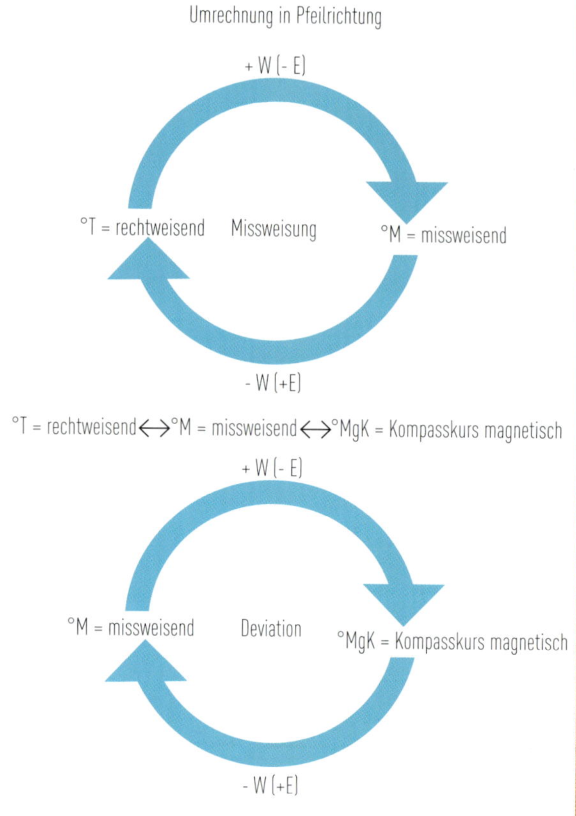

▲ *Umrechnung von rechtweisend, missweisend und magnetischem Kompasskurs in Pfeilrichtung.*

7 Positionsbestimmung

Das Schöne an einem Kartenplotter ist, dass man die eigene Position nicht finden muss, da er die eigene Position auf der Erdoberfläche fortwährend auf bis zu zwei Meter genau anzeigt.
Möchte man dagegen die eigene Position durch Kartenarbeit ermitteln und in die Karte eintragen, braucht das etwas mehr Zeit.
Es gibt viele Methoden, die eigene Position zu bestimmen:

Position an einem Kartensymbol

Die einfachste Art der Positionsbestimmung ist, sich neben einen in der Karte verzeichneten Punkt, beispielsweise eine Fahrwassertonne, zu begeben. Tragen Sie dort Ihre Position mit einem eingekreisten Punkt – dem Symbol für ein Positionsfix – ein, und schreiben Sie die Uhrzeit und den Stand des Logs daneben.

Drei-Punkte-Fix

Wenn man zwei durch Peilungen ermittelte Standlinien in die Karte einzeichnen kann, ergibt der Schnittpunkt dieser Standlinien bereits ein Fix. Noch genauer ist die Positionsbestimmung durch drei Standlinien.

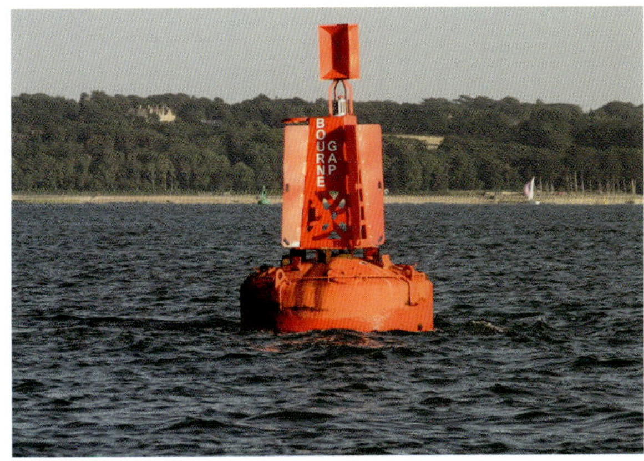

▲ *Backbord-Fahrwassertonne Bourne Gap.*

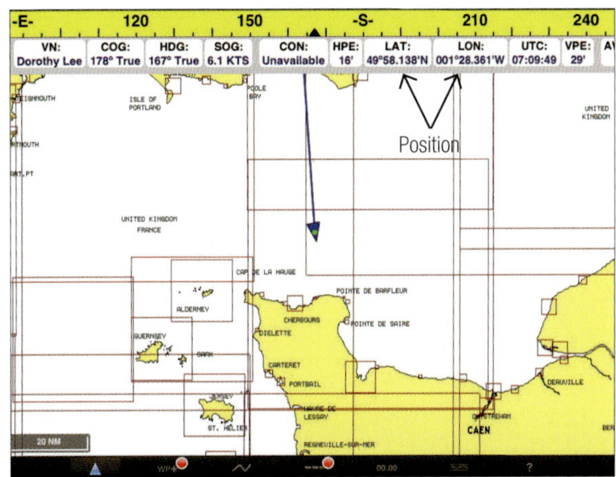

▲ *Positionsangabe auf einem Kartenplotter.*

1. Schritt: Identifizieren Sie drei markante Punkte, die auf der Karte verzeichnet sind. Bei diesem Beispiel befinden Sie sich in der Stanswood Bay und können klar erkennen:

- Die Backbord-Fahrwassertonne Bourne Gap Fl.R.3s (ein rotes Blitzlicht, Wiederkehr 3 Sekunden). Die magentafarbene (auf alten Seekarten) oder rote (auf neueren Karten) kleine Fahne unterhalb des Tonnen-Symbols zeigt an, dass die Tonne befeuert ist.
- Den Luttrell Tower.
- Das Gleichtaktfeuer Outfall ISO.R.10s6m5M & 4F.R – die Charakteristik bedeutet, dass Leucht- und Dunkelphase gleich lang sind, die Farbe des Leuchtfeuers rot ist, die Wiederkehr 10 Sekunden beträgt, also 5 Sekunden an und 5 Sekunden aus. Zudem sind vier rote Festfeuer an dieser Einrichtung angebracht.

2. Schritt: Peilen Sie jedes der drei Objekte mit dem Handpeilkompass an, und notieren Sie:
Luttrell Tower 004°M
Outfall 038°M
Bourne Gap 079°M

3. Schritt: Rechnen Sie die Peilungen von °M auf °T um. Zur Positionsbestimmung in der Karte müssen Sie rechtweisende Peilungen einzeichnen. 2018 beträgt die Missweisung auf dieser Karte nur 1°W. Da eine westliche Missweisung bei der Umrechnung von °T in °M addiert wird, muss eine westliche Missweisung bei der Umrechnung von °M in °T subtrahiert werden. Somit lauten die rechtweisenden Peilungen:

Luttrell Tower 003°T
Outfall 037°T
Bourne Gap 078°T

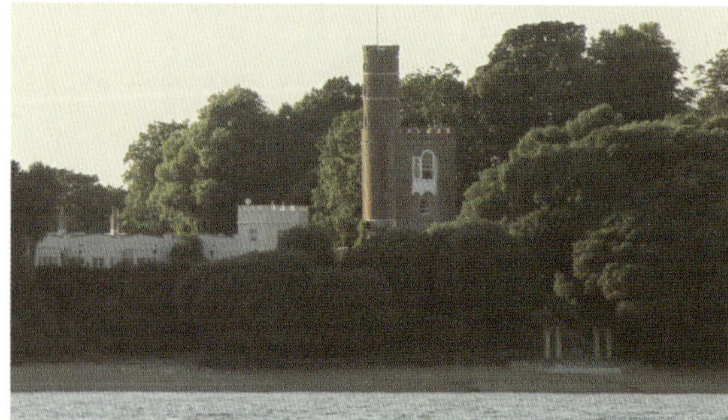

▶ *Luttrell Tower.*

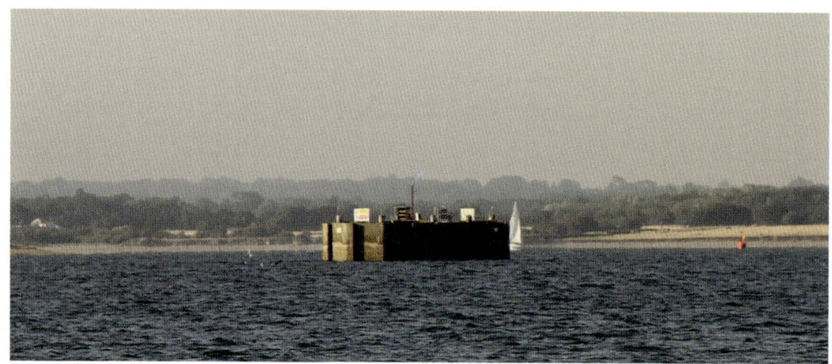

▼ *Outfall.*

4. Schritt: Stellen Sie das Navigationslineal für die Peilung von Bourne Gap auf 78°T ein.

5. Schritt: Halten Sie den Bleistift auf das Kartensymbol der Fahrwassertonne Bourne Gap, richten Sie den drehbaren Teil des Navigationslineals an einer Senkrechten in der Karte aus, sodass das Lineal 78° schräg zur Senkrechten steht, und schieben Sie es an den Bleistift heran. Oder verwenden Sie zwei Navigationsdreiecke, richten das erste auf 78° aus und verwenden das zweite, um das erste durch Parallelverschiebung an das Kartensymbol heranzuschieben. Zeichnen Sie nun eine Positionslinie vom Kartensymbol in Richtung zu ihrer Position.

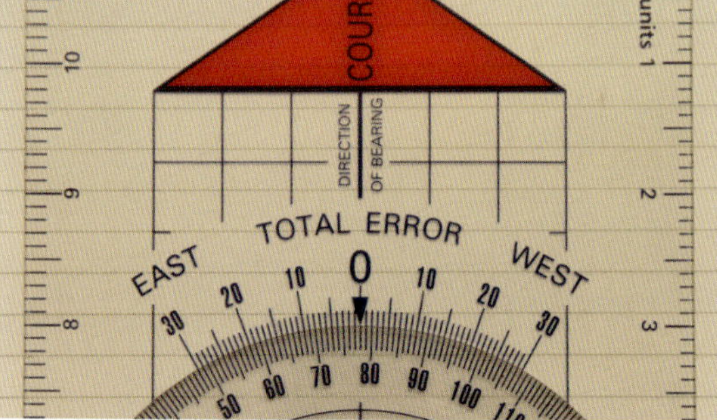

1. Stellen Sie die drehbare Kompassrose des Navigationslineals auf 78°.
2. Der große rote Pfeil des Lineals muss auf Bourne Gap zeigen.
3. Die zwei kleinen roten Dreiecke müssen nach Norden zeigen.
4. Die Linien im drehbaren Teil des Lineals werden an einem Längengrad oder einer anderen Senkrechten in der Karte ausgerichtet.

Jetzt kann die Peilung von Bourne Gap mit 78° in die Karte eingezeichnet werden.

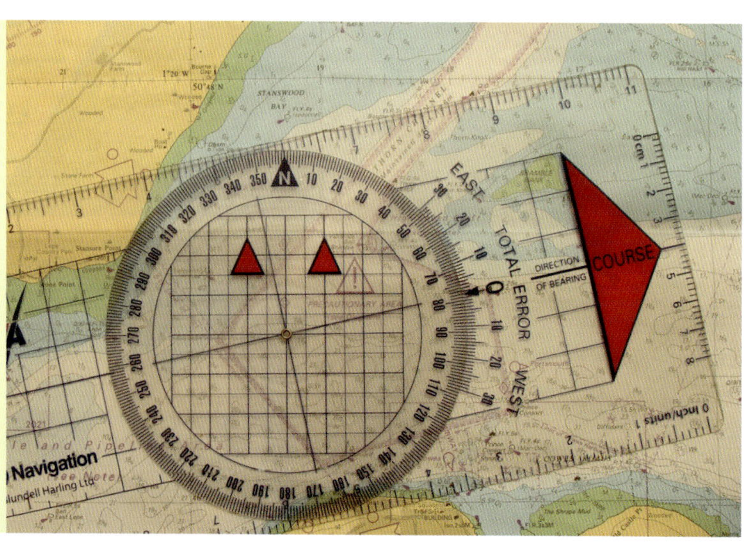

6. Schritt: Zeichnen Sie die beiden anderen Peilungen auf gleiche Weise ein. Im Schnittpunkt der drei Linien befindet sich Ihre Position, die in der Karte mit einem eingekreisten Punkt markiert wird. Schreiben Sie die Uhrzeit und den Stand des Logs daneben. Anfangs zeichnet man meist durchgehende Linien in die Karte, aber mit der Zeit kann man besser abschätzen, wo der Schnittpunkt sein wird und zeichnet nur noch eine kurze Linie in dessen Nähe. Auf diese Weise muss man nach dem Törn nicht so viel ausradieren. Am Schreibtisch an Land treffen die Linien genau in einem Punkt zusammen, am Navitisch auf einem schaukelnden Boot sieht es oft anders aus, auch weil man den Handpeilkompass nicht absolut genau ablesen kann. So ergibt sich am Schnittpunkt der Linien ein kleines Dreieck.

Befindet man sich in der Nähe einer Gefahrenstelle, beispielsweise eines Riffs, sollte man immer vom ungünstigsten Fall ausgehen und seine Position innerhalb dieses Dreiecks so nah wie möglich an der Gefahrenstelle einzeichnen.

Man sollte zudem darauf achten, dass die Richtungen der drei Peilungen möglichst gleich verteilt sind, nicht zu nah beisammen und nicht zu weit auseinander. Eine Peilung nach vorn über den Bug, eine achtern über das Heck und eine querab wären ungünstig und zu weit auseinander. Wenn das Boot Fahrt über Grund macht, sollte die seitliche Peilung als letztes genommen werden. Zusätzlich kann man eine so gewonnene Position noch mit der Wassertiefe überprüfen.

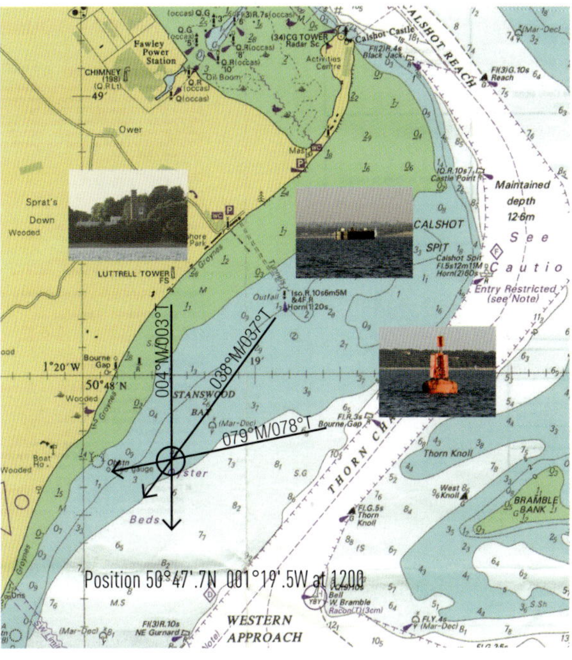

▲ *Drei-Punkte-Fix.*

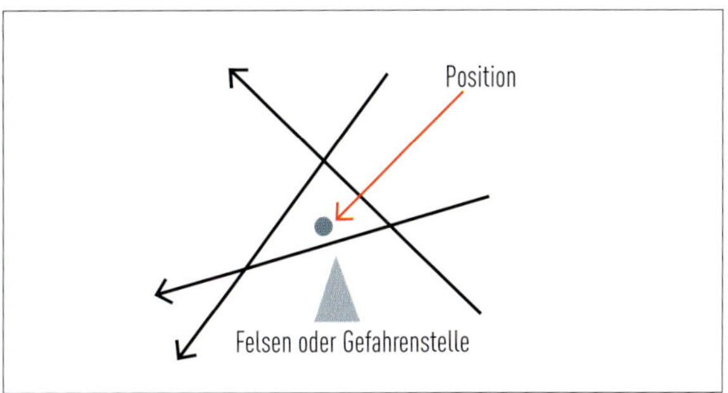

▲ *Die Peilungen bilden im Schnittpunkt ein Dreieck.*

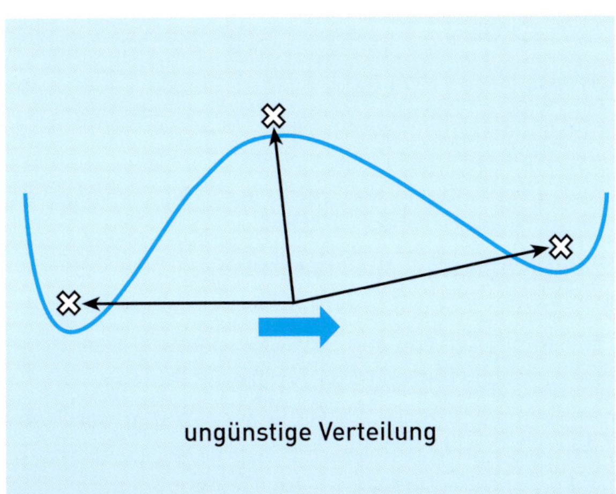

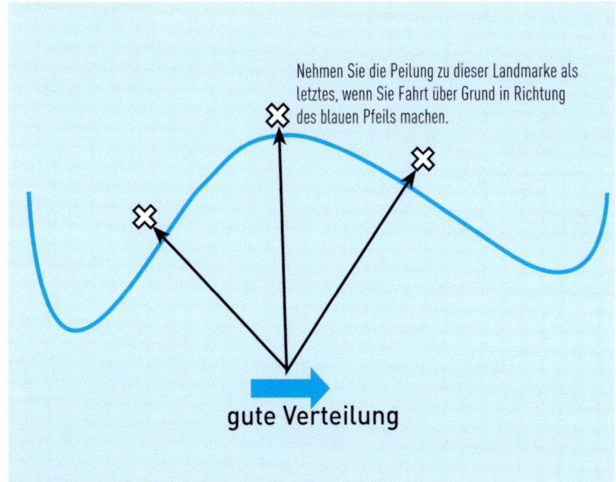

Eine Peilung und die Wassertiefe

Eine einzelne Peilung zu einer Landmarke gibt lediglich eine Positions- oder Standlinie. Man hat noch kein Fix, sondern weiß nur, dass man sich irgendwo auf dieser Linie befinden muss. Vergleicht man allerdings die angezeigte Wassertiefe am Echolot mit den Tiefenangaben der Seekarte, zu denen noch die Höhe der Gezeit addiert werden muss, kann man ziemlich genau erkennen, wo auf der Linie die eigene Position liegen muss. In diesem Beispiel wurde das Corbière Lighthouse im Westen der Insel Jersey im Ärmelkanal mit 134°M gepeilt. Die Missweisung beträgt 4°W und die Wassertiefe 14,5 m. Die Höhe der Gezeit ist aktuell 4,4 m. Zieht man diesen Wert von der gemessenen Wassertiefe ab, erhält man 10,1 m über Kartennull. Bei dieser Tiefenangabe in der Karte liegt die eigene Position, denn die Tiefe am Echolot ist immer die Höhe der Gezeit plus die Tiefe aus der Karte über Kartennull.

Die Linie der rechtweisenden Peilung von 130°T kreuzt genau eine Tiefenangabe von 10,1 m. Hier ist die eigene Position. Natürlich habe ich diesen Fall konstruiert und in der Realität sieht es vielleicht nicht genau so aus, doch kann man so vorgehen, wenn nur eine Landmarke für eine Peilung auszumachen ist.

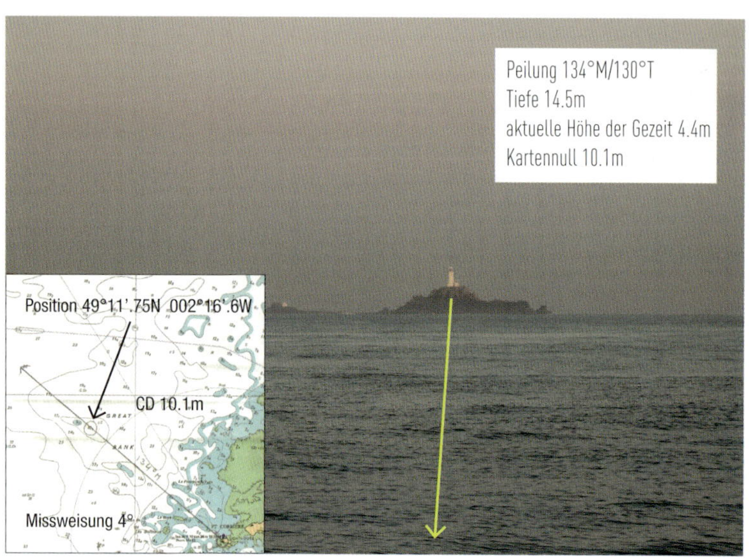

▲ *Einzelpeilung und Wassertiefe.*

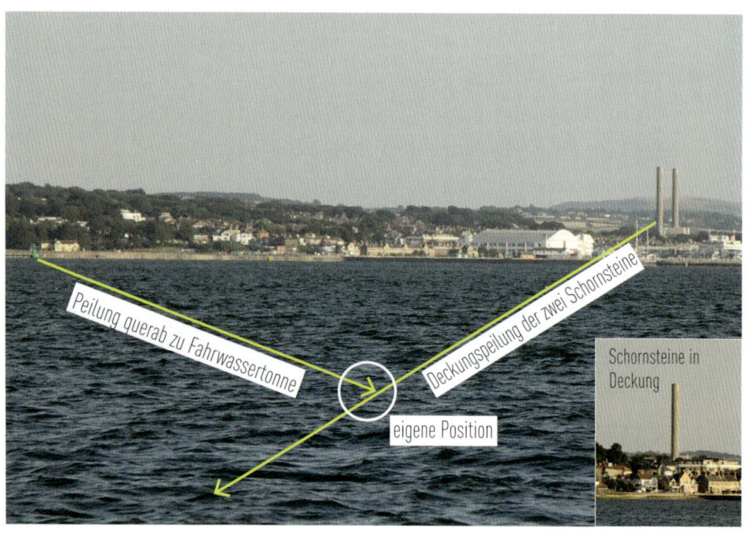

▲ *Positionsbestimmung durch Deckungspeilung und Peilung querab.*

Eine Peilung und eine Deckungspeilung

Bringt man zwei Landmarken genau in Deckung hintereinander, so spricht man von einer Deckungspeilung. Die zwei Schornsteine in Cowes eignen sich gut dafür. Man kann direkt eine Positionslinie durch die beiden Schornsteine in der Karte zeichnen, ohne dass man sie anpeilen muss und die gemessene Peilung in eine rechtweisende Peilung umrechnen muss. Peilt man jetzt noch ein anderes Objekt mit dem Handpeilkompass an, das möglichst querab liegt, beispielsweise die Steuerbord-Fahrwassertonne, so erhält man die eigene Position, ein Fix. Dieses kann zusätzlich durch Überprüfung der Wassertiefe abgesichert werden.

Entfernungsmessungen mit Radar

Man benötigt drei Punkte auf dem Radarschirm, die man eindeutig auf der Seekarte identifizieren kann. Misst man die Entfernungen zu diesen Punkten mithilfe der Range-Funktion am Radarschirm und durch di rekte Radarpeilung für noch bessere Genauigkeit, kann man mit den drei Entfernungen die eigene Position in

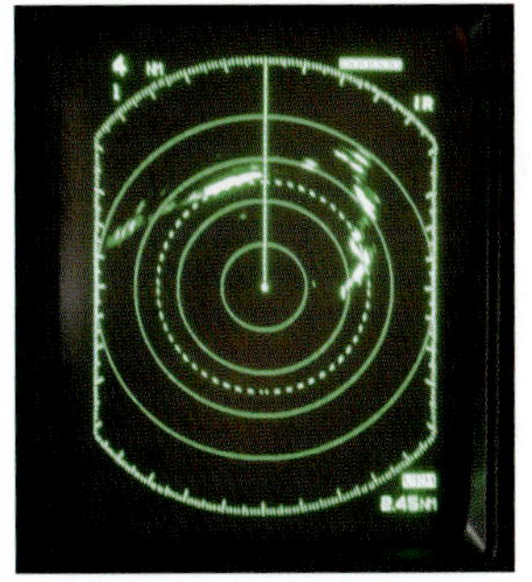

▲ *Entfernung: 2,45 sm.*

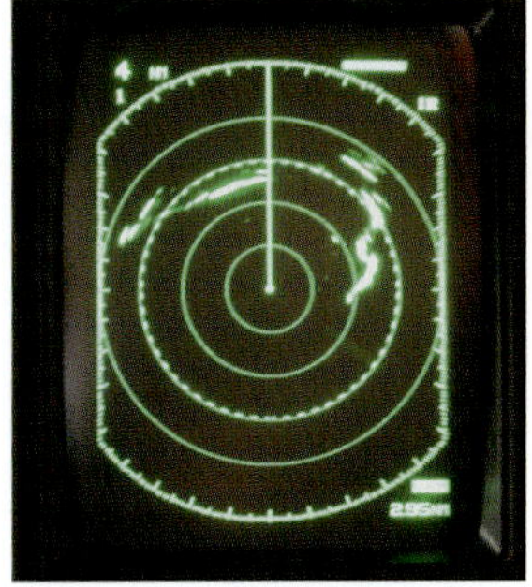

▲ *Entfernung: 2,95 sm.*

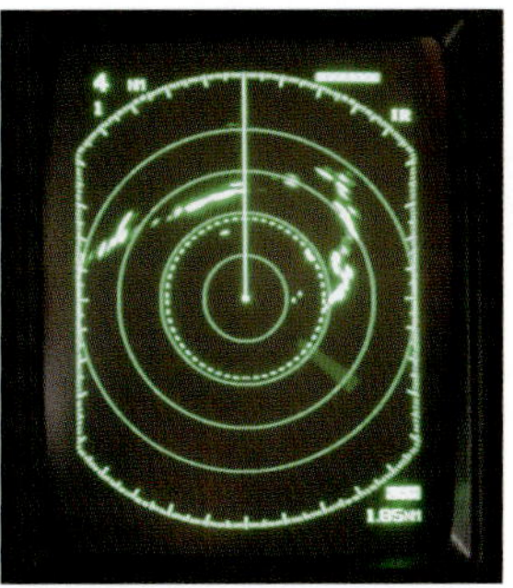

▲ *Entfernung: 1,85 sm.*

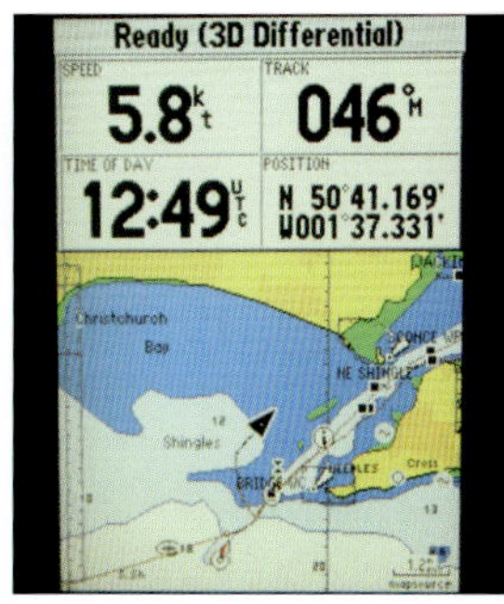

▲ *Position am Plotter.*

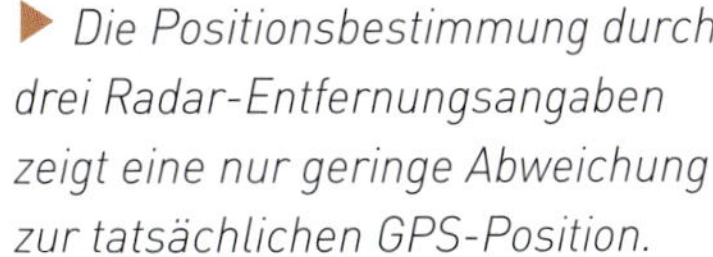

▶ *Die Positionsbestimmung durch drei Radar-Entfernungsangaben zeigt eine nur geringe Abweichung zur tatsächlichen GPS-Position.*

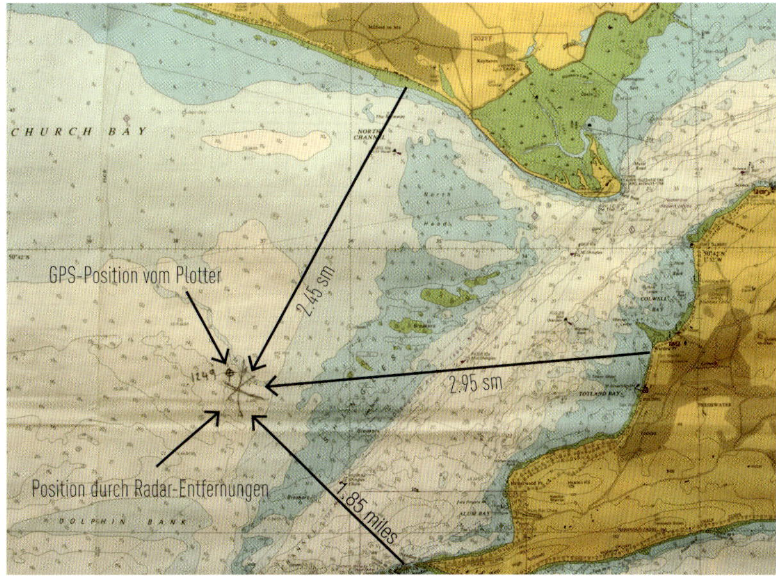

die Seekarte einzeichnen. Dazu benutzt man einen Zirkel, sticht jeweils am angepeilten Objekt in der Karte ein und zeichnet einen Bogen im entsprechenden Radius. Im Schnittpunkt der drei Bögen befindet sich die eigene Position.
Auch die Positionsbestimmung mit drei Entfernungen kann durch Überprüfung der Wassertiefe abgesichert werden. Eine Radarpeilung allein ist nicht genau genug, da der Radarstrahl 5° Streuung hat und kein sehr genaues Fix ergibt.

Sektorenfeuer und Wassertiefe

Eine weitere Möglichkeit zur Positionsbestimmung bietet ein Sektorenfeuer. Segelt man von einem Sektor in einen anderen, befindet man sich genau auf der in der Karte verzeichneten Linie zwischen diesen Sektoren. Zieht man nun die berichtigte Wassertiefe hinzu und vergleicht sie mit der Tiefe in der Karte, hat man eine gute Vorstellung davon, wo man sich befindet.

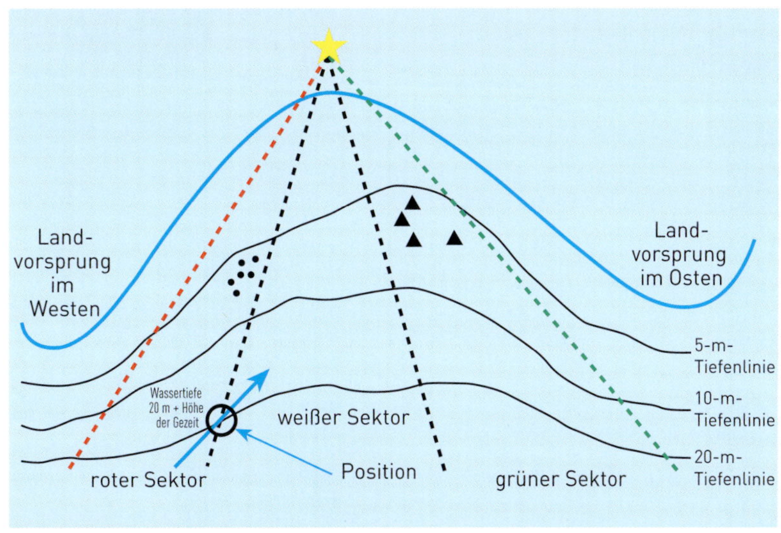

▶ *Fix per Sektorenfeuer und Tiefe.*

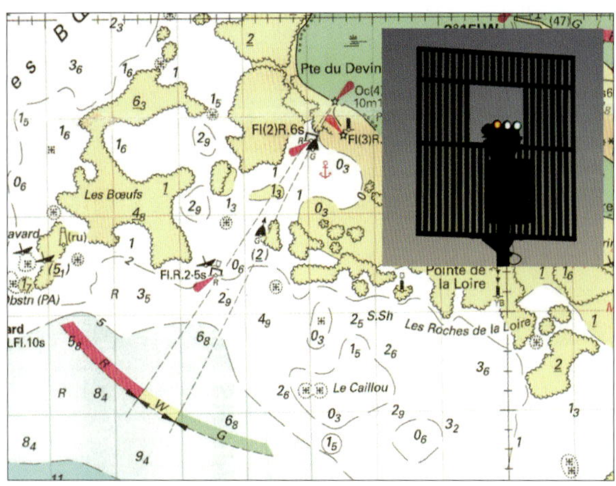

▲ *Sektorenfeuer.*

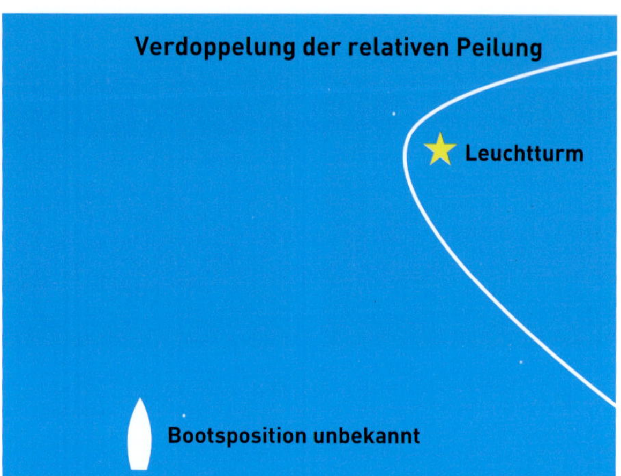

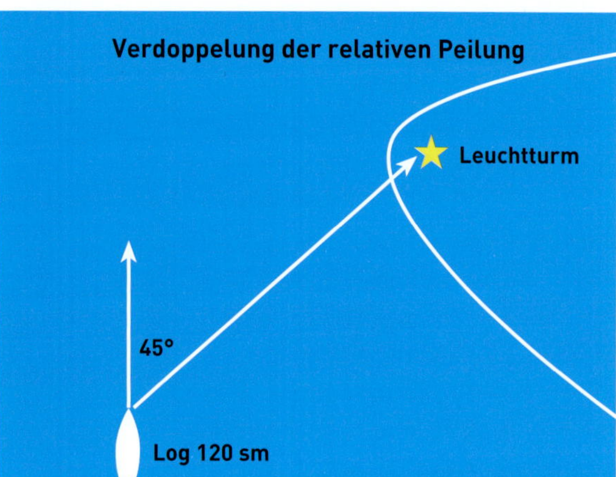

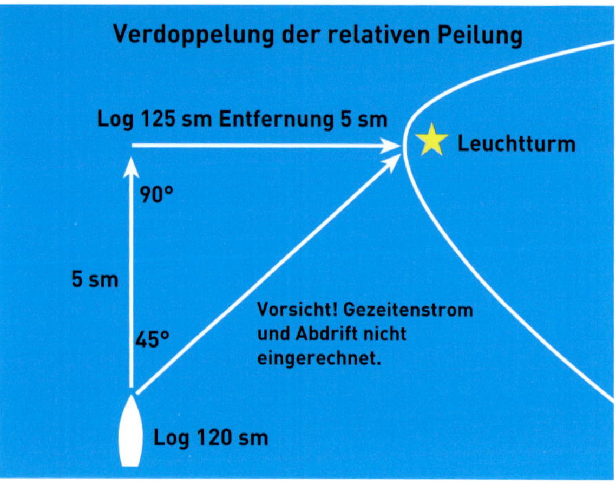

Relative Peilung verdoppeln

Sind nur wenige Landmarken auszumachen, befindet sich aber z. B. ein Leuchtturm voraus an Steuerbord, kann im Vorbeisegeln die Position bestimmt werden. Peilen Sie den Leuchtturm an, und ziehen Sie den Steuerkurs von der Peilung ab, um die relative Peilung des Leuchtturms zum Kurs zu erhalten. Diese könnte z. B. 45° betragen. Notieren Sie den Stand des Logs, und bleiben Sie auf Kurs, bis der Leuchtturm 90°, das Doppelte, relativ zum Kurs peilt. Die zurückgelegte Distanz, z. B. 5 sm, entspricht jetzt dem Abstand zum Leuchtturm, da Sie genau eine Seite eines gleichschenkeligen Dreiecks zwischen sich und dem Leuchtturm gesegelt sind. Tragen Sie diesen Abstand zusammen mit der rechtweisenden Peilung des Leuchtturms in die Karte ein, und Sie haben ein Positions-Fix.

Diese Methode berücksichtigt weder den möglichen Versatz durch Gezeitenstrom noch die Abdrift, die beide die Entfernung zum Leuchtturm reduzieren können.

Art der Positionsbestimmung	Genauigkeit
An einem Kartensymbol	Gut
Drei-Punkte-Fix	Hoch
Eine Peilung und die Wassertiefe	Mittel
Eine Peilung und eine Deckungspeilung	Gut
Entfernungsmessungen mit Radar	Mittel
Sektorenfeuer und Wassertiefe	Mittel
Relative Peilung verdoppeln	Gering

Die gewonnene Position kann durch einen Abgleich mit der Wassertiefe überprüft werden. Stehen keine weiteren Landmarken zur Verfügung, liefert diese Methode zumindest einen Anhaltspunkt, wo man sich befindet.

8 Gezeitenkunde

Die Gezeiten werden durch die Konstellation von Sonne, Mond und Erde bestimmt. Dabei haben die Gravitationskräfte des Mondes auf die Erde den stärksten Einfluss. Befindet sich der Mond nahe an der Erde, herrscht Flut, befindet er sich im rechten Winkel zu unserer Position herrscht Ebbe. Interessanterweise herrscht am gegenüberliegenden Punkt der Erde immer die gleiche Gezeit wie an der eigenen Position. Grund ist, dass die Erde nicht stillsteht, während der Mond sie umkreist. Erde und Mond bewegen sich frei durch den Raum und umkreisen sich dabei. Selbstverständlich spielt auch die Sonne eine Rolle. Befinden sich Sonne und Mond annähernd in einer Linie, addieren sich ihre Kräfte und die Flut ist am höchsten und die Ebbe am niedrigsten, was Springtide genannt wird. Stehen Sonne und Mond dagegen von der Erde aus gesehen im rechten Winkel zueinander, fallen Ebbe und Flut am schwächsten aus, was Nipptide heißt.

Bei Springtide ist das Hochwasser am höchsten und das Niedrigwasser am niedrigsten, was auch bedeutet, dass bei Springtide die Gezeitenströme am stärksten sind. Bei Nipptide hat dagegen das Hochwasser seinen niedrigsten und das Niedrigwasser seinen höchsten Stand. Deshalb sind die Gezeitenströme bei Nipptide am schwächsten.

Gezeitenkalender können Jahre im Voraus erstellt werden, da die Konstellation von Sonne, Mond und Erde genau berechenbar ist. Fast überall auf dem Meer tritt die Flut zweimal innerhalb von 24 Stunden auf – man sagt, der Gezeitenzyklus ist halbtägig (semidiurnal). Da der Mond die Erde aber nicht genau über dem Äquator umkreist, herrscht in manchen Gegenden ein ganztägiger (diurnaler) Gezeitenzyklus, mit nur einer Flut pro 24 Stunden. Manche Gegenden wie beispielsweise Southampton haben ein doppeltes Hochwasser, das in diesem Fall durch ein Flachwassergebiet im Ärmelkanal verursacht wird.

? Wie entstehen die Gezeiten?

Der Mond umkreist die sich fortbewegende Erde.

- Um im Weltraum eine stabile Umlaufbahn einzunehmen, muss sich ein Himmelskörper mit einer präzisen Geschwindigkeit bewegen.
- Nur der Erdmittelpunkt bewegt sich mit dieser Geschwindigkeit fort und behält sie bei. Nicht größer und nicht geringer als die Fluchtgeschwindigkeit.
- Die dem Mond zugewandte Seite bewegt sich mit weniger als der Fluchtgeschwindigkeit fort.
- Die dem Mond abgewandte Seite bewegt sich mit mehr als der Fluchtgeschwindigkeit fort.

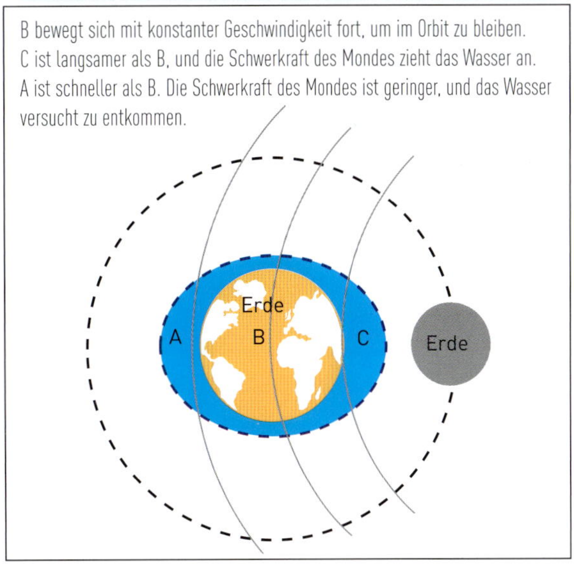

▲ *Erde und Mond – Schwerkraft gegen Zentrifugalkraft.*

Der Mond dreht sich nur sehr langsam um die eigene Achse, nämlich genau einmal während seiner 29,5-tägigen Umlaufzeit um die Erde, sodass er immer mit der gleichen Seite der Erde zugewandt ist.

Interessante Fakten

- Die Erde dreht sich am Äquator mit 1.674 km/h um ihre eigene Achse.
- Die Erde umkreist mit einer Geschwindigkeit von durchschnittlich 108.000 km/h in einem Jahr die Sonne.
- Die Erdachse ist um 23,44° geneigt.
- Befindet sich die Nordhalbkugel näher an der Sonne, ist dort Sommer, während auf der Südhalbkugel Winter ist.
- Befindet sich dagegen die Südhalbkugel näher an der Sonne, ist dort Sommer, und auf der Nordhalbkugel herrscht Winter.

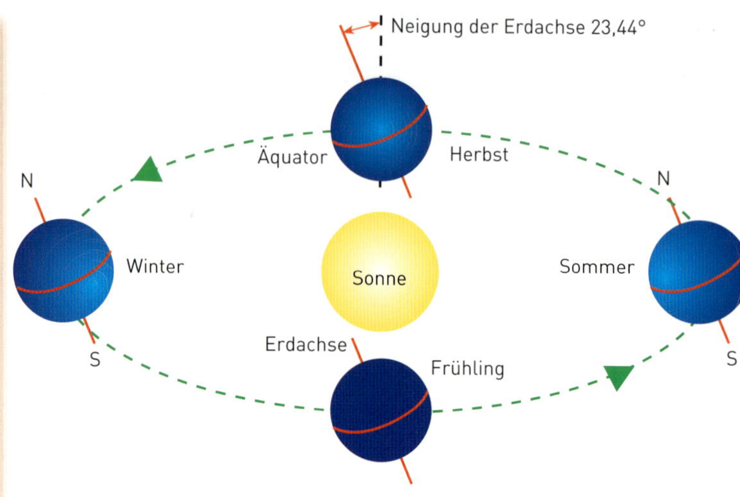

▲ *Umlaufbahn der Erde um die Sonne.*

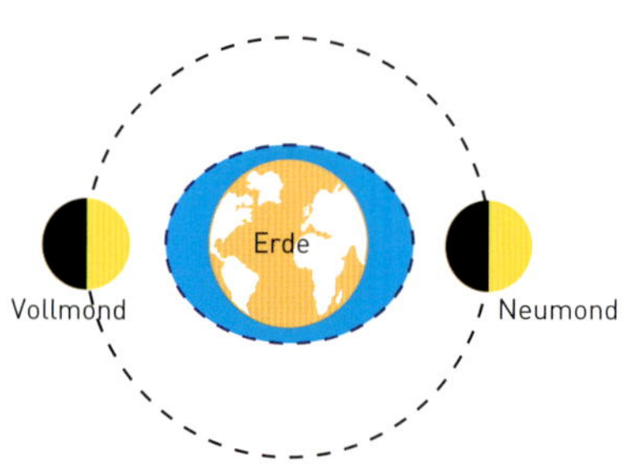

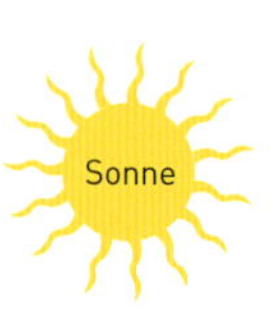

▲ *Springtide.*

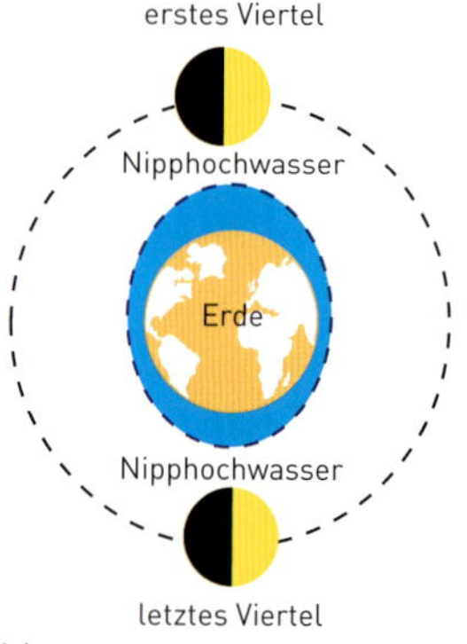

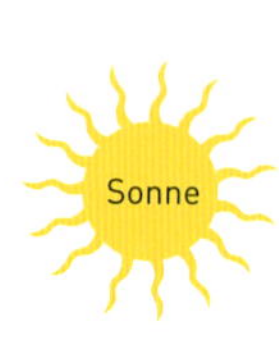

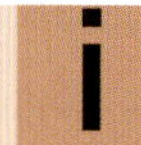

▲ *Nipptide.*

Da der Mondkalender schneller fortschreitet als der Erdkalender, verzögert sich der Zeitpunkt der Flut um 50 Minuten von Tag zu Tag. Erreicht die Flut ihren höchsten Stand um 10:30 Uhr, wird sie am nächsten Tag ihren höchsten Stand um 11:20 Uhr haben. Diese Verzögerung fällt zwar immer unterschiedlich aus – je nachdem ob Spring- oder Nipptide herrscht –, aber im Durchschnitt kann man mit 50 Minuten rechnen.

Springtide herrscht, wenn der Mond und die Sonne in einer Linie stehen. Dabei kann entweder der Mond zwischen Erde und Sonne stehen, sodass er als Neumond nicht sichtbar ist, oder die Erde kann zwischen Mond und Sonne stehen, sodass der Mond voll angestrahlt wird und dementsprechend Vollmond ist.

Steht der Mond im rechten Winkel zur Sonne, ist er als Sichel zu sehen, und es herrscht Nipptide.

Weitere Fakten

- Der Mond umkreist die Erde in 29,5 Tagen.
- Die Erde dreht sich in 24 Stunden einmal um die eigene Achse.
- Zweimal innerhalb von 24 Stunden steht der Mond entweder über uns oder befindet sich über der gegenüberliegenden Seite der Erde. Zu diesem Zeitpunkt herrscht Flut.
- Befindet man sich 90° zum Mond, herrscht Ebbe.
- Innerhalb von 24 Stunden herrscht zweimal Flut und zweimal Ebbe. Man spricht von einem halbtägigen Gezeitenzyklus.

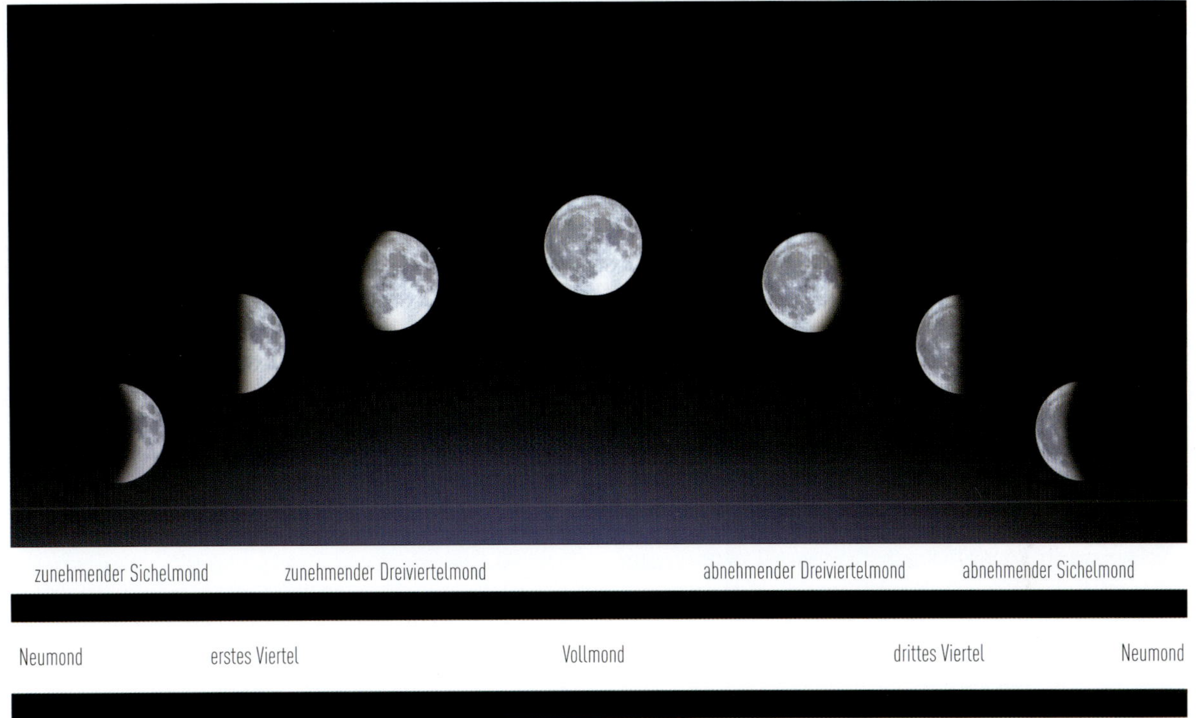

▲ *Die Mondphasen der nördlichen Hemisphäre: von Neumond zum ersten Viertel, vom ersten Viertel zu Vollmond, von Vollmond zum dritten Viertel und vom dritten Viertel wieder zu Neumond. Auf der Südhalbkugel ist es genau umgekehrt.*

Der blaue Mond

- Die Umlaufzeit des Mondes um die Erde (synodischer Monat) ist mit 29,5 Tagen etwas kürzer als ein Kalendermonat, der durchschnittlich 30,5 Tage dauert.
- Nach Ablauf eines Jahres beträgt der Vorsprung der synodischen Monate gegenüber den Kalendermonaten ungefähr 11 Tage.
- Nach drei Jahren beträgt der Unterschied 33 Tage, und es kommt zweimal in einem Kalendermonat zu einem Vollmond, was auch Blauer Mond genannt wird – ein seltenes Ereignis.

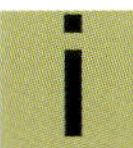

Die Mondphasen

Der Stand der Gezeit kann direkt am Mond abgelesen werden, was sehr nützlich ist. Sieht man auf der Nordhalbkugel den Mond in der Form eines »D«, weiß man, dass er zunehmend ist. Die Mondphase liegt zwischen Neumond (Springtide) und Vollmond (Springtide). Bei genau Halbmond herrscht Nipptide. Sieht man den Mond dagegen in der Form eines »C«, ist er abnehmend von Vollmond zu Neumond. Auf der Südhalbkugel ist es umgekehrt: der zunehmende Mond hat die Form eines »C« und der abnehmende Mond die Form eines »D«.

Um die Höhe der Gezeit zu finden, kann man eine App verwenden oder im Internet nachsehen, wo man die Gezeiten beispielsweise so dargestellt sieht:

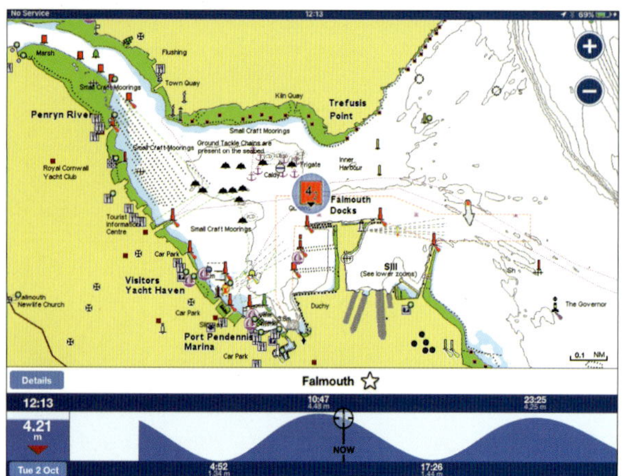

▲ *Die Höhe der Gezeit für Falmouth bei Navionics.*

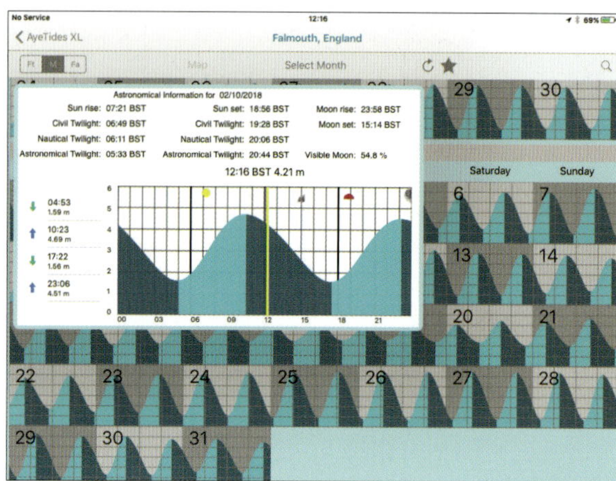

▲ *Darstellung der Gezeiten für Falmouth in der App AyeTides.*

Oder man sieht die Gezeiten im Almanach nach.

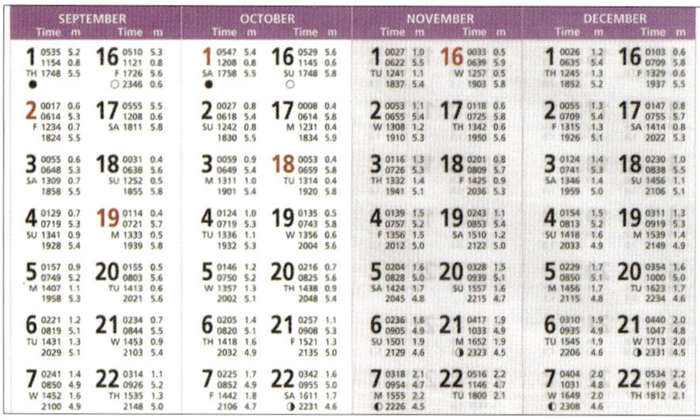

SEPTEMBER Time m	Time m	OCTOBER Time m	Time m	NOVEMBER Time m	Time m	DECEMBER Time m	Time m
1 0535 5.2 1154 0.8 TH 1748 5.5 ●	**16** 0510 5.3 1121 0.8 F 1726 5.6 ○ 2346 0.6	**1** 0547 5.4 1208 0.8 SA 1758 5.5 ●	**16** 0529 5.6 1145 0.6 SU 1748 5.8 ○	**1** 0027 1.0 0622 5.5 TU 1241 1.1 1837 5.4	**16** 0033 0.5 0639 5.9 W 1257 0.5 1903 5.8	**1** 0026 1.2 0635 5.4 TH 1245 1.3 1852 5.2	**16** 0103 0.6 0709 5.8 F 1329 0.6 1937 5.5
2 0017 0.6 0614 5.3 F 1234 0.7 1824 5.5	**17** 0555 5.5 1208 0.6 SA 1811 5.8	**2** 0027 0.8 0618 5.4 SU 1242 0.8 1830 5.5	**17** 0008 0.4 0614 5.8 M 1231 0.4 1834 5.9	**2** 0053 1.1 0655 5.4 W 1308 1.2 1910 5.3	**17** 0118 0.6 0725 5.8 TH 1342 0.6 1950 5.6	**2** 0055 1.3 0709 5.4 F 1315 1.3 1926 5.1	**17** 0147 0.8 0755 5.7 SA 1414 0.8 2022 5.3
3 0055 0.6 0648 5.3 SA 1309 0.7 1858 5.5	**18** 0031 0.4 0638 5.6 SU 1252 0.5 1855 5.8	**3** 0059 0.9 0649 5.4 M 1311 1.0 1901 5.4	**18** 0053 0.4 0659 5.8 TU 1314 0.4 1920 5.8	**3** 0116 1.3 0726 5.3 TH 1332 1.4 1941 5.1	**18** 0201 0.8 0809 5.7 F 1425 0.9 2036 5.3	**3** 0124 1.4 0741 5.3 SA 1346 1.4 1959 5.0	**18** 0230 1.0 0838 5.5 SU 1456 1.1 2106 5.1
4 0129 0.7 0719 5.3 SU 1341 0.9 1928 5.4	**19** 0114 0.4 0721 5.7 M 1333 0.5 1939 5.8	**4** 0124 1.0 0719 5.3 TU 1336 1.1 1932 5.3	**19** 0135 0.5 0743 5.8 W 1356 0.6 2004 5.6	**4** 0139 1.5 0757 5.2 F 1356 1.5 2012 5.0	**19** 0243 1.1 0853 5.4 SA 1510 1.2 2122 5.0	**4** 0154 1.5 0813 5.2 SU 1418 1.6 2033 4.9	**19** 0311 1.3 0919 5.3 M 1539 1.4 2149 4.9
5 0157 0.9 0749 5.2 M 1407 1.1 1958 5.3	**20** 0155 0.5 0803 5.6 TU 1413 0.6 2021 5.6	**5** 0146 1.2 0750 5.2 W 1357 1.3 2002 5.1	**20** 0216 0.7 0825 5.6 TH 1438 0.9 2048 5.4	**5** 0204 1.6 0828 5.0 SA 1424 1.7 2045 4.8	**20** 0328 1.5 0939 5.1 SU 1557 1.6 2215 4.7	**5** 0229 1.7 0850 5.1 M 1456 1.7 2115 4.8	**20** 0354 1.6 1000 5.0 TU 1623 1.7 2234 4.6
6 0221 1.2 0819 5.1 TU 1431 1.3 2029 5.1	**21** 0234 0.7 0844 5.5 W 1453 0.9 2103 5.4	**6** 0205 1.4 0820 5.1 TH 1418 1.6 2032 4.9	**21** 0257 1.1 0908 5.3 F 1521 1.3 2135 5.0	**6** 0236 1.8 0905 4.9 SU 1501 1.9 2129 4.6	**21** 0417 1.9 1033 4.9 M 1652 1.9 ◑ 2323 4.5	**6** 0310 1.9 0935 4.9 TU 1545 1.9 2206 4.6	**21** 0440 2.0 1047 4.8 W 1713 2.0 ◑ 2331 4.5
7 0241 1.4 0850 4.9 W 1452 1.6 2100 4.9	**22** 0314 1.1 0926 5.2 TH 1535 1.3 2148 5.0	**7** 0225 1.7 0852 4.9 F 1442 1.8 2106 4.7	**22** 0342 1.6 0955 5.0 SA 1611 1.7 ◑ 2231 4.6	**7** 0318 2.1 0954 4.7 M 1555 2.2 ◐ 2226 4.5	**22** 0516 2.2 1146 4.7 TU 1800 2.1	**7** 0404 2.0 1031 4.8 W 1649 2.0 ◐ 2308 4.6	**22** 0534 2.2 1149 4.6 TH 1812 2.1

▲ *Ausschnitt aus dem Gezeitenkalender für Plymouth. Die Zeit ist in UT/GMT angegeben. Im nicht schattierten Bereich muss eine Stunde für die Sommerzeit dazugerechnet werden.*

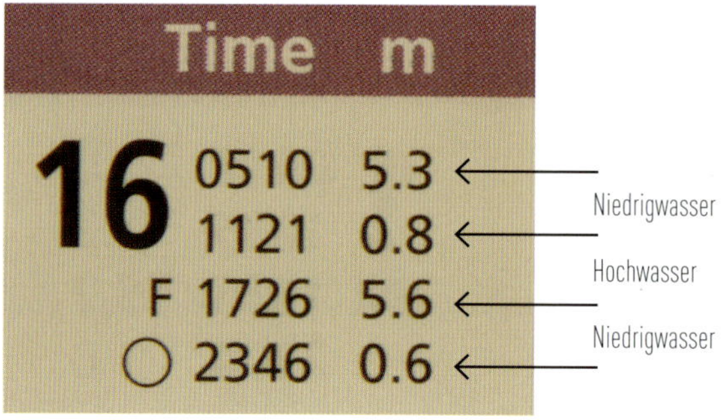

▲ *Angaben für Freitag, 16. September mit den Zeiten und Höhen für Hoch- und Niedrigwasser. An diesem Tag herrscht Vollmond.*

Fast überall auf der Welt tritt Springhochwasser immer zur gleichen Zeit auf, plus/minus eine Stunde. Nipphochwasser tritt ungefähr sechs Stunden versetzt auf, ebenfalls plus/minus eine Stunde.

- In Plymouth in England tritt Springhochwasser immer gegen 07:00 Uhr und 19:00 Uhr auf. Nipphochwasser dementsprechend immer gegen 01:00 Uhr und 13:00 Uhr.
- In Sydney in Australien dagegen ist immer gegen 09:15 Uhr und 21:15 Uhr Springhochwasser und Nipphochwasser gegen 03:15 Uhr und 15:15 Uhr.
- Und in der Chesapeake Bay in den USA ist Springhochwasser gegen 07:30 Uhr und 19:30 Uhr, Nipphochwasser dagegen um 13:30 Uhr und 01:30 Uhr.

Sehe ich von zu Hause einen vollen Mond am Himmel stehen, weiß ich gleichzeitig, wann Springhochwasser in meiner Marina in Southampton ist, 12:00 Uhr und 00:00 Uhr. Genauso kenne ich die Zeit des Hochwas-

sers, wenn Halbmond und damit Nipptide ist, 06:00 Uhr und 18:00 Uhr. Bei den Tagen dazwischen kann man die Tide grob abschätzen. Selbstverständlich überprüfe ich die Höhe der Gezeit immer im Almanach. Auch kann man bei einem Blick in den Himmel auf den Luftdruck schließen. Ein klarer Himmel deutet auf höheren Luftdruck hin und somit auf nördlicheren Wind.
Ist der Himmel bei Tiefdruck bedeckt, ist mit südlicheren Winden zu rechnen. So verfüge ich bereits über viele Informationen, noch bevor ich das Haus verlasse.

Tidenstand

Verwendet man einen Kartenplotter, muss man nicht unbedingt den Stand der Tide kennen. Der Plotter erledigt all die Rechenarbeit in Windeseile und gibt fortwährend die aktuelle Höhe der Gezeit an. Möchte man dagegen einen Törn auf der Papierseekarte planen, ist es äußerst wichtig, die korrekte Höhe der Gezeit zu berücksichtigen. Macht man es richtig, ist alles purer Sonnenschein, macht man es falsch, ist es das reinste Elend, da Stärke und Richtung des Gezeitenstroms ganz anders sind als gedacht, weil man von der falschen Höhe der Gezeit ausgegangen ist. Es bringt auch nichts, die Rechnung nur kurz zu überschlagen, denn sobald man das macht, passieren Fehler.
Das Wasser steigt nach und nach (Flut) und fällt nach und nach (Ebbe), wobei der höchste Stand der Flut eine Stunde anhält. Diese Stunde wird von 30 Minuten vor bis 30 Minuten nach Hochwasser gerechnet und danach kann man den Stand der Gezeit zwischen Hoch- und Niedrigwasser ableiten. Wenn HW um 12:00 Uhr ist, so ist die HW-Stunde von 11:30 Uhr bis 12:30 Uhr.
Gezeitendiagramm:
1. Schritt. Zeichnen Sie eine Linie und schreiben Sie 12:00 Uhr darüber – und darunter, um welche Zeitzone es sich handelt, beispielsweise UT oder MEZ. Beachten Sie, dass alle Zeiten im Almanach in der Standardzeit des jeweiligen Landes angegeben sind, in Großbritannien ist das UT.
2. Schritt. Führen Sie die Linie einmal nach oben und einmal nach unten weiter, und schreiben Sie die Zeit des Beginns der HW-Stunde auf die obere und die Zeit des Endes der HW-Stunde auf die untere Linie. Entscheiden Sie jetzt, wann Sie segeln möchten. Am Morgen wäre es bei auflaufendem Wasser von NW um 06:00 Uhr bis HW um 12:00 Uhr. Am Nachmittag wären Sie bei ablaufendem Wasser unterwegs von HW um 12:00 Uhr bis NW um ungefähr 18:00 Uhr. Angenommen Sie möchten um 15:30 eine Stunde segeln gehen. In welcher Stunde bezogen auf HW segeln Sie?
3. Schritt. Zeichnen Sie das Diagramm von der Linie mit 12:30 Uhr weiter. Die nächste Linie nach unten beschriften Sie mit 13:30 Uhr und in den Zeilen-Zwischenraum schreiben Sie +1. Die wiederum nächste Linie ist für 14:30 Uhr und in den Zwischenraum kommt +2, dann 15:30 Uhr und +3. Aber Sie sind noch nicht fertig, denn Sie wollten ja von 15:30 Uhr bis 16:30 Uhr segeln. Sie müssen also noch eine weitere Linie mit 16:30 Uhr zeichnen und +4 in den Zwischenraum eintragen. Es ist ein häufiger Fehler, mit der Linie der Abfahrtszeit aufzuhören, doch zwischen HW+3 und HW+4 kann manchmal ein großer Unterschied in Stärke und Richtung des Gezeitenstroms liegen.

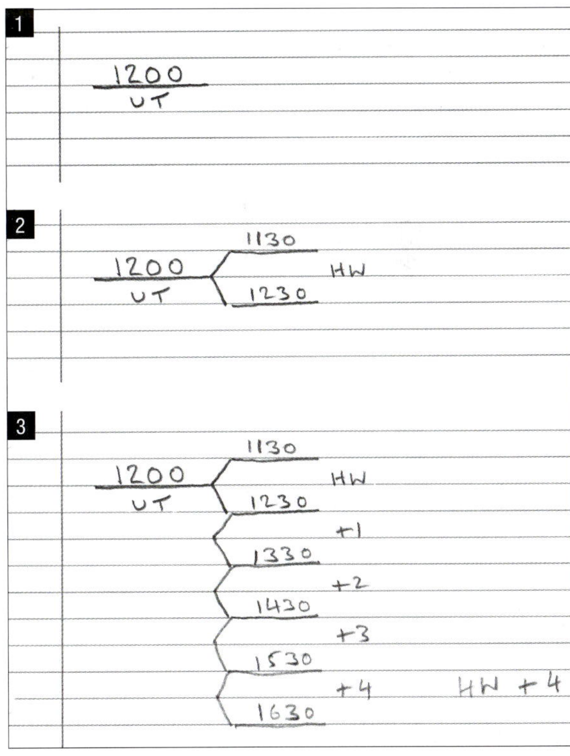

▲ *12:00 Uhr UT (Universal Time). Bei Sommerzeit müsste man eine Stunde dazurechnen und 13:00 Uhr DST (Daylight Saving Time) unter die Linie schreiben.*

Zwei verschiedene Zeitzonen

Angenommen Sie müssen über zwei Zeitzonen hinweg rechnen. Sie befinden sich im Juli in Frankreich, wo Mitteleuropäische Sommerzeit (MESZ) gilt, aber Sie verwenden eine Seekarte, die die Stromangaben auf das Hochwasser von Dover in England bezieht. Im englischen Gezeitenkalender stehen die Angaben für Do-

BEISPIEL MIT ZWEI VERSCHIEDENEN ZEITZONEN

Es ist der 28. Juni, und Sie möchten in Frankreich um 06:30 MESZ die Segel setzen.

1. Schritt. Subtrahieren Sie zwei Stunden, um von 06:30 MESZ auf 04:30 UT umzurechnen.

SAILING 28TH JUNE
CEST 0630
– 0200
UT 0430

2. Schritt. Sehen Sie das Hochwasser in Dover nach. Am 28. Juni gibt es ein HW um 11:17 Uhr. Das Hochwasser zuvor ist um 23:00 Uhr am 27. Juni. Hätten Sie MESZ nicht in UT umgerechnet, hätten Sie annehmen können, dass Sie am 28. Juni bei auflaufendem Wasser mit dem Hochwasser um 11:17 Uhr segeln. Aber das ist nicht der Fall, denn tatsächlich

0 0125 2.2 0655 5.3 TH 1358 2.2 1920 5.5	**25** 0228 1.5 0806 5.8 F 1503 1.6 2022 6.0	**10** 0241 1.6 0757 5.8 SU 1508 1.6 2014 6.1	**25** 0358 1.4 0916 5.9 M 1624 1.5 2136 6.1	**10** 0301 1.5 0816 6.0 TU 1530 1.5 2036 6.2	**25** 0414 0938 W 1643 2203
1 0230 1.9 0751 5.6 F 1457 1.8 2011 5.8	**26** 0338 1.3 0900 6.0 SA 1608 1.4 2115 6.3	**11** 0337 1.3 0844 6.1 M 1603 1.4 2101 6.4	**26** 0453 1.3 1000 6.1 TU 1714 1.3 2220 6.2	**11** 0402 1.3 0910 6.3 W 1630 1.2 2131 6.5	**26** 0504 1020 TH 1729 2243
2 0324 1.5 0838 5.9 SA 1549 1.5 2055 6.2	**27** 0439 1.1 0945 6.2 SU 1702 1.2 2200 6.4	**12** 0431 1.1 0929 6.4 TU 1655 1.1 2148 6.6	**27** 0537 1.3 1040 6.3 W 1755 1.2 2300 6.3	**12** 0503 1.0 1002 6.5 TH 1728 1.0 2223 6.7	**27** 0546 1058 F 1807 ○ 2318
3 0415 1.2 0919 6.2 SU 1638 1.2 2135 6.5	**28** 0529 1.0 1024 6.3 M 1747 1.1 2241 6.5	**13** 0525 0.9 1015 6.6 W 1747 0.9 ● 2234 6.8	**28** 0614 1.2 1117 6.4 TH 1831 1.2 ○ 2337 6.3	**13** 0604 0.9 1052 6.7 F 1826 0.8 ● 2314 6.8	**28** 0622 1133 SA 1842 2349
4 0505 1.0 0958 6.5 M 1725 1.0 2215 6.7	**29** 0610 1.0 1101 6.4 TU 1825 1.0 ○ 2319 6.5	**14** 0617 0.8 1101 6.8 TH 1837 0.7 2321 6.9	**29** 0647 1.2 1154 6.4 F 1903 1.2	**14** 0701 0.7 1141 6.9 SA 1922 0.6	**29** 0655 1206 SU 1915
5 0552 0.8 1037 6.7 TU 1810 0.9 ● 2255 6.9	**30** 0645 1.0 1137 6.5 W 1858 1.0 2356 6.5	**15** 0708 0.7 1148 6.9 F 1927 0.7	**30** 0012 6.3 0716 1.3 SA 1229 6.4 1934 1.2	**15** 0004 6.9 0754 0.7 SU 1229 7.0 2014 0.5	**30** 0020 0728 M 1236 1949
	31 0715 1.1 1214 6.5 TH 1928 1.1				**31** 0049 0801 TU 1303 2023

segeln Sie bei ablaufendem Wasser mit dem letzten Hochwasser um 23:00 Uhr am 27. Juni.

3. Schritt. Addieren Sie zwei Stunden zum Hochwasser um 23:00 UT, um es auf 01:00 MESZ am 28. Juni umzurechnen.

SAILING 28TH JUNE
CEST 0630
– 0200
UT 0430
HW DOVER 27TH 2300 UT
28TH 1117 UT

4. Schritt. Zeichnen Sie das Gezeitendiagramm, um festzustellen, dass Sie bei HW+6 unterwegs sein werden.

Gehen Sie immer so vor, um unliebsame Überraschungen von vornherein auszuschließen.

SAILING 28TH JUNE
CEST 0630
– 0200
UT 0430
HW DOVER 27TH 2300 UT
28TH 1117 UT
UT 2300
+ 0200
CEST 0100
0030
0100 CEST HW 0130
+1 0230
+2 0330
+3 0430
+4 0530
+5 0630
+6 HW +6 0730

ver in UT, also mit zwei Stunden Unterschied zu MESZ. Ich empfehle die französische Zeitangabe in UT umzurechnen, indem man zwei Stunden abzieht. Dann sieht man die Gezeitenangaben im Tidenkalender für Dover nach, addiert die zwei Stunden Zeitunterschied und zeichnet das Gezeitendiagramm wie zuvor.

Angaben zu Gezeitenstrom und Gezeitenatlas

Es ist nicht nötig, sich große Gedanken über die kleinen Pfeilsymbole auf dem Kartenplotter zu machen, die die Richtung und Stärke der Gezeitenströme anzeigen. Alle Daten sind bereits vorhanden, und alles ist vom Plotter bereits berechnet. Der Tidenkalender mit allen Höhen der Hoch- und Niedrigwasser, die Gezeitenströme mit Richtung und Geschwindigkeit können alle direkt abgelesen werden.

Nur wenn man diese Berechnungen auf einer Papierseekarte selbst durchführen möchte, muss man wissen, wo man nachsehen kann und wonach man suchen muss. Bei der Navigation geht es oft nur darum, zu wissen, wo man die benötigten Daten finden kann. Richtung und Geschwindigkeit der Gezeitenströme werden auf einer Papierseekarte und im Almanach auf zwei Arten angegeben:

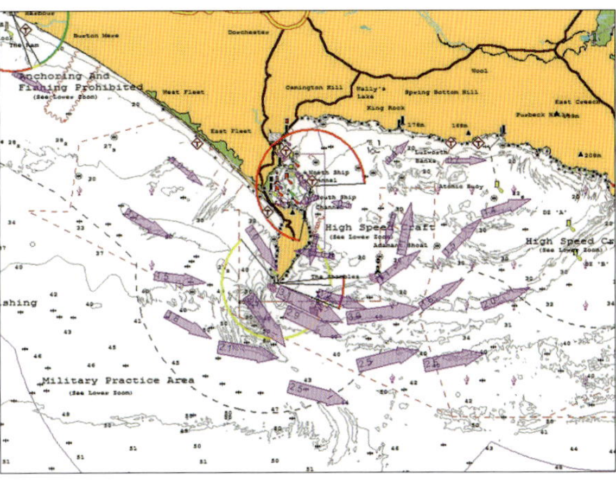

▲ *PC-Kartenplotter mit Pfeilsymbolen für die Gezeitenströme.*

30′ 20′ 10′ 8° 00′ 50′ 40′ 30′ 20′ 10′ 7°

Tidal Streams referred to HW at DOVER

Hours	Ⓐ 50°37′0N 10 16·0W		Ⓑ 51°20′0N 9 30·0W		Ⓒ 50°37′0N 8 57·0W		Ⓓ 49°47′0N 8 19·0W		Ⓔ 50°48′0N 7 35·4W		Ⓕ 49°50′5N 7 02·4W		Ⓖ 50°25′1N 6 40·4W		Ⓗ 52°02′3N 6 40·0W		Ⓙ 50°45′0N 6 27·0W		Ⓚ 51°34′0N 6 23·0W	
−6	115	0·8 0·4	077	0·6 0·3	080	0·6 0·3	062	0·7 0·3	061	0·5 0·3	080	1·0 0·5	047	0·7 0·4	055	0·6 0·3	049	0·8 0·3	040	0·6 0·3
−5	167	0·8 0·4	109	0·5 0·3	105	0·5 0·2	116	0·4 0·3	070	0·3 0·2	113	0·6 0·3	055	0·3 0·2	066	1·3 0·7	048	0·4 0·2	034	0·9 0·5
−4	194	0·7 0·4	197	0·2 0·1	162	0·4 0·2	168	0·6 0·3	180	0·2 0·1	172	0·7 0·4	120	0·1 0·1	069	1·7 0·[illegible]				
−3	223	0·7 0·4	251	0·4 0·2	213	0·6 0·3	199	0·8 0·4	221	0·5 0·3	196	1·1 0·6	198	0·2 0·1	081	1·5 0·8				
−2	240	0·9 0·4	234	0·7 0·4	236	0·8 0·4	209	0·8 0·4	229	0·6 0·3	225	1·2 0·6	205	0·6 0·3	095	1·0 0·[illegible]				
−1	256	0·9 0·4	253	0·7 0·4	249	0·9 0·5	225	0·9 0·4	236	0·6 0·3	247	1·2 0·6	218	0·8 0·5	111	0·5 0·[illegible]				
0	279	0·8 0·4	252	0·6 0·4	262	0·8 0·4	245	0·8 0·4	246	0·5 0·3	263	0·9 0·4	219	0·8 0·5	215	0·3 0·2				
+1	307	0·7 0·4	271	0·5 0·3	288	0·6 0·3	271	0·6 0·3	265	0·4 0·2	293	0·6 0·3	215	0·6 0·3	246	1·0 0·[illegible]				
+2	357	0·7 0·4	328	0·4 0·2	337	0·6 0·3	332	0·7 0·3	332	0·2 0·1	343	0·6 0·3	285	0·2 0·1	250	1·7 0·[illegible]				
+3	033	0·9 0·4	061	0·4 0·2	047	0·5 0·3	008	0·8 0·4	042	0·4 0·2	013	1·0 0·5	353	0·4 0·2	258	1·9 1·[illegible]				
+4	058	1·1 0·5	076	0·6 0·4	065	0·8 0·4	038	0·9 0·5	058	0·5 0·3	029	1·2 0·6	019	0·6 0·3	270	1·3 0·7				
+5	073	1·1 0·5	067	0·7 0·4	069	0·9 0·4	049	0·9 0·4	064	0·6 0·3	051	1·2 0·6	044	0·8 0·5	284	0·6 0·3				
+6	098	0·9 0·5	072	0·6 0·4	075	0·7 0·4	055	0·7 0·4	063	0·6 0·3	073	1·1 0·6	044	0·7 0·4	046	0·3 0·2				

Hours	Ⓛ 50°15′1N 6 09·9W		Ⓜ 49°57′0N 6 05·8W		Ⓝ 52°06′5N 5 54·3W		Ⓟ 51°15′0N 5 50·0W		Ⓠ 52°00′3N 5 36·5W		Ⓡ 50°50′0N 5 30·0W		Ⓢ 50°26′1N 5 22·6W		Ⓣ 49°52′2N 5 10·9W	
−6	050	1·2 0·5	073	1·2 0·6	012	0·7 0·3	040	0·6 0·3	038	0·9 0·4	050	1·0 0·5	058	0·7 0·3	064	2·3 1·[illegible]
−5	078	0·6 0·3	124	1·3 0·6	021	1·5 0·7	007	0·6 0·3	030	2·2 1·0	023	0·6 0·3	126	0·3 0·1	073	2·0 1·[illegible]
−4	154	0·6 0·3	165	1·7 0·8	022	2·2 1·0	326	0·6 0·3	028	2·8 1·3	279	0·3 0·1	200	0·4 0·2	076	1·2 0·[illegible]
−3	188	1·1 0·5	184	2·0 1·0	023	2·3 1·1	304	0·7 0·3	024	2·6 1·2	239	0·7 0·3	225	1·0 0·5	117	0·3 0·2
−2	204	1·4 0·7	205	1·8 0·9	029	1·9 0·9	283	0·7 0·3	024	1·8 0·8	235	1·0 0·5	231	1·2 0·6	228	1·0 0·5
−1	217	1·5 0·7	233	1·5 0·7	039	1·2 0·5	258	0·6 0·3	020	0·9 0·4	235	1·2 0·6	233	1·1 0·5	241	2·0 1·[illegible]
0	230	1·3 0·6	253	1·2 0·6	099	0·3 0·1	215	0·6 0·3	215	0·5 0·2	235	1·0 0·5	239	0·7 0·3	253	2·1 1·[illegible]
+1	249	0·9 0·4	295	0·9 0·4	200	1·3 0·6	179	0·7 0·3	208	1·8 0·8	235	0·5 0·2	237	0·2 0·1	254	1·6 0·8
+2	300	0·5 0·2	342	1·2 0·6	205	2·2 1·0	148	0·6 0·3	207	2·8 1·3	112	0·1 0·0	033	0·3 0·1	250	0·9 0·5
+3	001	0·8 0·4	001	1·7 0·8	206	2·6 1·2	123	0·6 0·3	210	2·8 1·3	068	0·6 0·3	034	0·9 0·4	241	0·1 0·[illegible]
+4	017	1·4 0·6	014	1·9 0·9	207	2·1 1·0	102	0·6 0·3	207	2·1 1·0	066	1·0 0·5	039	1·2 0·6	050	0·6 0·3
+5	030	1·7 0·8	030	1·6 0·8	208	1·3 0·6	079	0·5 0·3	194	1·1 0·5	063	1·2 0·6	046	1·1 0·5	055	1·3 0·6
+6	044	1·4 0·7	056	1·3 0·6	000	0·2 0·1	049	0·5 0·3	064	0·4 0·2	054	1·0 0·5	052	0·9 0·4	062	2·1 1·[illegible]

Hours: −6 to −1 = Before High Water; 0 = High Water; +1 to +6 = After High Water. ◇ Geographical Position; Directions of streams (degrees); Rates at spring tides (knots); Rates at neap tides (knots).

For additional information, see Admiralty Tidal Stream Atlas NP256.

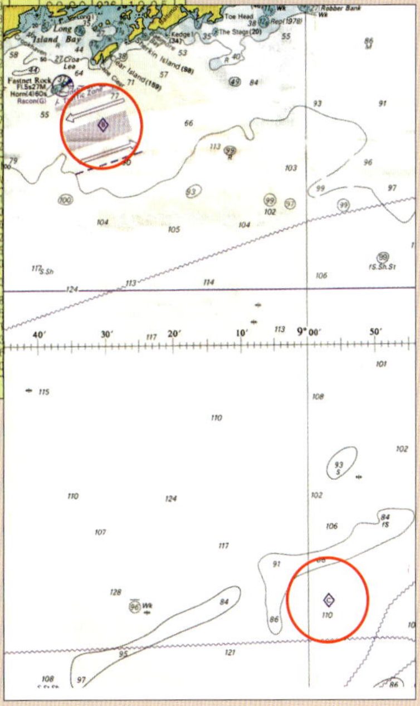

▲ *Rautensymbole und die zugehörige Tabelle in einer britischen Seekarte.*

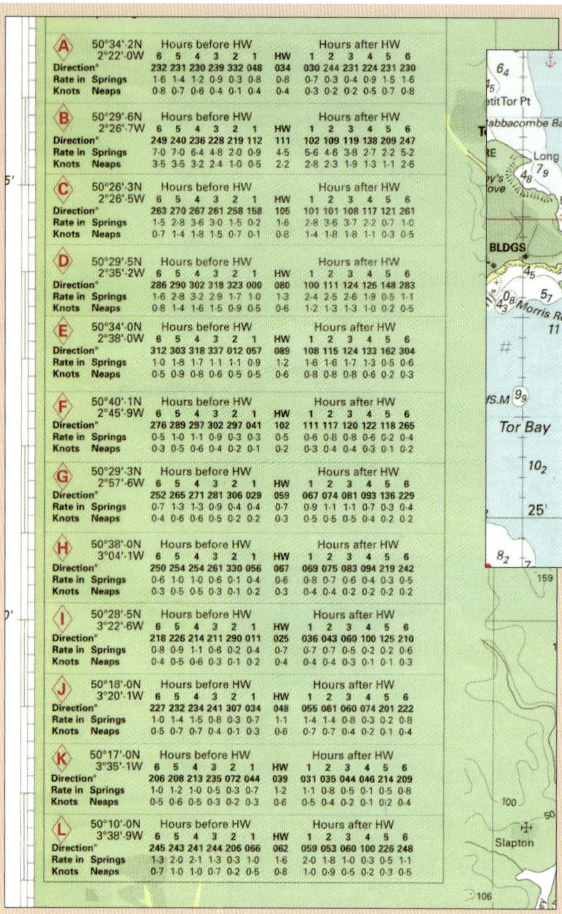

			Hours before HW							Hours after HW					
			6	5	4	3	2	1	HW	1	2	3	4	5	6
A	50°34'·2N 2°22'·0W	Direction°	232	231	230	239	332	048	034	030	244	231	224	231	230
		Rate in Springs	1·6	1·4	1·2	0·9	0·3	0·8	0·8	0·7	0·3	0·4	0·9	1·5	1·6
		Knots Neaps	0·8	0·7	0·6	0·4	0·1	0·4	0·4	0·3	0·2	0·2	0·5	0·7	0·8
B	50°29'·6N 2°26'·7W	Direction°	249	240	236	228	219	112	111	102	109	119	138	209	247
		Rate in Springs	7·0	7·0	6·4	4·8	2·0	0·9	4·5	5·6	4·6	3·8	2·7	2·2	5·2
		Knots Neaps	3·5	3·5	3·2	2·4	1·0	0·5	2·2	2·8	2·3	1·9	1·3	1·1	2·6
C	50°26'·3N 2°26'·5W	Direction°	263	270	267	261	258	158	105	101	101	108	117	121	261
		Rate in Springs	1·5	2·8	3·6	3·0	1·5	0·2	1·6	2·8	3·6	3·7	2·2	0·7	1·0
		Knots Neaps	0·7	1·4	1·8	1·5	0·7	0·1	0·8	1·4	1·8	1·8	1·1	0·3	0·5
D	50°29'·5N 2°35'·2W	Direction°	286	290	302	318	323	000	080	100	111	124	126	148	283
		Rate in Springs	1·6	2·8	3·2	2·9	1·7	1·0	1·3	2·4	2·5	2·6	1·9	0·5	1·1
		Knots Neaps	0·8	1·4	1·6	1·5	0·9	0·5	0·6	1·2	1·3	1·3	1·0	0·2	0·5
E	50°34'·0N 2°38'·0W	Direction°	312	303	318	337	012	057	089	108	115	124	133	162	304
		Rate in Springs	1·0	1·8	1·7	1·1	1·1	0·9	1·2	1·6	1·6	1·7	1·3	0·5	0·6
		Knots Neaps	0·5	0·9	0·8	0·6	0·5	0·5	0·6	0·8	0·8	0·8	0·6	0·2	0·3
F	50°40'·1N 2°45'·9W	Direction°	276	289	297	302	297	041	102	111	117	120	122	118	265
		Rate in Springs	0·5	1·0	1·1	0·9	0·3	0·3	0·5	0·6	0·8	0·8	0·6	0·2	0·4
		Knots Neaps	0·3	0·5	0·6	0·4	0·2	0·1	0·2	0·3	0·4	0·4	0·3	0·1	0·2
G	50°29'·3N 2°57'·6W	Direction°	252	265	271	281	306	029	059	067	074	081	093	136	229
		Rate in Springs	0·7	1·3	1·3	0·9	0·4	0·4	0·7	0·9	1·1	1·1	0·7	0·3	0·4
		Knots Neaps	0·4	0·6	0·6	0·5	0·2	0·2	0·3	0·5	0·5	0·5	0·4	0·2	0·2
H	50°38'·0N 3°04'·1W	Direction°	250	254	254	261	330	056	067	069	075	083	094	219	242
		Rate in Springs	0·6	1·0	1·0	0·6	0·1	0·4	0·6	0·8	0·7	0·6	0·4	0·3	0·5
		Knots Neaps	0·3	0·5	0·5	0·3	0·1	0·2	0·3	0·4	0·4	0·2	0·2	0·2	0·2
I	50°28'·5N 3°22'·6W	Direction°	218	226	214	211	290	011	025	036	043	060	100	125	210
		Rate in Springs	0·8	0·9	1·1	0·6	0·2	0·4	0·7	0·7	0·7	0·5	0·2	0·2	0·6
		Knots Neaps	0·4	0·5	0·6	0·3	0·1	0·2	0·4	0·4	0·4	0·3	0·1	0·1	0·3
J	50°18'·0N 3°20'·1W	Direction°	227	232	234	241	307	034	048	055	061	060	074	201	222
		Rate in Springs	1·0	1·4	1·5	0·8	0·3	0·7	1·1	1·4	1·4	0·8	0·3	0·2	0·8
		Knots Neaps	0·5	0·7	0·7	0·4	0·1	0·3	0·6	0·7	0·7	0·4	0·2	0·1	0·4
K	50°17'·0N 3°35'·1W	Direction°	206	208	213	235	072	044	039	031	035	044	046	214	209
		Rate in Springs	1·0	1·2	1·0	0·5	0·3	0·7	1·2	1·1	0·8	0·5	0·1	0·5	0·8
		Knots Neaps	0·5	0·6	0·5	0·3	0·2	0·3	0·6	0·5	0·4	0·2	0·1	0·2	0·4
L	50°10'·0N 3°38'·9W	Direction°	245	243	241	244	206	066	062	059	053	060	100	226	248
		Rate in Springs	1·3	2·0	2·1	1·3	0·3	1·0	1·6	2·0	1·8	1·0	0·3	0·5	1·1
		Knots Neaps	0·7	1·0	1·0	0·7	0·2	0·5	0·8	1·0	0·9	0·5	0·2	0·3	0·5

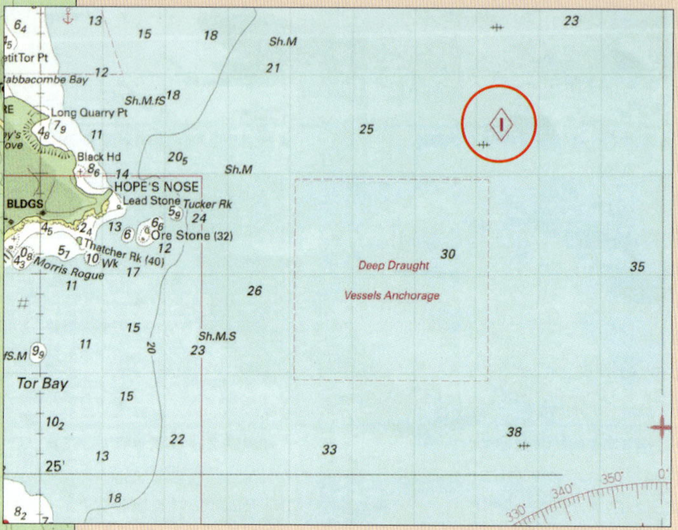

▲ *Rautensymbol für Gezeitenstrom auf einer Imray-Sportbootkarte und die dazugehörige Tabelle.*

▼ *Gezeitenatlas für die Kanalinseln.*

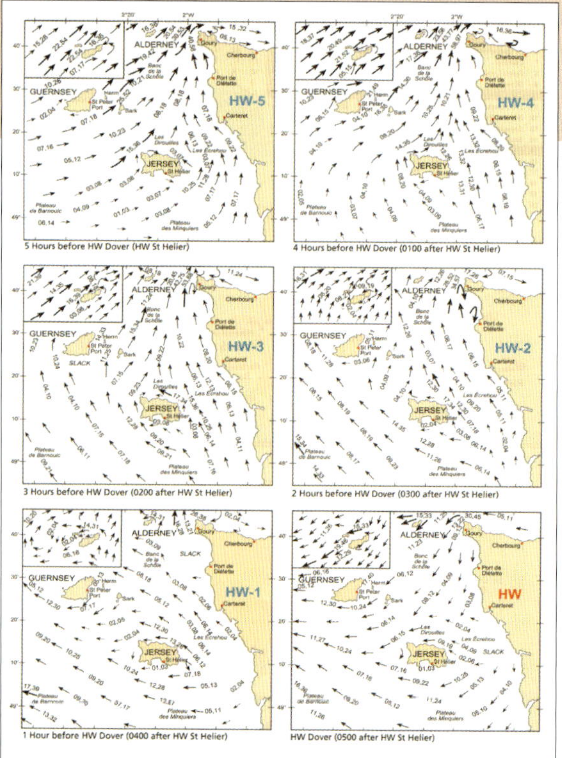

- Mit Rautensymbolen an ausgesuchten Positionen in der Seekarte.
- Mit Pfeilsymbolen im Gezeitenatlas oder im Gezeitenatlas des Almanachs.

Die genauere dieser beiden Angaben ist in der Regel die Karte mit den Rautensymbolen. An dieser Stelle hat jemand Messungen des Stroms sowohl der Richtung als auch der Geschwindigkeit von einem Boot aus vorgenommen, und zwar über viele Tiden hinweg, um genau festzustellen, wie sich der Strom bei Springtide mit großen Wasserbewegungen und bei Nipptide mit geringeren Wasserbewegungen verhält. An der Position mit dem Rautensymbol sind die Stromangaben sehr genau. In einem Gezeitenatlas wurden die Stromdaten zwischen den Messpunkten interpoliert, um ein gesamtes Gebiet abzudecken und sind daher nicht ganz so genau. Eine Ausnahme bilden speziell für Regattasegler herausgegebene Gezeitenatlanten wie beispielsweise Winning Tides für den Solent von Graham Sunderland.

Angaben zu Gezeitenstrom in der Seekarte

1. Schritt. Machen Sie das zu Ihrem Kurs nächstgelegene Rautensymbol in der Seekarte aus.

2. Schritt. Sehen Sie in der dazugehörigen Tabelle auf der Seekarte nach. Achten Sie darauf, mit welchem Bezugsort die Informationen angegeben sind.

Dabei spielt es keine Rolle, ob man sich nahe am Bezugsort befindet oder ob der Bezugsort überhaupt in der Karte verzeichnet ist. Wichtig ist nur, dass man mit den Gezeitentafeln des Bezugsortes arbeitet, für den die Angaben der Rautensymbole in der Tabelle erstellt wurden, unabhängig davon, wo man sich befindet.

3. Schritt. Notieren sie das Hochwasser und das Niedrigwasser am Bezugsort.

4. Schritt. Zeichnen Sie ein Gezeitendiagramm, um festzustellen, in welcher Stunde vor oder nach Hochwasser Sie segeln.

5. Schritt. Ziehen Sie die Höhe des Niedrigwassers von der Höhe des Hochwassers ab, um den Tidenhub zu ermitteln.

6. Schritt. An der Tidenkurve des Bezugsortes kann der durchschnittliche Tidenhub für Spring- und Nipptide abgelesen werden.

7. Gehen Sie jetzt in der Tabelle auf der Seekarte in die für das entsprechende Rautensymbol zugehörige Spalte. Je nachdem, ob der ermittelte Tidenhub der Springtide, der Nipptide oder einem Wert dazwischen entspricht, können Sie in der Tabelle die Geschwindigkeit und die Richtung des Gezeitenstroms für die Stunde vor oder nach Hochwasser ablesen, in der Sie segeln.

BEISPIELRECHNUNG

Es ist 08:55 Uhr am Freitag, den 19. August. Sie befinden sich nahe dem Rautensymbol »N« auf der Seekarte. Die Angaben beziehen sich auf HW Dover.

▶ **1. Schritt.** Stellen Sie fest, wann an diesem Tag HW in Dover ist. HW ist um 11:25 UT. Sie werden bei auflaufendem Wasser segeln.

Im August gilt Sommerzeit. Addieren Sie eine Stunde, um HW Dover in 12:25 DST umzurechnen. Die Höhe des HW ist 6,9 m. Das NW zuvor hat eine Höhe von 0,9 m. Der Tidenhub beträgt somit 6 m, was genau dem Durchschnitt bei Springtide entspricht.

▶ **2. Schritt.** Zeichnen Sie ein Gezeitendiagramm, um festzustellen, dass Sie bei HW–3 segeln.

Fortsetzung nächste Seite ▶

AREA 3 – SE England

STANDARD TIME (UT)
For Summer Time add ONE hour in non-shaded areas

DOVER LAT 51°07'N LONG 1°19'E
TIMES AND HEIGHTS OF HIGH AND LOW WATERS

Dates in red are SPRINGS
Dates in blue are NEAPS

YEAR 2016

MAY		JUNE		JULY		AUGUST	
Time m	Time m	Time m	Time m	Time m	Time m	Time m	Time m
1 SU 0540 5.4 1233 2.1 1816 5.5	16 M 0141 1.9 0716 5.4 1414 2.0 1935 5.6	1 W 0158 1.5 0729 5.9 1428 1.5 1951 6.2	16 TH 0248 1.8 0818 5.6 1517 1.8 2036 5.8	1 F 0233 1.4 0805 6.0 1503 1.4 2029 6.2	16 SA 0257 1.8 0823 5.6 1527 1.8 2040 5.7	1 M 0447 1.3 0952 6.3 1710 1.2 2219 6.4	16 TU 0415 1.5 0924 6.1 1641 1.4 2142 6.2
2 M 0121 1.9 0659 5.6 1359 1.8 1924 5.8	17 TU 0245 1.7 0821 5.6 1515 1.8 2035 5.8	2 TH 0302 1.2 0826 6.2 1531 1.3 2047 6.5	17 F 0340 1.6 0905 5.8 1608 1.6 2121 6.0	2 SA 0342 1.3 0905 6.2 1611 1.2 2128 6.4	17 SU 0351 1.6 0910 5.9 1619 1.6 2125 6.0	2 TU 0550 1.1 1039 6.5 1808 0.9 ● 2305 6.6	17 W 0504 1.3 1006 6.4 1729 1.1 2224 6.5
3 TU 0232 1.6 0759 6.0 1503 1.5 2021 6.2	18 W 0342 1.5 0908 5.8 1609 1.6 2122 6.1	3 F 0406 1.0 0919 6.4 1633 1.0 2140 6.7	18 SA 0427 1.4 0945 6.0 1652 1.4 2159 6.1	3 SU 0454 1.1 0959 6.4 1718 1.0 2222 6.6	18 M 0441 1.4 0952 6.1 1706 1.3 2206 6.2	3 W 0640 0.9 1120 6.7 1857 0.8 2345 6.6	18 TH 0552 1.1 1045 6.7 1816 0.9 ○ 2304 6.7
4 W 0334 1.2 0851 6.3 1602 1.1 2111 6.6	19 TH 0431 1.4 0946 6.0 1654 1.4 2201 6.2	4 SA 0512 0.8 1008 6.6 1734 0.8 2230 6.8	19 SU 0511 1.3 1021 6.2 1733 1.3 2234 6.2	4 M 0558 0.9 1047 6.6 1817 0.8 ● 2311 6.7	19 TU 0527 1.2 1030 6.3 1751 1.2 ○ 2246 6.3	4 TH 0724 0.9 1159 6.8 1939 0.7	19 F 0637 0.9 1125 6.9 1902 0.8 2343 6.8

FRIDAY 19TH AUGUST

HW DOVER 1225 DST
HEIGHT HW 6.9m
LW 0.9m
6.0 SP

0855 –3 HW –3 SP
0955 –2
1055 –1
1155
1225 DST HW
1255

▶ **3. Schritt.** Vergleichen Sie den ermittelten Tidenhub von 6 m mit dem durchschnittlichen Tidenhub bei Spring- und Nipptide im Almanach.

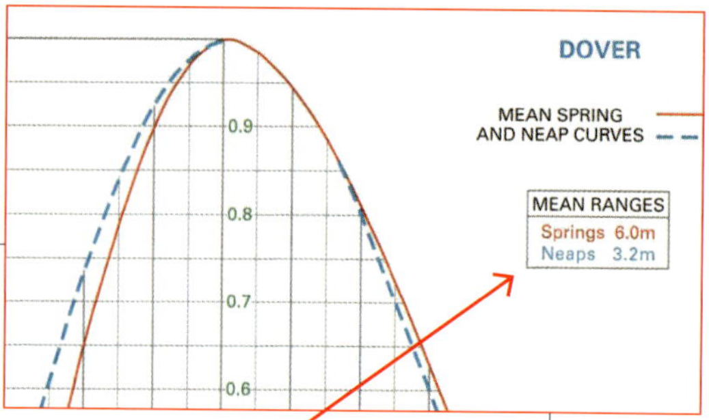

Folkestone – Dover

DOVER

MEAN SPRING AND NEAP CURVES

MEAN RANGES
Springs 6.0m
Neaps 3.2m

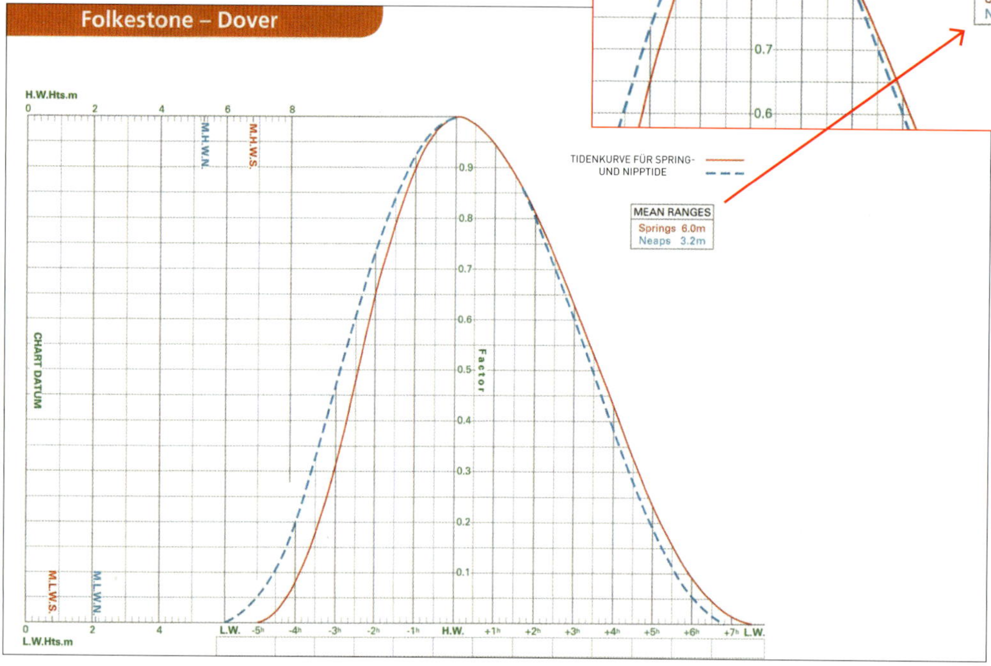

TIDENKURVE FÜR SPRING- UND NIPPTIDE

▼ **4. Schritt.** Sehen Sie in der Tabelle auf der Seekarte unter »N« nach. Lesen Sie die Angaben für HW–3 ab: Richtung 023°T, Geschwindigkeit 2,3 kn.

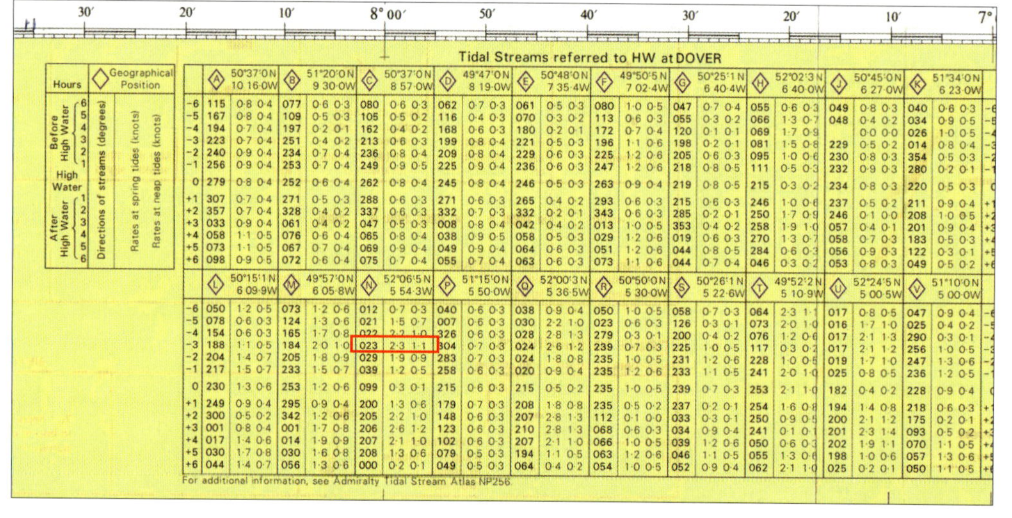

Tidal Streams referred to HW at DOVER

Hours: Before High Water (6–1), High Water (0), After High Water (1–6). Geographical Position; Directions of streams (degrees); Rates at spring tides (knots); Rates at neap tides (knots)

Hours	A 50°37'0N 10 16·0W			B 51°20'0N 9 30·0W			C 50°37'0N 8 57·0W			D 49°47'0N 8 19·0W			E 50°48'0N 7 35·4W			F 49°50'5N 7 02·4W			G 50°25'1N 6 40·4W			H 52°02'3N 6 40·0W			J 50°45'0N 6 27·0W			K 51°34'0N 6 23·0W		
−6	115	0·8	0·4	077	0·6	0·3	080	0·6	0·3	062	0·7	0·3	061	0·5	0·3	080	1·0	0·5	047	0·7	0·4	055	0·6	0·3	049	0·8	0·3	040	0·6	0·3
−5	167	0·8	0·4	109	0·5	0·3	105	0·5	0·2	116	0·4	0·3	070	0·3	0·2	113	0·6	0·3	055	0·3	0·2	066	1·3	0·7	048	0·4	0·2	034	0·9	0·5
−4	194	0·7	0·4	197	0·2	0·1	162	0·4	0·2	168	0·6	0·3	180	0·2	0·1	172	0·7	0·4	120	0·1	0·1	069	1·7	0·9		0·0	0·0	026	1·0	0·5
−3	223	0·7	0·4	251	0·4	0·2	213	0·6	0·3	199	0·8	0·4	221	0·5	0·3	196	1·1	0·6	198	0·2	0·1	081	1·5	0·8	229	0·5	0·2	014	0·8	0·4
−2	240	0·9	0·4	234	0·7	0·4	236	0·8	0·4	209	0·8	0·4	229	0·6	0·3	225	1·2	0·6	205	0·6	0·3	095	1·0	0·6	230	0·8	0·3	354	0·5	0·3
−1	256	0·9	0·4	253	0·7	0·4	249	0·9	0·5	225	0·9	0·4	236	0·6	0·3	247	1·2	0·6	218	0·8	0·5	111	0·5	0·3	232	0·9	0·3	280	0·2	0·1
0	279	0·8	0·4	252	0·6	0·4	262	0·8	0·4	245	0·8	0·4	246	0·5	0·3	263	0·9	0·4	219	0·8	0·5	215	0·3	0·2	234	0·8	0·3	220	0·5	0·3
+1	307	0·7	0·4	271	0·5	0·3	288	0·6	0·3	271	0·6	0·3	265	0·4	0·2	293	0·6	0·3	215	0·6	0·3	246	1·0	0·6	237	0·5	0·2	211	0·9	0·4
+2	357	0·7	0·4	328	0·4	0·2	337	0·6	0·3	332	0·7	0·3	332	0·2	0·1	343	0·6	0·3	285	0·2	0·1	250	1·7	0·9	246	0·1	0·0	208	1·0	0·5
+3	033	0·9	0·4	061	0·4	0·2	047	0·5	0·3	008	0·8	0·4	042	0·4	0·2	013	1·0	0·5	353	0·4	0·2	258	1·9	1·0	057	0·4	0·1	201	0·9	0·4
+4	058	1·1	0·5	076	0·6	0·4	065	0·8	0·4	038	0·9	0·5	058	0·5	0·3	029	1·2	0·6	019	0·6	0·3	270	1·3	0·7	058	0·7	0·3	183	0·5	0·3
+5	073	1·1	0·5	067	0·7	0·4	069	0·9	0·4	049	0·9	0·4	064	0·6	0·3	051	1·2	0·6	044	0·8	0·5	284	0·6	0·3	056	0·9	0·3	122	0·3	0·1
+6	098	0·9	0·5	072	0·6	0·4	075	0·7	0·4	055	0·7	0·4	063	0·6	0·3	073	1·1	0·6	044	0·7	0·4	046	0·3	0·2	053	0·8	0·3	049	0·5	0·2

Hours	L 50°15'1N 6 09·9W			M 49°57'0N 6 05·8W			N 52°06'5N 5 54·3W			P 51°15'0N 5 50·0W			Q 52°00'3N 5 36·5W			R 50°50'0N 5 30·0W			S 50°26'1N 5 22·6W			T 49°52'2N 5 10·9W			U 52°24'5N 5 00·5W			V 51°10'0N 5 00·0W		
−6	050	1·2	0·5	073	1·2	0·6	012	0·7	0·3	040	0·6	0·3	038	0·9	0·4	050	1·0	0·5	058	0·7	0·3	064	2·3	1·1	017	0·8	0·5	047	0·9	0·4
−5	078	0·6	0·3	124	1·3	0·6	021	1·5	0·7	007	0·6	0·3	030	2·2	1·0	023	0·6	0·3	126	0·3	0·1	073	2·0	1·0	016	1·7	1·0	025	0·4	0·2
−4	154	0·6	0·3	165	1·7	0·8	022	2·2	1·0	326	0·6	0·3	028	2·8	1·3	279	0·3	0·1	200	0·4	0·2	076	1·2	0·6	017	2·1	1·3	290	0·3	0·1
−3	188	1·1	0·5	184	2·0	1·0	023	2·3	1·1	304	0·7	0·3	024	2·6	1·2	239	0·7	0·3	225	1·0	0·5	117	0·3	0·2	017	2·1	1·2	256	1·0	0·5
−2	204	1·4	0·7	205	1·8	0·9	029	1·9	0·9	283	0·7	0·3	024	1·8	0·8	235	1·0	0·5	231	1·2	0·6	228	1·0	0·5	019	1·7	1·0	247	1·3	0·6
−1	217	1·5	0·7	233	1·5	0·7	039	1·2	0·5	258	0·6	0·3	020	0·9	0·4	235	1·2	0·6	233	1·1	0·5	241	2·0	1·0	025	0·8	0·5	236	1·2	0·5
0	230	1·3	0·6	253	1·2	0·6	099	0·3	0·1	215	0·6	0·3	215	0·5	0·2	235	1·0	0·5	239	0·7	0·3	253	2·1	1·0	182	0·4	0·2	228	0·9	0·4
+1	249	0·9	0·4	295	0·9	0·4	200	1·3	0·6	179	0·7	0·3	208	1·8	0·8	235	0·5	0·2	237	0·2	0·1	254	1·6	0·8	194	1·4	0·8	218	0·6	0·3
+2	300	0·5	0·2	342	1·2	0·6	205	2·2	1·0	148	0·6	0·3	207	2·8	1·3	112	0·1	0·0	033	0·3	0·1	250	0·9	0·5	200	2·1	1·2	175	0·2	0·1
+3	001	0·8	0·4	001	1·7	0·8	206	2·6	1·2	123	0·6	0·3	210	2·8	1·3	068	0·6	0·3	034	0·9	0·4	241	0·1	0·1	201	2·3	1·4	093	0·5	0·2
+4	017	1·4	0·6	014	1·9	0·9	207	2·1	1·0	102	0·6	0·3	207	2·1	1·0	066	1·0	0·5	039	1·2	0·6	050	0·6	0·3	202	1·9	1·1	070	1·1	0·5
+5	030	1·7	0·8	030	1·6	0·8	208	1·3	0·6	079	0·5	0·3	194	1·1	0·5	063	1·2	0·6	046	1·1	0·5	055	1·3	0·6	198	1·0	0·6	057	1·3	0·6
+6	044	1·4	0·7	056	1·3	0·6	000	0·2	0·1	049	0·5	0·3	064	0·4	0·2	054	1·0	0·5	052	0·9	0·4	062	2·1	1·0	025	0·2	0·1	050	1·1	0·5

For additional information, see Admiralty Tidal Stream Atlas NP256.

Gezeitenatlas

Im Gezeitenatlas ist der Bezugsort genannt, dem die Angaben zugrunde liegen. Es muss der Tidenkalender dieses Bezugsortes verwendet werden.

Sehen Sie dort die Zeit des Hochwassers und den Tidenhub nach. Zeichnen Sie ein Gezeitendiagramm, und stellen Sie fest, in welcher Stunde vor oder nach Hochwasser Sie segeln. Anstatt die Werte aus einer Tabelle abzulesen, müssen Sie nun die Richtung des Gezeitenstroms an dem Pfeil in der entsprechenden Karte mit dem Navigationslineal messen.

Die Geschwindigkeit ist oberhalb der Pfeile vermerkt. Im Gegensatz zu den Tabellen in der Seekarte ist im Gezeitenatlas immer zuerst die Geschwindigkeit zur Nipptide und dann die Geschwindigkeit für Springtide angegeben.

Bei Springtide muss man den höheren Wert verwenden, bei Nipptide den niedrigeren Wert. Befindet man sich zwischen Spring- und Nipptide kann man entsprechend interpolieren.

? **Was ist der kleinste Zeitabschnitt, für den der Gezeitenstrom berechnet werden sollte?**

Wahrscheinlich 30 Minuten, bei noch kürzeren Zeitabschnitte wird es etwas akademisch. Um bei dem genau berechneten Gezeitenstand abzulegen, ist es besser, eine kurze Zeit abzuwarten, als zu versuchen, wenige Minuten einzurechnen.

Richtungsmessung des Gezeitenstroms

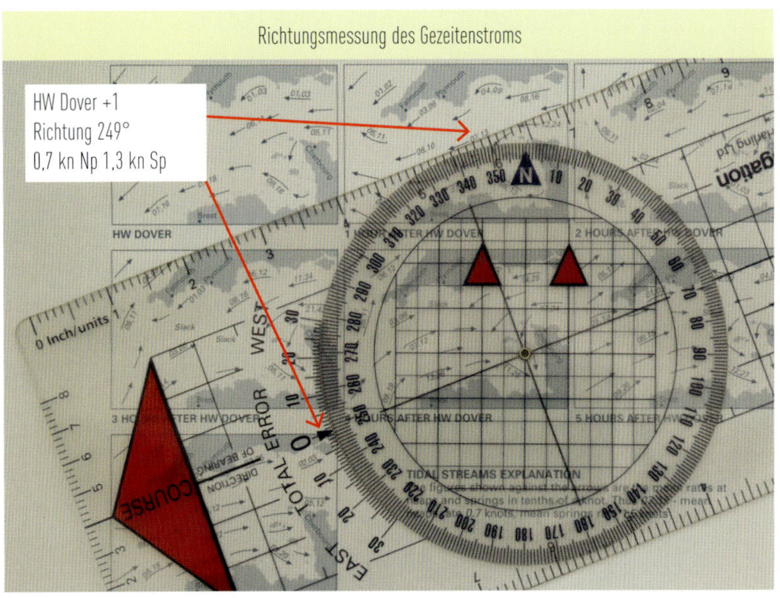

▲ *Sie segeln bei HW+1 und messen die Richtung des Pfeils, die hier 249°T beträgt. Lesen Sie die Geschwindigkeit des Gezeitenstroms am Pfeil ab. Sie ist mit 0,7 kn für Nipptide und mit 1,3 kn für Springtide angegeben.*

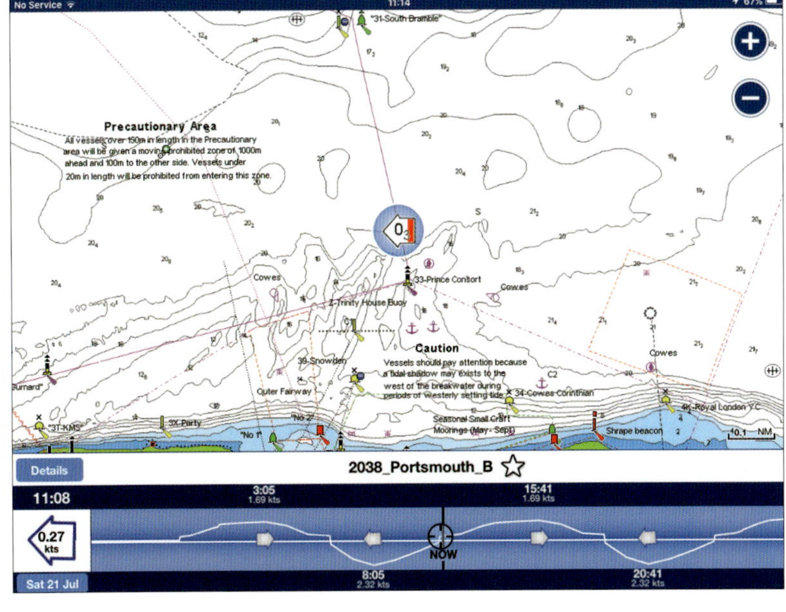

Darstellung des Gezeitenstroms in einer App.

Datum (unten links):

Samstag, 21. Juli.

Es ist 11:08 DST, und der Plotter zeigt das Seegebiet vor Cowes. Die Richtung des Gezeitenstroms beträgt ungefähr 275° und die Geschwindigkeit 0,27 kn, die man auf 0,3 kn runden kann.

Diese Angaben kann man überprüfen. HW Portsmouth ist um 06:58 DST mit 4,0 m, NW ist 1,6 m. Also beträgt der Tidenhub 2,4 m. Der durchschnittliche Tidenhub ist hier bei Springtide 3,9 m und bei Nipptide 1,9 m. Der Tidenhub zwischen Spring- und Nipptide beträgt 2,9 m.

Predictions DO NOT include meteorological effects.
(H - high water, L - low water)

© National Oceanography Centre, Liverpool

Sat 21st	05:58	11:03	18:33	23:48
Jul 2018	3.98m H	1.61m L	4.17m H	1.72m L
Sun 22nd	07:06	12:19	19:35	

▲ *Tidenkalender für Portsmouth am 21. Juli 2018.*

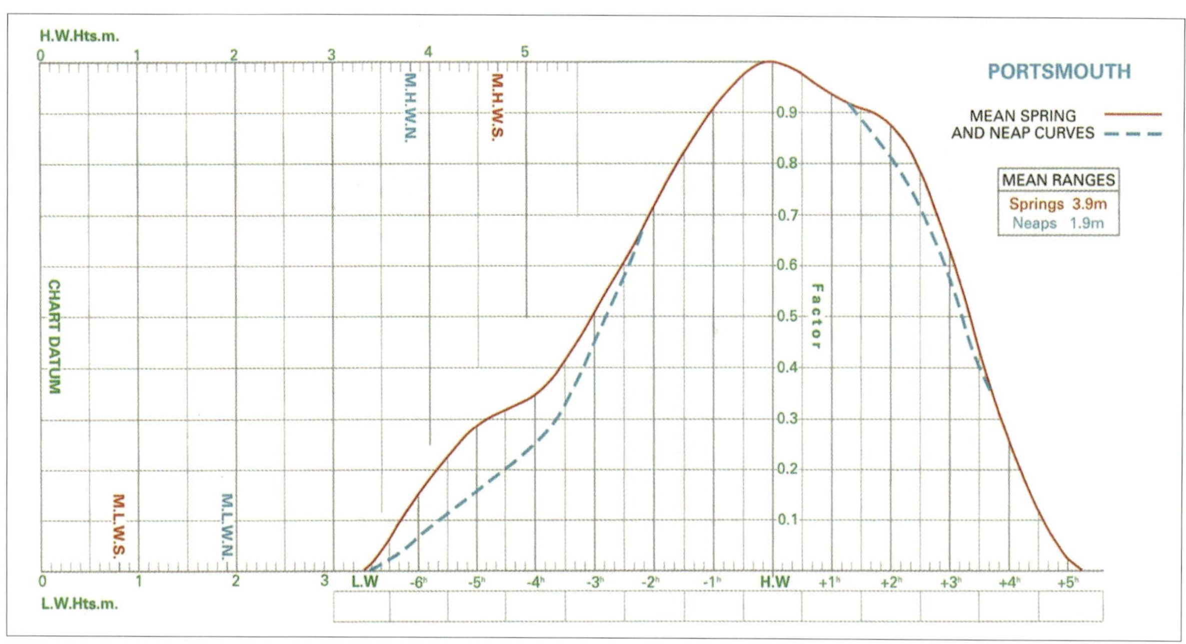

▼ *Gezeitenkurve und Tidenhub für Portsmouth.*

11:08 DST entspricht laut Gezeitendiagramm HW+4.

SAT 21/7/18

HW PORTSMOUTH 0658 DST
HW 4.0m
LW 1.6m
RANGE 2.4m

0628
0658 DST HW
0728
+1
0828
+2
0928
+3
1028
+4
1128

1108 HW +4

Für das Rautensymbol »E« wird der Gezeitenstrom für HW+4 mit der Richtung 275° und der Geschwindigkeit 0,5 kn bei Spring- und 0,2 kn bei Nipptide angegeben.

D 50°47'21 N 1 19·28W		E 50°46'53 N 1 17·59W		F 50°48'43 N 1 17·59W		G 50°47'03 N 1 16·79W	
58	1·1 0·5	084	2·5 1·2	022	1·8 0·9	076	1·2 0·6
56	1·0 0·5	090	2·7 1·3	038	1·0 0·5	085	1·5 0·8
55	1·1 0·5	091	2·7 1·4	070	0·4 0·2	085	1·7 0·9
50	1·3 0·6	090	2·2 1·1	058	0·4 0·2	088	1·6 0·8
43	0·7 0·3	096	0·9 0·4	019	1·4 0·7	082	1·5 0·8
23	0·8 0·4	259	0·7 0·3	008	0·5 0·2	093	0·6 0·3
31	2·1 1·0	267	2·8 1·4	232	1·0 0·5	255	0·6 0·3
36	1·8 0·9	268	3·8 1·9	230	1·1 0·5	268	2·0 1·0
31	1·7 0·8	269	3·0 1·5	226	1·2 0·6	268	2·3 1·1
30	1·4 0·6	[illegible]	[illegible]	205	1·4 0·7	263	1·8 0·9
26	0·9 0·4	275	0·5 0·2	180	2·4 1·2	230	0·8 0·4
	0·0 0·0	083	0·8 0·4	070	0·2 0·1	167	0·4 0·2
57	1·1 0·5	084	2·0 1·0	025	1·6 0·8	096	1·0 0·5
P 50°46'13 N 1 11·89W		Q 50°47'03 N 1 11·39W		R 50°45'13 N 1 09·49W		S 50°45'93 N 1 09·49W	
10	1·2 0·6	117	0·8 0·4	110	1·3 0·6	103	1·2 0·6
16	1·7 0·9	114	0·8 0·4	115	1·5 0·7	109	1·6 0·8
26	1·7 0·9	108	0·6 0·3	118	1·1 0·6	114	1·7 0·8
34	1·1 0·6	087	0·3 0·2	120	0·3 0·2	127	1·1 0·5

Um die Geschwindigkeit des Gezeitenstroms zu berechnen, wenn man sich weder genau zu Spring- oder Nipptide noch genau dazwischen befindet, ist es am einfachsten, den ermittelten Tidenhub durch den durchschnittlichen Tidenhub zu teilen und in Prozent auszurechnen. Die aktuelle Geschwindigkeit des Gezeitenstroms beträgt genau so viel Prozent der maximalen Geschwindigkeit bei Springtide.
Der ermittelte Tidenhub beträgt 2,4 m. Das sind 61 % des durchschnittlichen Tidenhubs von 3,9 m. 61 % der Geschwindigkeit bei Springtide von 0,5 kn sind 0,3 kn.
Mit dieser kurzen Überprüfung ist nun festgestellt, dass die Angaben in der Navionics-App richtig sind.

Berechnung des Gezeitenstroms

Der Kartenplotter gibt Richtung und Geschwindigkeit des Gezeitenstroms rund um die Uhr an. Er errechnet aus den genauen Tidenhöhen die exakte Geschwindigkeit des Gezeitenstroms. Das kann man auch händisch machen, wenn der Tidenhub genau dem Tidenhub bei Spring- oder Nipptide entspricht oder exakt dazwischen liegt. Wie aber geht man vor, wenn das nicht der Fall ist? Die korrekte Methode, wie sie beispielsweise in den Prüfungen für den RYA-Yachtmaster verlangt wird, ist, das sich auf Dover beziehende Rechendiagramm »Computation of Rates« zu verwenden. Alle Gezeitenatlanten in Großbritannien beziehen sich auf Dover oder geben den Zeitunterschied zu HW Dover an. Hier soll die Geschwindigkeit des Gezeitenstroms an der Westseite des Solent bei Hurst Castle ermittelt werden.

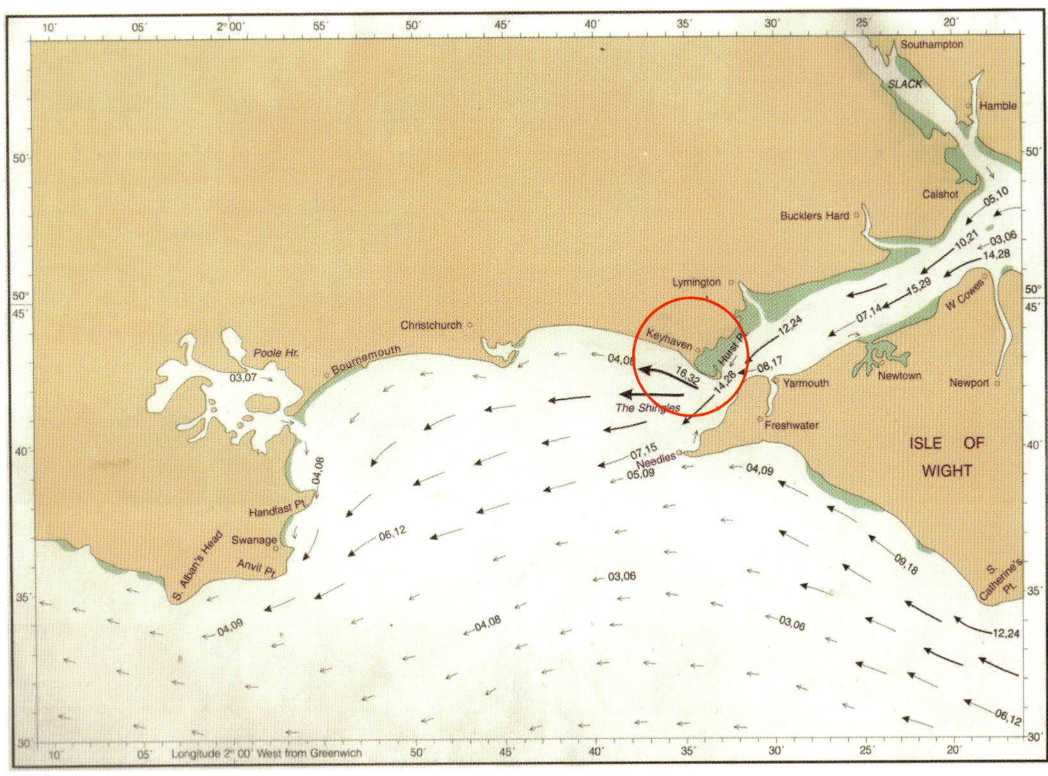

▲ *Gezeitenatlas für Portsmouth bei Hochwasser. Der Strom bei Nipptide setzt mit 1,6 kn, bei Springtide mit 3,2 kn.*

Es ist der 11. August, HW Portsmouth ist um 12:02 DST. Sie segeln um 12:27 Uhr los und befinden sich in der Stunde des Hochwassers. Der Tidenhub für diesen Tag beträgt in Dover 6,1 m (6,8 m bei HW minus 0,7 m bei Niedrigwasser). Die Geschwindigkeiten des Gezeitenstroms bei Nipp- und Springtide sind 1,6 kn und 3,2 kn. Gehen Sie im Rechendiagramm bei 1,6 an die Linie für Nipptide und bei 3,2 an die Linie für Springtide. Zeichnen Sie eine Linie durch diese beiden Punkte, die über den Punkt bei 3,2 hinausgeht, da der Tidenhub in Dover an diesem Tag über dem Durchschnitt liegt. Gehen Sie nun bei einem Tidenhub von 6,1 an der linken Seite des Diagramms waagrecht bis zur eingezeichneten Linie und dann senkrecht nach oben, um dort 3,3 kn abzulesen. Der Kartenplotter gibt den Strom mit 3,0 kn an, etwas weniger als nach eigener Rechnung.

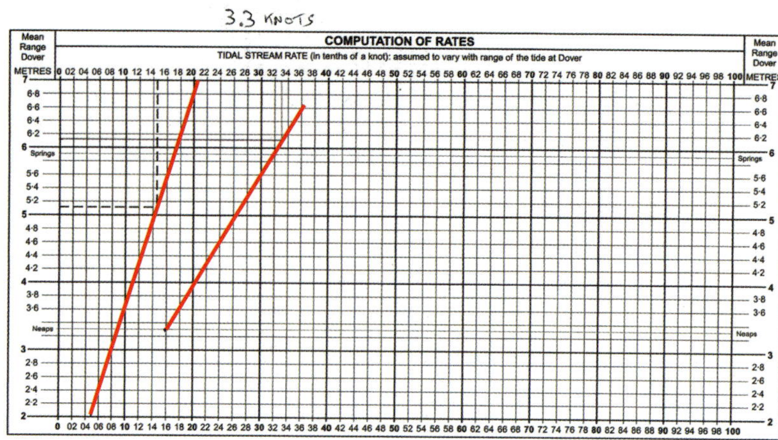

▲ *»Computation of Rates«: Die rechte rote Linie führt zum Ergebnis 3,3 kn.*

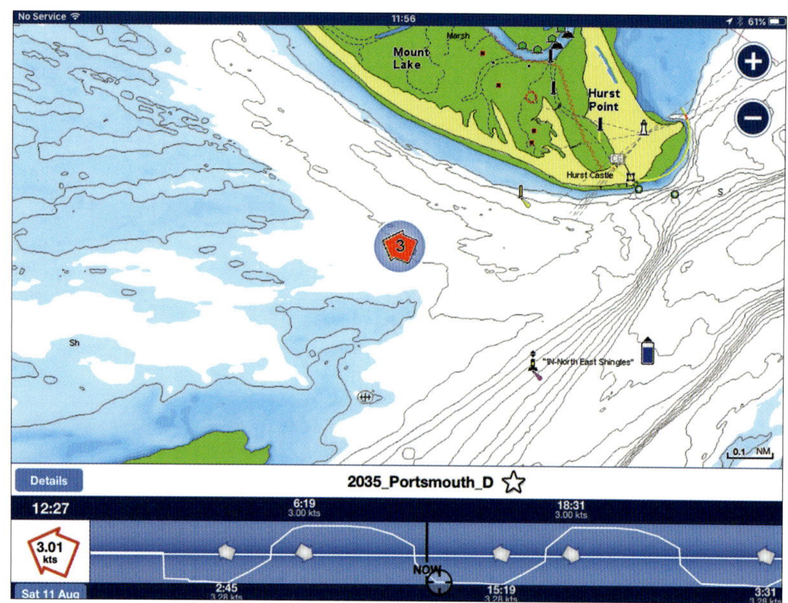

▶ *3 Knoten gemäß dem Kartenplotter.*

Eine andere Methode der Berechnung besteht darin, den aktuellen Tidenhub in Prozent zum durchschnittlichen Tidenhub zu setzen. Wie das genau geht, zeige ich im Video.

Scannen Sie diesen QR-Code, um ein Video über die Berechnung des Gezeitenstroms durch einen Vergleich des aktuellen Tidenhubs mit dem durchschnittlichen Tidenhub zu sehen.

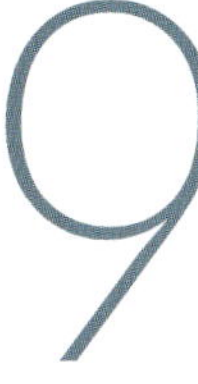

Abdrift

Unter Abdrift versteht man den Winkel, um den ein Boot durch den Wind und auch die Strömung, vom Kurs abgebracht wird. Jedes Boot mit Segeln und Aufbauten, die dem Wind eine Angriffsfläche bieten, ist davon betroffen.

Wie stark die Abdrift durch den Wind ausfällt und bei der Kursberechnung berücksichtigt werden muss, hängt auch vom Bootstyp ab. Traditionelle Langkieler mit großer Lateralfläche und geringem Freibord sind in wesentlich geringerem Maß betroffen als moderne Kurzkieler mit hohen Rumpfflächen über Wasser.

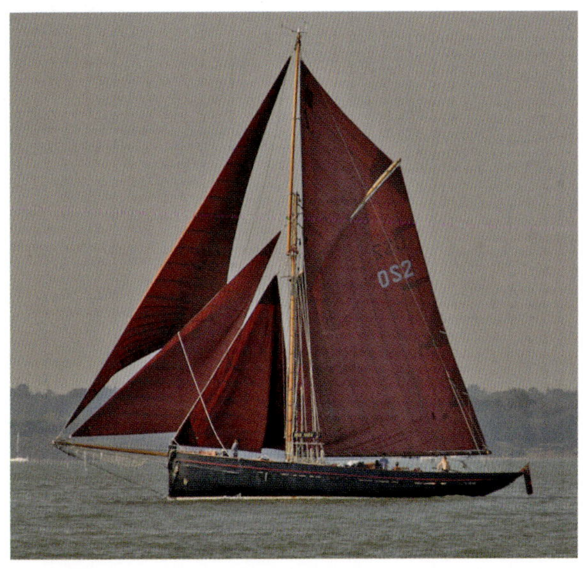

▶ *Lotsenkutter mit großer Lateralfläche unter Wasser.*

▼ *Moderne Yacht mit Finnkiel und hohem Rumpf.*

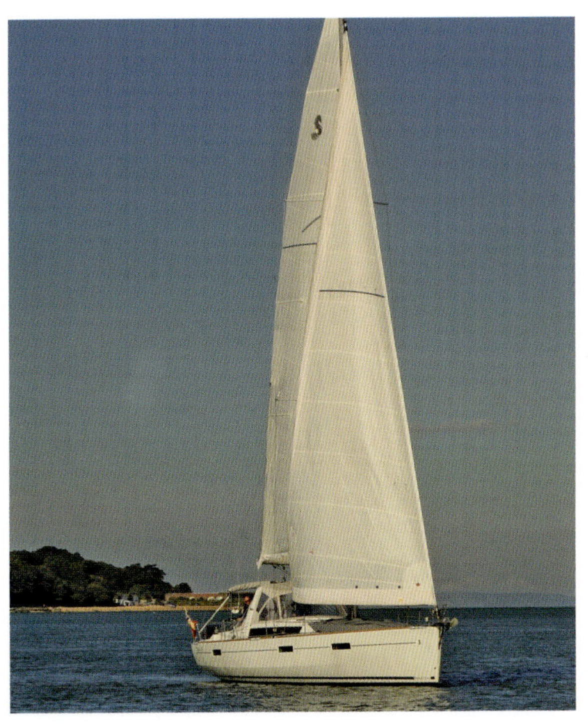

i Abdrift-Rechner

Kurs durchs Wasser:
Wind von Backbord – Abdrift addieren
Wind von Steuerbord – Abdrift subtrahieren

Steuerkurs:
Wind von Backbord – Abdrift vom Steuerkurs subtrahieren
Wind von Steuerbord – Abdrift zum Steuerkurs addieren

Motorboote unterliegen ebenfalls der Abdrift durch den Wind, sind aber aufgrund ihrer wesentlich höheren Geschwindigkeit im Vergleich zu Segelbooten in so geringem Maß betroffen, dass ihre seitliche Abweichung vom Kurs durch den Einfluss des Windes nur wenige Prozent der zurückgelegten Distanz ausmacht.

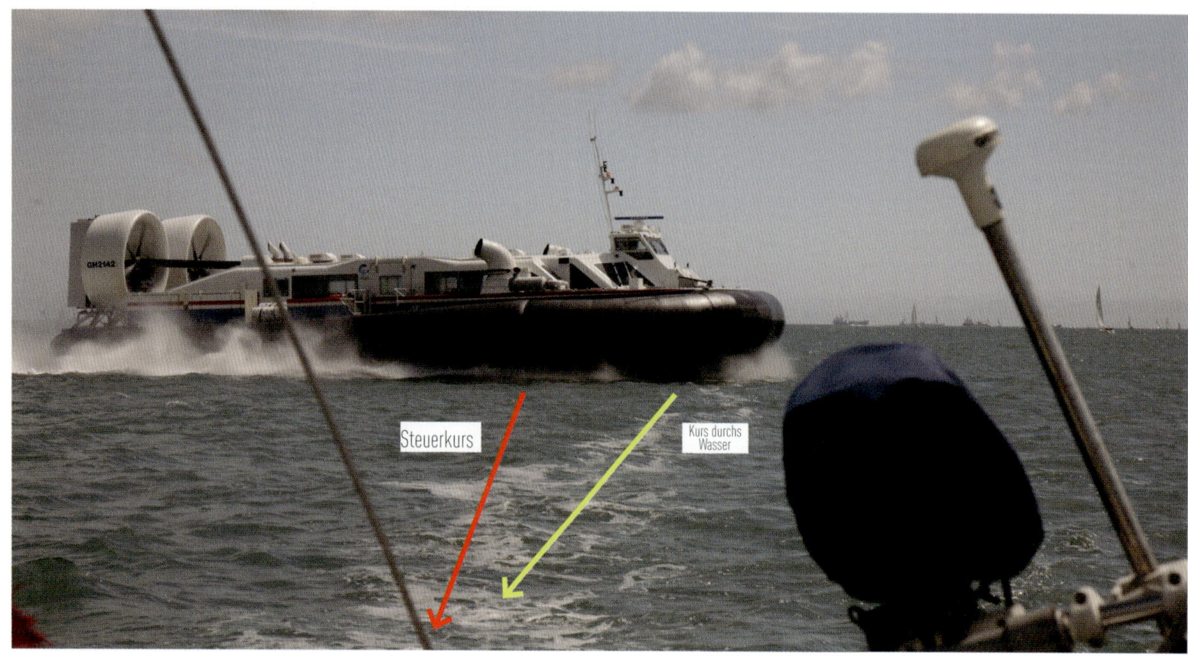

▲ *Segelyacht mit ungefähr 5° Abdrift.*

Die Abdrift kann grob abgeschätzt werden.

Rechnen Sie mit:

- 5° Abdrift bei Wind bis Stärke 5.
- 10° Abdrift bei Wind über Stärke 5.

Mit einem Blick achteraus lässt sich die Abdrift einschätzen. Die Abdrift muss beim Berechnen des Kurses über Grund berücksichtigt werden, um Kurs und Position in die Karte eintragen zu können. Umgekehrt muss man die Abdrift ebenfalls einrechnen, aber mit umgekehrten Vorzeichen, wenn man einen Kurs in der Karte in einen Steuerkurs umwandeln möchte. Bei Wind von Backbord wird das Boot nach rechts auf der Kompassrose abgelenkt, sodass sich die Abdrift zum Steuerkurs addiert, bei Wind von Steuerbord wird das Boot nach links auf der Kompassrose abgelenkt, sodass die Abdrift vom Steuerkurs zu subtrahieren ist, um den Kurs durchs Wasser zu bestimmen.

10 Koppelnavigation

Der Kartenplotter gibt die eigene Position zu jedem Zeitpunkt und mit einer Genauigkeit von bis zu zwei Metern an. Man muss die Positionsangaben nur am Bildschirm ablesen und weiß zu jeder Zeit ganz genau, wo man sich befindet.
Um die Navigationsprüfungen beim Erlangen eines Bootsführerscheins zu meistern, ist es allerdings unerlässlich, die Position in der Seekarte auch ohne GPS ermitteln zu können. Bei der Koppelnavigation geht man dabei von einer bekannten Schiffsposition aus, trägt Kurs und Distanz in die Karte ein und erhält so eine ungefähre Position. Diese Position muss noch um die Abdrift durch den Wind und um den Versatz durch Gezeitenstrom korrigiert werden, die zu erheblichen Abweichungen gegenüber der Positionsermittlung nur durch Kurs und Distanz führen können.

▶ *Garmin 192.*

▼ *Koppelort nach Kurs und Distanz.*

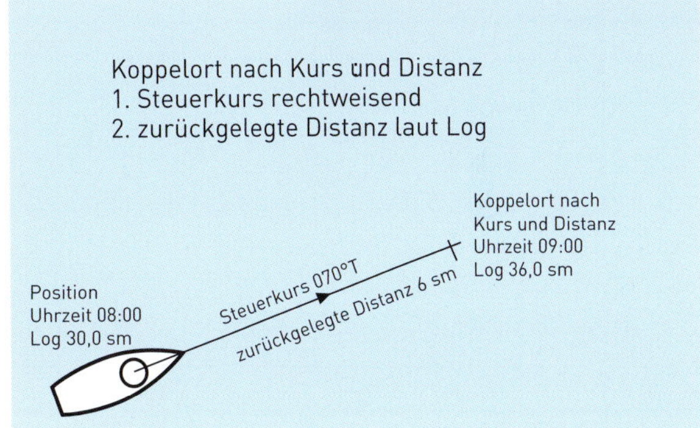

Positionsbestimmung durch Koppeln

Markieren Sie Ihre Ausgangsposition mit einem eingekreisten Punkt, dem Symbol für ein Positions-Fix. Schreiben Sie die Uhrzeit daneben, beispielsweise 08:00 Uhr, sowie den Stand des Logs, beispielsweise 30 sm. Von dieser Position segeln Sie eine Stunde lang einen Kurs von 070°T mit einer Geschwindigkeit von 6 kn. Zeichen Sie also den rechtweisenden Kurs von 070°T in die Karte ein, und markieren Sie die Distanz von 6 sm. Das ist der Koppelort nach Kurs und Distanz. Während dieser Stunde setzt der Gezeitenstrom mit 2,0 kn nach 135°T und bringt das Boot vom Kurs ab. Zeichnen Sie den sogenannten Stromvektor an die gekoppelte Position, und markieren Sie die Stelle mit einem Punkt in einem Dreieck als Zeichen für die um den Gezeitenstrom beschickte Position. Schreiben Sie wieder die Zeit und den Stand des Logs daneben.

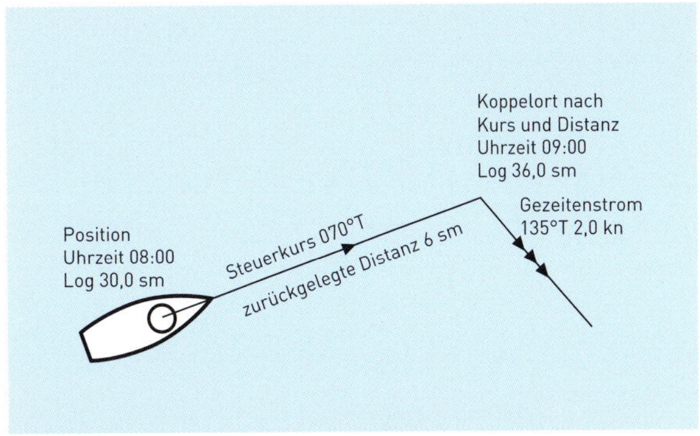

▲ *Koppelort nach Kurs, Distanz und Gezeitenstrom.*

Mittlerweile ist es 09:00 Uhr, und das Log zeigt 36 Seemeilen an. Lesen Sie nun mithilfe des Navigationsbestecks die Position nach Länge und Breite aus der Seekarte ab. Die Position wurde um den Stromversatz berichtigt, nicht aber um die Abdrift durch den Wind.

Kommt der Wind von Backbord, wird das Boot rechts herum auf der Kompassrose abgelenkt, und die Abdrift muss zum Kurs addiert werden. Kommt der Wind dagegen von Steuerbord, wird das Boot links herum auf der Kompassrose abgelenkt, und die Abdrift muss vom Kurs abgezogen werden.
In diesem Beispiel weht der Wind von Backbord, und die Abdrift beträgt 5°. Der Steuerkurs ist 070°T. Mit der Abdrift beträgt der Kurs durchs Wasser 075°. Dieser Kurs wird in die Karte gezeichnet, bevor der Stromversatz eingetragen wird.

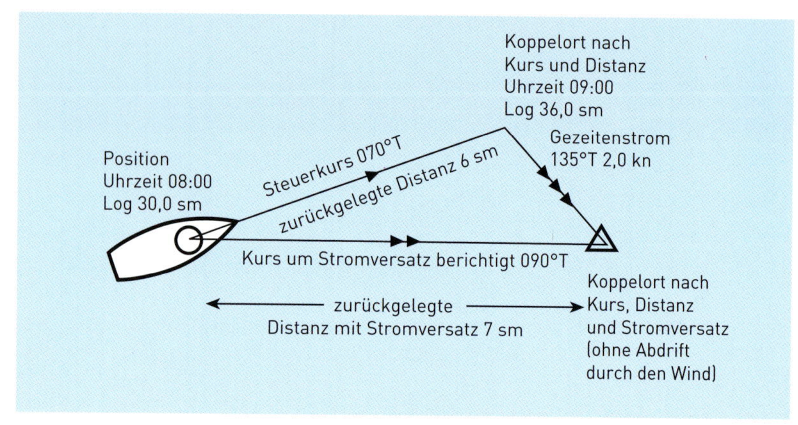

▲ *Koppelort nach Kurs, Distanz und Stromversatz.*

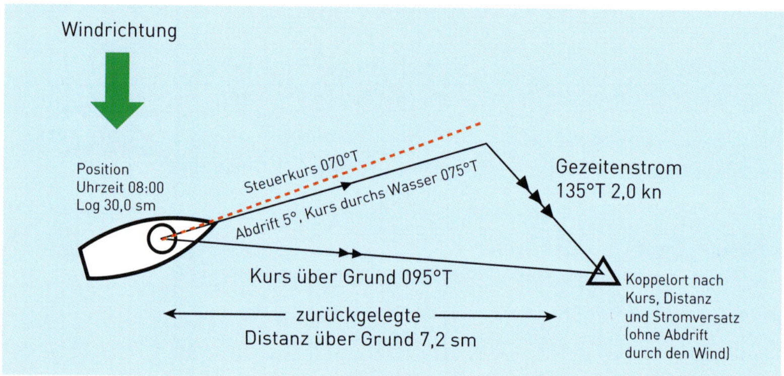

▲ *Koppelort nach Kurs, Distanz, Abdrift durch Wind und Stromversatz.*

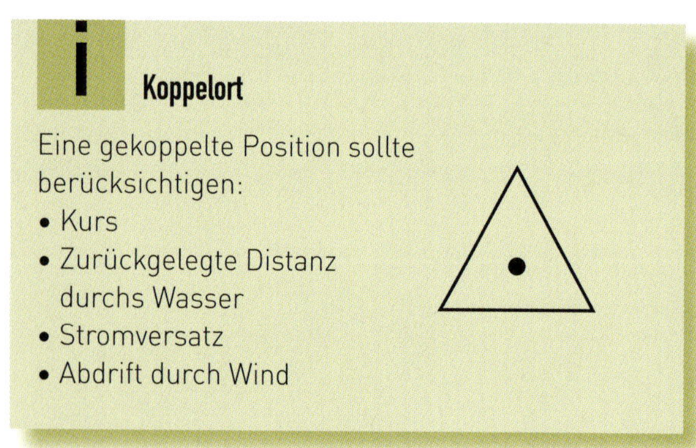

Koppelort

Eine gekoppelte Position sollte berücksichtigen:
- Kurs
- Zurückgelegte Distanz durchs Wasser
- Stromversatz
- Abdrift durch Wind

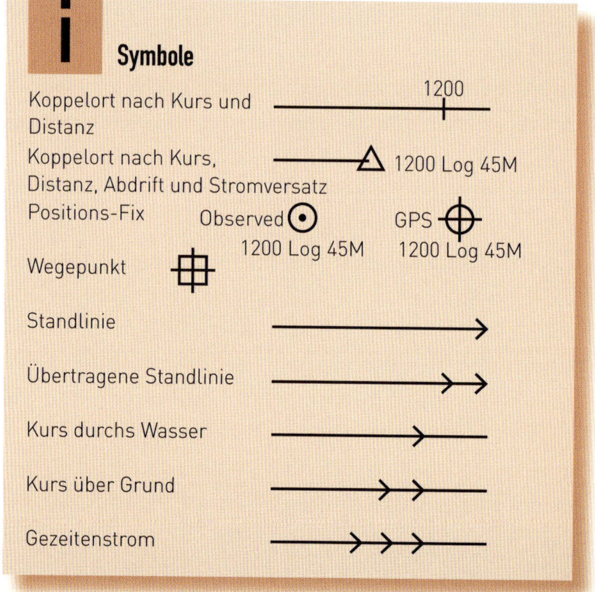

▶ *Kurs durchs Wasser, Kurs über Grund und Gezeitenstrom als Vektoren mit bestimmter Richtung und Länge.*

BEISPIEL

Es ist Dienstag, der 15. Mai und die Ausgangsposition vor Salcombe lautet:

50° 12,5'N und 003° 46,0'W.

Es ist 13:21 Uhr, und Sie segeln auf einem Magnetkompasskurs von 135°MgK mit 6 Knoten. Das Log zeigt um 13:21 Uhr 42 Seemeilen und um 14:21 Uhr 48 Seemeilen.

Der Kompass hat auf diesem Kurs eine Deviation von 6°O.

Laut Seekarte beträgt die Missweisung 1°W.

Der Wind weht mit 4 Bft. aus NO, und die geschätzte Abdrift beträgt 5°.

Sie verwenden das Rautensymbol »B« für Richtung und Geschwindigkeit des Gezeitenstroms.

Wo werden Sie sich um 14:21 Uhr befinden?

1. Schritt. Zeichnen Sie Ihre Ausgangsposition um 13:21 Uhr mit 50° 12,5'N und 003° 46,0'W in die Karte ein. Schreiben Sie die Uhrzeit und den Stand des Logs daneben.

2. Schritt. Berichtigen Sie den Kurs, um ihn in die Karte einzuzeichnen.

135°Mgk (Magnetkompasskurs)
+ 6°O Deviation
141°mwK (missweisender Kurs)
– 1°W Missweisung
140°T (rechtweisender Kurs)

5° Abdrift durch Wind von Backbord = + rechtweisender Kurs
145°KdW (Kurs durchs Wasser)

Zeichnen Sie diesen Kurs in die Karte, und markieren Sie ihn mit einem Pfeilstrich, weil es sich um den Kurs durchs Wasser handelt.

3. Schritt. Messen Sie 6 Seemeilen an der Skala der Breitengrade ab, und tragen Sie diese Distanz an Ihrer Kurslinie ab. Das ist der Koppelort nach Kurs, Distanz und Abdrift durch den Wind.

Um den Stromversatz ebenfalls einzurechnen, müssen Richtung und Geschwindigkeit in der Seekarte unter dem Rautensymbol »B« abgelesen werden. Die Angaben beziehen sich auf das Hochwasser in Plymouth.

Tidal Streams referred to HW at PLYMOUTH (DEVONPORT)

Hours	Geographical Position	A 50°07'·84N 3 55 ·27W			B 50°10'·04N 3 38 ·87W			C 50°12'·54N 4 05 ·27W			D 50°13'·04N 3 37·07W		
	Directions of streams (degrees) / Rates at spring tides (knots) / Rates at neap tides (knots)	Dir.	Spring	Neap	Dir.	Spring	Neap	Dir.	Spring	Neap	Dir.	Spring	Neap
Before High Water 6		282	1·4	0·7	245	1·3	0·7	266	0·8	0·4	203	2·2	1·1
5		282	1·4	0·6	243	2·0	1·0	284	0·8	0·4	203	2·1	1·1
4		286	1·1	0·5	241	2·1	1·0	294	0·8	0·4	192	1·5	0·8
3		291	0·3	0·1	244	1·3	0·7	318	0·5	0·2	137	0·7	0·4
2		091	0·5	0·2	206	0·3	0·2	069	0·4	0·2	057	2·9	1·4
1		098	1·1	0·5	066	1·0	0·5	087	0·8	0·4	043	3·0	1·5
High Water		096	1·4	0·7	062	1·6	0·8	098	1·0	0·5	046	2·5	1·2
After High Water 1		103	1·3	0·6	059	2·0	1·0	110	0·9	0·4	049	2·2	1·1
2		105	0·9	0·4	053	1·8	0·9	129	0·6	0·4	061	1·4	0·7
3		129	0·2	0·1	060	1·0	0·5	170	0·2	0·1	137	0·7	0·4
4		261	0·4	0·2	100	0·3	0·2	267	0·2	0·1	186	1·5	0·8
5		273	0·9	0·4	226	0·5	0·3	271	0·6	0·3	200	2·1	1·0
6		277	1·3	0·6	248	1·1	0·5	264	0·8	0·4	202	2·2	1·1

Hours	E 50°17'·04N 3 35 ·07W			F 50°18'·04N 3 20 ·08W			G 50°18'·3 4 07 ·7	
	Dir.	Spring	Neap	Dir.	Spring	Neap	Dir.	Spring
Before High Water 6	206	1·0	0·5	227	1·0	0·5	297	0·8
5	208	1·2	0·6	232	1·4	0·7	306	0·7
4	213	1·0	0·5	234	1·5	0·7	307	0·6
3	235	0·5	0·3	241	0·8	0·4	304	0·3
2	072	0·3	0·2	307	0·3	0·1	098	0·3
1	044	0·7	0·3	034	0·7	0·3	109	0·7
High Water	039	1·2	0·6	048	1·1	0·6	110	0·9
After High Water 1	031	1·1	0·5	055	1·4	0·7	111	0·8
2	035	0·8	0·4	061	1·4	0·7	121	0·6
3	044	0·5	0·2	060	0·8	0·4	156	0·3
4	046	0·1	0·1	074	0·3	0·2	265	0·4
5	214	0·5	0·2	201	0·2	0·1	294	0·7
6	209	0·8	0·4	222	0·8	0·4	296	0·8

Hours	H 50°18'·33N 4 10 ·87W			J 50°28'·53N 3 22 ·58W		
-6	236	0·7	0·4	218	0·8	0·4
-5	264	0·6	0·3	226	0·9	0·5
-4	316	0·6	0·3	214	1·1	0·6
-3	031	0·5	0·2	211	0·6	0·3
-2	047	0·7	0·4	290	0·2	0·1
-1	053	1·0	0·5	011	0·4	0·2
	081	1·0	0·5	025	0·7	0·4
-1	111	0·8	0·4	036	0·7	0·4
-2	129	0·3	0·2	043	0·7	0·4
-3	235	0·3	0·1	060	0·5	0·3
-4	242	0·8	0·4	100	0·2	0·1

▲ *Die Gezeitenangaben auf dieser Seekarte beziehen sich auf das Hochwasser in Plymouth.*

Fortsetzung ▶

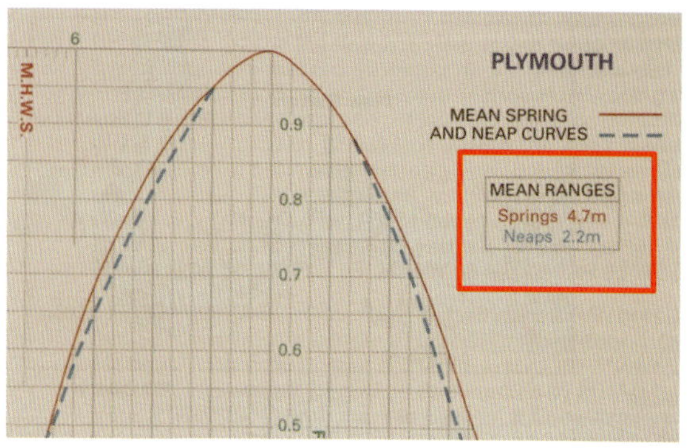

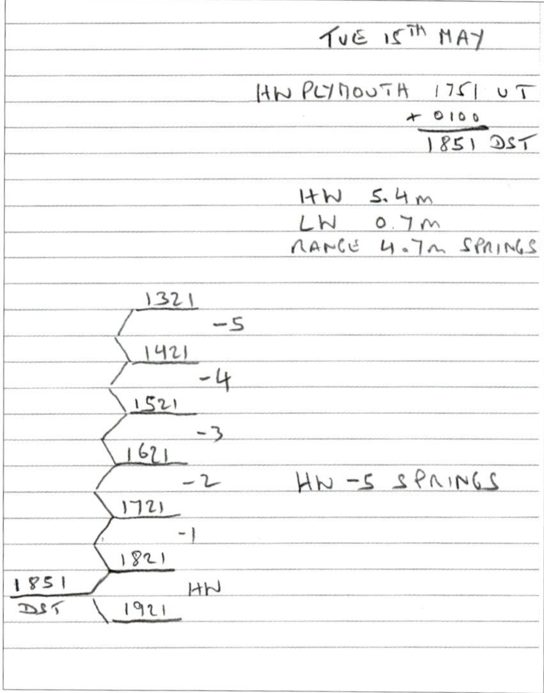

4. Schritt. Sehen Sie die Zeit des Hochwassers in Plymouth für den entsprechenden Tag im Almanach nach. HW ist um 17:51 UT. Eine Stunde muss addiert werden, um die Zeit in Sommerzeit umzuwandeln: Das ergibt 18:51 DST. Sie segeln von 13:21 Uhr bis 14:21 Uhr und somit bei auflaufendem Wasser.

▶ **5. Schritt.** Ermitteln Sie den Tidenhub, indem Sie das Niedrigwasser vom Hochwasser dieses Tages abziehen. HW ist 5,4 m minus NW von 0,7 m, was einen Tidenhub von 4,7 m ergibt und laut Gezeitenkurve einer Springtide entspricht.

▶ **6. Schritt.** Stellen Sie fest, in welcher Stunde vor Hochwasser Sie segeln. Hochwasser ist um 18:51 DST. Die Stunde des Hochwassers ist von 18:21 DST bis 19:21 DST. Sie segeln von 13:21 DST bis 14:21 DST, also bei HW–5.

▼ **7. Schritt.** Entnehmen Sie der Karte unter dem Rautensymbol »B«, dass der Gezeitenstrom bei HW–5 und Springtide mit 2 kn nach 243°T setzt.

Tidal Streams referred to HW at I

Ⓐ 50°07'·84N	3 55·27W		Ⓑ 50°10'·04N	3 38·87W		Ⓒ 50°12'·54N	4 05·27W	
282	1·4	0·7	245	1·3	0·7	266	0·8	0·4
282	1·4	0·6	243	2·0	1·0	284	0·8	0·4
286	1·1	0·5	241	2·1	1·0	294	0·8	0·4
291	0·3	0·1	244	1·3	0·7	318	0·5	0·2
091	0·5	0·2	206	0·3	0·2	069	0·4	0·2
098	1·1	0·5	066	1·0	0·5	087	0·8	0·4
096	1·4	0·7	062	1·6	0·8	098	1·0	0·5
103	1·3	0·6	059	2·0	1·0	110	0·9	0·4
105	0·9	0·4	053	1·8	0·9	129	0·6	0·4
129	0·2	0·1	060	1·0	0·5	170	0·2	0·1
261	0·4	0·2	100	0·3	0·2	267	0·2	0·1
273	0·9	0·4	226	0·5	0·3	271	0·6	0·3
277	1·3	0·6	248	1·1	0·5	264	0·8	0·4

8. Schritt. Zeichnen Sie den Stromvektor mit einer Länge von 2 Seemeilen und einer Richtung von 243°T in die Seekarte ein.

9. Schritt. Das ergibt den Koppelort nach Kurs, Distanz, Abdrift durch Wind und Stromversatz. Zeichen Sie diese Position mit einem Punkt im Inneren eines Dreiecks ein, und schreiben Sie die Uhrzeit und den Stand des Logs, 48 sm, daneben. Abschließend lesen Sie die Position nach Länge und Breite aus der Seekarte ab: 50° 06,75'N und 003° 43,4'W.

10. Schritt. Die Linie vom Ausgangspunkt zu diesem Koppelort ist der zurückgelegte Kurs über Grund (COG oder KüG). Messen Sie die Länge der Kurslinie über Grund mit dem Zirkel, und lesen Sie an der Skala der Breitengrade die Distanz in Seemeilen ab. Da Sie genau eine Stunde lang gesegelt sind, entspricht die Distanz in Seemeilen auch Ihrer Geschwindigkeit über Grund in Knoten (SOG).

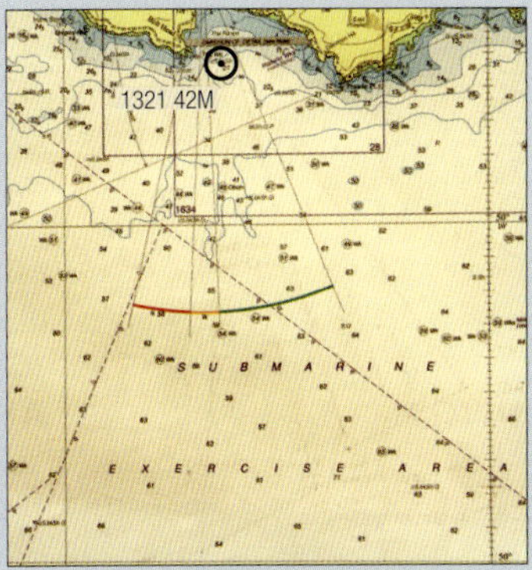

1321 42M

1. Tragen Sie die Ausgangsposition ein, und schreiben Sie die Uhrzeit und den Stand des Logs daneben.

135 °MgK
+6° Ost Deviation
141° mwK
- 1°W Missweisung
140°T
+5° Abdrift durch Wind von Backbord
145°T KdW – 6 sm

14	0442	5.2		**29**	0525	5.2
	1058	0.9			1149	0.8
M	1707	5.3		TU	1744	5.3
	2321	0.8			○	
15	0528	5.4		**30**	0007	0.9
	1144	0.7			0602	5.2
TU	1751	5.4		W	1226	0.9
●					1817	5.3

145°T 6 miles

DR

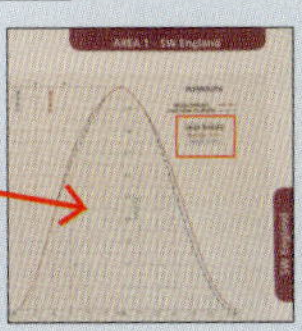

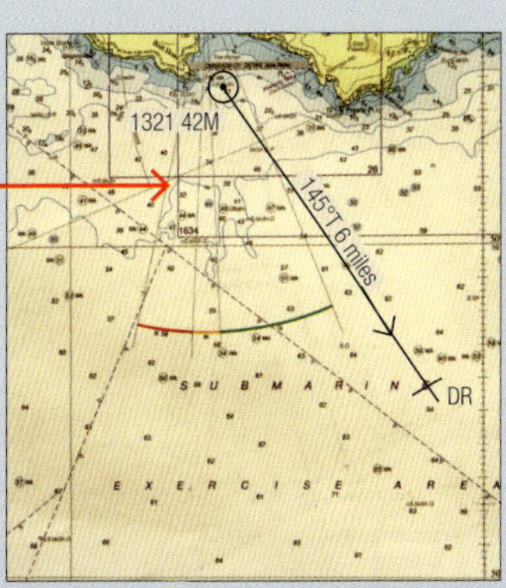

2. Zeichnen Sie den rechtweisenden Kurs über Grund ein, und messen Sie 6 sm an der Kurslinie ab.

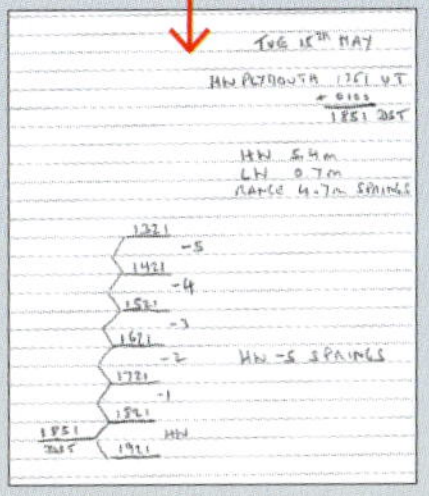

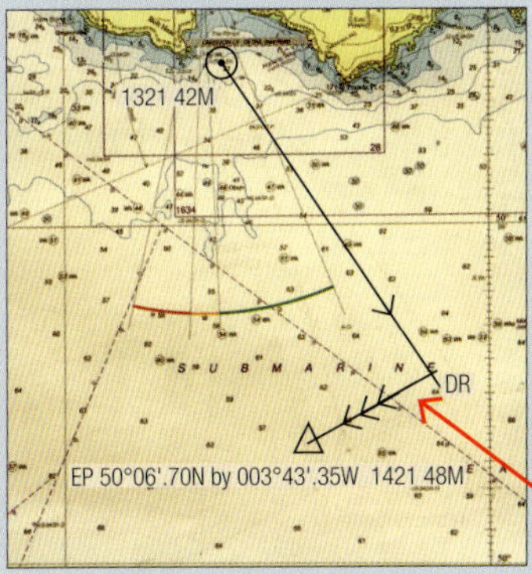

EP 50°06'.70N by 003°43'.35W 1421 48M

3. Berechnen Sie, zu welcher Stunde Sie segeln, und zeichnen Sie den Stromvektor ein.

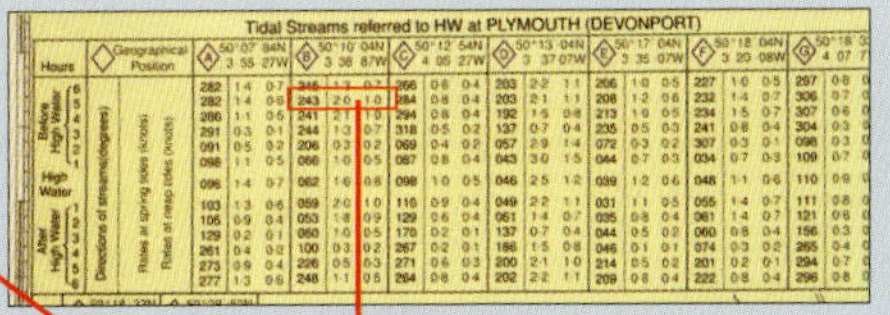

Tidal Streams referred to HW at PLYMOUTH (DEVONPORT)

Rautensymbol »B«, Springtide 243°T 2 kn

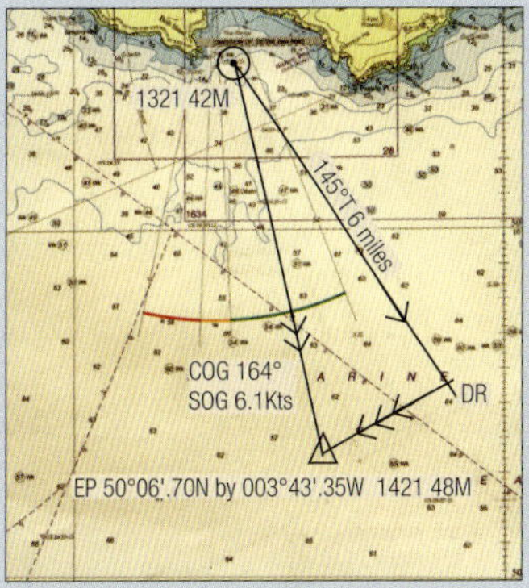

COG 164°
SOG 6.1Kts

4. Die Linie vom Ausgangspunkt zum Koppelort ergibt den COG und den SOG.

Übersicht Koppelort bestimmen

Der Stromversatz wird zum Schluss eingetragen.

1. Ausgangsposition einzeichnen.
2. Kurs einzeichnen.
3. Bezugsort für Gezeitenangaben feststellen.
4. Hochwasserzeit für den entsprechenden Tag und Tidenhub am Bezugsort finden. HW-NW = Tidenhub.
5. Stundenzahl vor oder nach Hochwasser feststellen.
6. Tidenhub vergleichen.
7. Richtung und Geschwindigkeit des Gezeitenstroms am Rautensymbol für die Stundenzahl vor oder nach HW ablesen.
8. Stromvektor einzeichnen.
9. Koppelort eintragen.
10. Kurs über Grund (COG oder KüG) eintragen und Geschwindigkeit über Grund (SOG) ermitteln.

Zeichensymbole für Kurslinien in der Seekarte:

- Ein Pfeilsymbol – Kurs durchs Wasser
- Zwei Pfeilsymbole – Kurs über Grund
- Drei Pfeilsymbole – Stromvektor

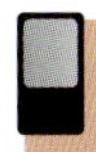

Scannen Sie diesen QR-Code, um ein Video über Koppelnavigation zu sehen.

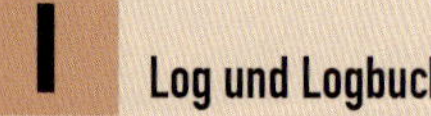

Log und Logbuch

Das Log misst die zurückgelegte Distanz durch das Wasser, entweder mit einem Impellerrädchen oder mit Ultraschall oder durch Staudruckmessung. Genau wie der Kilometerzähler im Auto hat das Log auch einen Tageszähler, den man auf Null stellen kann. In das Logbuch trägt man dagegen in stündlichem Abstand Aufzeichnungen wie Uhrzeit, Luftdruck, Sichtweite, Windstärke und Windrichtung, zurückgelegte Distanz, Steuerkurs sowie die Position nach Länge und Breite und weitere Beobachtungen ein.

Keine glatte Stunde vor oder nach Hochwasser?

Die Zeit, die im Rechenbeispiel gesegelt wurde, war auf die Minute genau fünf Stunden vor HW. Das ist nur in Prüfungsaufgaben so, in Wirklichkeit überschneiden sich die Zeiten meistens. Man startet beispielsweise um 13:12 Uhr, die Stunde HW-5 beginnt aber erst um 13:21 Uhr. Verwendet werden trotzdem die Stromangaben für HW-5. Nur wenn der Zeitunterschied eine halbe Stunde beträgt, kann man für die erste Hälfte die eine Stundenzahl vor HW und für die zweite Hälfte die andere Stundenzahl vor HW verwenden.

KURSBESCHICKUNG MIT DEVIATION, MISSWEISUNG UND ABDRIFT

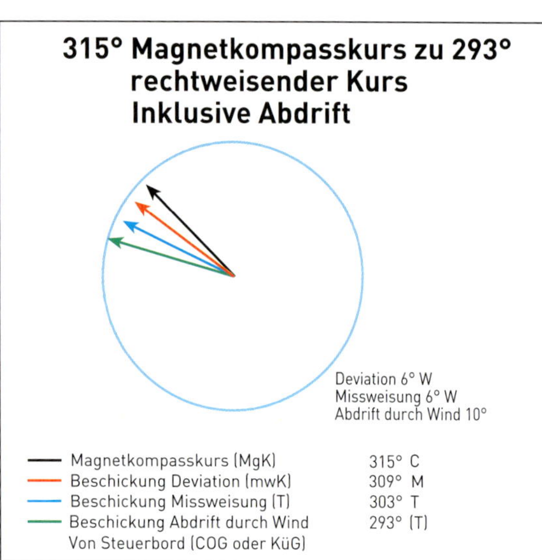

▲ *Hier wird der Magnetkompasskurs um 6°W Deviation, 6°W Missweisung und 10° Abdrift durch Wind von Steuerbord berichtigt. Die Winkel im Diagramm sind zur besseren Deutlichkeit größer gezeichnet.*

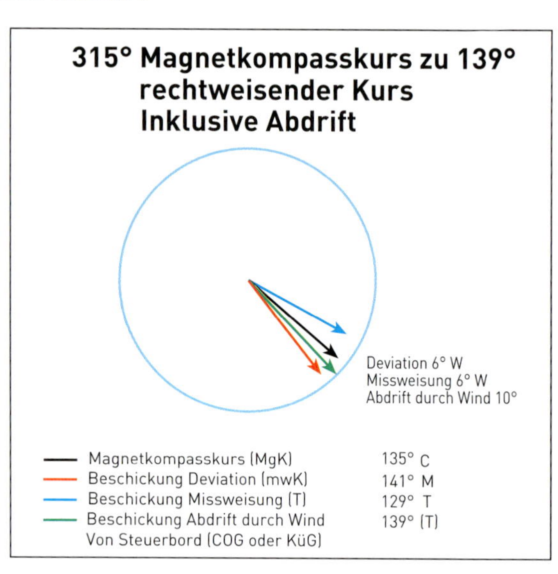

▲ *Hier wird ein Magnetkompasskurs in den USA mit 6°O Deviation, 12°W Missweisung und 10° Abdrift durch Wind von Backbord berichtigt. Die Winkel im Diagramm sind zur besseren Deutlichkeit größer gezeichnet.*

Vorauskoppeln

Mit der Koppelnavigation kann man auch ausrechnen, wann man einen bestimmten Ort erreichen wird. Angenommen Sie segeln in der Bucht von St. Malo, westlich der Halbinsel von Cherbourg und nähern sich Port-Bail. Der Skipper bittet Sie auszurechnen, wann die 5-m-Tiefenlinie erreicht wird, da er vorher halsen möchte.

Den Koppelort vorausberechnen:

Stellen Sie die eigene Position fest, indem Sie eine Linie in der Rasterkarte des elektronischen Kartenplotters ziehen, die vom Boot zur Mitte der Kompassrose führt. So können Sie die Peilung 152° und die Distanz 3,95 sm ablesen und in die identische Papierseekarte übertragen. Vektorkarten haben im Gegensatz zu Rasterkarten keine Kompassrose. Rasterkarten sind eine exakte Kopie einer Papierseekarte und verfügen nicht über mehrere Ebenen.

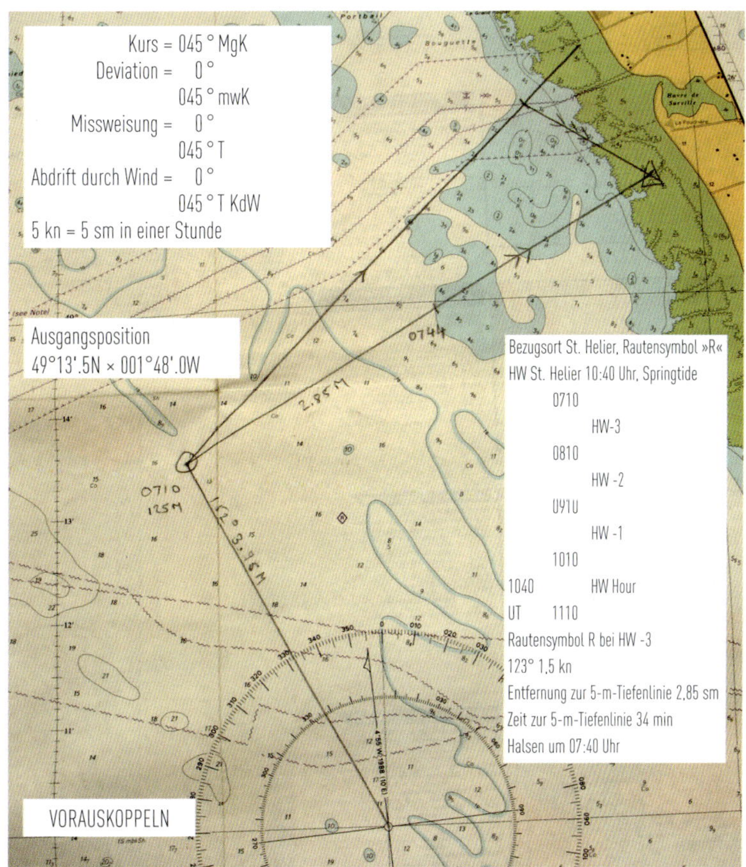

Sie segeln einen Kurs von 045° MgK bei raumen Wind von Steuerbord. Der Wind weht mit 10 kn aus Süd, und Sie haben keine Abdrift. Bei diesem Kurs hat auch der Kompass keine Deviation und die Missweisung beträgt 0°. Der Magnetkompasskurs von 045° MgK entspricht somit dem rechtweisenden Kurs durchs Wasser und kann in die Karte eingezeichnet werden. Die Bootsgeschwindigkeit durchs Wasser beträgt 5 kn. Verwenden Sie das Rautensymbol »R« um Richtung und Stärke des Gezeitenstroms abzulesen. Es ist Mittwoch, der 10. März um 07:10 Uhr. Das Log zeigt zu diesem Zeitpunkt 125 sm.

1. Schritt. Zeichnen Sie den rechtweisenden Kurs durchs Wasser in die Seekarte ein, und messen Sie eine Distanz von 5 sm ab. Dies entspricht der Strecke, die Sie in einer Stunde durchs Wasser zurücklegen.

2. Schritt. Stellen Sie fest, auf welchen Hafen die Gezeitenangaben bezogen sind. Hier ist es St. Helier.

3. Schritt. Stellen Sie fest, zu welcher Stunde vor oder nach HW Sie segeln. HW in St. Helier ist um 10:40 UT. Um 07:10 UT segeln Sie bei HW–3. Der Tidenhub (HW 10,8 m – NW 1,2 m) beträgt 9,6 m, was einer Springtide entspricht.

4. Schritt. Unter dem Rautensymbol »R« ist der Gezeitenstrom bei Springtide und bei HW–3 mit 123° und 1,5 kn angegeben. Zeichnen Sie diesen Stromvektor in die Karte ein. Das ergibt den vorausberechneten Koppelort.

5. Schritt. Ziehen Sie nun eine Linie von der Ausgangsposition durch den Koppelort. Das ist Ihr Kurs über Grund (COG oder KüG).

6. Schritt. Messen Sie an der Kurslinie über Grund die Distanz von der Ausgangsposition bis zur 5-m-Tiefenlinie. Sie beträgt 2,85 sm.

7. Schritt. 2,85 sm geteilt durch 5 sm ergibt 57 %. 57 % von 60 Minuten sind 34,2 Minuten. Sie werden die 5-m-Tiefenlinie um 07:44 Uhr erreichen. Sagen Sie dem Skipper, er soll um 07:40 Uhr halsen, um auf der sicheren Seite zu sein.

Auf einem elektronischen Kartenplotter würde man von der eigenen Position bis zur 5-m-Tiefenlinie messen und mit diesem Kurs über Grund den Steuerkurs berechnen, der den Stromversatz berücksichtigt. So könnte man dem Skipper sehr schnell die Ankunftszeit an der Tiefenlinie nennen. Zudem kann man am Bildschirm genau ablesen, wie schnell man sich der Tiefenlinie nähert.

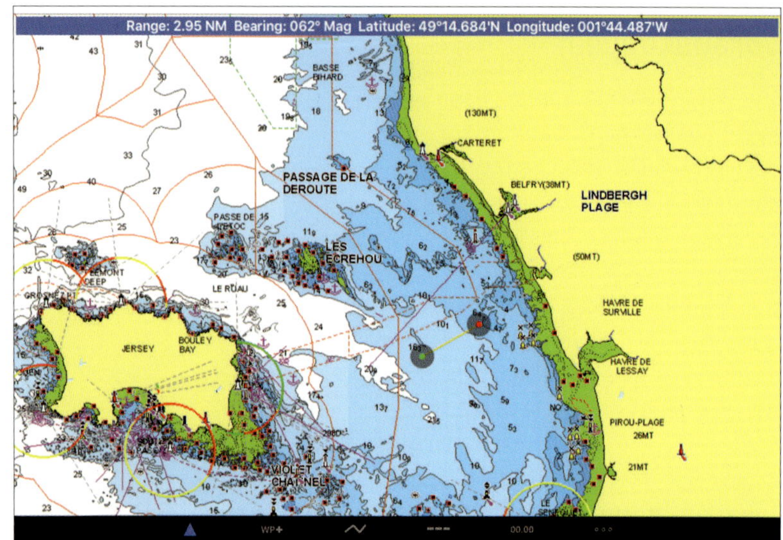

▶ *Sofortige Anzeige des Koppelorts.*

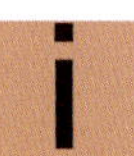

Magnetkompasskurs in rechtweisenden Kurs durchs Wasser umrechnen

1. Schritt. Am Kompass wird der Magnetkompasskurs (MgK) abgelesen. Dieser enthält eine Ablenkung durch die Deviation, die als Erstes eingerechnet werden muss, um den missweisenden Kurs (mwK) zu erhalten.

2. Schritt. Berichtigen Sie den Kurs mit der Missweisung, um mwK in rechtweisend (T oder rwK) umzuwandeln.

3. Schritt. Rechnen Sie die Abdrift durch den Wind ein.

Beispiel

Sie segeln in der Chesapeake Bay in den USA mit einem Magnetkompasskurs von 270° MgK. Die Deviation auf diesem Kurs beträgt 4°O. Die Missweisung beträgt 11°W, und die Abdrift durch einen Wind aus Nord liegt bei 5°.

270°	Magnetkompasskurs MgK
+ 4°	östliche Deviation
274°	missweisender Kurs mwK
– 11°	westliche Missweisung
263°T	rechtweisender Kurs (T oder rwK)
– 5°	Abdrift durch Wind von Steuerbord (Wind aus Nord bedeutet bei einem Kurs von 270°, dass man bei halbem Wind von Steuerbord segelt)
258° KdW	rechtweisender Kurs durchs Wasser, der in die Karte eingezeichnet wird

Koppelnavigation für Fortgeschrittene

Angenommen Sie möchten nach zwei Stunden Segeln Ihre Position koppeln. In den beiden Stunden setzt der Gezeitenstrom jedoch unterschiedlich. Koppeln Sie zuerst Ihre Position nach Fahrt durchs Wasser, zeichnen Sie dann den Stromvektor für die erste Stunde und an dessen Spitze den Stromvektor für die zweite Stunde. Falls Sie in diesen zwei Stunden eine Kursänderung vorgenommen haben, zeichnen Sie Ihren ersten Kurs ein, dann die Kursänderung und Ihren zweiten Kurs und abschließend erst die beiden Stromvektoren.

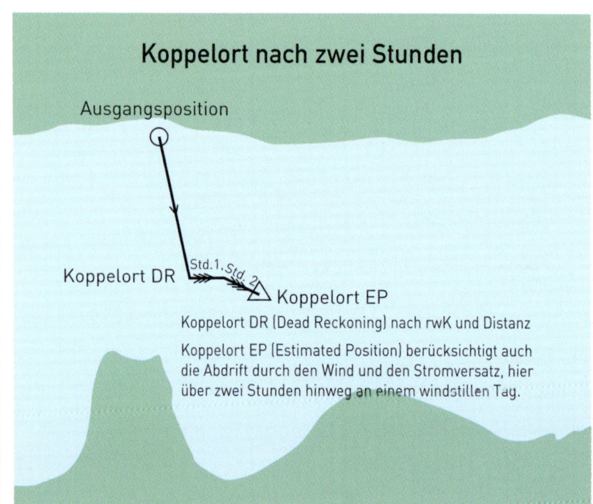

BEISPIEL

Angenommen Sie starten von der Position 50° 08,6'N und 004°46,0E, und segeln auf einem rechtweisenden Kurs von 045°T über eine Dauer von 45 Minuten ohne Abdrift. Dann müssen Sie für 15 Minuten eine Kursänderung nach Steuerbord vornehmen auf 075°T, um einem Trawler auszuweichen. Anschließend gehen Sie für 15 Minuten auf 015°T, um den Versatz durch die Kursänderung auszugleichen und sich der ursprünglichen Kurslinie wieder anzunähern. Danach gehen Sie zurück auf den Ausgangskurs von 045°T. Die Bootsgeschwindigkeit durchs Wasser beträgt gleichbleibend 6 kn. Zeichen Sie die folgenden Kurse in die Karte ein:

1. Schritt. 1.Kurslinie 045°T, Länge 4,5 sm
2. Schritt. 2.Kurslinie 075°T, Länge 1,5 sm
3. Schritt. 3.Kurslinie 015°T, Länge 1,5 sm
4. Schritt. 4.Kurslinie 045°T, Länge 4,5 sm

Das ergibt den Koppelort nach Kurs und Distanz.

5. Schritt. Zeichnen Sie den Stromvektor für die erste Stunde ein. Entnehmen Sie die Richtung und Geschwindigkeit beim Rautensymbol »E« mit 195°T und 0,9 kn.

6. Schritt. Zeichnen Sie den Stromvektor für die zweite Stunde an die Spitze des ersten Stromvektors. Verwenden Sie jetzt das Rautensymbol »G«, und lesen Sie ab: 263°T und 1,5 kn.

Das ergibt den Koppelort inklusive Stromversatz, der als Punkt in der Mitte eines Dreiecks eingezeichnet wird. Schreiben Sie Uhrzeit und Logstand daneben. In der Praxis wären die abgelesenen Kurse Magnetkompasskurse (MgK), die erst in missweisende (mwK) und dann in rechtweisende Kurse (T oder rwK) umzuwandeln wären. Ebenso wäre die Abdrift durch den Wind einzuberechnen. Zudem muss bestimmt werden, zu welchen Stunden vor oder nach Hochwasser Sie segeln und wie groß der Tidenhub ist, um festzustellen, ob Sie bei Spring- oder Nipptide oder dazwischen segeln. Dann können Richtung und Geschwindigkeit des Stroms entweder den Angaben in der Seekarte oder einem Gezeitenatlas entnommen werden.

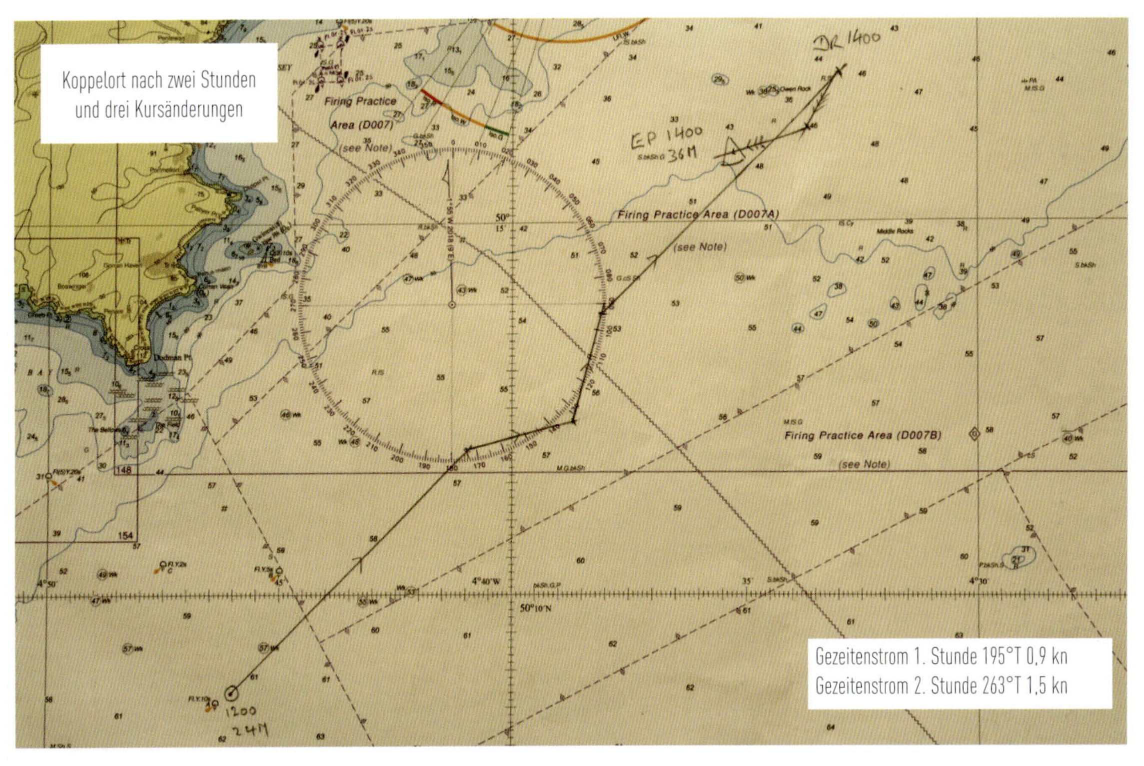

Versegelungspeilung

Mit einem einzigen Kartensymbol

Nachdem die Arbeit mit dem Stromvektor gemeistert ist, kann ich zu der Navigationsmethode kommen, die mir am liebsten ist: die Versegelungspeilung.

Wenn die gesamte Elektronik, Tablet und Handy ausfallen, kann man immer noch die eigene Position bestimmen, sofern man nur ein einziges in der Karte verzeichnetes Objekt ausmachen kann. Hier ist es ein auffälliger Turm an einem Landvorsprung (1).

Nehmen Sie die Peilung zu diesem Turm, notieren Sie die Uhrzeit, den Kurs und den Stand des Logs (2).

Früher haben Seefahrer immer Peilungen genommen und sie vorsorglich zusammen mit Uhrzeit, Kurs und gesegelter Distanz aufbewahrt. Man konnte nie wissen, wann diese Informationen nützlich sein konnten.

Berichtigen Sie die Peilung um die Missweisung, und zeichnen Sie sie in die Karte ein. Sie befinden sich irgendwo auf dieser Linie, wissen nur nicht genau wo. Notieren Sie sich den Steuerkurs und den Logstand. Peilen Sie den gleichen Turm eine Stunde später erneut an, und zeichnen Sie die rechtweisende Peilung wieder in die Karte ein. Nun befinden Sie sich irgendwo auf dieser Linie, können nur nicht genau sagen wo (3).

Zeichnen Sie jetzt irgendwo an die erste Standlinie einen Vektor mit Ihrem rechtweisenden Kurs und der in einer Stunde zurückgelegten Distanz, um die erste Standlinie nach Kurs und Distanz zu »versegeln« (4). Tragen Sie dann den Vektor für den Gezeitenstrom an. Dadurch haben Sie die erste Standlinie mit Kurs, Distanz und Gezeitenstrom versegelt (5).

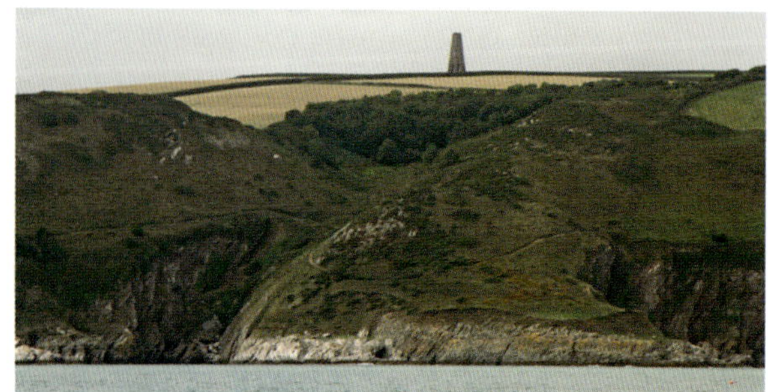

▲ *Auffälliger Turm am Inner Froward Point bei Dartmouth.*

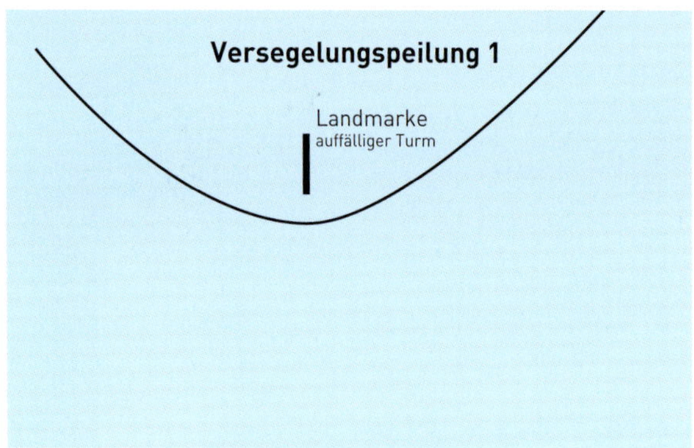

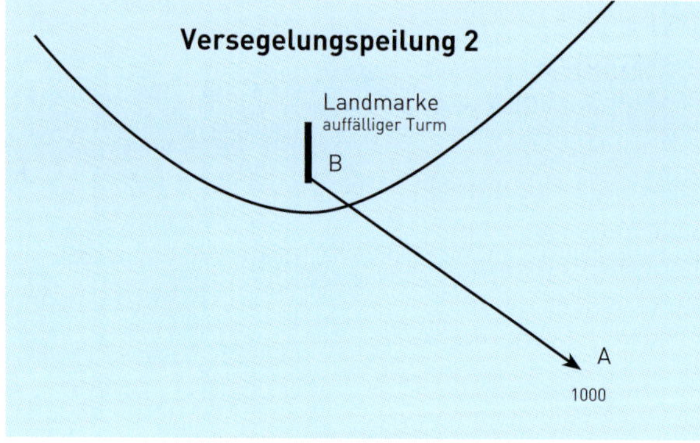

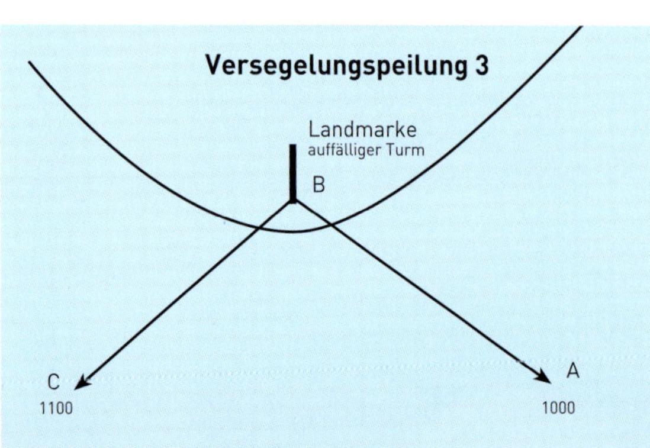

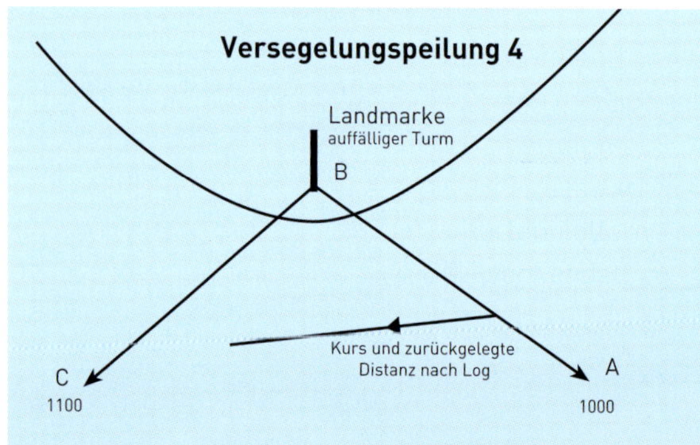

Jetzt zeichnen Sie eine Parallele der ersten Standlinie durch den versegelten Punkt. Im Schnittpunkt der beiden Standlinien befindet sich Ihre Position (6).

Es spielt keine Rolle, wo an der ersten Standlinie der Vektor ansetzt. In Prüfungsaufgaben platziert jeder den Vektor an einer anderen Stelle an der Standlinie, und doch erhalten alle zum Schluss die gleiche Position.

Meiner Meinung nach ist die Versegelungspeilung mindestens genauso gut zur Bestimmung der Position geeignet wie alle anderen genannten Methoden. Sie kann ebenfalls mit einem Vergleich der Wassertiefe noch abgesichert werden. Falls Sie noch tiefer in die Navigation und die Astronavigation einsteigen möchten, kennen Sie mit der Versegelungspeilung auch bereits die Methode, wie astronomische Standlinien versegelt werden.

Sollte das angepeilte Objekt nur für eine beschränkte Zeit sichtbar sein, kann man auch schon nach einer halben Stunde die zweite Peilung vornehmen und zeichnet die Länge der Vektoren dann entsprechend den Distanzen, die das Boot in 30 Minuten zurücklegt und die der Gezeitenstrom in 30 Minuten setzt.

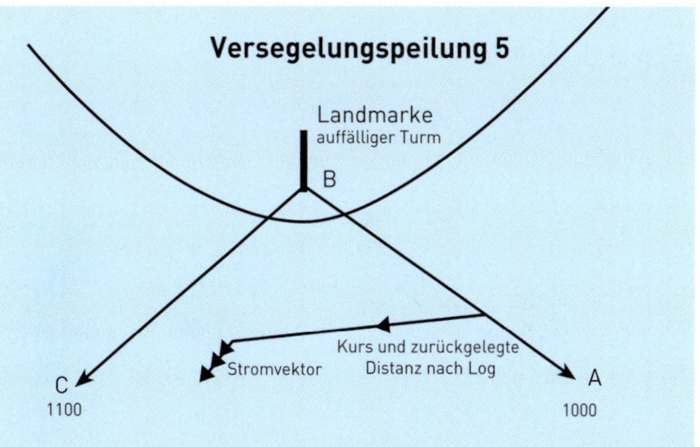

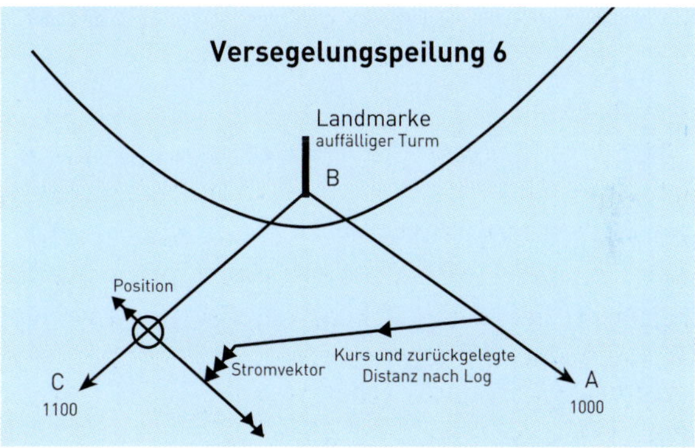

BEISPIEL

Sie befinden sich vor Cape Otway (Australien) und haben den dortigen Leuchtturm in Sicht. Sie peilen ihn um 09:00 Uhr mit 40°T und um 10:00 Uhr mit 315°T. Zeichnen Sie die Peilungen in die Karte ein. Sie segeln auf einem Kurs von 090°T mit einer Geschwindigkeit von 6 kn. Tragen Sie Ihren Kursvektor an einem beliebigen Punkt an der ersten Peillinie (A-B) an. Tragen Sie dann den Stromvektor an. Der Gezeitenstrom setzt mit 1 kn nach 140°T. Versegeln Sie die erste Standlinie, indem Sie eine Parallele der Standlinie durch den Endpunkt des Stromvektors zeichnen. Wo die versegelte erste Standlinie die zweite (B-C) schneidet, befinden Sie sich.

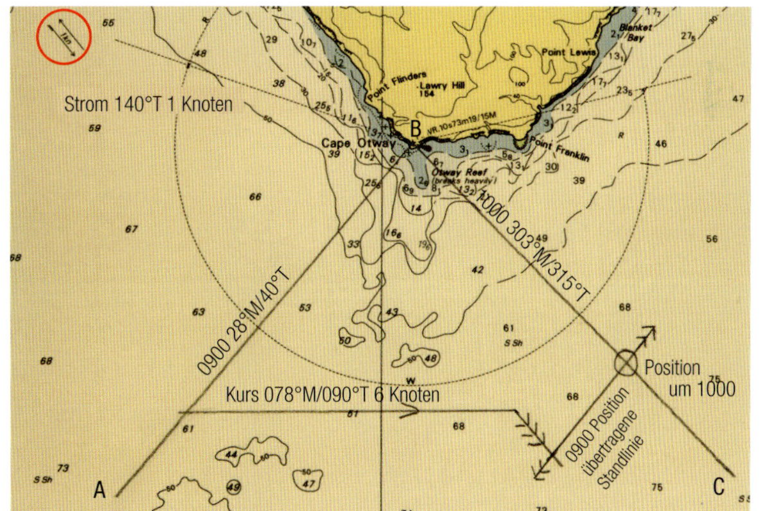

▲ *Die Karte gibt die dortige Missweisung für das Jahr 1999 mit 11°45'O an. Die jährliche Änderung beträgt 1'O, sodass sich für das Jahr 2018 eine Missweisung von 12°4'O ergibt, was auf 12°O gerundet wird. Die um 09:00 Uhr genommene Peilung von 40°T wurde also am Kompass mit 28°M abgelesen und die um 10:00 Uhr genommene Peilung von 315°T mit 303°M.*

Mit zwei Kartensymbolen

Man kann die eigene Position auch durch eine versegelte Standlinie und eine zweite Peilung zu einem anderen Kartensymbol bestimmen. Eric Hiscock hat diese Methode angewandt, als er eines nachts bei unfreundlichen Bedingungen den Ärmelkanal ansteuerte. Um 23:15 Uhr gelang es ihm, eine Peilung zum Leuchtturm Portland Bill mit 332°M zu nehmen. Er musste sich irgendwo auf diese Linie befinden. Er notierte den Stand des Logs und setzte seinen Kurs zu den Needles mit 068°M ab. Um 02:00 Uhr und nach 16 Seemeilen Fahrt durchs Wasser war der Leuchtturm Portland Bill nicht mehr länger sichtbar, neblig war es außerdem. Aber er konnte ein anderes Leuchtfeuer, das bei Anvil Point, ausmachen und peilte es mit 40°M. Hiscock rechnete die missweisenden Peilungen in rechtweisende Peilungen um und zeichnete sie in die Seekarte ein. Er berechnete den Stromversatz und trug diesen ebenfalls in die

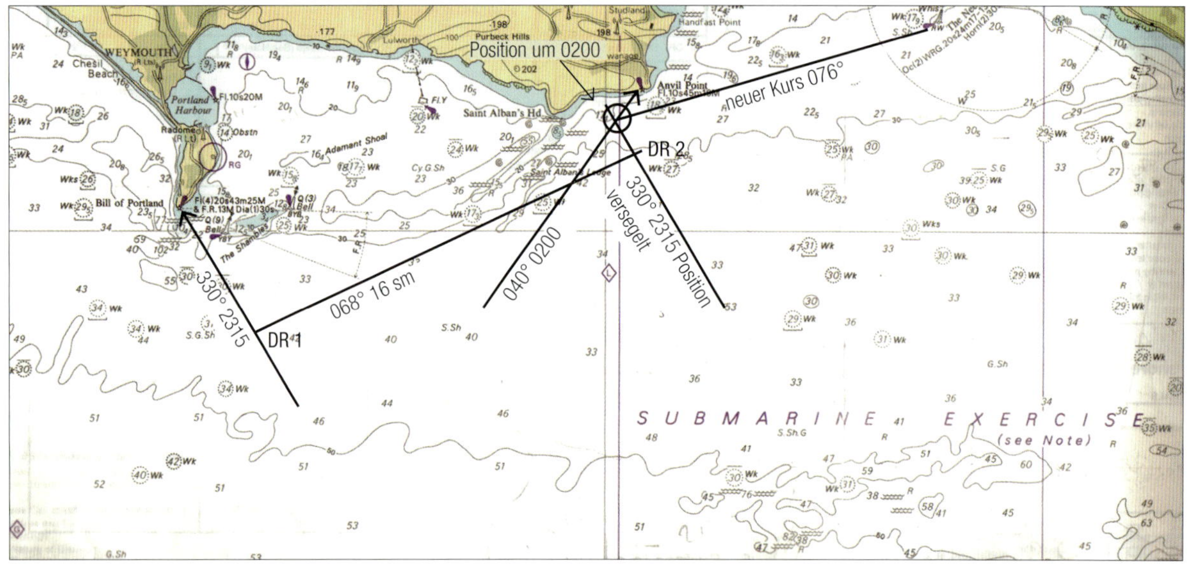

Scannen Sie diesen QR-Code, um ein Video über die Versegelungspeilung zu sehen.

Karte ein. Dann versegelte er seine erste Standlinie von 23:15 Uhr durch Parallelverschiebung um die zurückgelegte Richtung und Distanz über Grund. Dort, wo sich die versegelte Standlinie und die zweite Peilungslinie kreuzten, befand er sich. Und er befand sich näher an Anvil Point als vermutet. Deshalb setzte er den Kurs zu den Needles neu ab und steuerte von nun an mit 076°M.

11 Was tun, wenn das GPS ausfällt?

Angenommen alle Geräte fallen aus, Sie haben kein GPS, keinen Kartenplotter, kein Radar, kein Funkgerät, und bei allen Mobiltelefonen ist der Akku leer. Sie haben nur noch den Kompass. Doch wo befinden Sie sich? Wer klug ist, hat seine Position stündlich in die Papierseekarte eingetragen und ist demnach höchstens um die in einer Stunde zurückgelegte Distanz von der letzten bekannten Position entfernt. Sich so abzusichern, bedeutet stressfrei zu navigieren.

Doch selbst wenn Sie nicht auf Papier mitgeplottet haben, ist nicht alles verloren. Wenn Sie Land sehen können und über eine Seekarte und einen Kompass verfügen, können Sie eine Positionsbestimmung durchführen.

Ist kein Land in Sicht, so wissen Sie zumindest, von wo Sie gestartet sind und welchen Kurs und welche Geschwindigkeit Sie gesegelt sind. Folgendes können Sie tun:

Zeichnen Sie einen Kreis Ihrer möglichen Position mit einem Radius von 10 % der zurückgelegten Distanz um den Koppelort. In diesem Umkreis sollten Sie sich befinden. Koppeln Sie diesen Kreis weiter, wobei er mit ansteigender zurückgelegter Distanz proportional größer wird, bis Sie diesen Umkreis wieder einschränken können, beispielsweise durch Messung der Wassertiefe.

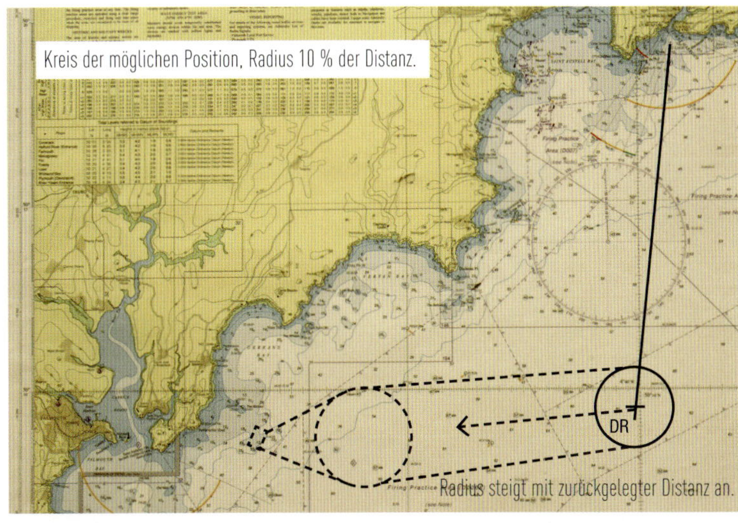

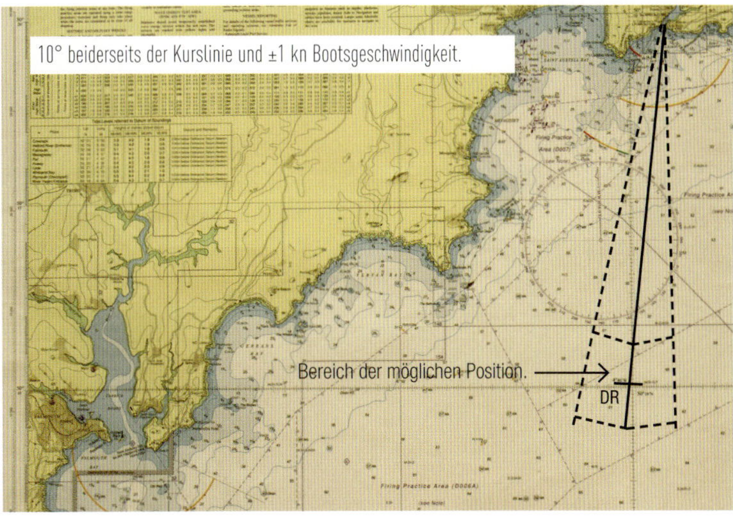

Zeichnen Sie einen Bereich Ihrer möglichen Position, indem Sie 10° rechts und links Ihrer Kurslinie je eine Linie ziehen. Tragen Sie die zurückgelegte Distanz ein, rechnen Sie aber damit, dass Ihre Bootsgeschwindigkeit einen Knoten mehr oder weniger als Ihre geschätzte Geschwindigkeit betragen könnte. In dem so abgegrenzten Bereich sollten Sie sich befinden.

Es mag etwas beunruhigend sein, wenn man die eigene Position nicht wie üblich auf wenige Meter genau kennt, sondern nur ungefähr weiß, wo man sich befindet, doch im freien Seeraum wird man wenigstens nirgends gegenstoßen. Sollte man sich jedoch auf magische Weise mitten auf See wiederfinden und nicht mehr wissen, wie und von wo man überhaupt dahin gelangt ist, geschweige denn wo man sich befindet, gibt es immer noch einige hilfreiche Anhaltspunkte.

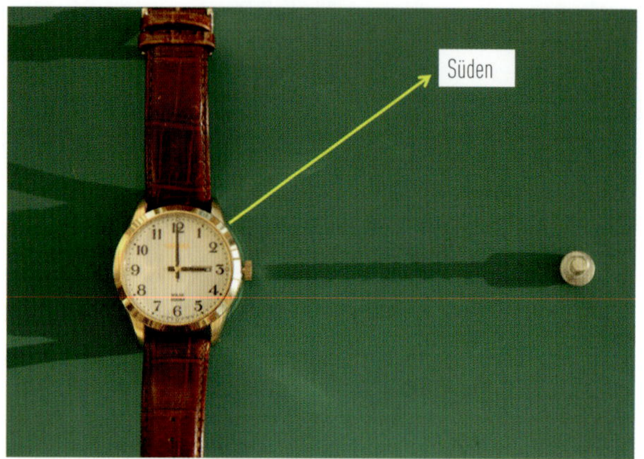

Wo steht die Sonne?

Mit einer Armbanduhr mit analogem Ziffernblatt:

- Auf der Nordhalbkugel. Richten Sie den Stundenzeiger auf die Sonne. Die Winkelhalbierende zwischen dem Stundenzeiger und 12 Uhr auf dem Ziffernblatt zeigt nach Süden.
- Auf der Südhalbkugel. Richten Sie 12 Uhr auf dem Ziffernblatt auf die Sonne. Die Winkelhalbierende zwischen dem Stundenzeiger und 12 Uhr auf dem Ziffernblatt zeigt nach Norden.

Die Sonne geht im Osten auf und im Westen unter. Segelt man direkt nach Osten oder Westen sollte man auf Land treffen. Es sei denn, man befindet sich ausgerechnet auf 57°S, wo man endlos den Erdball umkreisen könnte und gerade weit genug von Kap Horn entfernt ist, um es beim Vorbeisegeln nicht zu sehen. Doch das wäre ziemlich ungemütlich und kalt, und irgendwann würde man schon merken, dass man auf diese Weise nirgends ankommt.

Was sagen die Sterne?

- Auf der Nordhalbkugel sieht man den Polarstern, auch Polaris oder Nordstern genannt. Um den Polarstern zu finden, kann man die Seite des Großen Bären (Großen Wagen), die von den Sternen Merak und

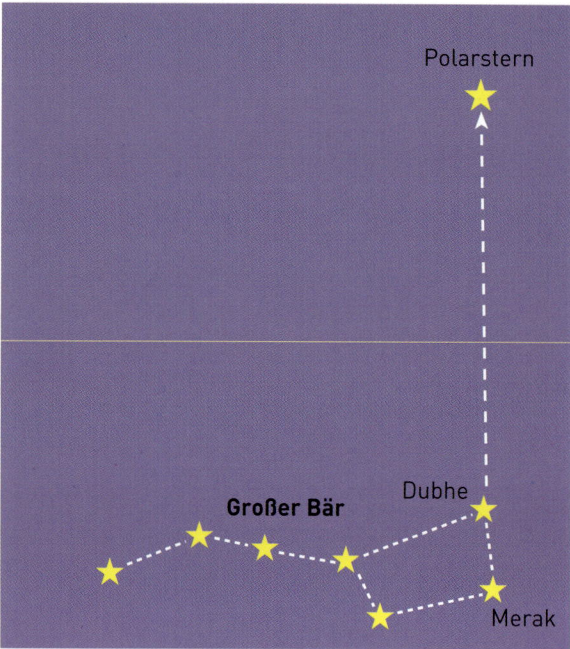

▲ *So findet man den Polarstern.*

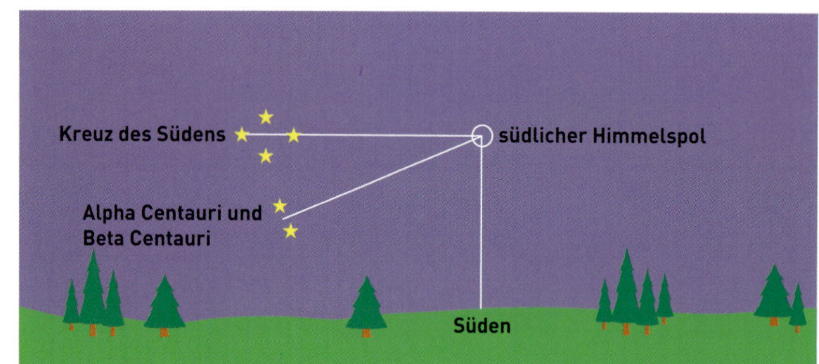

▶ *Süden finden mit dem Kreuz des Südens.*

Dubhe gebildet wird, fünfach verlängern. Dort ist Polaris, dort ist Norden.

- Auf der Südhalbkugel sieht man das Kreuz des Südens. Verlängert man die große Achse des Kreuzes ungefähr viereinhalbmal zeigt sie auf den südlichen Himmelspol, lotrecht darunter liegt der geographische Südpol. Die beiden sehr hellen Sterne Alpha und Beta Centauri zeigen auf das Kreuz des Südens. Eine gedachte rechtwinkelige Linie von diesen beiden Sternen schneidet die verlängerte Linie aus dem Kreuz des Südens im Himmelspol.
- Orion ist sehr praktisch, weil Mintake, der westlichste Stern in dessen Gürtel, im Osten aufgeht und im Westen untergeht. Wie ich nachgelesen habe, ist Orion von November bis Februar deutlich am Nachthimmel zu sehen und zwar sowohl auf der Nord- als auch auf der Südhalbkugel. Ich lebe auf 51° 36'N und beobachte Orion seit dem 30. August immer in den Morgenstunden. Ich weiß das, weil ich versuche, Orion bei unterschiedlichem Licht zu fotografieren. Meinem Sternfinder-Programm zufolge werde ich Orion ab Ende April nicht mehr sehen können. Ich sehe Orion also nicht nur von November bis Februar, sondern von August bis April.
- Kommt ein Leuchtfeuer in Sicht, das man auf der Karte ausmachen kann, kann man auch grob die Entfernung zu diesem Leuchtfeuer bestimmen. Wird das Leuchtfeuer gerade über dem Horizont sichtbar, kann man die »Dipping Distance Tabelle« im Almanach verwenden und unter Berücksichtigung der eigenen

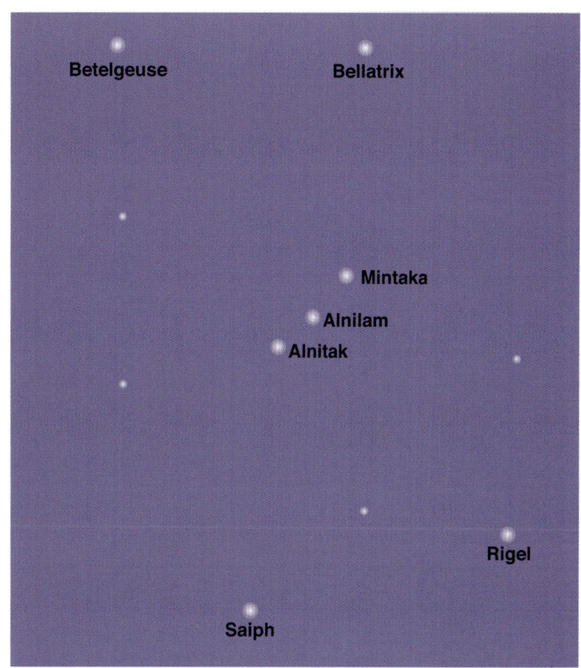

▲ *Orion.* ▼ *Mintaka geht im Osten auf.*

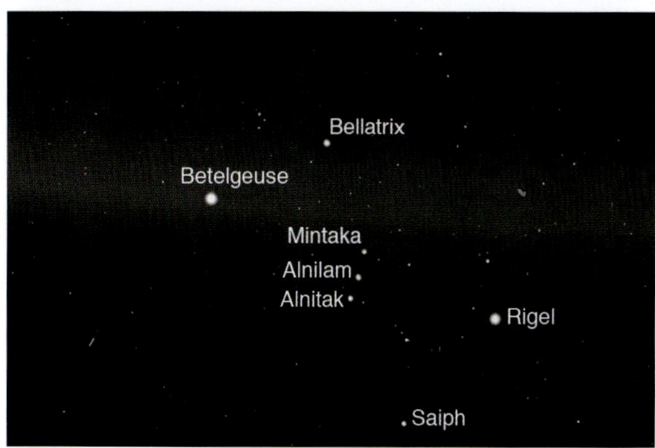

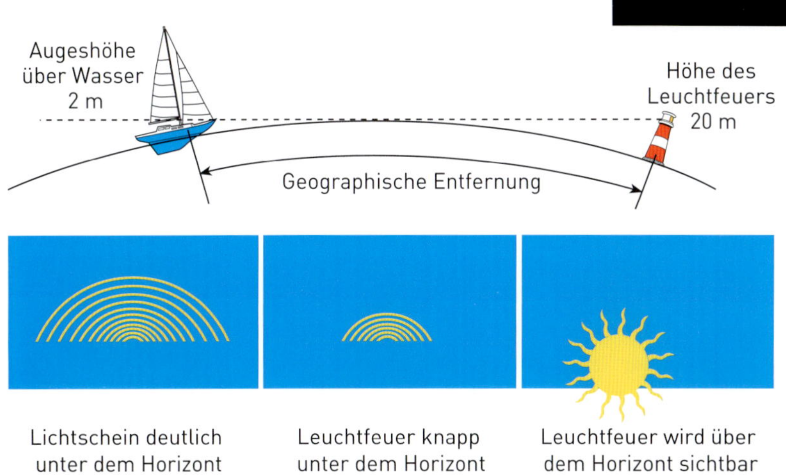

◀ *Entfernung, wenn ein Leuchtfeuer über dem Horizont auftaucht.*

TABLE 2 (2) Lights – distance off when rising or dipping (M)												
Height of light		Height of eye										
		metres	1	2	3	4	5	6	7	8	9	10
metres	feet	feet	3	7	10	13	16	20	23	26	30	33
10	33		8·7	9·5	10·2	10·8	11·3	11·7	12·1	12·5	12·8	13·2
12	39		9·3	10·1	10·8	11·4	11·9	12·3	12·7	13·1	13·4	13·8
14	46		9·9	10·7	11·4	12·0	12·5	12·9	13·3	13·7	14·0	14·4
16	53		10·4	11·2	11·9	12·5	13·0	13·4	13·8	14·2	14·5	14·9
18	59		10·9	11·7	12·4	13·0	13·5	13·9	14·3	14·7	15·0	15·4
20	66		11·4	12·2	12·9	13·5	14·0	14·4	14·8	15·2	15·5	15·9
22	72		11·9	12·7	13·4	14·0	14·5	14·9	15·3	15·7	16·0	16·4
24	79		12·3	13·1	13·8	14·4	14·9	15·3	15·7	16·1	16·4	17·0
26	85		12·7	13·5	14·2	14·8	15·3	15·7	16·1	16·5	16·8	17·2
28	92		13·1	13·9	14·6	15·2	15·7	16·1	16·5	16·9	17·2	17·6
30	98		13·5	14·3	15·0	15·6	16·1	16·5	16·9	17·3	17·6	18·0
32	105		13·9	14·7	15·4	16·0	16·5	16·9	17·3	17·7	18·0	18·4
34	112		14·2	15·0	15·7	16·3	16·8	17·2	17·6	18·0	18·3	18·7
36	118		14·6	15·4	16·1	16·7	17·2	17·6	18·0	18·4	18·7	19·1
38	125		14·9	15·7	16·4	17·0	17·5	17·9	18·3	18·7	19·0	19·4
40	131		15·3	16·1	16·8	17·4	17·9	18·3	18·7	19·1	19·4	19·8
42	138		15·6	16·4	17·1	17·7	18·2	18·6	19·0	19·4	19·7	20·1
44	144		15·9	16·7	17·4	18·0	18·5	18·9	19·3	19·7	20·0	20·4
46	151		16·2	17·0	17·7	18·3	18·8	19·2	19·6	20·0	20·3	20·7
48	157		16·5	17·3	18·0	18·6	19·1	19·5	19·9	20·3	20·6	21·0
50	164		16·8	17·6	18·3	18·9	19·4	19·8	20·2	20·6	20·9	21·3
55	180		17·5	18·3	19·0	19·6	20·1	20·5	20·9	21·3	21·6	22·0
60	197		18·2	19·0	19·7	20·3	20·8	21·2	21·6	22·0	22·3	22·7
65	213		18·9	19·7	20·4	21·0	21·5	21·9	22·3	22·7	23·0	23·4
70	230		19·5	20·3	21·0	21·6	22·1	22·5	22·9	23·2	23·6	24·0
75	246		20·1	20·9	21·6	22·2	22·7	23·1	23·5	23·9	24·2	24·6
80	262		20·7	21·5	22·2	22·8	23·3	23·7	24·1	24·5	24·8	25·2
85	279		21·3	22·1	22·8	23·4	23·9	24·3	24·7	25·1	25·4	25·8
90	295		21·8	22·6	23·3	23·9	24·4	24·8	25·2	25·6	25·9	26·3
95	312		22·4	23·2	23·9	24·5	25·0	25·4	25·8	26·2	26·5	26·9
metres	feet	metres	1	2	3	4	5	6	7	8	9	10
Height of light		feet	3	7	10	13	16	20	23	26	30	33
		Height of eye										

▲ *Die nautische Sichtweite kann aus einer Tabelle wie der »Dipping Distance Table« aus dem Reeds Almanach abgelesen werden.*

Höhe über dem Wasser die Entfernung ablesen. Man spricht in diesem Zusammenhang auch von der nautischen Sichtweite eines Leuchtfeuers. Mit einer Peilung zu dem Leuchtfeuer und der Entfernung erhält man einen guten Anhaltspunkt, wo man sich befindet. Dafür muss sich allerdings ein Almanach an Bord befinden.Orion ist sehr praktisch, weil Mintake, der westlichste Stern in dessen Gürtel, im Osten aufgeht und im Westen untergeht. Wie ich nachgelesen habe, ist Orion von November bis Februar deutlich am Nachthimmel zu sehen und zwar sowohl auf der Nord- als auch auf der Südhalbkugel. Ich lebe auf 51° 36'N und beobachte Orion seit dem 30. August immer in den Morgenstunden. Ich weiß das, weil ich versuche, Orion bei unterschiedlichem Licht zu fotografieren. Meinem Sternfinder-Programm zufolge werde ich Orion ab Ende April nicht mehr sehen können. Ich sehe Orion also nicht nur von November bis Februar, sondern von August bis April.

12 Steuerkurs

Während man bei der Koppelnavigation die eigene Position anhand der bereits zurückgelegten Strecke ermittelt, möchte man beim Bestimmen des Steuerkurses vorausberechnen, welcher Kurs vom Ausgangspunkt zum Zielpunkt führt.

Auch dabei gilt, dass das Boot von Wind und Gezeitenstrom abgelenkt wird und dass diese Ablenkung eingerechnet werden muss. Der Steuerkurs soll das Boot auf gerader Linie zum Ziel führen. Viele Kartenplotter zeigen den Steuerkurs direkt an, aber man muss wissen, wie man ihn unabhängig davon berechnen kann.

Da man beim Berechnen des Steuerkurses vorausschauend arbeitet, wird der Stromversatz als Erstes

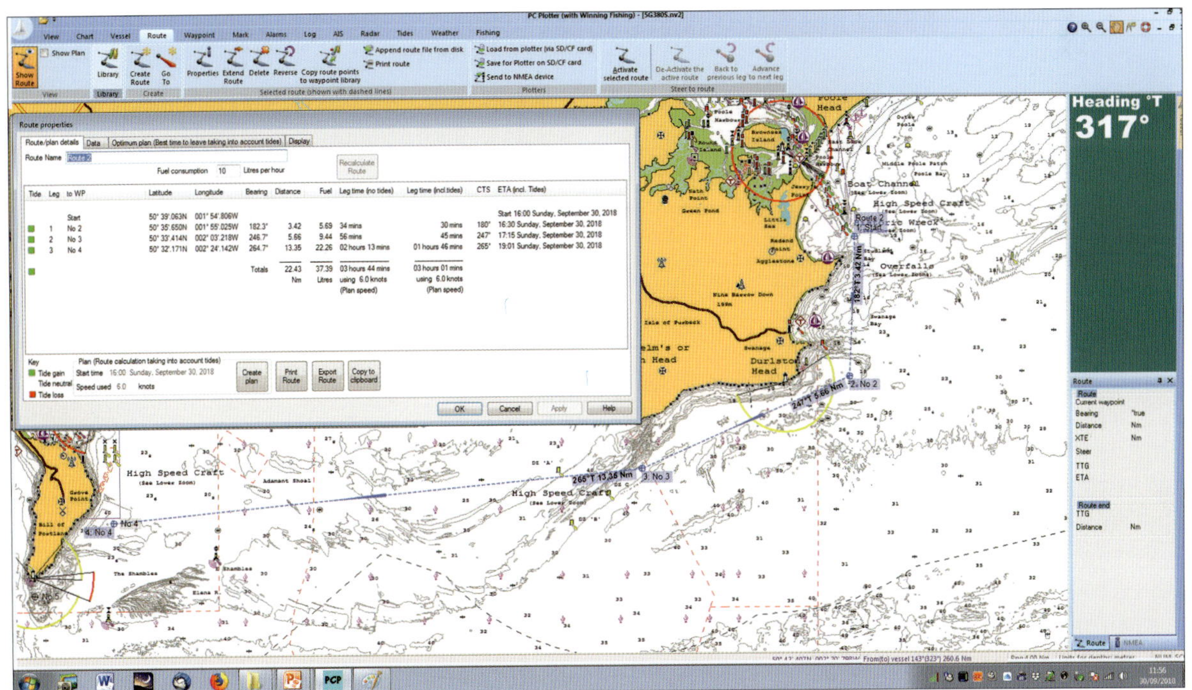

▲ *Das PC-Navigationsprogramm zeigt den Steuerkurs unter Berücksichtigung des Stromversatzes für jeden Kursabschnitt einer Route an, die in diesem Fall von Poole nach Portland Bill führt.*

angetragen. (A) ist der Ausgangspunkt und (B) ist der Zielpunkt.

1. Schritt. Zeichnen Sie eine Linie von A nach B und darüber hinaus.

2. Schritt. Messen Sie die Distanz von A nach B. Entspricht die Distanz in etwa der Bootsgeschwindigkeit, werden Sie die Strecke in ungefähr einer Stunde zurücklegen. Zeichnen Sie in diesem Fall den Stromversatz für eine Stunde ein. Benötigen Sie in etwa zwei Stunden für die Strecke, tragen Sie den Stromversatz für zwei Stunden ein usw.

3. Schritt. Stellen Sie den Bezugsort für die Gezeitenangaben fest, und sehen Sie im Almanach die Zeit des Hochwassers sowie die Höhen von Hoch- und Niedrigwasser nach. Ermitteln Sie, wie viele Stunden vor oder nach HW Sie segeln, und stellen Sie anhand des Tidenhubs fest, ob Sie bei Spring- oder Nipptide oder zwischen den beiden unterwegs sind. Lesen Sie am Rautensymbol in der Karte die Richtung und Geschwindigkeit des Gezeitenstroms ab. Falls Sie einen Gezeitenatlas verwenden, messen Sie dort die Richtung des entsprechenden Pfeilsymbols. Zeichnen Sie abschließend den Stromvektor ein, und markieren Sie seinen Endpunkt mit C.

4. Schritt. Messen Sie die zu erwartende Bootsgeschwindigkeit in Seemeilen an der Skala der Breitengrade mit dem Kartenzirkel ab, und tragen Sie diese Distanz bei Punkt C ein. Der Schnittpunkt mit der Linie A–B wird mit D markiert. Die Linie C–D ergibt den rechtweisenden Steuerkurs (°T), der den Stromversatz ausgleicht.

Mit dem Steuerkurs segelt das Boot mit dem nötigen Vorhaltewinkel auf der Linie A–B.

Der rechtweisende Steuerkurs (T oder rwK) muss noch in einen missweisenden Kurs (mwK) umgerechnet werden. Anschließend müssen die Abdrift durch den Wind und die Deviation berücksichtigt werden, um einen Magnetkompasskurs (MgK) für den Steuermann zu ergeben.

Wie lange ist man unterwegs?

Die Distanz A–B geteilt durch A–D multipliziert mit der veranschlagten Zeitspanne ergibt die Zeit in Minuten.

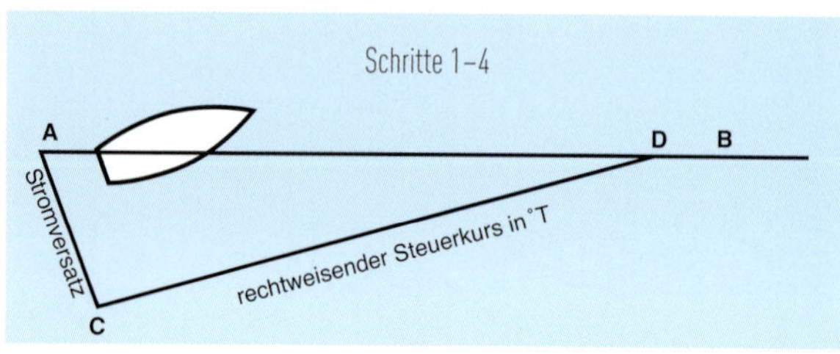

Beispiel:
A–B = 6 sm, A–D = 5 sm, Zeitspanne = 1 Stunde:
6 ÷ 5 = 1,2 × 60 = 72 min. = 1 Std. und 12 min.

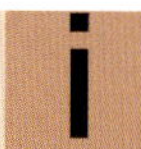

Kleiner Merkzettel

- Beim Koppeln kommt der Stromversatz zum Schluss.
- Beim Steuerkurs kommt der Stromversatz zuerst.

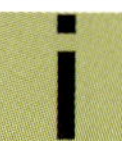

Tipp – Zeichnen Sie das Stromdreieck für den Steuerkurs separat und kleiner.

Das Stromdreieck muss nicht unbedingt an der eigenen Position in die Seekarte eingezeichnet werden. Um diesen Bereich freizuhalten, kann man es auch anderswo in der Karte oder gänzlich separat auf ein Blatt Papier zeichnen. Das bietet sich vor allem bei Seekarten mit großem Maßstab an, wo das Stromdreieck ebenfalls sehr groß ausfallen würde. Solange man einen einheitlichen Maßstab für Distanzen, Bootsgeschwindigkeit und Gezeitenstrom verwendet, bleibt das Dreieck proportional gleich und ergibt den korrekten Steuerkurs.

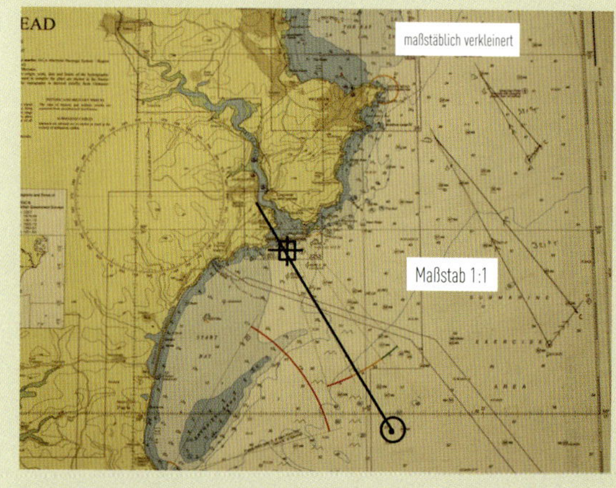

Bedenken Sie, dass der Steuerkurs in Prüfungsaufgaben auf ein Grad genau berechnet wird, es in der Praxis aber immer zu Abweichungen kommt. Beträgt die Abdrift wirklich genau 5°? Bleibt die Bootsgeschwindigkeit immer genau konstant? Dreht der Wind und bringt Sie vom Kurs ab? Exaktes Arbeiten ist bei der Kursbestimmung zwar wichtig, kann aber bei der Umsetzung nicht auf ein oder zwei Grad genau eingehalten werden.

BEISPIEL

Sie segeln von Cherbourg in Frankreich nach Poole in England. Es ist der 16. Mai um 10:43 Uhr, und Ihre Position ist 50° 35,8'N und 001° 49,5'W. Die Position kann schneller in die Karte eingezeichnet werden, wenn Sie eine Peilung und eine Entfernung verwenden als die Koordinaten zu übertragen. Deshalb haben Sie Anvil Point mit 267°T in einer Entfernung von 5,2 sm gemessen.

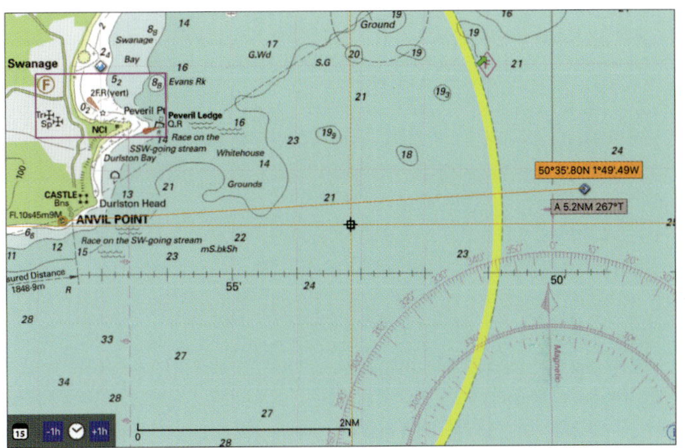

▲ *Peilung und Entfernung zum Leuchtturm Anvil Point im Programm Imray-Navigator.*

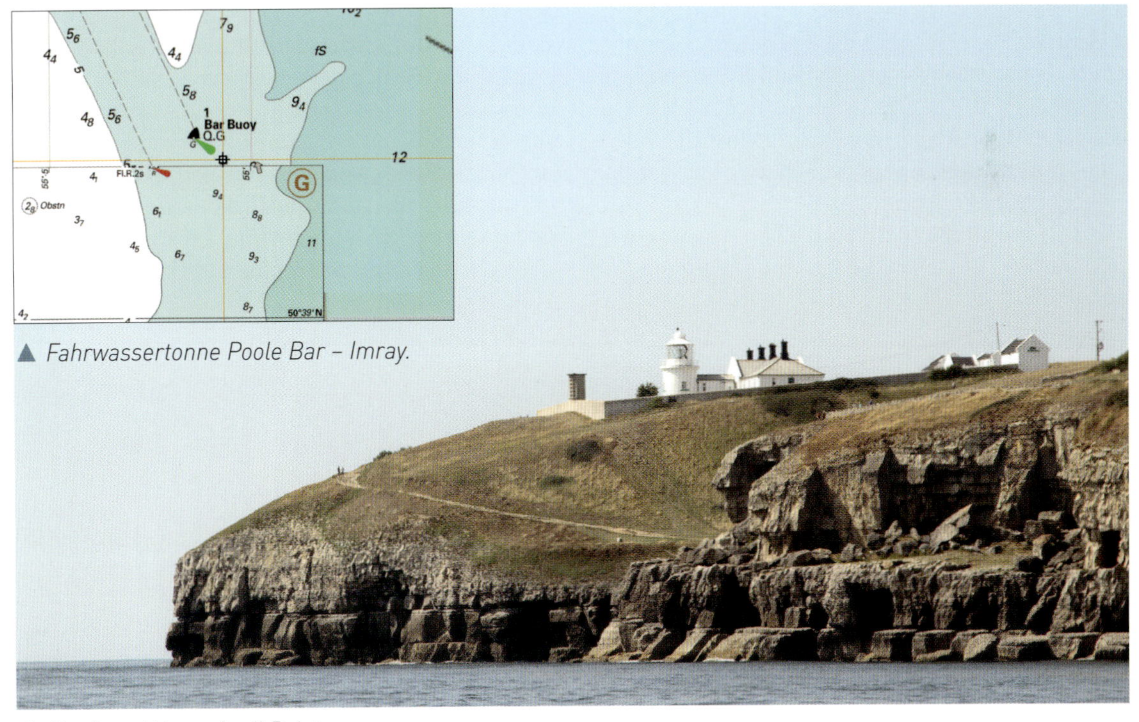

▲ *Fahrwassertonne Poole Bar – Imray.*

▲ *Der Leuchtturm Anvil Point.*

1. Schritt. Zeichnen Sie den Ausgangspunkt in die Seekarte ein, und markieren Sie ihn mit einem eingekreisten kleinen Kreuz, da es sich um eine GPS-Position handelt. Schreiben Sie die Uhrzeit, 10:43, und den Stand des Logs, 65 sm, daneben. Das ist Punkt A.
Sie haben einen Wegepunkt bei der Steuerbord-Fahrwassertonne Poole Bar an der Position 50° 39,3'N und 001° 55,1'W eingegeben.

2. Schritt. Zeichnen Sie den Wegepunkt in die Seekarte ein, und markieren Sie ihn mit einem Kreuz in einem Quadrat. Das ist Punkt B.

3. Schritt. Zeichnen Sie eine Linie von Punkt A nach Punkt B und darüber hinaus. Messen Sie die Entfernung von A nach B. Sie beträgt 5 sm.
Sie segeln mit 6 kn, benötigen also ungefähr eine Stunde. Jetzt muss der Stromversatz für diese Stunde von 10:43 Uhr bis 11:43 Uhr berechnet werden.
Verwenden sie das Rautensymbol »Q« auf der Seekarte »Bill of Portland to the Needles«, die als Bezugsort Plymouth angibt.

4. Schritt. Entnehmen Sie die Zeit des Hochwassers am 16. Mai aus dem Tidenkalender für Plymouth mit HW 06:13 UT 5,4 m. Das vorhergegangene Niedrigwasser hatte eine Höhe von 0,6 m, sodass der Tidenhub 4,8 m beträgt. Dieser Tidenhub entspricht laut Tidenkurve einer Springtide.
06:13 UT entspricht 07:13 DST, da im Mai Sommerzeit herrscht. Zeichnen Sie jetzt ein Diagramm, um zu ermitteln, bei wie viel Stunden vor oder nach HW Sie zwischen 10:43 Uhr und 11:43 Uhr unterwegs sind. Sie sind bei HW+4 unterwegs.

5. Schritt. Lesen Sie Richtung und Geschwindigkeit des Gezeitenstroms am Rautensymbol »Q« für HW+4 ab.
Richtung: 046°T
Geschwindigkeit: 1,3 kn bei Springtide

6. Schritt. Stellen Sie 046° am Navigationslineal ein oder richten Sie das Navigationsdreieck entsprechend aus. Halten Sie die Bleistiftspitze auf Punkt A. Richten Sie das Navigationslineal mit den inneren Gitterlinien rechtwinklig zur Karte aus, und zeichnen Sie den Stromvektor ein. Messen Sie mit dem Kartenzirkel 1,3 sm auf gleicher Höhe an der Skala der Breitengrade ab. Stechen Sie mit dem Zirkel bei A ein, und tragen Sie die Entfernung von 1,3 sm am Stromvektor ab. Das ergibt Punkt C.

7. Schritt. Messen Sie mit dem Kartenzirkel auf gleicher Höhe an der Skala der Breitengrade 6 sm ab. Das entspricht der Distanz, die Sie innerhalb einer Stunde durchs Wasser zurücklegen. Stechen Sie mit dem Zirkel bei C ein und mit der anderen Spitze auf der Linie A–B. Schieben Sie jetzt das Navigationslineal oder -dreieck an den Zirkel heran. Auf diese Art können Sie die Linie des Steuerkurses sehr exakt einzeichnen. Vergewissern sie sich, dass bei Verwendung eines Navigationslineals mit drehbarer Gradskala die Richtung stimmt. Bei dem abgebildeten Modell muss der große rote Pfeil in Richtung Zielpunkt deuten.

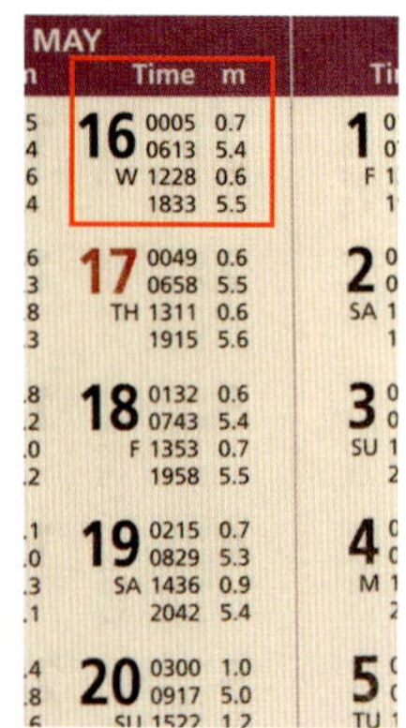

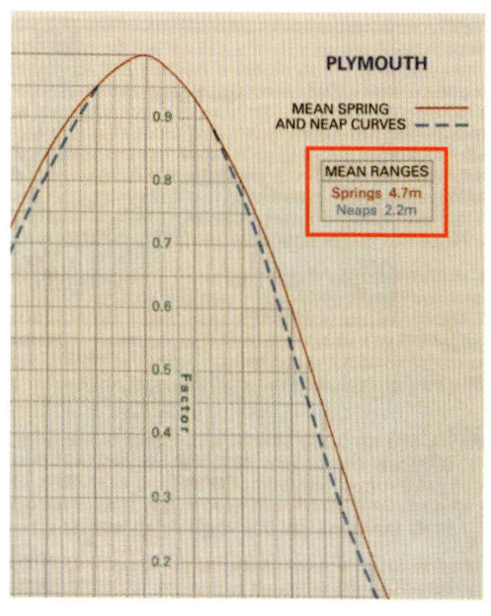

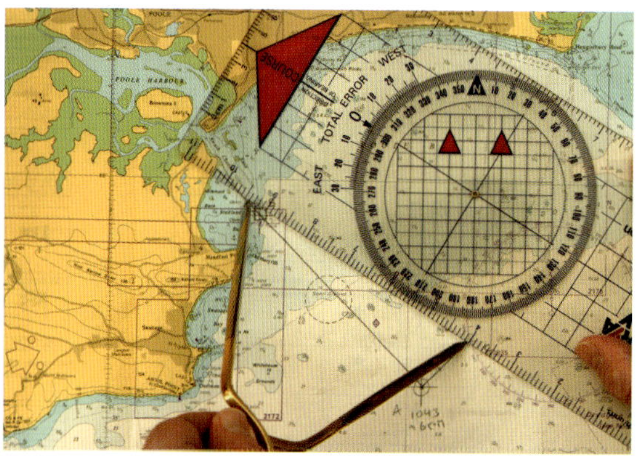

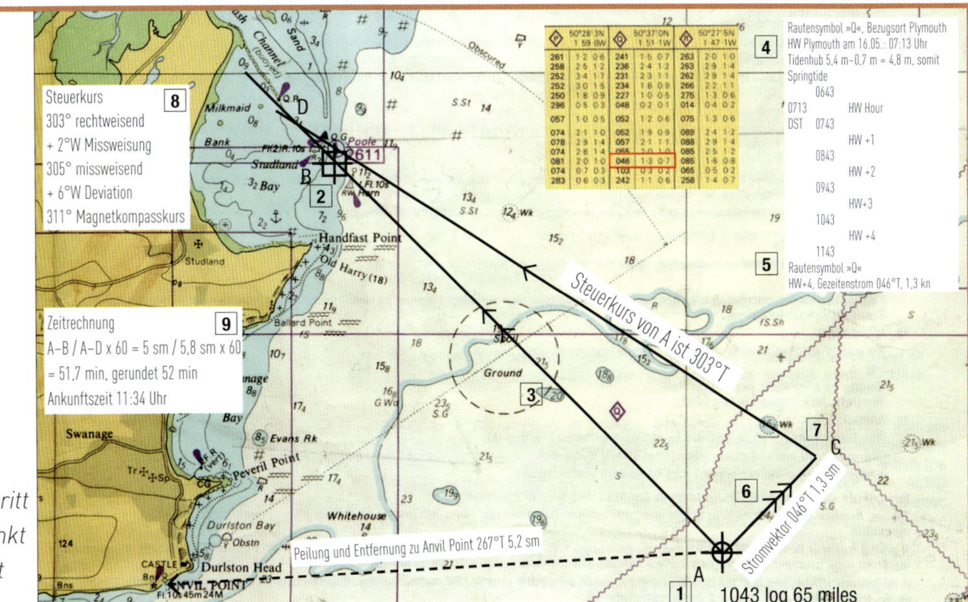

▶ *Schritt für Schritt vom Ausgangspunkt A zum Wegepunkt bei Poole.*

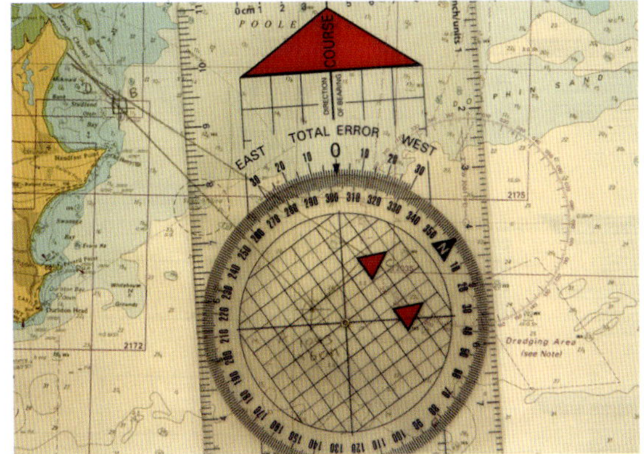

Achten Sie ebenfalls darauf, dass die Gitterlinien an einer waagrechten oder einer senkrechten Linie in der Karte ausgerichtet sind, wobei die zwei kleinen roten Pfeile nach Norden zeigen müssen. Entfernen Sie jetzt den Kartenzirkel, und zeichnen Sie die Linie des Steuerkurses ein. Messen Sie dann den Steuerkurs mit 303°T. Dieser Kurs führt das Boot auf direkter Linie von Punkt A nach Punkt B. Der Schnittpunkt der Linie des Steuerkurses mit der Linie A–B wird mit D gekennzeichnet.

8. Schritt. Der rechtweisende Steuerkurs muss in einen Magnetkompasskurs für den Steuermann umgerechnet werden.

303° rechtweisend
+ 2°W Missweisung (+ wegen »west is best«)
305° missweisend
+ 6°W Deviation (gerundet)
311° Magnetkompasskurs

Bitten Sie den Steuermann einen Kurs zwischen 305° und 315°MgK zu halten.

Auf dem Steuerkurs segelt das Boot mit dem nötigen Vorhaltewinkel, um auf der direkten Linie A–B zu bleiben.

9. Schritt. Um auszurechnen, wie viel Zeit Sie zum Wegepunkt benötigen, messen Sie die Distanz A–D, welche 5,8 sm beträgt, und setzen sie in die Formel A–B / A–D x 60 = Zeit zum Zielpunkt ein. Somit rechnen Sie: 5 sm ÷ 5,8 sm x 60 = 51,7 min.
Sie erreichen den Wegepunkt ungefähr 52 Minuten nach 10:43 Uhr also um 11:35 Uhr.

10. Schritt. Markieren Sie die eingezeichneten Linien wie folgt:
Ein Pfeilsymbol = Kurs durchs Wasser
Zwei Pfeilsymbole = Kurs über Grund
Drei Pfeilsymbole = Gezeitenstrom

Der Steuerkurs kann bereits vor dem Törn berechnet werden, nur die Abdrift durch den Wind kann nicht im Voraus einkalkuliert werden, denn man weiß nicht, wie der Wind zur fraglichen Zeit wehen wird. Die Abdrift durch Wind wird also erst kurz bevor man ablegt eingerechnet. Bei Wind von Backbord wird die Abdrift vom Steuerkurs abgezogen, bei Wind von Steuerbord addiert. Erst rechnet man die Abdrift ein, dann berichtigt man den Kurs um die Deviation. Bei einem Kartenplotter hätte man den Wegepunkt eingeben und beobachten können, wie man sich dem Ziel nähert. Auch ohne Steuerkurs würde man sehen, wie stark und zu welcher Seite man vom direkten Kurs zum Wegepunkt abweicht. Bei starkem, quer zur Fahrtrichtung setzenden Gezeitenstrom muss man bei Annäherung ans Ziel den Bug unter Umständen fast direkt gegen den Strom richten. Plotter mit Navigationsprogramm rechnen den Gezeitenstrom ein und zeigen den Steuerkurs direkt an.

Das Programm PC-Plotter gibt sogar die optimale Zeit an, wann man ablegen sollte, um ein bestimmtes Ziel zu erreichen und rechnet dabei den Gezeitenstrom mit ein. Zusätzlich können Filter eingesetzt werden, wie die maximale Wellenhöhe oder Windstärke. Das

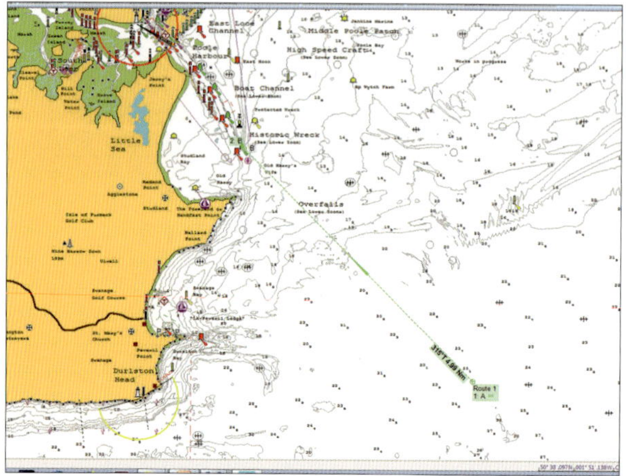

▲ *Ansteuerung von Poole im Programm PC-Plotter.*

Programm Expedition Adrena geht sogar noch weiter und gibt an, welche Segel man am besten setzen sollte. Dazu müssen zuvor die Leistungsdaten der einzelnen Segel anhand von Polardiagrammen mit Windstärke, Windwinkel und Bootsgeschwindigkeit eingegeben werden. Jetzt muss nur noch die Zeit, wann man segeln möchte, eingetippt werden, und das Programm spuckt sofort den rechtweisenden Steuerkurs aus.

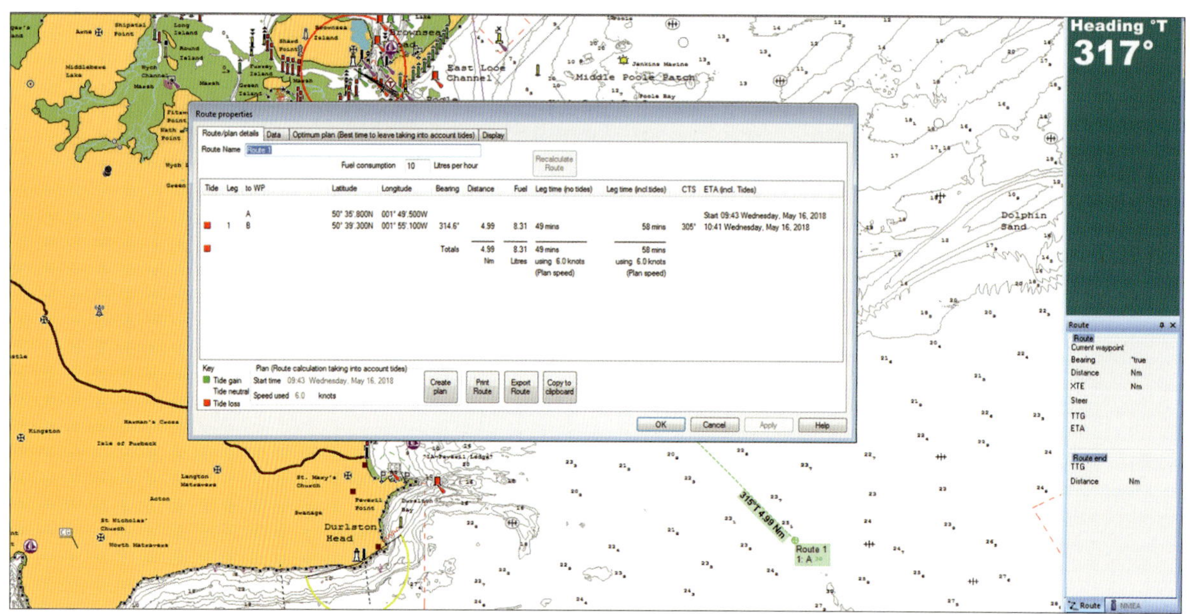

▲ *Das Programm PC-Plotter gibt den Steuerkurs mit 305°T an. Das liegt daran, dass es genauer rechnet als bei der Kursbestimmung oben, bei dem eine volle Stunde für den Gezeitenstrom veranschlagt wurde. Da der Strom aber zum Ende der Zeit hin schwächer wird (was das Programm einrechnet), kann die Kurskorrektur etwas geringer ausfallen.*

IST DER TÖRN LÄNGER ALS EINE STUNDE?

Dauert es mehr als eine Stunde, das Ziel zu erreichen, muss der Gezeitenstrom für die Stunden vor und nach Hochwasser berücksichtigt werden, während denen man unterwegs ist. Vorausgesetzt es liegen keine Gefahrenstellen entlang des Kurses, auch nicht, wenn man von der direkten Linie zum Zielpunkt abweicht, kann man alle Stromvektoren am Ausgangspunkt antragen. Setzt der Strom erst einige Stunden lang nach Osten und dann einige Stunden nach Westen, gleicht sich der Stromversatz aus. Wenn Sie z. B. mit einer Geschwindigkeit von 5 kn während einer zwölfstündigen Überfahrt von den Needles bis vor das Cap de la Hague segeln, segeln Sie über zwei Gezeiten hinweg. Am 25. Juli setzt von 03:00 Uhr bis 09:00 Uhr Ebbstrom, von 10:00 Uhr bis 15:00 Uhr ist Flut mit auflaufendem Wasser. In der Stunde dazwischen kentert die Tide, und es herrscht Stauwasser. Sie können direkt auf Ihr Ziel (B) zuhalten. Dabei werden Sie vom Gezeitenstrom erst zur einen dann zur anderen Seite abgelenkt, was sich ausgleicht. Der KüG verläuft S-förmig. Das ist kein Problem, sofern keine Gefahrenstellen seitlich des direkten Kurses liegen. Halten Sie Ausschau nach anderen Schiffen, und beachten Sie, dass die Schiffe im Verkehrstrennungsgebiet des Ärmelkanals im Norden nach Westen und im Süden nach Osten steuern. Dazu kommen die vielen Fähren und Fischer.

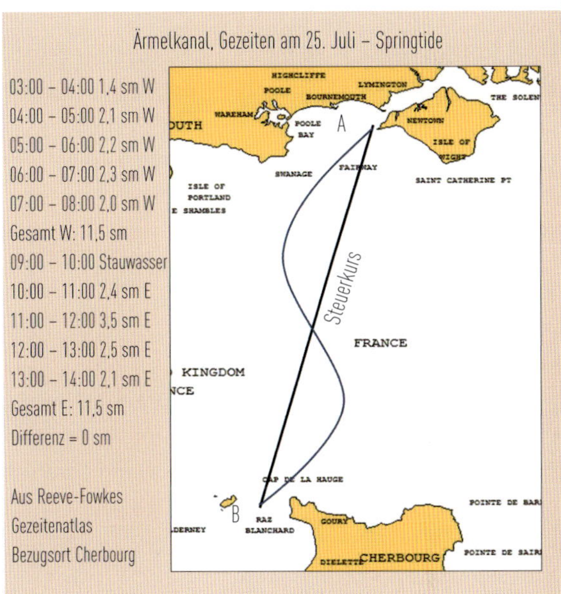

▲ *Der Stromversatz gleicht sich über 12 Stunden aus.*

Sind Abweichungen von der direkten Kurslinie dagegen nicht akzeptabel, muss der Steuerkurs für jede Stunde einzeln ausgerechnet werden. Gleicht man den Gezeitenstrom erst zur einen, dann zur anderen Seite durch Vorhalten aus, um so auf direkter Linie zu bleiben, braucht man insgesamt länger, als wenn man sich vom Strom hin und her versetzen lässt.

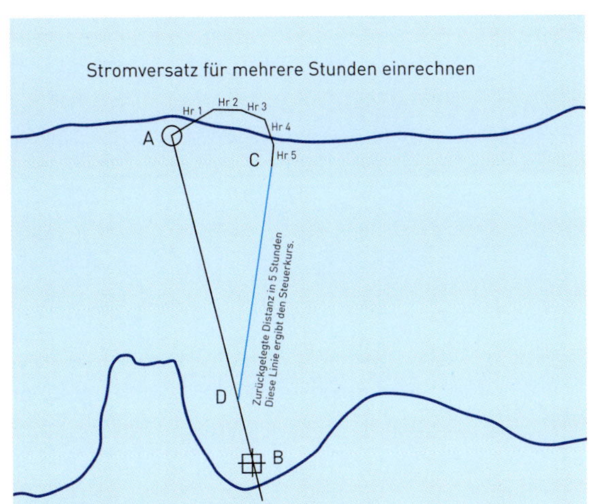

▲ *Der Stromversatz wird mit unterschiedlichen Stromvektoren an Punkt A insgesamt eingerechnet.*

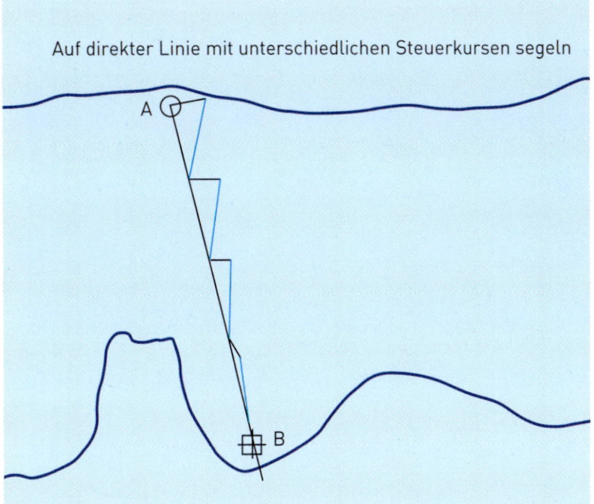

▲ *Um auf direkter Linie zu bleiben, muss der Steuerkurs stündlich dem Stromversatz angepasst werden.*

Steuerkurs im Kopf berechnen

Im obigen Beispiel beträgt der Steuerkurs zum Wegepunkt vor Poole 315°T. Der Gezeitenstrom setzt mit 1,3 kn nach 045°T und somit genau quer zum Kurs. In diesem Fall kann man die Eins-zu-sechzig-Regel anwenden:

60 x Geschwindigkeit des Gezeitenstroms ÷ Bootsgeschwindigkeit = nötige Kurskorrektur
60 x 1,3 kn = 78
78 ÷ 6 kn = 13°

Der Kurs muss um 13° zum Gezeitenstrom hin geändert werden. Der direkte Kurs 315°T minus 13° ergibt einen Steuerkurs von 302°T. Das ist nahezu das gleiche Ergebnis, wie es weiter oben mit dem Stromdiagramm in der Seekarte ausgerechnet wurde – diesmal nur im Kopf.

Setzt der Gezeitenstrom nicht genau rechtwinklig zum Kurs, verwendet man nur einen entsprechenden Prozentteil der Kurskorrektur.

Querabweichung (XTE)

Der Kartenplotter zeigt an, wie weit man sich von der direkten Kurslinie entfernt hat. Diese Distanz wird Querabweichung oder Cross Track Error (XTE) genannt. Man kann sogar einen Alarm setzen, der bei einer bestimmten Querabweichung ertönt.

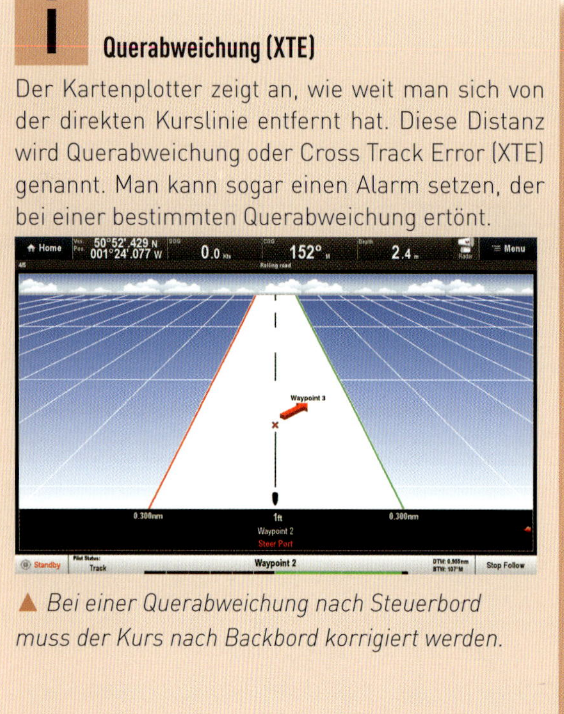

▲ *Bei einer Querabweichung nach Steuerbord muss der Kurs nach Backbord korrigiert werden.*

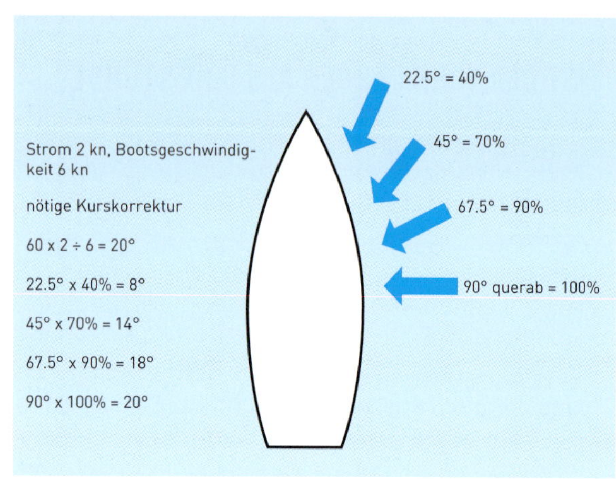

▲ *Steuerkurs im Kopf berechnen – prozentuale Kurskorrektur.*

Versuchen Sie jedoch nicht, Prüfungsaufgaben mit der Eins-zu-sechzig-Regel im Kopf zu lösen. Zwar beeindrucken Sie vielleicht den Prüfer, aber Sie würden null Punkte für die Aufgabe bekommen, denn Prüfer wollen ordentliche Kartenarbeit sehen, bis hin zu den richtigen Pfeilsymbolen, eines für den Kurs durchs Wasser, zwei für den Kurs über Grund und drei für den Stromvektor.

Scannen Sie diesen QR-Code, um ein Video über die praktische Anwendung des Steuerkurses zu sehen.

13 Zeitzonen

Alle Zeitzonen der Welt werden von UTC (Universal Time Co-ordinated), früher GMT (Greenwich Mean Time) aus gerechnet. Da sich die Erde nach Osten dreht, geht die Sonne in Ländern östlich von Greenwich früher auf, sodass man dort zum gleichen Zeitpunkt bereits eine spätere Uhrzeit hat. In Ländern westlich von Greenwich ist es umgekehrt, dort zeigen die Uhren eine frühere Zeit an als in Greenwich. Über die Welt verteilt gibt es 40 verschiedene Zeitzonen. Zeitzonen östlich von Greenwich werden mit einem Minus bezeichnet, westlich von Greenwich mit einem Plus.

Mit den Vorzeichen kann man leicht durcheinander kommen: Um früher, als alle Anordnungen auf die Londoner Zeit bezogen waren, im Britischen Empire auszurechnen, wie spät es in den östlichen Kolonien und Stützpunkten war, musste man die Stunden zur lokalen Zeit addieren, in den westlichen musste man die entsprechende Stundenzahl abziehen.

Wichtig ist es, vor allem bei Gezeitentafeln mit der richtigen Zonenzeit zu arbeiten. Die Zeitangaben im Almanach beziehen sich immer auf die Standard-Zeit des jeweiligen Landes. In England ist das UT (Universal Time) früher GMT (Greenwich Mean Time) und im Sommer DST (Daylight Saving Time), wobei eine Stunde zu UT addiert werden muss. In Deutschland gilt MEZ (Mitteleuropäische Zeit) und im Sommer MESZ (Mitteleuropäische Sommerzeit).

Die mitteleuropäische Zeit ist gegenüber UT oder GMT eine Stunde voraus. Auf Gezeitentafeln wird diese

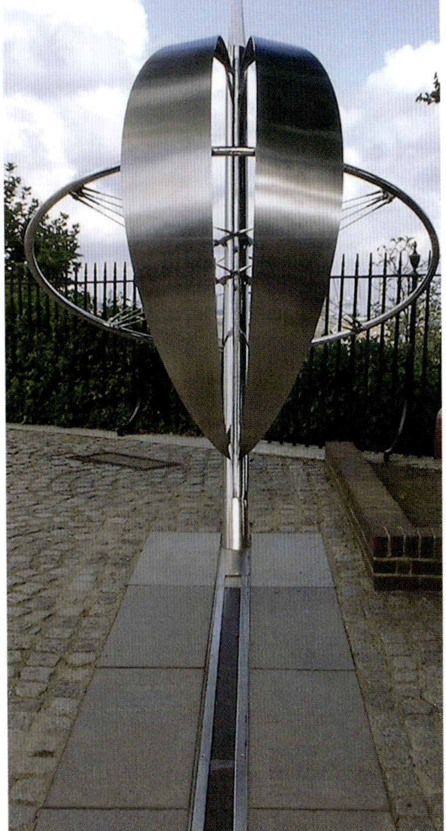

▲ *Der Nullmeridian in Greenwich, von dem aus die Zeit und die geographische Länge gemessen werden.*

> **i Die internationale Datumslinie**
>
> Die Zeitzonen östlich von Greenwich sind zeitlich schon weiter, bis man gegenüber von Greenwich – bei einem Zeitunterschied von 12 Stunden – auf 180°O stößt, wo in etwa auch die Datumsgrenze verläuft. Überquert man die Datumslinie von West nach Ost, gewinnt man einen Tag. Westlich der Datumslinie ist es 12:00 Uhr am Mittwoch und östlich der Linie ist es 12:00 Uhr am Dienstag, sodass man die gleichen 24 Stunden nochmal erleben kann. Überquert man die Datumslinie dagegen von Ost nach West verliert man diese 24 Stunden.

AREA 1 – SW England

STANDARD TIME (UT)
For Summer Time add ONE hour in **non-shaded areas**

FALMOUTH LAT 50°09'N LONG 5°03'W

TIMES AND HEIGHTS OF HIGH AND LOW WATERS

Dates in red are SPRINGS
Dates in blue are NEAPS

YEAR **2016**

England

SEPTEMBER

	Time	m		Time	m
1	0502	5.0	16	0431	5.1
	1151	0.5		1111	0.6
TH	1717	5.2	F	1648	5.4
●			○	2335	0.4
2	0014	0.4	17	0517	5.3
	0539	5.1		1157	0.4
F	1230	0.5	SA	1734	5.5
	1754	5.3			
3	0051	0.4	18	0020	0.2
	0616	5.1		0602	5.4
SA	1304	0.6	SU	1241	0.2
	1830	5.3		1819	5.6
4	0122	0.6	19	0103	0.1
	0651	5.1		0646	5.4
SU	1334	0.7	M	1322	0.2
	1904	5.2		1904	5.5

OCTOBER

	Time	m		Time	m
1	0513	5.1	16	0452	5.4
	1203	0.6		1136	0.3
SA	1729	5.2	SU	1712	5.6
●			○	2359	0.1
2	0021	0.5	17	0539	5.5
	0548	5.1		1221	0.1
SU	1235	0.6	M	1800	5.6
	1804	5.2			
3	0051	0.6	18	0043	0.1
	0623	5.1		0625	5.5
M	1304	0.7	TU	1305	0.1
	1837	5.1		1846	5.5
4	0116	0.8	19	0125	0.2
	0656	5.1		0709	5.4
TU	1327	0.9	W	1346	0.2
	1908	5.0		1930	5.3

NOVEMBER

	Time	m		Time	m
1	0018	0.7	16	0024	0.2
	0557	5.1		0605	5.5
TU	1234	0.8	W	1249	0.1
	1812	5.0		1829	5.4
2	0045	0.8	17	0109	0.2
	0631	5.1		0651	5.4
W	1259	0.9	TH	1333	0.2
	1844	4.9		1915	5.2
3	0108	1.0	18	0151	0.4
	0701	5.0		0734	5.3
TH	1322	1.0	F	1415	0.5
	1914	4.8		2000	5.0
4	0133	1.1	19	0233	0.7
	0730	4.9		0817	5.1
F	1348	1.1	SA	1459	0.8
	1945	4.6		2045	4.6

DECEMBER

	Time	m		Time	m
1	0018	0.8	16	0056	0.3
	0609	5.1		0635	5.4
TH	1236	0.9	F	1322	0.2
	1824	4.9		1901	5.1
2	0047	0.9	17	0140	0.4
	0641	5.0		0718	5.3
F	1305	0.9	SA	1405	0.4
	1857	4.8		1943	4.9
3	0116	1.0	18	0221	0.6
	0712	4.9		0800	5.2
SA	1335	1.0	SU	1447	0.6
	1930	4.7		2025	4.7
4	0148	1.1	19	0301	0.9
	0745	4.8		0840	4.9
SU	1409	1.1	M	1529	0.9
	2005	4.5		2108	4.5

St Malo tides

STANDARD TIME UT –01
Subtract 1 hour for UT
For French Summer Time add ONE hour in **non-shaded areas**

ST MALO LAT 48°38'N LONG 2°02'W

TIMES AND HEIGHTS OF HIGH AND LOW WATERS

Dates in red are SPRINGS
Dates in blue are NEAPS

YEAR **2016**

JANUARY

	Time	m		Time	m
1	0539	3.8	16	0555	2.6
	1109	9.9		1124	11.0
F	1801	3.9	SA	1823	2.7
	2337	9.5		2351	10.5
2	0617	4.3	17	0644	3.2
	1153	9.3		1219	10.3
SA	1843	4.4	SU	1917	3.3
◑			◐		
3	0028	9.0	18	0051	10.0
	0709	4.7		0746	3.7
SU	1253	8.9	M	1328	9.8
	1941	4.7		2024	3.6
4	0141	8.7	19	0207	9.7
	0820	4.9		0903	3.8
M	1411	8.8	TU	1451	9.7
	2100	4.7		2142	3.6

FEBRUARY

	Time	m		Time	m
1	0610	4.3	16	0019	10.0
	1145	9.2		0717	3.7
M	1834	4.5	TU	1257	9.6
◑				1953	3.9
2	0018	8.8	17	0133	9.4
	0705	4.8		0834	4.1
TU	1249	8.7	W	1427	9.2
	1938	4.9		2116	4.1
3	0142	8.6	18	0307	9.3
	0825	4.9		1006	4.0
W	1424	8.6	TH	1557	9.4
	2110	4.8		2243	3.8
4	0315	8.8	19	0427	9.9
	0955	4.5		1126	3.4
TH	1548	9.0	F	1707	10.1
	2233	4.3		2353	3.1

MARCH

	Time	m		Time	m
1	0531	3.9	16	0653	3.7
	1100	9.5		1232	9.4
TU	1750	4.2	W	1925	4.1
	2322	9.2			
2	0616	4.5	17	0104	9.2
	1148	8.9		0808	4.3
W	1842	4.8	TH	1405	8.9
◑				2051	4.5
3	0026	8.6	18	0244	9.0
	0723	4.9		0945	4.3
TH	1317	8.4	F	1542	9.2
	2005	5.0		2222	4.1
4	0217	8.5	19	0407	9.6
	0902	4.7		1107	3.6
F	1507	8.7	SA	1648	9.9
	2148	4.6		2332	3.4

APRIL

	Time	m		Time	m
1	0648	4.6	16	0210	9.0
	1232	8.6		0912	4.4
F	1923	4.9	SA	1509	9.0
				2148	4.3
2	0125	8.7	17	0334	9.3
	0818	4.6		1031	3.9
SA	1426	8.7	SU	1618	9.6
	2106	4.6		2257	3.7
3	0308	9.1	18	0434	10.0
	0952	4.0		1130	3.3
SU	1549	9.5	M	1707	10.3
	2230	3.8		2350	3.1
4	0419	10.1	19	0521	10.6
	1104	3.0		1217	2.7
M	1651	10.5	TU	1748	10.9
	2336	2.8			

Zeitzone mit UT–01 angegeben. Im Sommer muss eine Stunde zur Sommerzeit addiert werden. Ungefähr 70 Länder der Welt haben eine Sommerzeit eingeführt. In tropischen Ländern gibt es keinen großen Unterschied, wie lang die Tage im Sommer und Winter sind. Dort wird keine Sommerzeit verwendet. Die internationale Bezeichnung der Standard-Zeit in Großbritannien lautet UT, auch wenn man noch öfter GMT liest. Auch in vielen elektronischen Geräten wie Kartenplottern wird noch die veraltete Bezeichnung GMT verwendet.

14 Tidenhöhen

Man muss die Gezeitenhöhe kennen, um zu wissen, wo man ankern, ob man über eine Barre kommen oder unter einer Brücke durchsegeln kann, ob ausreichend Wasser über einer trockenfallenden Höhe steht und ob man genug Kette für das Hochwasser gesteckt hat.

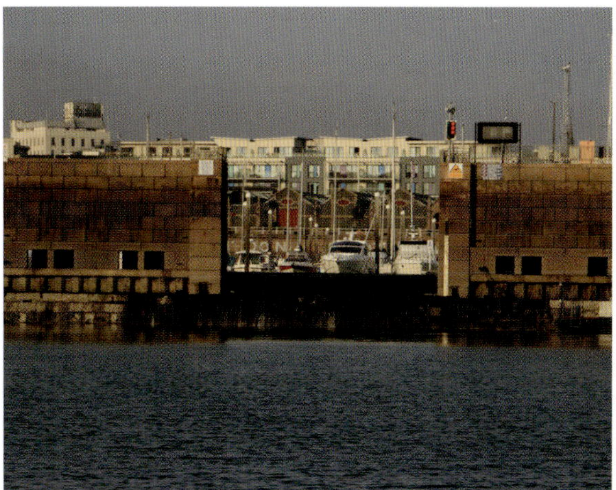

▶ *Einlaufen ist hier bei niedrigem Tidenstand unmöglich.*

▼ *Trockenfallen bei Ebbe.*

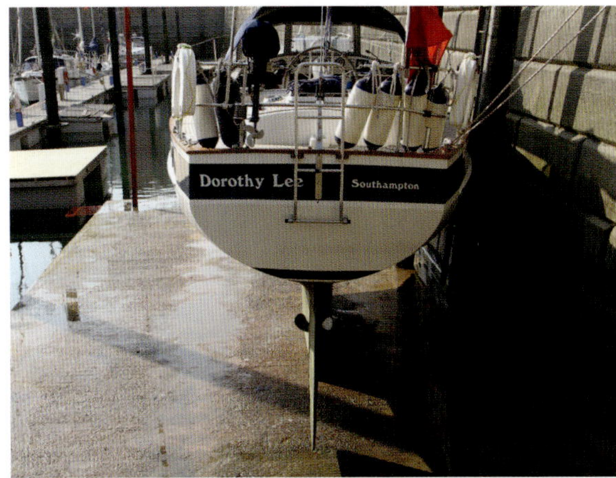

▼ *Ist genug Kette für Hochwasser gesteckt?*

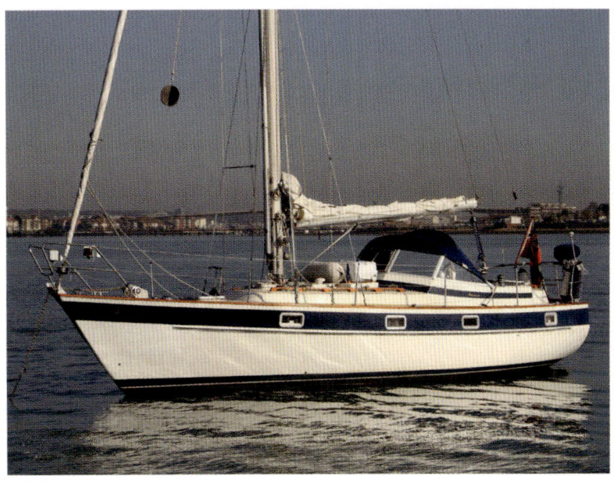

Tipp

Es ist praktisch, die Tidenkurve des Heimathafens aus dem Almanach zu kopieren und auf A4-Format zu vergrößern. Am besten schweißt man das Blatt in mattierte Plastikfolie ein, um darauf die Tidenhöhe mit Bleistift abzunehmen. Später können die Linien wieder ausradiert werden.

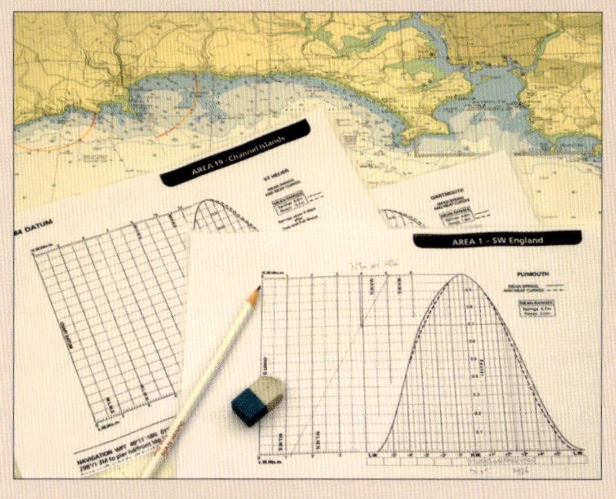

▲ *Eingeschweißte Tidenkurven.*

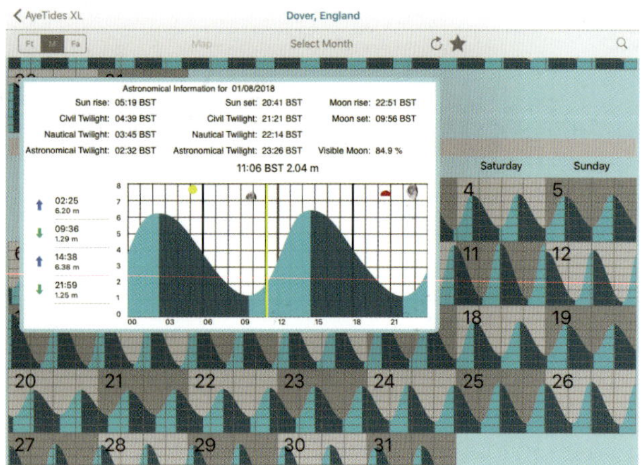

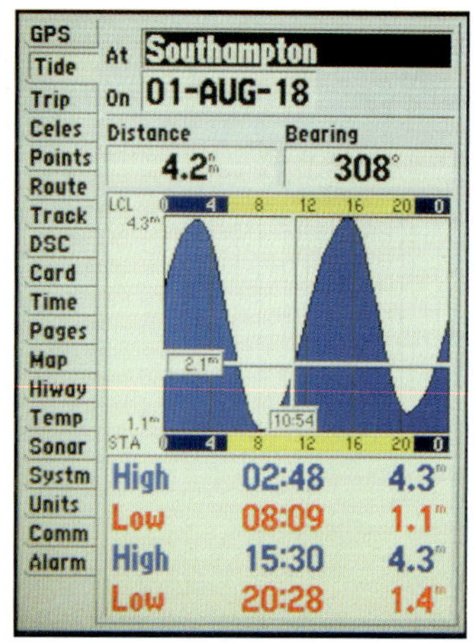

▲ Die App AyeTide mit Gezeitenangaben für Dover.

◀ Garmin-Plotter mit Tidenständen für Southampton.

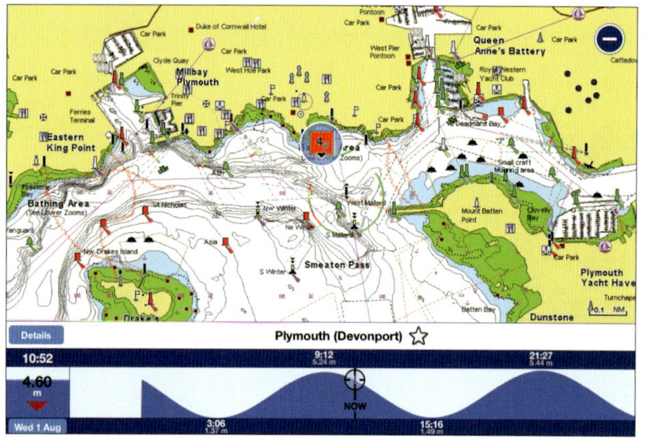

▶ Gezeiteninformationen für Plymouth im Programm von Navionics.

Am schnellsten kann der aktuelle Tidenstand mit einem kurzen Blick auf den Kartenplotter oder in eine Gezeiten-App festgestellt werden. Man kann die Höhe der Gezeit aber auch mithilfe einer Tidenkurve ermitteln. Anschließend können die beiden gewonnenen Werte miteinander verglichen werden. Meiner Erfahrung nach liegen sie sehr nah beieinander.

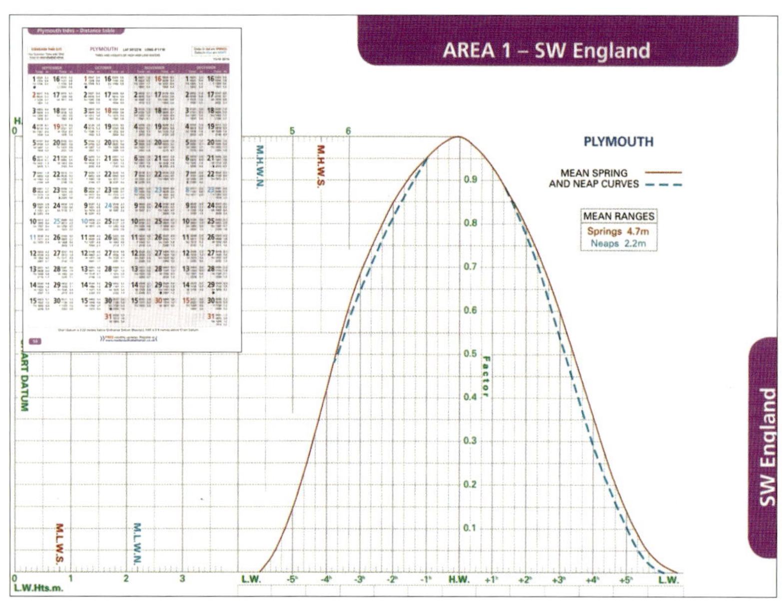

▲ Gezeitentafel und Tidenkurve für Plymouth.

Angenommen Sie befinden sich am 16. September 2016 in Plymouth und möchten die Höhe der Gezeit um 20:06 Uhr bestimmen. Dazu verwenden Sie die Gezeitentafeln und die Tidenkurve für Plymouth. Als Erstes stellen Sie fest, ob um 20:06 Uhr Flut, also auflaufendes Wasser, oder Ebbe, also ablaufendes Wasser, herrscht. Am 16. September gibt es zwei Hochwasser, eines um 05:53 Uhr und eines um 17:26 Uhr. Beachten Sie, dass die Zeitangaben im Almanach immer in der Standard-Zeit des jeweiligen Landes erfolgen und dass während der Sommerzeit eine Stunde addiert werden muss. Die Zeiten der Hochwasser entsprechen somit 06:53 DST und 18:26 DST.

Sie möchten die Höhe der Gezeit um 20:06 Uhr bestimmen, welche in die Zeit der Ebbe von 18:26 Uhr bis 00:26 Uhr fällt. Die Höhe des Hochwassers um 18:26 Uhr ist mit 5,6 m angegeben, die des Niedrigwassers um 00:26 Uhr mit 0,6 m.

1. Schritt. Tragen Sie die Zeit des HW mit 18:26 in das mittlere Kästchen unten an der Tidenkurve für Plymouth ein. Schreiben Sie DST darunter, um Verwechslungen zu vermeiden. Schreiben Sie dann die darauffolgenden Stunden bis 00:26 in die Kästchen rechts daneben.

2. Schritt. Markieren Sie das HW mit 5,6 m am oberen und das NW mit 0,6 m am unteren Rand.

3. Verbinden Sie beide Markierungen mit einer Linie.

4. Schritt. Beachten Sie, dass es eine rote durchgezogene und eine blaue gestrichelte Tidenkurve gibt. Rot ist für Springtide, blau für Nipptide. In Plymouth unterscheiden sich diese Linien kaum.

Schauen Sie anhand des Tidenhubs, ob Spring- oder Nipptide herrscht. Der Unterschied zwischen HW und NW, also der Tidenhub, beträgt 5,6 m – 0,6 m = 5,0 m.

Rechts der Tidenkurve sind die mittleren Werte des Tidenhubs für Spring- und Nipptide mit 4,7 m und 2,2 m angegeben. 5,0 m Tidenhub entspricht also einer besonders starken Springtide.

5. Schritt. Die Stunden am unteren Rand sind mit kleinen Strichen in jeweils sechs Teilabschnitte zu je 10 Minuten unterteilt. Gehen Sie zwei Teilstriche von 20:26 zurück, um zu 20:06 zu gelangen.

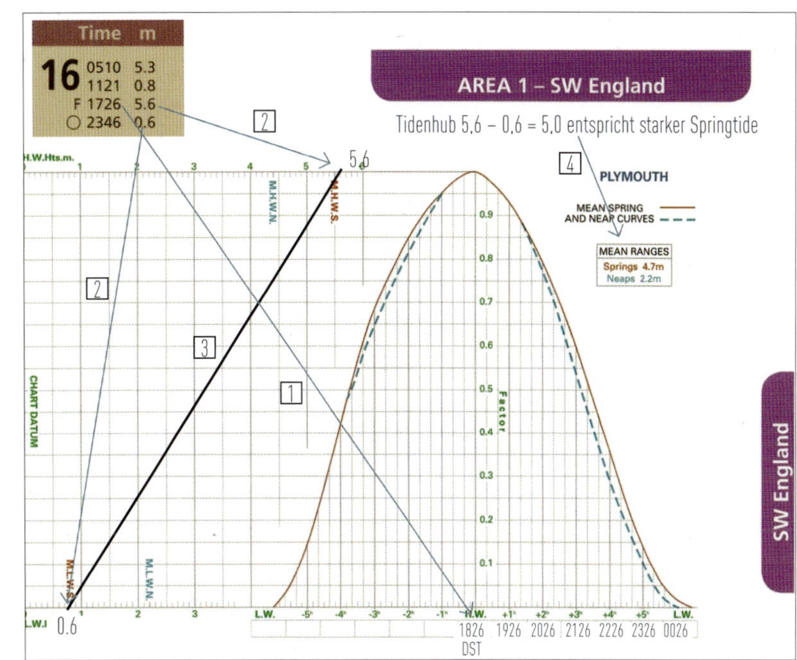

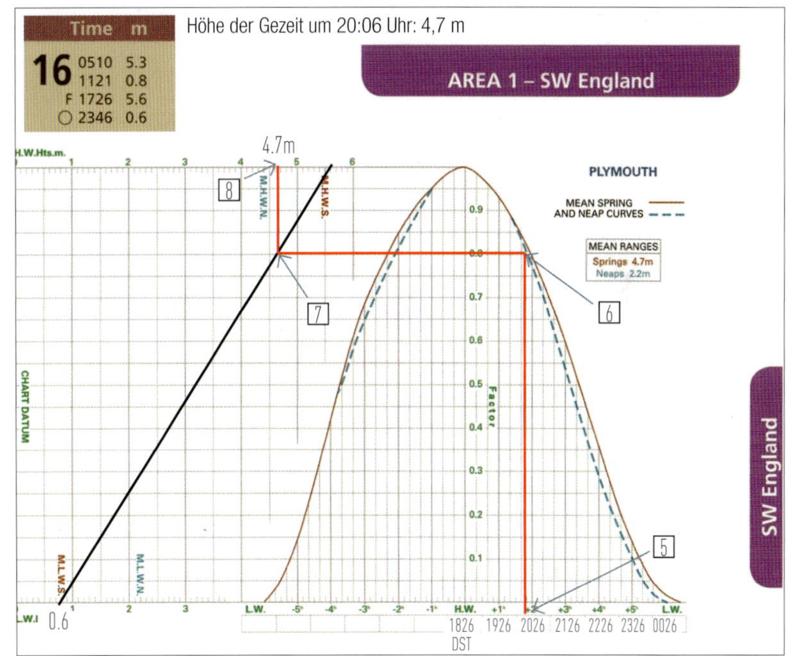

6. Schritt. Ziehen Sie eine senkrechte Linie von 20:06 nach oben, bis sie die Tidenkurve schneidet.

7. Schritt. Ziehen Sie dort eine waagerechte Linie zur Verbindungslinie der HW- und NW-Höhen.

8. Von dem Punkt geht es nochmal senkrecht nach oben, wo die Höhe der Gezeit mit 4,7 m abgelesen werden kann. Dieser Wert gilt für den 16. September um 20:06 Uhr.

WIE GENAU SIND DIE GEZEITEN-APPS? SEHR GENAU!

Ich habe einen Vergleich zwischen den Werten der Gezeiten-App AyeTides und den von mir anhand der Tidenkurve ermittelten vorgenommen. Für den 29.07.2018 habe ich z. B. eine Höhe der Gezeit von 3,5 m errechnet, was sich gerade mal um 2 cm von der App unterschieden hat. Wenngleich Apps die Höhen auf den Zentimeter genau angeben, ist eine Genauigkeit von 10 cm völlig ausreichend.

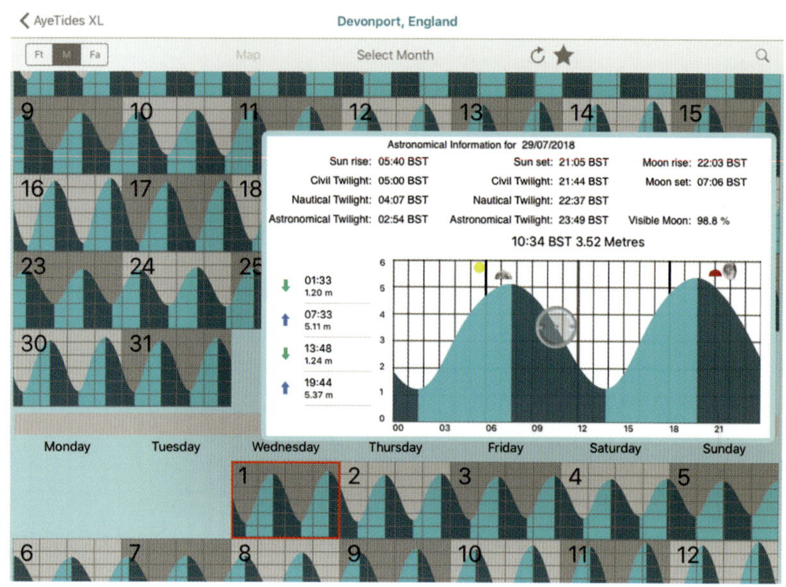

▶ *Laut AyeTides beträgt die Höhe der Gezeit in Plymouth am 29.07.2018, 10:34 Uhr, 3,52 m.*

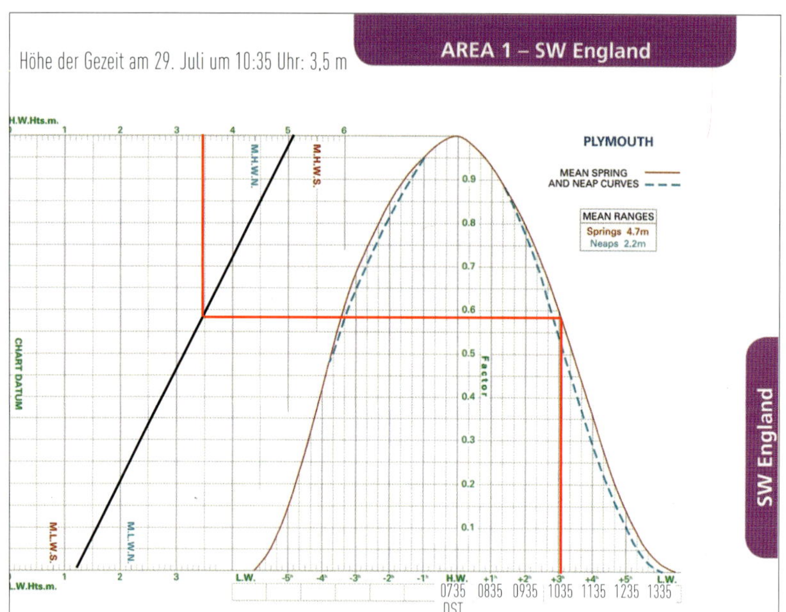

▶ *Bestimmung der Höhe der Gezeit mit der Tidenkurve. HW in Plymouth ist laut Almanach um 07:35 Uhr, die App rechnet stattdessen mit 07:34 Uhr. Aber was macht schon eine Minute Unterschied aus?*

Die Zwölftel-Regel

Mit der Zwölftel-Regel kann die Höhe der Gezeit grob geschätzt werden. Teilen Sie den Tidenhub durch zwölf. Von NW zu HW und umgekehrt gilt:

- In der 1. Stunde steigt die Tide um 1/12 des Tidenhubs.
- In der 2. Stunde steigt die Tide um 2/12 des Tidenhubs.
- In der 3. Stunde steigt die Tide um 3/12 des Tidenhubs.
- In der 4. Stunde steigt die Tide um 3/12 des Tidenhubs.
- In der 5. Stunde steigt die Tide um 2/12 des Tidenhubs.
- In der 6. Stunde steigt die Tide um 1/12 des Tidenhubs.

Bei einer symmetrischen Tidenkurve steigt das Wasser bei Flut genauso schnell, wie es bei Ebbe fällt. Bezogen auf das obige Beispiel für den 29.07.2018 mit einem HW von 5,1 m und einem NW von 1,2 m ist der Tidenhub 3,9 m. Ein Zwölftel von 3,9 m ist 0,325 m. Es soll die Höhe der Gezeit um 10:34 Uhr berechnet werden, was etwa einer Zeit von drei Stunden nach dem HW um 07:35 Uhr entspricht. Es müssen also 6/12 vom HW abgezogen werden (1/12 für die 1. Stunde, 2/12 für die 2. Stunde, 3/12 für die 3. Stunde). Das sind zusammen 1,95 m, was in diesem Fall der Hälfte des Tidenhubs entspricht. 5,1 m – 1,95 m = 3,15 m. Nach der Zwölftel-Regel beträgt die Höhe der Gezeit um 10:34 Uhr somit

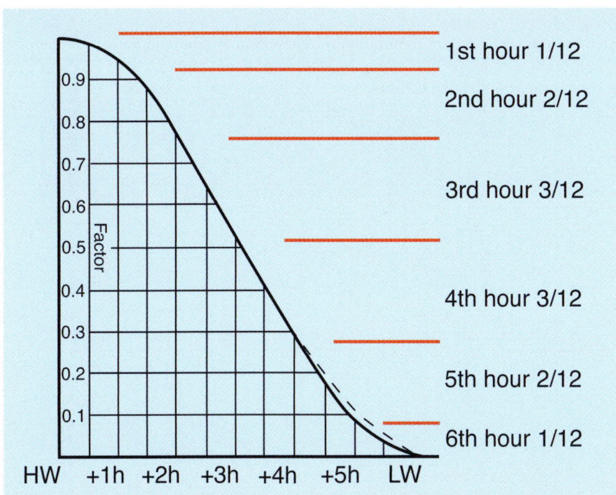

▲ *Die Zwölftel-Regel.*

3,15 m, was nur 35 cm weniger als die tatsächliche Höhe ist. Kennt man nur die Zeiten und Höhen von HW und NW, hat aber keine App oder Tidenkurve, liefert die

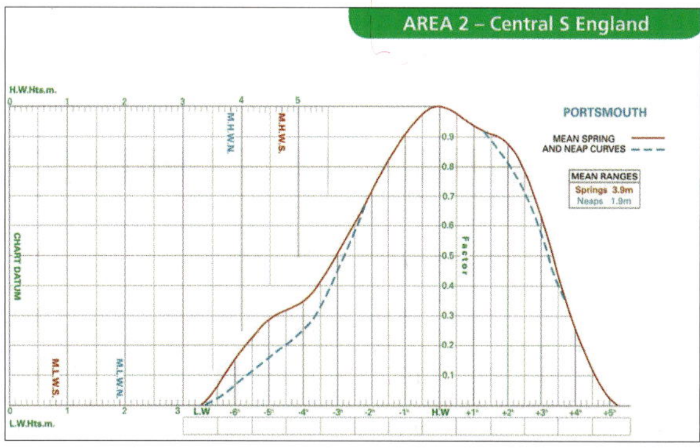

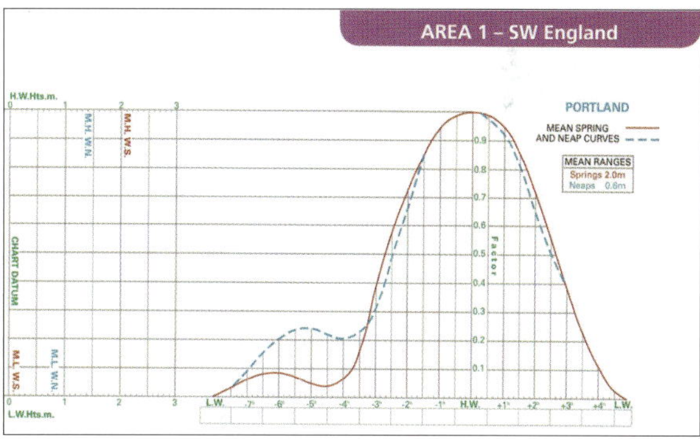

Zwölftel-Regel akzeptable Ergebnisse, sofern die Tidenkurve annähernd symmetrisch ist. Für Häfen wie Portsmouth oder Portland mit stark asymmetrischen Tidenkurven ist diese Methode allerdings nicht geeignet.

Tidenstand einrechnen

1. Um eine trockenfallende Höhe zu passieren oder einen Gezeitenhafen anzulaufen, wird gerechnet:

- Höhe der Gezeit: 4,7 m
- Tiefgang des Bootes: 1,5 m
- Sicherheitszugabe für Wasser unter dem Kiel: 1,5 m

Sie benötigen also 3,0 m Wassertiefe, um sicher zu navigieren.

Bei einer Höhe der Gezeit von 4,7 m können Sie alles passieren, was sich 1,7 m über Kartennull befindet. (Höhe der Gezeit – Tiefgang – Sicherheitszugabe = 1,7 m)

2. Um zu ankern und bei NW noch genügend Wasser unter dem Kiel zu haben, wird gerechnet:

Höhe der Gezeit beim Ankern
minus Höhe der Gezeit bei NW ergibt
wie viele Meter die Tide noch fallen wird.
Addieren Sie diesen Betrag zu:

- dem Tiefgang des Bootes und
- der gewünschten Sicherheitszugabe

So haben Sie bei NW noch die Höhe der Sicherheitszugabe unter dem Kiel.

Beispiel:
Höhe der Gezeit beim Ankern: 4,0 m
– Höhe der Gezeit bei NW: 1,5 m
= 2,5 m wird die Tide noch fallen.
+ Tiefgang: 1,5 m
+ Sicherheitszugabe: 1,5 m
= Gesamt: 5,5 m
Wenn Sie auf 5,5 m Tiefe ankern, werden Sie bei NW noch die Höhe der Sicherheitszugabe unter dem Kiel haben, denn die Tide fällt noch um 2,5 m, sodass 3 m Wassertiefe bleiben, wovon Sie 1,5 m für den Tiefgang des Bootes und weitere 1,5 m für die Sicherheitszugabe benötigen.

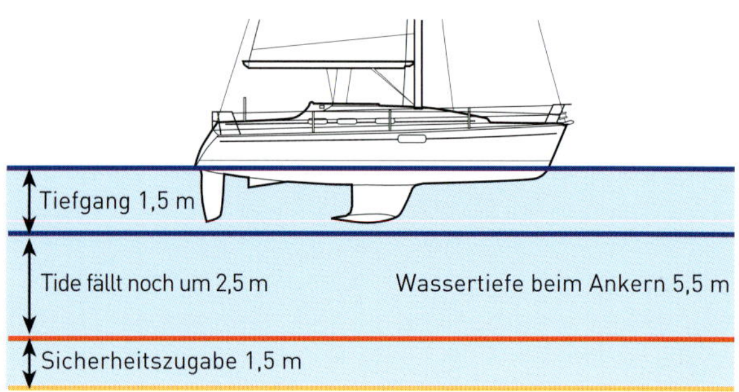

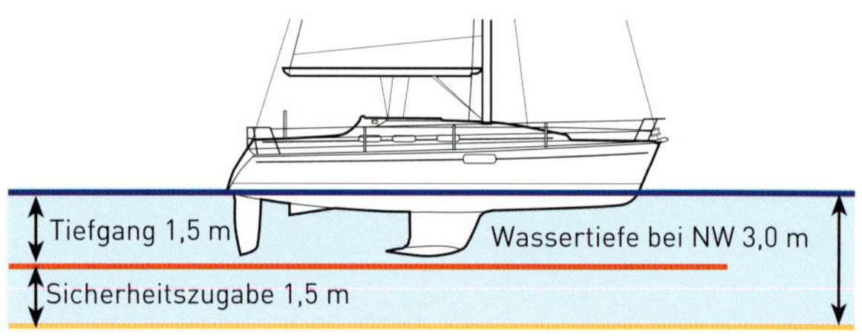

Das kann man auch sehr einfach mit einer Gezeiten-App ermitteln. Im folgenden Beispiel befinden Sie sich in Saint-Malo in Frankreich.
Höhe der Gezeit um 13:27 Uhr: 7,60 m
Höhe der Gezeit bei NW: 2,72 m (NW um 17:20 Uhr)
Die Tide wird noch um 4,88 m fallen.
Tiefgang des Bootes: 1,50 m
Gewünschte Sicherheitszugabe: 1,50 m
Fallhöhe der Tide + Tiefgang + Sicherheitszugabe = 7,88 m
Ankern Sie in 8,0 m Tiefe, und Sie werden bei NW um 17:20 Uhr noch 1,62 m (8,0 m – 4,88 m – 1,50 m) Wasser unter dem Kiel haben.
In den meisten Bezugsorten ist die Tidenkurve auf ein Hochwasser ausgerichtet. In Southampton ist sie auf

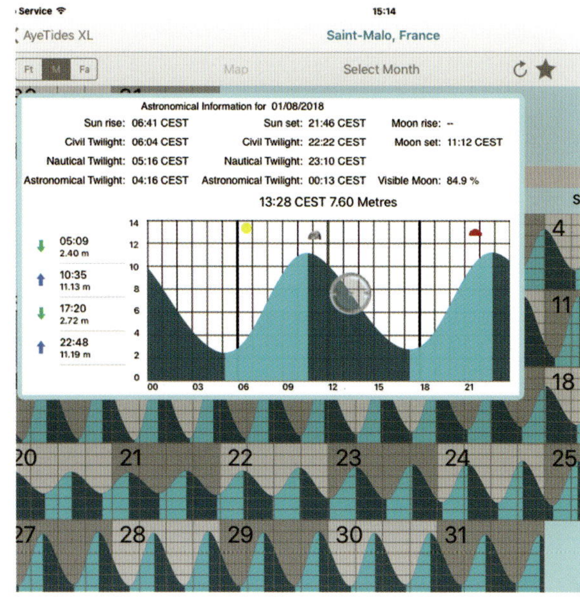

▶ *Höhe der Gezeit in Saint-Malo.*

Southampton

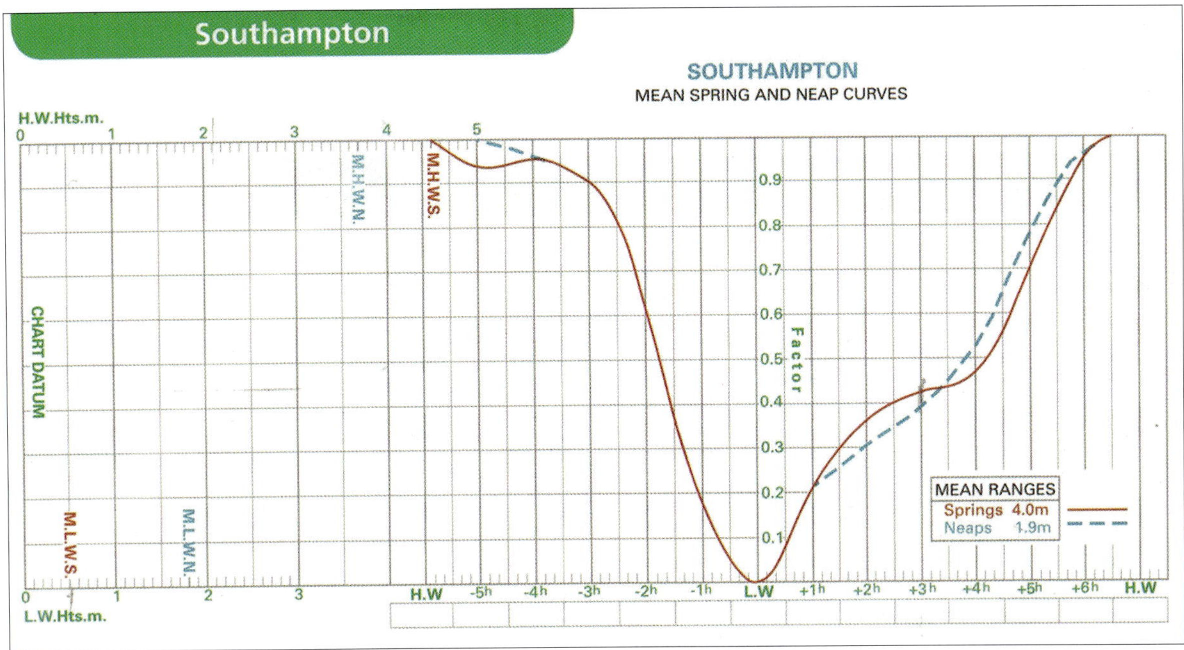

▲ *Southampton hat ein doppeltes Hochwasser und einen unregelmäßigen Verlauf der Tidenkurve bei Flut, was durch die Form des Ärmelkanals und der umliegenden Landmassen bedingt ist.*

Niedrigwasser ausgerichtet, weil es dort ein doppeltes Hochwasser gibt. Beim Berücksichtigen der Tidenhöhen, egal ob man sie mit einer App oder mit der Tidenkurve ermittelt, sollte man beachten:

- Die Höhe der Gezeit plus die Tiefenangabe in der Seekarte ergeben die Wassertiefe.
- Wie weit wird die Tide noch fallen, um beim Ankern ausreichend Wassertiefe bei NW zu haben?
- Wie weit wird die Tide noch steigen, um einen ausreichenden Durchhang der Ankerkette für das kommende HW zu haben?

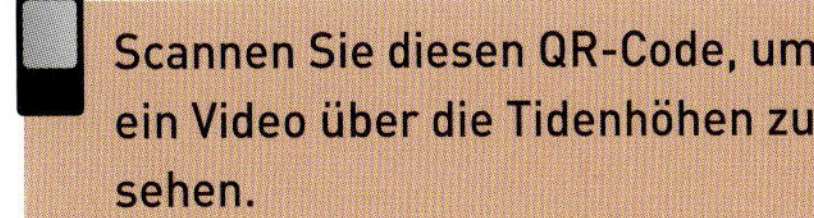

Scannen Sie diesen QR-Code, um ein Video über die Tidenhöhen zu sehen.

15 Tidenstand an Anschlussorten

Es gibt zu viele Häfen auf der Welt, um für jeden einzelnen eine eigene Gezeitentafel zu erstellen. Deshalb hat man sie aufgeteilt und große Häfen zu Bezugsorten (Standard Ports) und kleinere Häfen zu Anschlussorten (Secondary Ports) gemacht, für die man nur die Zeit- und Höhenunterschiede zu den Bezugsorten angibt.
Verwendet man eine App oder einen Kartenplotter mit Tidendaten, wird man kaum bemerken, ob man die Tide an einem Bezugs- oder Anschlussort nachsieht.
Müssen die Gezeiten dagegen manuell berechnet werden, bekommen besonders die Prüfungskandidaten für den RYA-Yachtmaster oft feuchte Hände.Dabei ist es gar nicht so schwierig, wenn man die Vorgehensweise in einzelne Schritte aufteilt.
Betrachtet man beispielsweise den Anschlussort Torquay, der dem Bezugsort Plymouth zugeordnet ist, wird es kaum überraschen, dass das Hochwasser in Torquay später als in Plymouth eintrifft, da die Flut von Westen in den Ärmelkanal setzt und Torquay östlich von Plymouth liegt.
Der Zeitunterschied für Torquay ist allerdings nicht bei jedem Hochwasser gleich, sondern abhängig davon, ob Spring- oder Nipptide herrscht.

> **i**
>
> **In Deutschland gibt es insgesamt 12 Bezugsorte (Standard Ports)**
>
> Borkum (Fischerbalje), Bremen (Oslebshausen), Bremerhaven (Alter Leuchtturm), Brunsbüttel, Büsum, Cuxhaven (Steubenhöft), Emden (Große Seeschleuse), Hamburg (St. Pauli), Helgoland (Binnenhafen), Husum, Norderney (Riffgat), Wilhelmshaven (Alter Vorhafen)

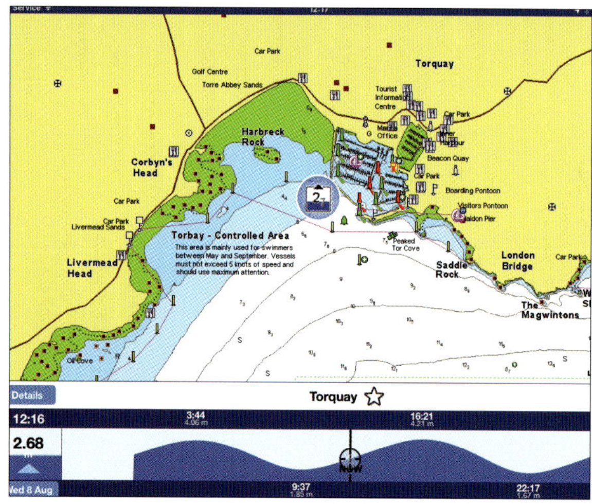

▲ *Das ist der Anschlussort Torquay, der dem Bezugsort Plymouth zugeordnet ist. Der Plotter hat bereits sämtliche Daten für diesen Anschlussort ausgerechnet.*

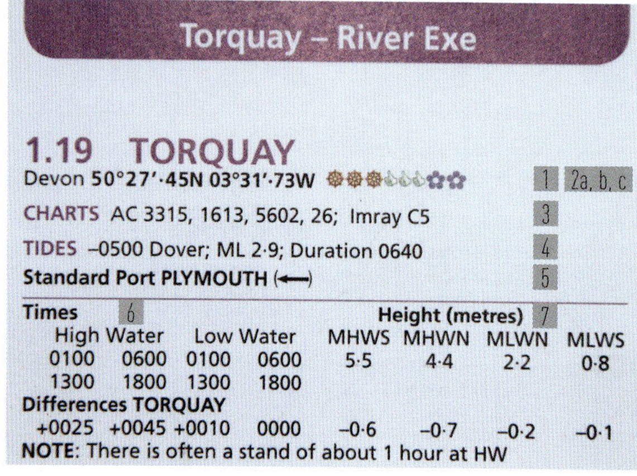

Torquay – River Exe

1.19 TORQUAY
Devon 50°27'·45N 03°31'·73W 1 2a, b, c
CHARTS AC 3315, 1613, 5602, 26; Imray C5 3
TIDES –0500 Dover; ML 2·9; Duration 0640 4
Standard Port PLYMOUTH (⟵) 5

Times 6				Height (metres) 7			
High Water		Low Water		MHWS	MHWN	MLWN	MLWS
0100	0600	0100	0600	5·5	4·4	2·2	0·8
1300	1800	1300	1800				
Differences TORQUAY							
+0025	+0045	+0010	0000	–0·6	–0·7	–0·2	–0·1

NOTE: There is often a stand of about 1 hour at HW

▲ *So sehen die Angaben für den Anschlussort Torquay im Almanach aus.*

Der Almanach ist eine hervorragende Informationsquelle. Hier steht:

1. Geographische Länge und Breite von Torquay.
2. a. Die roten Rad-Symbole bedeuten, dass man den Hafen bei jedem Wetter anlaufen kann.
   b. Die Daumen-Hoch-Symbole bedeuten, dass gute Einrichtungen für Boot und Crew vorhanden sind.
   c. Die lila Blumen-Symbole bedeuten, dass es ein attraktiver Ort ist und sich ein Besuch lohnt.

Torquay hat in allen drei Punkten die höchstmögliche Bewertung. Der Almanach gibt an, dass diese Bewertungen subjektiv sind.

3. Angabe der Seekarten für das Gebiet von Torquay.
4. Die Tide trifft 5 Stunden vor Dover ein, der durchschnittliche Tidenstand ist 2,9 m, die durchschnittliche Dauer einer Tide beträgt 6 Stunden und 40 Minuten.
5. Der Bezugsort für Torquay ist Plymouth.
6. Die Zeitunterschiede bedeuten:
   Bei HW Plymouth um 01:00 / 13:00 Uhr hat das HW Torquay +00:25 (25 Minuten später).
   Bei HW Plymouth um 06:00 / 18:00 Uhr hat das HW Torquay +00:45 (45 Minuten später).

Diese Zeitunterschiede stimmen mehr oder weniger mit den Spring- und Nippzeiten in Plymouth überein, die ungefähr um 06:00 Uhr und 18:00 Uhr beziehungsweise ungefähr um 01:00 Uhr und 13:00 Uhr auftreten.

7. Die Höhenunterschiede bedeuten:
   Hat das HW in Plymouth 5,5 m, so hat Torquay 0,6 m weniger.
   Hat das HW in Plymouth 4,4 m, so hat Torquay 0,7 m weniger.
   Hat das NW in Plymouth 2,2 m, so hat Torquay 0,2 m weniger.
   Hat das NW in Plymouth 0,8 m, so hat Torquay 0,1 m weniger.

BEISPIELRECHNUNG

HW in Plymouth ist um 16:00 UT, die Höhe beträgt 5,0 m. NW ist um 22:00 UT mit einer Höhe von 1,2 m. Zwischen diesen Zeiten herrscht Ebbe. Sie möchten wissen, um wie viel Uhr HW in Torquay ist und wie hoch HW und NW sein werden. Stellen Sie zuerst die Zeit des HW in Torquay fest. Dazu kann ein »Krokodil-Diagramm«, wie es einer meiner Schüler genannt hat, gezeichnet werden:

1. Schritt. Zeichnen Sie eine waagerechte Linie auf ein Blatt Papier. Das ist die Zeitachse.

2. Schritt. Das HW in Plymouth um 16:00 UT fällt in die fünf Stunden von 13:00 UT bis 18:00 UT. Markieren Sie deshalb fünf Abschnitte auf der Zeitachse. Das können Sie mit einem Lineal oder durchaus auch mit Augenmaß machen, um gleich große Abschnitte zu erhalten. Schreiben Sie die Stunden dazu, und schreiben Sie »HW Plymouth UT« darunter. Falls erforderlich, rechnen Sie erst zum Schluss in Sommerzeit um.

3. Schritt. Zeichnen Sie wie gezeigt eine Linie im Winkel von 45° ausgehend von der 13:00-Markierung. Auf dieser Linie markieren Sie die Zeitunterschiede für HW Torquay.

4. Schritt. Die Zeitunterschiede reichen von +25:00 um 13:00 Uhr bis +45:00 um 18:00 Uhr. Sie differieren also um 20 Minuten (45 – 25 = 20). 20 Minuten lassen sich in fünf Abschnitte zu je vier Minuten aufteilen. Tragen Sie diese auf der Linie der Zeitunterschiede ein, angefangen mit +25 genau bei 13:00 Uhr, dann +29, +33, +37, +41, +45.

5. Schritt. Verbinden Sie die Zeitmarkierung 18:00 und die Markierung +45 mit einer Linie.

Nun können Sie an beliebiger Stelle parallele Linien zu dieser Verbindungslinie zeichnen und so die Zeitunterschiede für jede Uhrzeit in Plymouth ablesen, beispielsweise um zu sehen, dass bei HW Plymouth um 16:00 Uhr, das HW in Torquay um 16:37 Uhr sein wird. Dabei spielt der verwendete Maßstab auf den beiden ersten Linien keine Rolle.

Alle Zeitangaben sind in der Standardzeit des Landes, in diesem Fall in UT, angegeben. Während der Sommerzeit muss eine Stunde addiert werden. Und das ist schon alles.

Angenommen HW in Plymouth ist nicht zur vollen Stunde, sondern um 17:30 Uhr. Gehen Sie von 17:30 Uhr an der Zeitachse aus, und zeichnen Sie eine parallele Linie zur 18:00/+45-Linie. Das ergibt einen Wert zwischen den Markierungen +41 min und +45 min, also ungefähr +43 min. Tritt das HW in Plymouth um 17:30 Uhr auf, ist es in Torquay 43 Minuten später, also um 18:13 Uhr. Um den Unterschied in der Höhe zu ermitteln, kann wieder ein Krokodil-Diagramm gezeichnet werden, wobei es zwischen Spring- und Nipptide keinen großen Unterschied gibt.

In den Informationen zum Anschlussort Torquay steht:

- Bei durchschnittlicher Springtide sind für HW Torquay 0,6 m vom HW Plymouth abzuziehen und bei Nipptide 0,7 m.
- Für NW sind bei durchschnittlicher Springtide 0,1 m und bei Nipptide 0,2 m vom HW Plymouth abzuziehen.
- Die Unterschiede zwischen Spring- und Nipptide sind sehr gering. Ich würde die angegebenen Unterschiede bei Spring- und Nipptide direkt verwenden und für Zeiten dazwischen vom ungünstigsten Fall ausgehen und bei HW 0,7 m und bei NW 0,2 m abziehen, um auf der sicheren Seite zu sein.

An dem Tag im obigen Rechenbeispiel hat das HW Plymouth eine Höhe von 5,0 m. Das liegt in etwa in der Mitte zwischen der Höhe bei Springtide von 5,5 m und der Höhe bei Nipptide von 4,4m. Um auf der sicheren Seite zu sein, würde ich 0,7 m für die Höhe in Torquay abziehen und mit 4,3 m rechnen. Bei NW ist die Höhe in Plymouth 1,2 m, knapp unter der Mitte zwischen Springtide mit 2,0 m und Nipptide mit 0,8 m. Ich würde daher mit einem Unterschied für Torquay von 0,1 m rechnen, also 1,2 m – 0,1 m = 1,1 m. Allerdings ist meine Beistiftspitze auf der Tidenkurve wahrscheinlich dicker als 0,1 m auf der Skala.
Folgende Werte werden in die Plymouth-Tidenkurve eingetragen:

HW Torquay 16:37 UT
HW-Höhe 4,3 m
NW-Höhe 1,1 m

Achten Sie darauf, die richtige der beiden Kurven zu verwenden: rot ist für Springtide, gestrichelt blau für

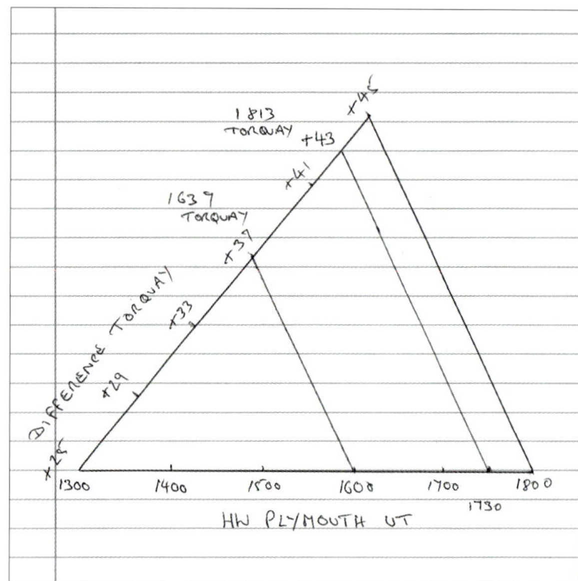

▲ *HW Plymouth 17:30 UT.*

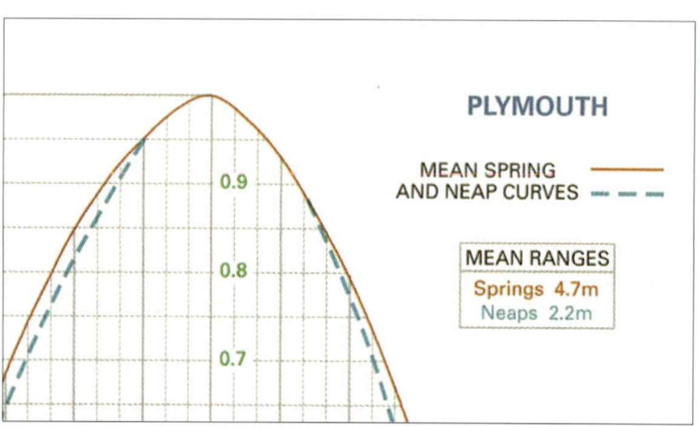

▲ *Durchschnittlicher Tidenhub in Plymouth: rot für Springtide (4,7 m) und blau für Nipptide (2,2 m).*

Nipptide. Ermitteln Sie den an diesem Tag auftretenden Tidenhub. HW Plymouth hat 5,0 m, NW hat 1,2 m. Der Tidenhub beträgt somit 3,8 m. Das liegt knapp über dem Mittelwert, denn für Springtide ist ein durchschnittlicher Tidenhub von 4,7 m und für Nipptide 2,2 m angegeben. Die genaue Mitte wäre 3,45 m. Es kann also auch die Mitte zwischen der roten und der gestrichelten blauen Tidenkurve verwendet werden.
Angenommen Sie möchten die Höhe der Gezeit um 18:40 UT bestimmen. Verwenden Sie die Tidenkurve für Plymouth und tragen Sie die genannten Werte ein, um das Ergebnis von 3,6 m zu erhalten.

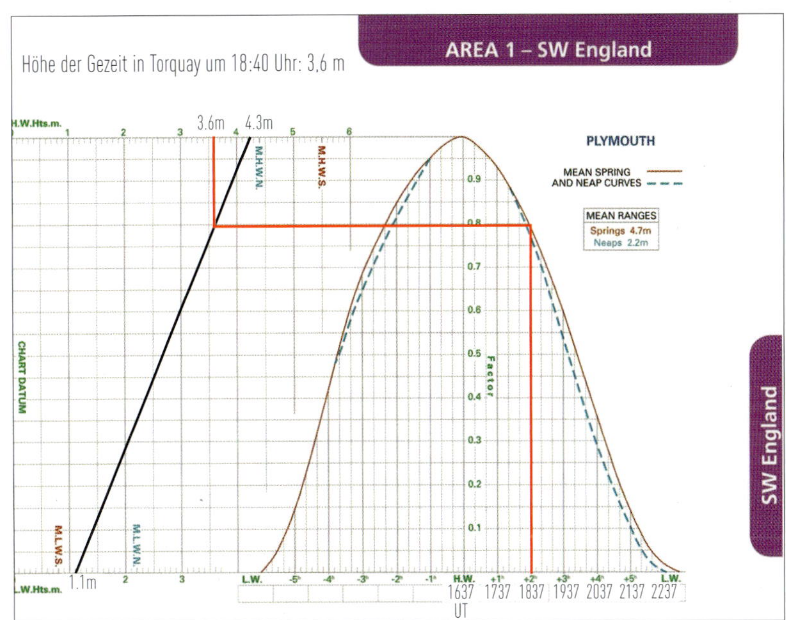

▶ *Die Höhe der Gezeit um 18:40 Uhr in Torquay beträgt 3,6 Meter.*

EIN WEITERES BEISPIEL: BRAYE HARBOUR IN ALDERNEY

Braye Harbour hat als Bezugsort St. Helier auf Jersey (siehe Seite 106). Die Zeitunterschiede für HW Braye Harbour variieren um nur 10 Minuten und liegen zwischen 40 und 50 Minuten nach HW St. Helier. Die Unterschiede in der Höhe sind dagegen beträchtlich: Für HW müssen bei Springtide 4,8 m und bei Nipptide 3,4 m abgezogen werden. Für NW sind es bei Springtide 0,5 m und bei Nipptide 1,5 m. Auf dem Kartenplotter oder in einer App wird das so dargestellt:

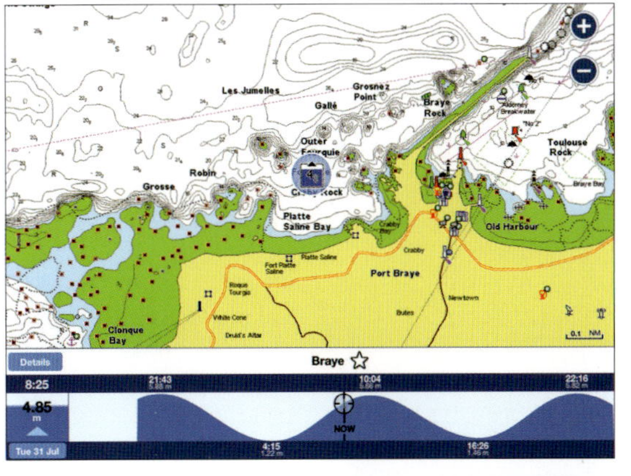

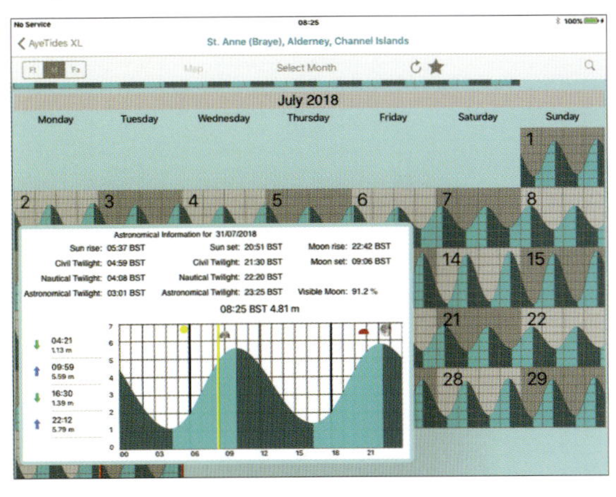

▲ *Alle Angaben für den Anschlussort Braye sind bereits vom Navigationsprogramm Navionics ausgerechnet.*

▶ *Die gleichen Informationen am Plotter von Garmin.*

◀ *Und in AyeTides.*

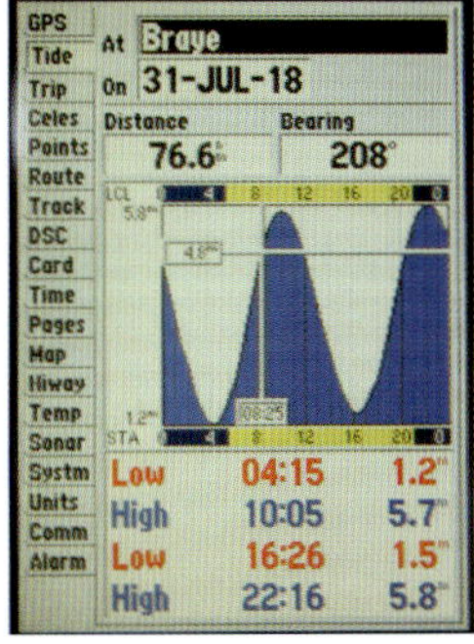

6.7 BRAYE HARBOUR

Alderney **49°43'·77N 02°11'·51W**

CHARTS AC 2669, 3653, 60, 2845, 5604.7/.8; SHOM 7158, 6934; Navi 1014; Imray C33A, 2500

TIDES –0400 Dover; ML 3·5; Duration 0545

Standard Port ST HELIER (⟶)

Times				Height (metres)			
High Water		Low Water		MHWS	MHWN	MLWN	MLWS
0300	0900	0200	0900	11·0	8·1	4·0	1·4
1500	2100	1400	2100				
Differences BRAYE							
+0050	+0040	+0025	+0105	–4·8	–3·4	–1·5	–0·5

Auf dem Bildschirm ist die Höhe der Gezeit in Braye für 08:25 DST angegeben. Das kann mit der Tidenkurve überprüft werden.

Braye Harbour hat den Bezugsort St. Helier auf Jersey. Bestimmen Sie als Erstes Höhe und Zeit für HW St. Helier am 31 Juli 2018 sowie die Höhe des NW. HW St. Helier ist um 08:20 UT, Höhe 10,1 m. Die Höhe des vorangegangenen NW ist 2,0 m. In der fraglichen Zeit von 08:25 Uhr ist das Wasser auflaufend, es herrscht also Flut. Belassen Sie die Zeit für HW St. Helier zunächst auf UT, da die Zeitunterschiede für Anschlussorte immer in der Standard-Zeit des Landes angegeben sind. Sobald Sie HW Braye festgestellt haben, addieren Sie eine Stunde für DST und tragen diese Zeit auf der Tidenkurve ein.

Jetzt kann das Krokodil-Diagramm gezeichnet werden.

1. Schritt. Ziehen Sie eine waagerechte Linie als Zeitachse. Da 08:20 Uhr zwischen 03:00 Uhr und 09:00 Uhr liegt, markieren Sie diese sechs Stunden und schreiben Sie »HW St. Helier UT« darunter.

2. Schritt. Ziehen Sie eine Linie im Winkel von 45° ausgehend von der 13:00-Markierung für die Zeitunterschiede für Braye. Diese reichen von +50 Minuten um 03:00 Uhr bis +40 Minuten um 09:00 Uhr und umfassen somit 10 Minuten. Diese 10 Minuten kann man in 10 Abschnitte zu je einer Minute aufteilen, angefangen an der +50-Markierung, die mit der 03:00-Markierung zusammenfallen muss.

3. Schritt. Verbinden Sie 09:00 Uhr auf der Zeitachse mit +40 auf der oberen Linie und arbeiten Sie mit Parallelverschiebung dieser Verbindungslinie. Teilen Sie den Abschnitt zwischen 08:00 Uhr und 09:00 Uhr auf der Zeitachse in drei gleich große Teile, um bei 08:20 Uhr eine Parallele zu ziehen, die bei +41 Minuten die obere Linie der Zeitunterschiede schneidet.

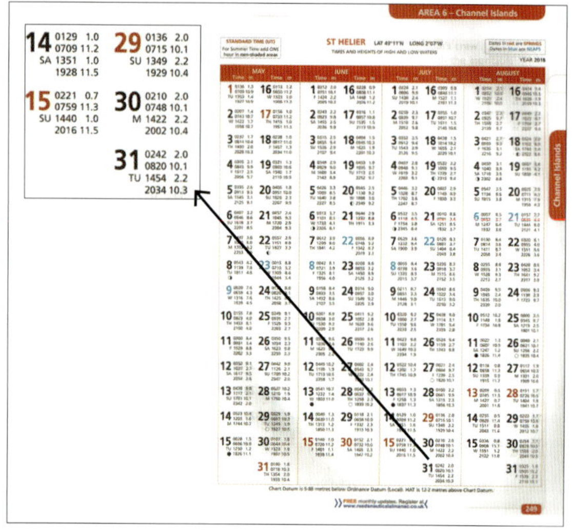

14 SA	0129 1.0 0709 11.2 1351 1.0 1928 11.5	**29** SU	0136 2.0 0715 10.1 1349 2.2 1929 10.4
15 SU	0221 0.7 0759 11.3 1440 1.0 2016 11.5	**30** M	0210 2.0 0748 10.1 1422 2.2 2002 10.4
		31 TU	0242 2.0 0820 10.1 1454 2.2 2034 10.3

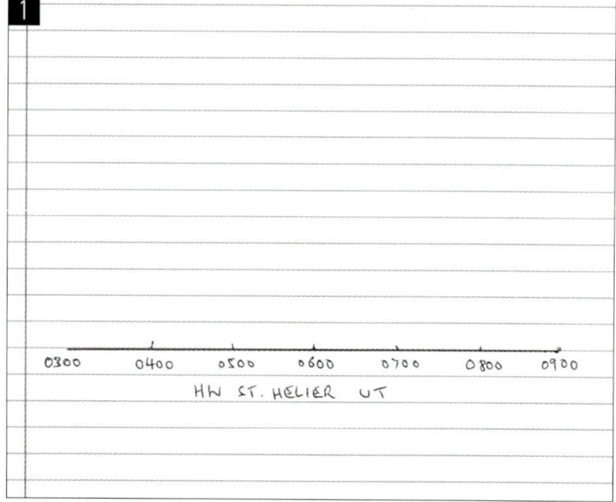

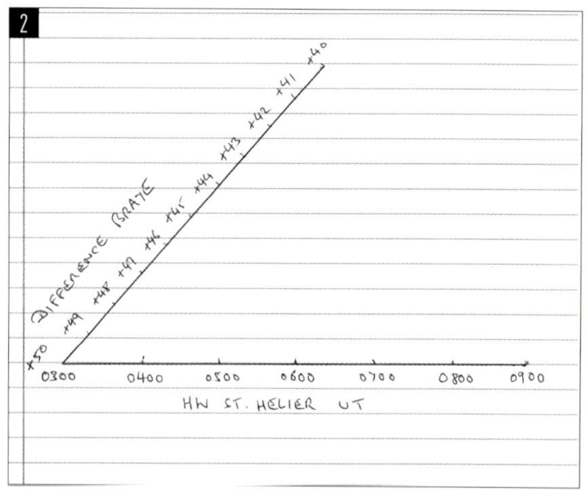

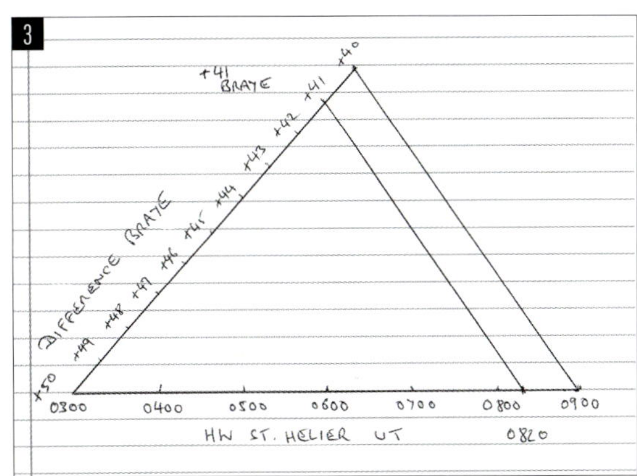

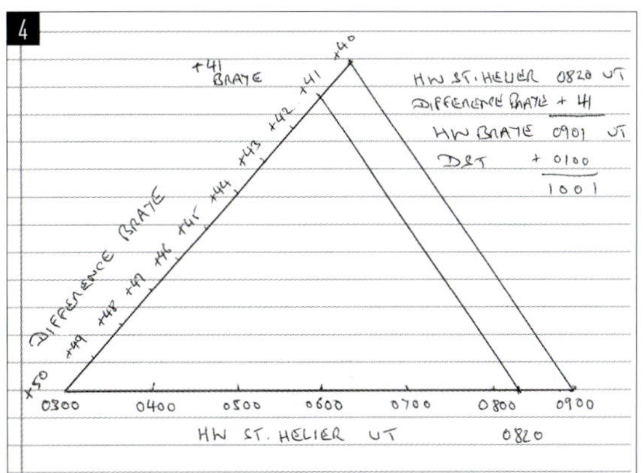

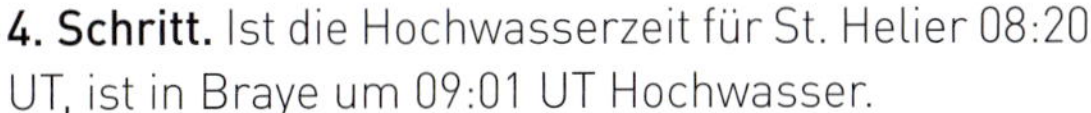

4. Schritt. Ist die Hochwasserzeit für St. Helier 08:20 UT, ist in Braye um 09:01 UT Hochwasser.

Addieren Sie eine Stunde, um die Uhrzeit am 31. Juli in Sommerzeit umzuwandeln. Somit ist HW in Braye um 10:01 DST. Um den Unterschied der Tidenhöhe auszurechnen, zeichnen Sie ein Krokodil-Diagramm. Die Angaben für den Anschlussort Braye zeigen große Unterschiede bei den Höhen von Spring- und Nipptide im Vergleich zu St. Helier. Hat das HW in St. Helier eine Höhe von 11,0 m, hat das HW in Braye 4,8 m weniger Höhe. Hat das HW in St. Helier 8,1 m, sind es in Braye 3,4 m weniger. Am 31. Juli hat das HW in St. Helier eine Höhe von 10,1 m. Welche Höhe hat es in Braye?

Lösen Sie die Aufgabe mit dem Krokodil-Diagramm.

1. Schritt. Zeichnen Sie eine waagerechte Linie, und markieren Sie die Hochwasserhöhen in St. Helier von 8,1 m bis 11,0 m. Machen Sie am besten Intervalle von 0,5 m, was zu einem Endpunkt von 11,1 m führt. Wie zuvor gesagt, ist ein Bleistiftstrich bereits dicker als 0,1 m auf der Skala, sodass diese kleine Abweichung unbedeutend ist.

2. Schritt. Zeichnen Sie ein Linie im Winkel von 45° zur ersten, und tragen Sie die Höhenunterschiede ab. Diese reichen von –3,4 m bis –4,8 m, was sich in sechs Abschnitte zu je 0,2 m aufteilen lässt.

3. Schritt. Verbinden Sie 11,1 m mit 4,8 m, und ziehen Sie eine Parallele zu dieser Linie durch 10,1 m. Lesen Sie am Schnittpunkt mit der oberen Linie einen Wert in der Mitte zwischen den Markierungen –4,2 m und –4,4 m ab. Rechnen Sie zur Sicherheit mit –4,4 m, sodass die Hochwasserhöhe in Braye 10,1 m – 4,4 m = 5,7 m beträgt.

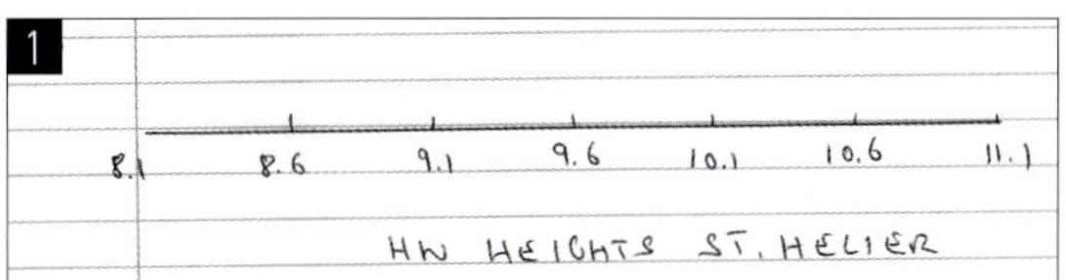

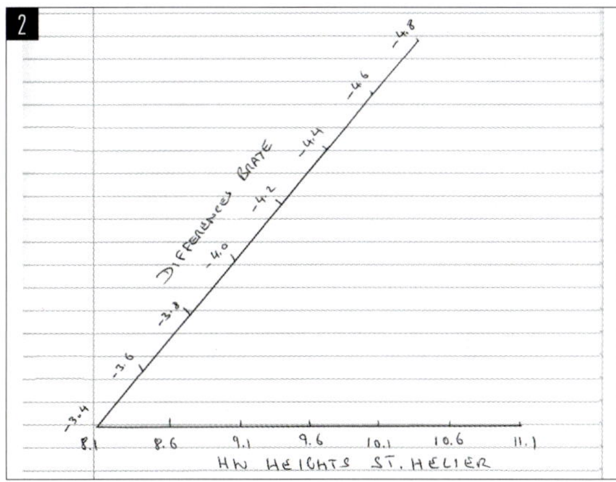

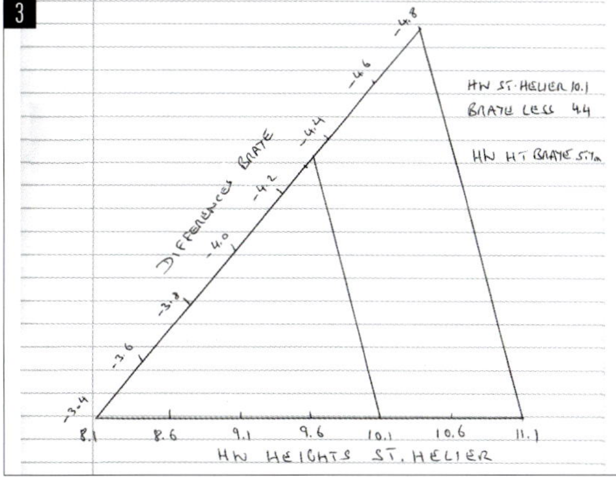

Hat das NW in St. Helier eine Höhe von 1,4 m, sind es in Braye 0,5 m weniger.

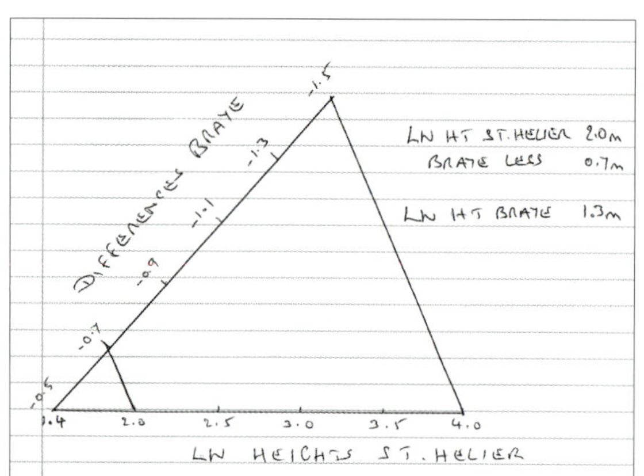

1. Schritt. Zeichen Sie die Höhen des Niedrigwassers in 0,5-m-Abschnitten von 1,5 m bis 4,0 m auf die untere Linie im Krokodil-Diagramm.

2. Zeichnen Sie die obere Linie mit einem Winkel von 45° zur unteren, und markieren Sie die Unterschiede der Höhen in Abschnitten von je 0,2 m, angefangen bei -0,5 m bis -1,5 m.

3. Verbinden Sie 4,0 m und -1,5 m, und zeichnen Sie ein Parallele zu dieser Linie durch die Höhe 2,0 m auf der unteren Linie. Lesen Sie am Schnittpunkt mit der oberen Linie ab, dass das NW in Braye um 0,7 m niedriger ausfällt. Berechnen Sie das NW in Braye also mit 2,0 m - 0,7 m = 1,3 m.

Mit den Höhen für HW und NW in Braye geht es jetzt in die Tidenkurve.

HW Braye 10:01 DST

Höhe 5,7 m

Höhe vorangegangenes NW 1,3 m

Verwenden Sie die rote Linie, da der Tidenhub in St. Helier mit 8,0 m nahe am Tidenhub für Springtide mit 9,6 m liegt. In diesem Fall macht das jedoch keinen Unterschied, denn die rote und blaue Tidenkurve liegen exakt übereinander.

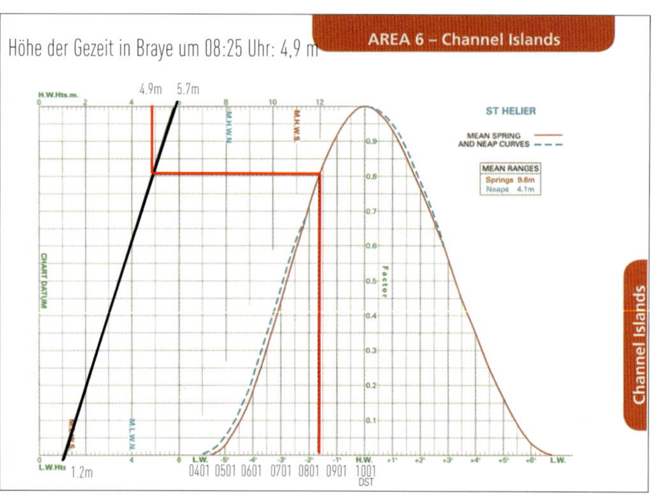

Höhe der Gezeit in Braye um 08:25 Uhr: 4,9 m

Wie genau ist dieses Ergebnis im Vergleich mit den Plottern und der App? Haargenau! Achten Sie nur darauf, noch die berühmte Handbreit Wasser unter dem Kiel einzuplanen – ich möchte da zu jeder Zeit mindestens noch einen Meter haben –, und Sie werden nie auf Grund laufen.

Es ist also gar nicht so schwierig, die Höhen und Zeiten für Anschlussorte zu bestimmen. Man muss nur einen logischen Schritt nach dem anderen machen.

Und das lässt sich auch im Kopf bewältigen. Man muss nur die Werte für die Zeit- und Höhenunterschiede passend runden. Bei einer Spanne von -00:12 bei HW am Bezugsort um 00:00 Uhr / 12:00 Uhr bis +00:12 bei HW am Bezugsort um 06:00 Uhr / 18:00 Uhr hat man 24 Minuten Unterschied für sechs Stunden. Teilt man 24 durch 6, hat man die stündliche Änderung mit 4 Minuten errechnet.

Schriftlich oder mit der App – ein Vergleich

	Schriftlich	Navionics	AyeTides	Garmin
HW Braye	1001	1004	0959	1005
Höhe HW Braye	5.7m	5.66m	5.59m	5.7m
Höhe NW Braye	1.3m	1.22m	1.13m	1.2m
Höhe um 08:25 DST	4.9m	4.85m	4.81m	4.8m

	0000	0100	0200	0300	0400	0500	0600
	1200	1100	1000	0900	0800	0700	
		1300	1400	1500	1600	1700	1800
	0000	2300	2200	2100	2000	1900	
Unterschied	-12	-8	-4	0	+4	+8	+12

Hochwasserzeiten	0000	0600
Hochwasserzeiten	1200	1800
Unterschied	+0012	-0012

Für jede Stunde auf der Zeitachse von 00:00 Uhr bis 06:00 Uhr ändert sich der Zeitunterschied am Anschlussort um vier Minuten von −00:12 bis +00:12. Ist das HW am Bezugsort um 02:00 Uhr, rechnet man für den Anschlussort −00:12 + 2 x 4 Minuten = −4 Minuten. 02:00 Uhr − 4 Minuten = 01:56 Uhr.
Ist das HW am Bezugsort um 16:30 Uhr, dann ist das HW am Anschlussort um 16:36 Uhr. Man zählt am besten 6 Minuten von 18:00 Uhr zurück (6 Minuten weil es eineinhalb Stunden von 18:00 sind, für eine Stunde 4 Minuten und für eine halbe Stunde 2 Minuten). Also sind es +00:12 − 6 Minuten = +6 Minuten. Das HW am Anschlussort ist also um 16:36 Uhr.
Genauso kann man die Unterschiede der Höhen berechnen.

Oft hat es kaum einen Einfluss auf den Unterschied der Zeit am Anschlussort, ob Spring- oder Nipptide herrscht. Nur in Prüfungsaufgaben haben Spring- und Nipptiden immer einen Einfluss, und am besten arbeitet man dann mit dem Krokodil-Diagramm.

Abschließend noch ein praktisches Beispiel, um Tidenhöhen an Anschlussorten zu bestimmen. Angenommen Ihnen ist ein kleines Unglück passiert, als am Vortag der Anker in der Nähe von Newlyn unklar kam und Sie ihn eilig kappen mussten. Sie hatten auf einer trockenfallenden Höhe geankert, und die Ebbe hatte eingesetzt. Sie haben die Stelle am Kartenplotter markiert und auch einen Fender an die Ankerkette gebunden, um sie leicht wiederfinden zu können. Am heutigen Tag möchten Sie hinabtauchen, um den Anker zu klarieren und zu bergen. Die Stelle fällt auf zwei Meter trocken. Ihr Boot hat 1,5 m Tiefgang, und Sie möchten als Sicherheitszugabe mindestens 0,5 m Wasser unter dem Kiel haben. Die Höhe der Gezeit muss also mindestens 4,0 m Meter betragen, damit Sie zu der Stelle zurückkehren können, und Sie möchten die Aktion bei Tageslicht durchführen.

9.1.8 NEWLYN

Cornwall 50°06'·19N 05°32'.58W

CHARTS **AC 777, 2345; Imray C7, 2400.10; Stanfords 2; OS 203**

TIDES **−0635 Dover; ML 3·2; Duration 0555; Zone 0 (UT)**

Standard Port PLYMOUTH (⟶)

Times				**Height (metres)**			
High Water		**Low Water**		**MHWS**	**MHWN**	**MLWN**	**MLWS**
0000	0600	0000	0600	5·5	4·4	2·2	0·8
1200	1800	1200	1800				
Differences NEWLYN							
−0040	−0110	−0035	−0025	+0·1	0·0	−0·2	0·0

▲ *Information zum Anschlussort Newlyn. Beachten Sie, dass diese Angaben von 2017 sind und sich von Jahr zu Jahr ändern können. Verwenden Sie stets ausschließlich den aktuellen Almanach.*

Die Daten:
Bezugsort für Newlyn ist Plymouth.
Es ist der 7. Oktober 2018.
NW Plymouth 10:21 UT 1,1 m
HW Plymouth 16:21 UT 5,5 m
NW Plymouth 22:48 UT 0,7 m
Sie möchten ausrechnen, wann Sie zu der Stelle zurückkehren können und wie lange Sie dort Zeit haben. Anders ausgedrückt: Wann ist die Tide 4,0 m?

Gekappten Anker bergen

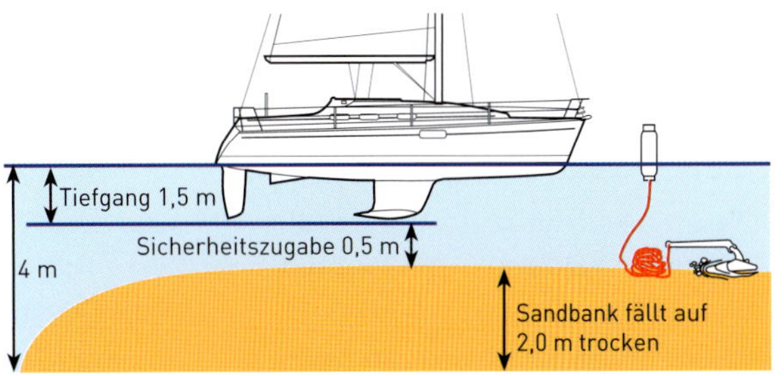

1. Schritt. Berechnen Sie die Zeit des Hochwassers in Newlyn mit einem Krokodil-Diagramm oder im Kopf. Die Zeitunterschiede reichen von –40 Minuten um 12:00 Uhr bis –70 Minuten (–01:10) um 18:00 Uhr. Sie haben also eine Spanne von 30 Minuten. Angefangen von 12:00 Uhr entspricht jede Stunde auf der Zeitachse einem Abschnitt von 5 Minuten in der Spanne von –00:40 bis –01:10. Mit dem Krokodil-Diagramm errechnen Sie, dass bei Hochwasser Plymouth um 16:21 Uhr das Hochwasser in Newlyn 61 Minuten früher eintritt. Das ließe sich auch im Kopf ausrechnen. HW Newlyn ist somit um 15:20 UT. Da aber Oktober ist, muss eine Stunde für die Sommerzeit addiert werden. HW Newlyn ist um 16:20 DST.

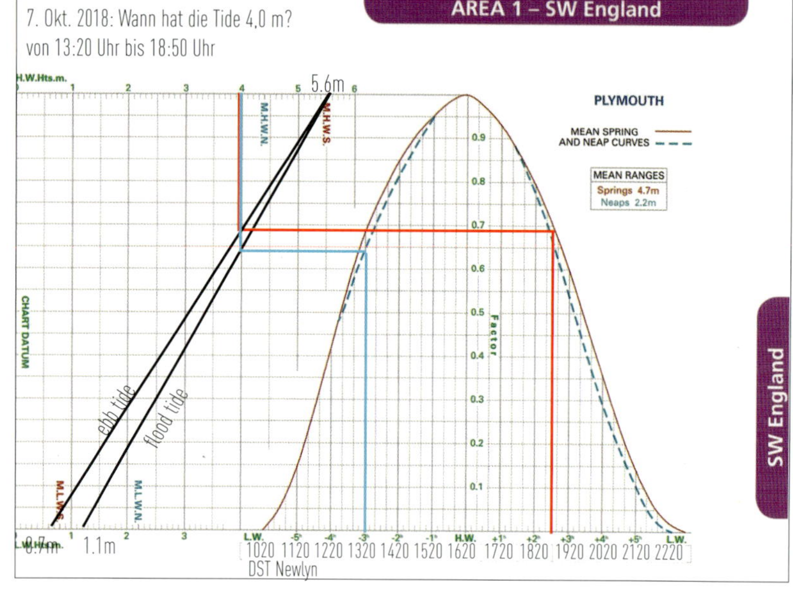

2. Schritt. Die Höhenunterschiede. Das HW in Plymouth hat 5,5 m. Es muss also 0,1 m für Newlyn addiert werden, was 5,6 m ergibt. Das erste NW ist mit 1,1 m näher bei 0,8 m als bei 2,2 m, muss daher nicht verändert werden. Das Gleiche gilt für das zweite NW mit 0,7 m.

3. Mit diesen Daten geht es in die Tidenkurve für Plymouth.

HW Newlyn 16:20 DST
1. NW 1,1 m
HW 5,6 m
2. NW 0,7 m

4. Schritt. Zeichnen Sie eine senkrechte Linie von der 4-m-Markierung am oberen Rand nach unten zur Linie für die erste Gezeit, Flut (1,1 m, 5,6 m), dann quer hinüber zur Tidenkurve für Springtide (der Tidenhub beider Gezeiten entspricht Springtide) und dann senkrecht nach unten, um die Zeit abzulesen, wann die Höhe der Gezeit bei auflaufendem Wasser am Morgen 4,0 m beträgt.

Machen Sie das Gleiche für das ablaufende Wasser am Nachmittag, die Ebbe, und verwenden Sie dafür die entsprechende Linie (0,7 m, 5,6 m).

Sie können also ab 13:20 Uhr mit 0,5 m Wasser unter dem Kiel zu der Stelle zurückkehren und müssen sie spätestens um 18:50 Uhr verlassen.

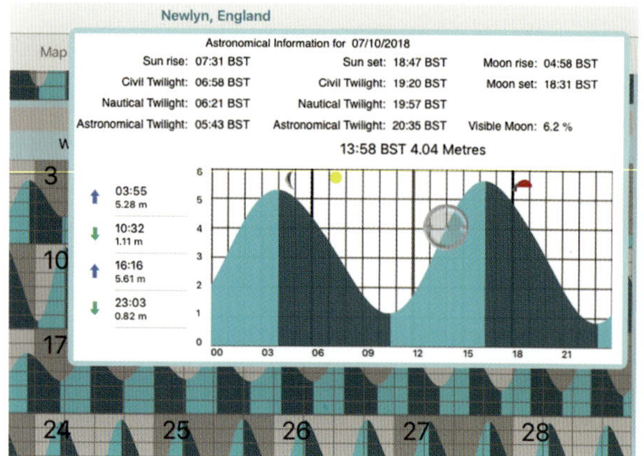

▲ *Um 13:58 Uhr erreicht die Tide 4,04 m.*

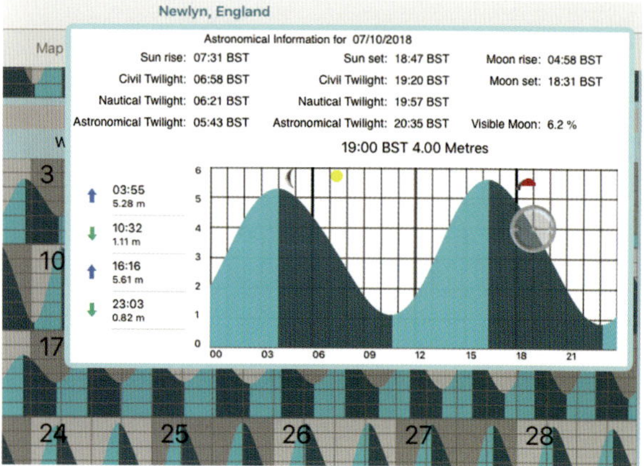

▲ *Um 19:00 Uhr fällt die Tide unter 4,0 m.*

Einfacher geht es mit einem Plotter, in dem Sie alle Daten einfach ablesen. Laut AyeTides ist von 13:58 Uhr bis 19:00 Uhr mit Minimum 4,0 m Wassertiefe zu rechnen. Um 13:20 Uhr sollte man die Stelle trotzdem mit Vorsicht anlaufen und bereits vor 18:50 Uhr wieder verlassen. Abschließend noch ein Beispiel, um die Zeiten und Höhen für Newlyn mit dem Bezugsort Plymouth um 11:55 Uhr am 8. August 2018 im Kopf auszurechnen. Beachten Sie, dass HW Plymouth mit 15:40 BST und HW Newlyn mit 14:44 BST angegeben ist. Die App AyeTides verwendet die Abkürzung BST für Britsh Summer Time, was identisch mit DST für Daylight Saving Time ist. Die Sommerzeit ist eine Stunde vor UT.Die Angaben zum Anschlussort Newlyn besagen, dass der Zeitunterschied um 12:00 UT zwischen Plymouth und Newlyn -00:40 beträgt und dass jeder Stunde an der Zeitlache 5 Minuten in der Spanne der Zeitunterschiede zugerechnet werden müssen. Rechnen Sie 15:40 BST in UT um, indem Sie eine Stunde abziehen. Das ergibt 14:40 UT und ist 2 Stunden und 40 Minuten von 12:00 UT entfernt. Wenn eine Stunde 5 Minuten entspricht, dann entsprechen 2 Stunden und 40 Minuten in etwa 2,66 x 5 Minuten. Das sind ungefähr 13 Minuten.Ein Abschnitt von 13 Minuten in der Spanne von -00:40 bis -01:10, angefangen bei -00:40 ergibt -00:53.53 Minuten von 14:40 UT abgezogen ist 13:47 UT. Addieren Sie eine Stunde, um zurück in BST / DST umzurechnen. Das ergibt 14:47 DST für das HW in Newlyn, laut AyeTides 14:44 BST.

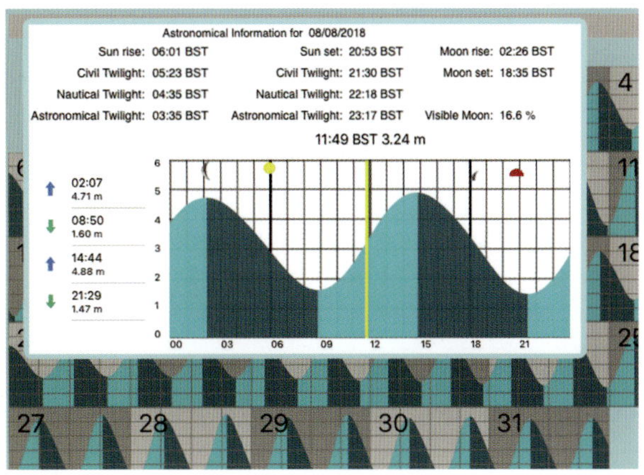

▲ *Newlyn.*

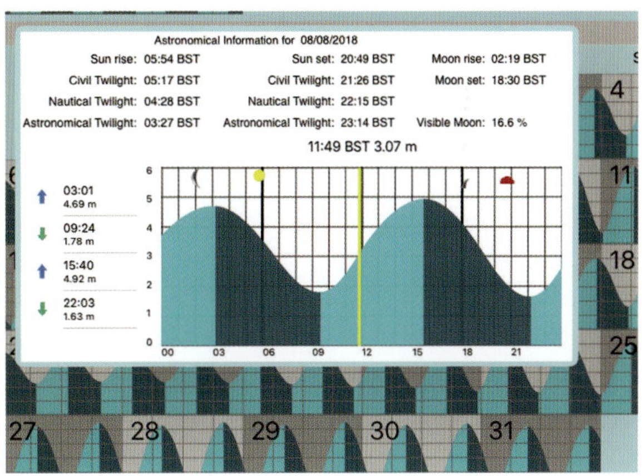

▲ *Plymouth.*

▶ *So kann im Kopf gerechnet werden.*

Anschlussort Newlyn – Kopfrechnung'

6 Std. (12:00 Uhr bis 18:00 Uhr)
30 min. Unterschied (–40 min. bis –70 min.)
30 ÷ 6 = 5 min. pro Stunde an der Zeitachse

Hochwasserzeit Plymouth

1200	1300	1400	1440 1500	1600	1700	1800
-0040	-0045	-0050	-0055	-0060	-0065	-0070
-5 mins	-5 mins	-5 mins	-5 mins	-5 mins	-5 mins	

Unterschied Newlyn

14:40 Uhr: 2 Abschnitte zu je –5 min. von 12:00 Uhr bis 14:00 Uhr = –10 min.
plus 66 % von 5 min. für die übrigen 40 min. = ca. –3 min.
–00:40 und –00:13 ergeben –00:53
HW Plymouth 14:40 UT –53 min. = HW Newlyn 13:47 UT

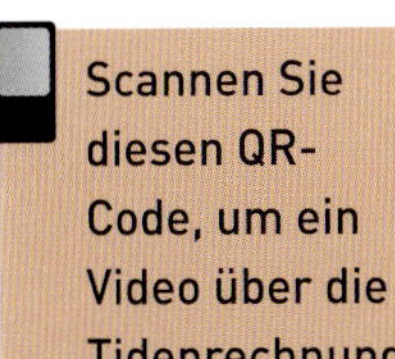

Scannen Sie diesen QR-Code, um ein Video über die Tidenrechnung zu sehen.

16 Segeln

Kurse zum Wind

Ein Segelboot kann nicht direkt gegen die Windrichtung segeln. In einem Sektor, der sich von voraus bis beiderseits ungefähr 45° zur Seite erstreckt, verliert ein Boot zunächst an Fahrt, bis es schließlich mit flatternden Segeln im Wind steht. Jetzt hat man kaum noch Kontrolle über das Boot. Erst wenn das Boot wieder etwas seitlich zum Wind gedreht wird, man also vom Wind abfällt, kann das Boot wieder Fahrt voraus aufnehmen und man hat wieder Kontrolle darüber.

Beachten Sie im Diagramm »Kurse zum Wind« auf Seite 116, dass die Kurse mit Wind von Steuerbord grün und die Kurse mit Wind von Backbord rot dargestellt sind. Das entspricht auch den Farben der Navigationslichter: grün an Steuerbord und rot an Backbord. Bei Wind von Steuerbord krängt das Boot nach Backbord und bei Wind von Backbord krängt es nach Steuerbord. Zu wissen, von welcher Seite der Wind kommt, ist auch für die Kollisionsverhütungsregeln äußerst wichtig. Ein Segelboot mit Wind von Backbord muss einem Segelboot mit Wind von Steuerbord ausweichen.

MIT LEEBUG SEGELN

Kommt auf einem Amwindkurs der Gezeitenstrom von Lee und drückt das Boot nach Luv, erreicht man ein Ziel in Luv schneller. Man sagt, das Boot segelt mit Leebug. Es lohnt sich, den Gezeitenstrom auf diese Weise zum eigenen Vorteil auszunutzen.

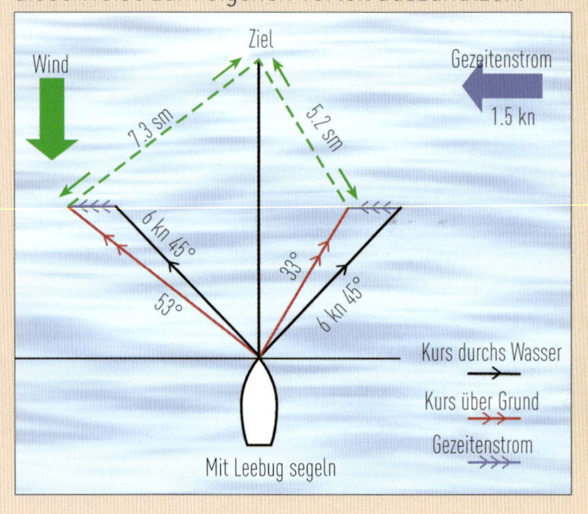

Wenden und halsen

Beim Wenden wird das Boot mit dem Bug durch den Wind gedreht, sodass der Wind nach der Winde von der anderen Seite kommt. Ich persönlich mache es so, dass ich als Steuermann »Klar zur Wende?« rufe und wenn ich keine Einwände seitens der Crew höre, Ruder lege, um das Boot zum Wind zu drehen, sprich anzuluven, und dann weiter ganz durch den Wind zu drehen. Dabei dreht man das Steuerrad zum Wind, also nach Luv, oder legt die Pinne nach Lee. Der Steuermann kann beim Anluven »Ree!« rufen.

Beim Halsen wird das Boot dagegen mit dem Heck durch den Wind gedreht, sodass der Wind nach der Halse von der anderen Seite kommt. Dabei kann man entsprechend »Klar zur Halse?« rufen. Kommen keine Einwände von der Crew, fällt der Steuermann weiter vor den Wind ab und dreht schließlich das Boot mit dem Heck durch den Wind. Dazu wird das Steuerrad nach Lee gedreht oder die Pinne nach Luv bewegt, und der Steuermann kann »Rund achtern!« rufen.

So weiß jeder an Deck welches Manöver ansteht. Sollte ein Mitsegler noch nicht bereit sein oder ein Problem auftreten, kann dies dem Steuermann rechtzeitig gemeldet werden, sodass dieser mit der anstehenden Wende oder Halse noch abwartet, bis alles bereit ist.

Wahrer und scheinbarer Wind

Den wahren Wind spürt man, wenn man auf einer Position stillsteht. Bewegt man sich fort, spürt man die Kombination von eigenem Fahrtwind und wahrem Wind. Diese wird scheinbarer Wind genannt. Sofern man sich nicht genau in Windrichtung bewegt, trifft der scheinbare Wind immer vorlicher ein als der wahre Wind. Trifft der wahre Wind vorlicher als querab ein, wird er durch den Fahrtwind verstärkt, sodass der scheinbare Wind stärker ist als der wahre Wind. Den eigenen Fahrtwind kann man aufteilen in den Fahrtwind, der durch die Fahrt durchs Wasser entsteht und den Wind, der durch den Stromversatz des Bootes entsteht.

Moderne Windinstrumente zeigen sowohl den wahren als auch den scheinbaren Wind mit Richtung und Stärke an. Ältere Instrumente zeigen manchmal nur den scheinbaren Wind an.

▲ *Wahre und scheinbare Windgeschwindigkeit.*

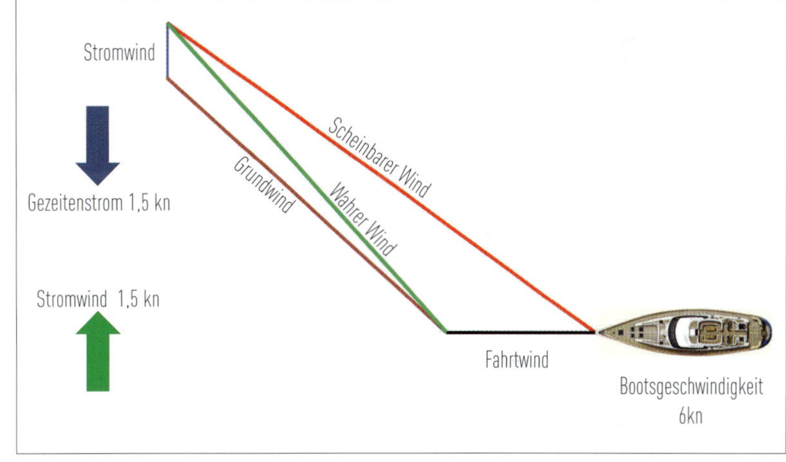

▲ *Wahrer Wind und scheinbarer Wind unter Berücksichtigung der Gezeiten.*

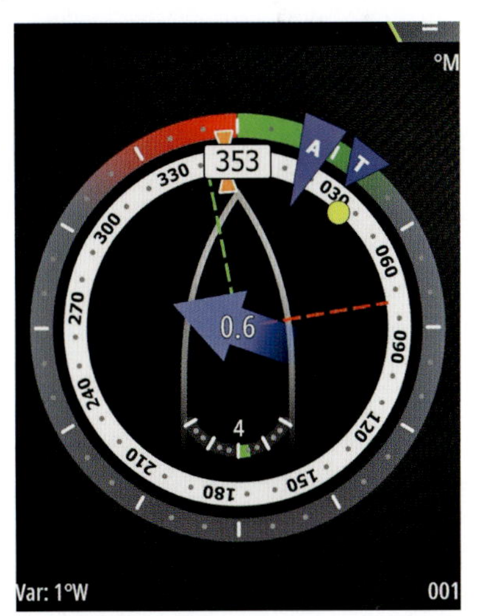

◀ *Die Anzeige SailSteer von B&G mit Kursrichtung, scheinbarem Windwinkel, wahrem Windwinkel sowie Richtung und Geschwindigkeit des Gezeitenstroms.*

Wahren Wind selbst ausrechnen

Man kann Richtung und Stärke des wahren Windes aus dem scheinbaren Wind sowie der Geschwindigkeit des Bootes über Grund zeichnerisch ermitteln.

1. Schritt. Zeichnen Sie eine senkrechte Linie auf ein Blatt Papier. Die eigene Position ist am unteren Ende der Linie.

2. Schritt. Zeichnen Sie eine Linie im Winkel des scheinbaren Windes an das untere Ende der senkrechten Linie, und markieren Sie die Länge entsprechend der Windgeschwindigkeit. Wählen Sie dazu einen geeigneten Maßstab, beispielsweise 1 cm = 1 kn.

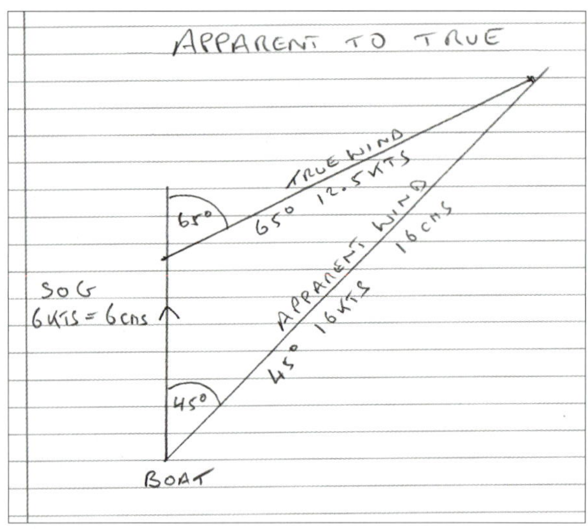

▲ *Diagramm zur Umrechnung der scheinbaren in die wahre Windstärke und Windrichtung.*

3. Schritt. Markieren Sie Ihre Bootsgeschwindigkeit über Grund im gleichen Maßstab an der senkrechten Linie, beispielsweise 6 kn mit 6 cm.

4. Schritt. Verbinden Sie die beiden Längenmarkierungen. Der Winkel dieser Verbindungslinie entspricht dem scheinbaren Windwinkel, und die Länge der Verbindungslinie entspricht der scheinbaren Windstärke.

Eine Luvtonne auf der Layline ansteuern

Beim Regattasegeln muss man wissen, wann man frühestens wenden kann, um nach der Wende ein Ziel in Luv auf der sogenannten Layline erreichen zu können.

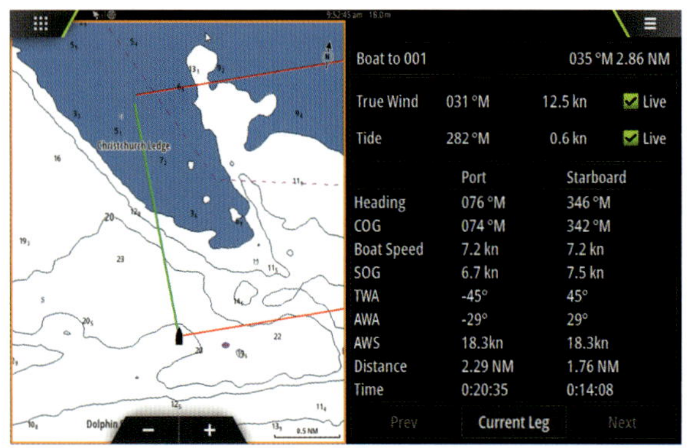

▲ *Darstellung der Layline im Navigationsprogramm.*

Wendet man zu früh, treibt man zu weit ab und erreicht das Ziel nicht, ohne noch einmal zu wenden. Wendet man zu spät, verliert man unnötig Zeit. Für Fahrtensegler stellt sich die gleiche Frage – nur dass man keine Tonne runden muss, sondern an einem Kap vorbeikommen oder einen bestimmten Wegepunkt erreichen möchte. Natürlich gibt es Navigationsprogramme, die diese Information direkt am Bildschirm anzeigen. So aktualisiert beispielsweise das SailSteer-Programm von B&G fortwährend die Layline mit den sich laufend verändernden Wind- und Stromdaten. Die Berechnung so vieler Variablen in Sekundenschnelle ist im Kopf schlichtweg unmöglich.

Aber man kann berechnen, wann man wenden muss, um ein Ziel in Luv auf der Layline zu erreichen, wenn man von konstanten Wind- und Stromdaten ausgeht. Im folgenden Beispiel segeln Sie mit einer Bootsgeschwindigkeit von 5 kn mit Wind von Steuerbord. Der Wind kommt aus Nord, und Sie segeln hoch am Wind. Sie möchten wissen, wann Sie wenden können, um an der West-Kardinaltonne für die Untiefen bei Hand Deeps westlich des Eddystone-Leuchtturms vorbeizukommen. Der Gezeitenstrom setzt mit 1,5 kn in Richtung 180°.

1. Schritt. Tragen Sie die eigene Position mit einem eingekreisten Kreuz in die Seekarte ein. Schreiben Sie die Uhrzeit daneben. Das ist Punkt A.

2. Schritt. Rechnen Sie den Magnetkompasskurs in einen missweisenden Kurs unter Berücksichtigung der Deviation um. Berichtigen Sie diesen Kurs anschließend um die Missweisung, um so den rechtweisenden Kurs zu erhalten. Das ergibt 315°T. Allerdings schätzen Sie die Abdrift durch den Wind auf 5°. Ein Wind von Steuerbord dreht das Boot linksherum auf der Kompassrose.

3. Schritt. Zeichnen Sie den Kurs durchs Wasser mit 315° – 5° = 310°T in die Karte ein.

4. Schritt. Messen Sie 5 Seemeilen entsprechend Ihrer Geschwindigkeit auf dieser Kurslinie ab. Das ergibt Ihre Koppelposition nach einer Stunde, ohne den Stromversatz zu berücksichtigen und ist Punkt B.

5. Schritt. Zeichnen Sie den Stromvektor von Punkt B ab mit einer Länge von 1,5 sm und in Richtung 180° ein. Das ergibt Punkt C und ist der Koppelort nach einer Stunde inklusive Stromversatz.

6. Schritt. Zeichnen Sie nun einen gleichen Stromvektor mit 1,5 sm und 180°, der von oben auf die West-Kardinaltonne gerichtet ist, in die Karte ein.

7. Schritt. Sie rechnen mit einem Wendewinkel von 90° ohne Abdrift. Ihr rechtweisender Kurs nach der Wende wird also 315° + 90° sein, was 045°T entspricht.

Dazu kommt noch die Abdrift von 5°, die das Boot jetzt bei Wind von Backbord rechtsherum auf der Kompassrose ablenkt, sodass der Kurs durchs Wasser 050°T beträgt. Messen Sie auf dieser Kurslinie wiederum eine Länge von 5 sm ab.

8. Schritt. Verbinden Sie die Markierung bei 5 sm mit der West-Kardinaltonne. Das ergibt die Layline, die bis zur momentanen Kurslinie über Grund verlängert wird und dort die Position anzeigt, an der Sie wenden und die Kardinaltonne in Luv anliegen können. (Ich habe die Deviation und die Missweisung eingerechnet und den Kurs rechtweisend in °T angegeben.) Sie können ausrechnen, wann Sie an dieser Position sein werden, indem Sie die Distanz von Punkt A zu der Stelle, wo die Layline Ihren Kurs über Grund schneidet (2,4 sm) durch die Distanz zwischen den Punkten A und C (4,2 sm) teilen und das Ergebnis mit 60 multiplizieren: Hier sind das ungefähr 34 Minuten.

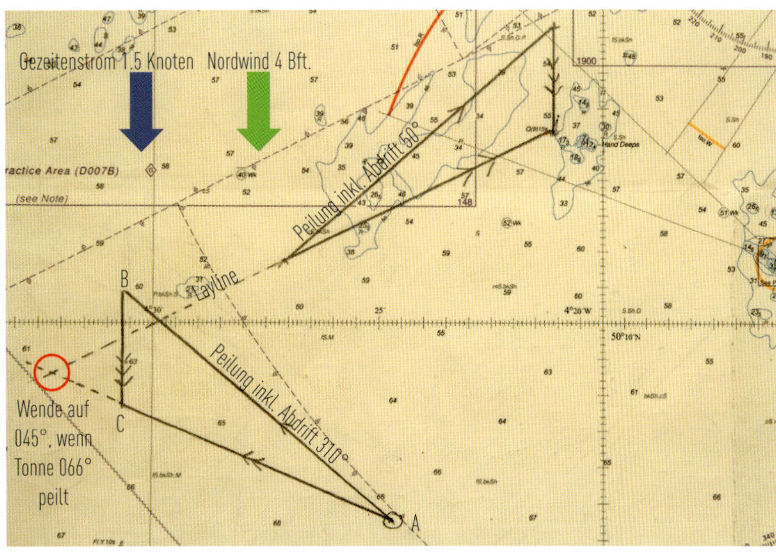

▲ *Den Anliegekurs auf der Layline bestimmen.*

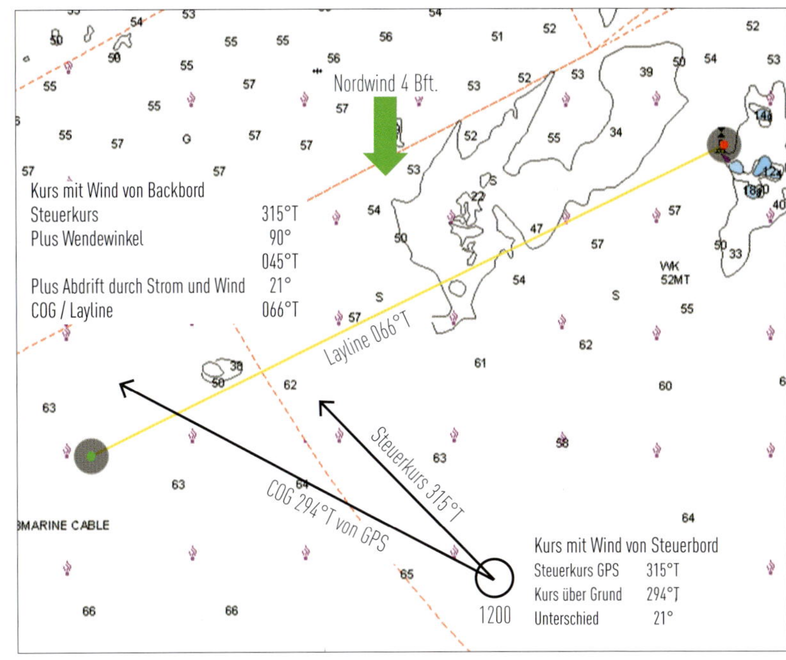

▲ *Bestimmung der Layline mit rechtweisendem Steuerkurs und KüG.*

TIPP: WENDEN BEI WINDDREHERN

- Dreht der Wind zum Bug hin – man sagt der Wind »schralt« –, segelt man in einen »Header«.
- Dreht der Wind dagegen zum Heck hin – man sagt der Wind »raumt« –, hat man einen »Lift«.
- Um diese Winddreher optimal zu nutzen, wenden Regattasegler bei einem Header und segeln so eine möglichst kurze Strecke nach Luv.
- Wenden Sie also, wenn der Wind zum Bug hin dreht, und Sie werden ihr Ziel in Luv schneller erreichen.

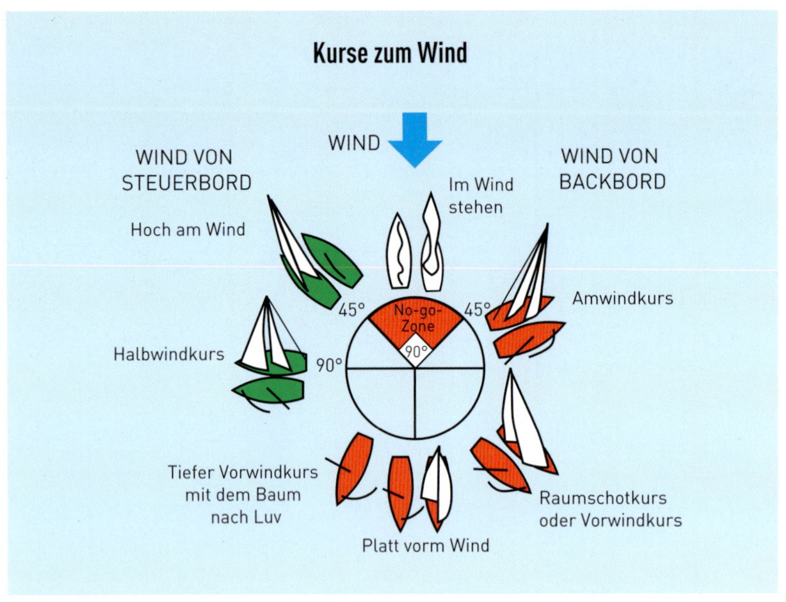

Zeigt der Kartenplotter den Steuerkurs und den Kurs über Grund an, kann man die Layline natürlich ebenfalls vorausbestimmen. Angenommen Sie steuern 315°T, und Ihr Kurs über Grund (COG) beträgt 294°T, ergibt das einen Unterschied von 21°. Der Kurs nach der Wende wird 315°T plus 90° Wendewinkel plus 21° für den Stromversatz = 066°T betragen. Lassen Sie den Kartenplotter eine Peilung von Ihrer Position zur Kardinaltonne anzeigen. Wenn die Tonne 066°T peilt, wenden Sie und steuern 045°T, um auf der Layline zu segeln.

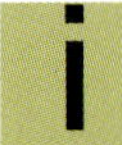

GLOSSAR

- Schmetterlingsegeln: Segelstellung platt vor dem Wind, bei der das Großsegel zur einen und das Vorsegel zur anderen Seite ausgestellt sind.
- Lee: Die Seite oder Richtung zu der der Wind weht oder die Seite, die dem Wind abgewandt ist.
- Luv: Die Seite oder Richtung aus der der Wind kommt oder die Seite, die dem Wind zugewandt ist.
- Halbwindkurs: Ein Kurs, bei dem der Wind seitlich auf das Boot trifft.
- Vorwindkurs: Alle Kurse von ungefähr 120° bis platt vor dem Wind bei 180° oder sogar darüber hinaus, wenn bei manchen Regattabooten vor dem Wind der Baum nach Luv ausgestellt wird.
- Segeln mit dem Baum nach Luv: Wenn vor dem Wind das Großsegel zu der Seite hin ausgestellt ist, von der der Wind kommt. Das kann passieren, wenn vor dem Wind nicht genau Kurs gehalten wird. Zeigt der Baum nach Luv, droht eine unbeabsichtigte sogenannte Patenthalse, die auf jeden Fall vermieden werden sollte.
- Kreuzen: Durch wiederholtes Wenden auf Amwindkursen eine Strecke nach Luv gutmachen.

117 Seezeichen

Es gibt zahlreiche Apps, die zusätzlich helfen können, die verschiedenen Seezeichen zu lernen. Die wichtigsten Seezeichen sind auf den folgenden Seiten erklärt.

Betonnung

Es gibt sechs verschiedene Arten von Tonnen oder Bojen, die sich durch ihre Farbe, Toppzeichen und ihre Befeuerung unterscheiden. Bei der Ansteuerung eines Hafens trifft man auf folgende Seezeichen:

Mitte-Fahrwasser-Zeichen

Diese Tonnen zeigen die Mitte des sicheren Fahrwassers an. Man kann sie zwar beiderseits passieren, üblich ist es aber, sie an Backbord zu lassen und sich somit auf der rechten Seite des Fahrwassers beim Einlaufen in einen Hafen zu halten.

Lateralzeichen

Diese Tonnen zeigen die seitliche Begrenzung des Fahrwassers an und sind von See kommend:

Rot mit stumpfem Toppzeichen an Backbord (IALA-Region A)

Grün mit spitzem Toppzeichen an Steuerbord (IALA-Region A)

In der IALA-Region B ist es genau umgekehrt mit grün und flachem Toppzeichen an Backbord und rot mit spitzem Toppzeichen an Steuerbord.

Kardinalzeichen

Es gibt vier Kardinalzeichen entsprechend den vier Himmelsrichtungen Norden, Süden, Westen und Osten. Sie zeigen eine Gefahrenstelle an. Das Nord-Kardinalzeichen steht dabei im Norden der Gefahr, das Süd-Kardinalzeichen im Süden der Gefahr und so weiter.

▲ *Mitte-Fahrwasser-Tonnen haben in der Regel ein weißes Gleichtaktfeuer oder ein unterbrochenes Feuer oder ein Blinkfeuer, selten auch ein Feuer im Morsecode für den Buchstaben A (kurz-lang).*

▶ *Das Kardinalsystem.*

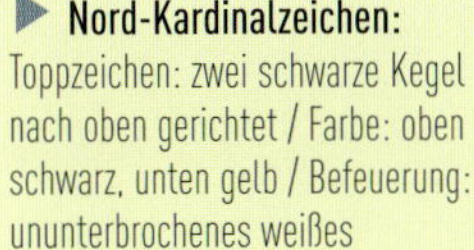

▶ **Nord-Kardinalzeichen:**
Toppzeichen: zwei schwarze Kegel nach oben gerichtet / Farbe: oben schwarz, unten gelb / Befeuerung: ununterbrochenes weißes Funkelfeuer

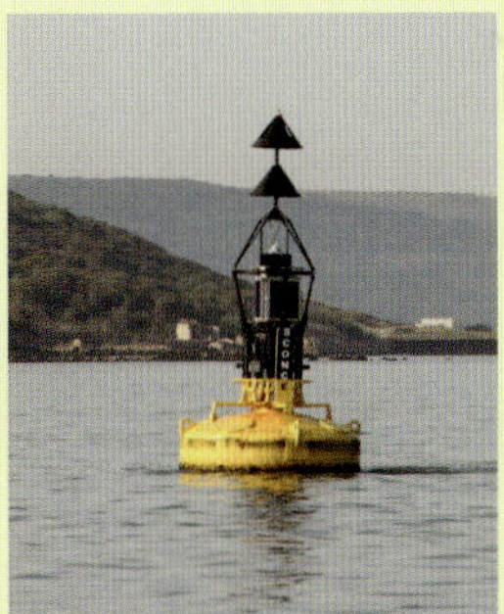

▼ **Ost-Kardinalzeichen:**
Toppzeichen: oberer schwarzer Kegel nach oben gerichtet, der untere nach unten / Farbe: oben schwarz, Mitte gelb, unten schwarz / Befeuerung: weißes Funkellicht mit Gruppen von 3 Blitzen

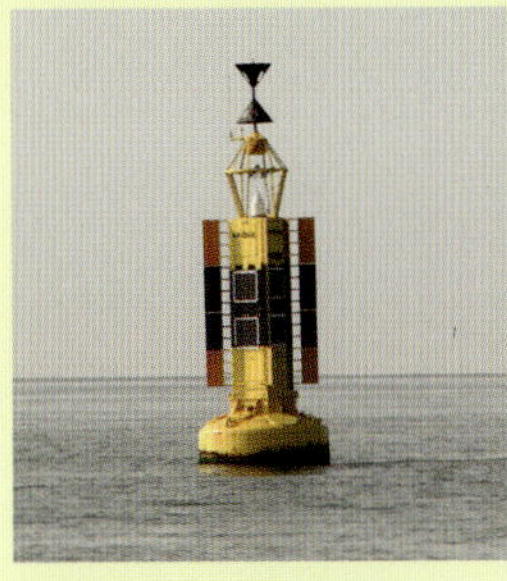

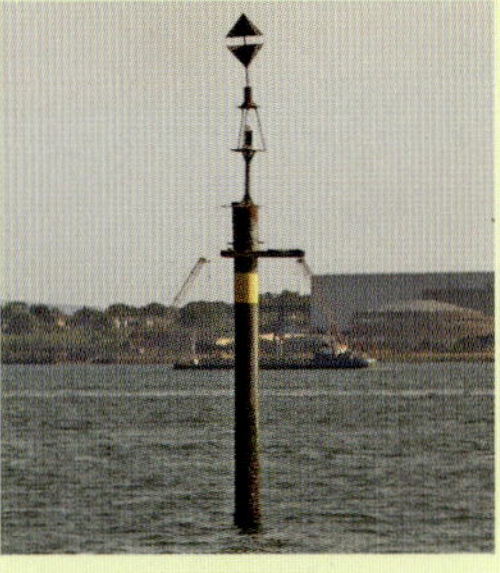

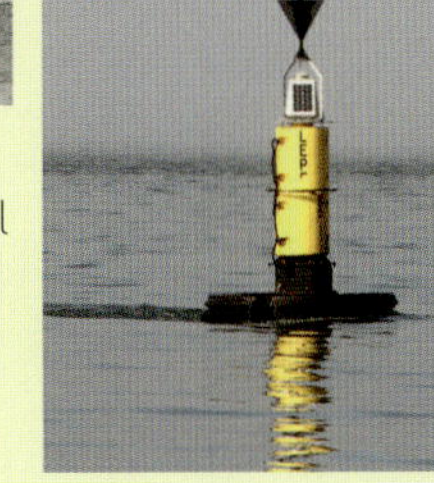

▲ **West-Kardinalzeichen:**
Toppzeichen: oberer schwarzer Kegel nach unten gerichtet, der untere nach oben / Farbe: oben gelb, Mitte schwarz, unten gelb / Befeuerung: weißes Funkellicht mit Gruppen von 9 Blitzen

◀ **Süd-Kardinalzeichen:**
Toppzeichen: zwei schwarze Kegel nach unten gerichtet / Farbe: oben gelb, unten schwarz / Befeuerung: weißes Funkellicht mit Gruppen von 6 Blitzen, gefolgt von einem langen Blitz

Interessanterweise werden in den USA nur selten Kardinalzeichen verwendet und wenn dann manchmal mit anderen, nicht internationalen Kennungen. Anstelle der Kardinalzeichen kommen häufiger Lateralzeichen zum Einsatz, wobei man es mit der Form der Toppzeichen nicht ganz so genau nimmt. Das wichtigste Unterscheidungsmerkmal der Seezeichen in amerikanischen Gewässern scheint die Farbe zu sein.

Einzelgefahr-Zeichen

Diese Seezeichen weisen auf eine manchmal nicht offensichtliche Gefahrenstelle hin. Das Seezeichen ist schwarz mit einem, selten mehreren, roten Streifen. Das Toppzeichen besteht aus zwei schwarzen Bällen übereinander. Die Befeuerung zeigt zwei weiße Blitze.

Sonderzeichen

Diese Seezeichen können alles Mögliche anzeigen, von Wasserskigebieten bis hin zu ernsthaften Gefahrenstellen. Sie werden auch an Fischereianlagen verwendet und werden oft nur saisonbedingt ausgebracht. Sie sind gelb, und als Toppzeichen haben sie ein gelbes X. Falls sie befeuert sind, haben sie ein gelbes Licht.

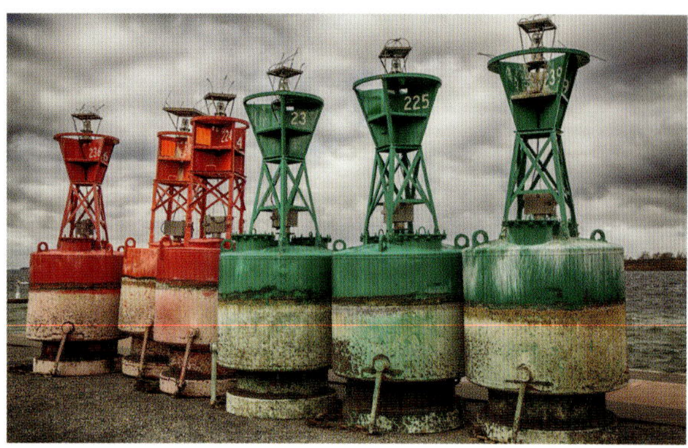

▲ *In den USA unterscheiden sich die Steuerbord- und Backbord-Lateralzeichen weniger durch die Form als ausschließlich durch die Farbe.* Foto: Monique van Someren

Temporäre Wracktonnen

Diese Tonnen oder Bojen können ein kürzlich gesunkenes Schiff anzeigen. Die Wracktonnen werden entfernt,

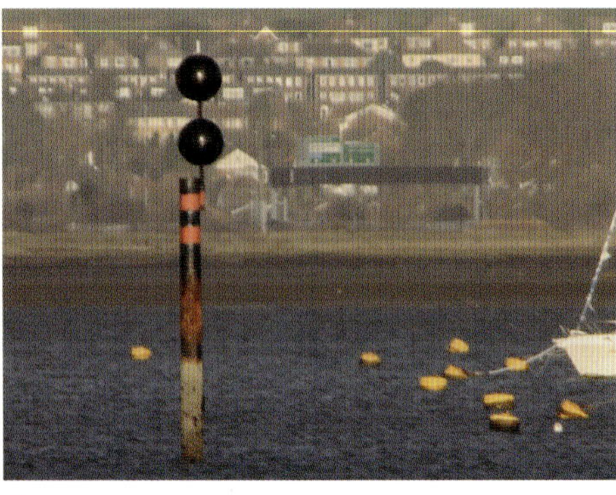

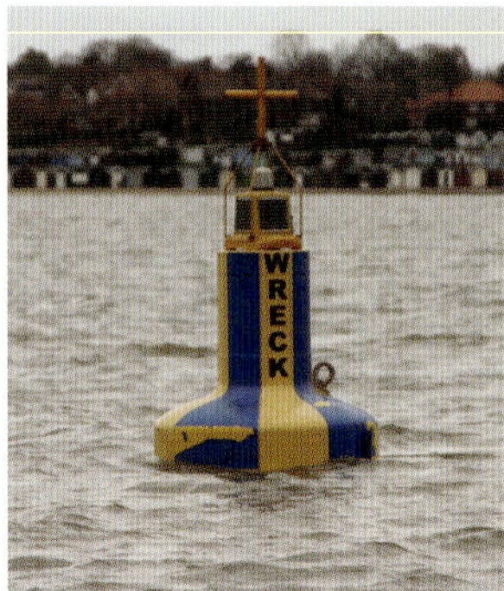

◀ *Temporär ausgebrachte blau-gelbe Wracktonne mit blau-gelber Befeuerung.*

▼ *Zu den Sonderzeichen gehört auch dieses Seezeichen, das an der Nore Bank (Themsemündung) das Wrack des 1944 gesunkenen amerikanischen Schiffs SS Richard Montgomery anzeigt, in dem sich immer noch 21.400 t Sprengstoff befinden.*

▲ *Ein Einzelgefahrzeichen mitten im Hafen von Chichester.*

▼ *Sonderzeichen, hier zur Markierung einer Regattabahn.*

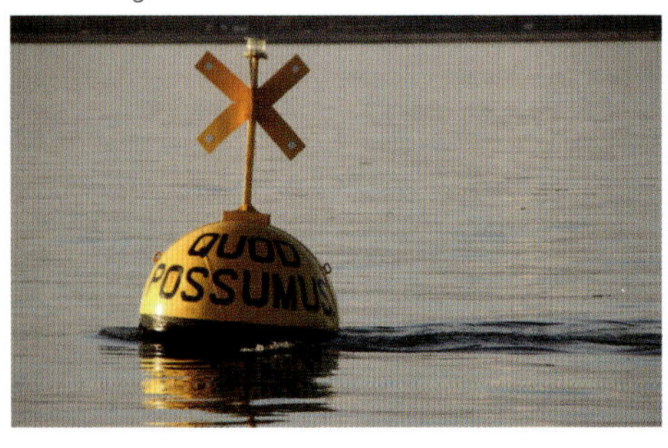

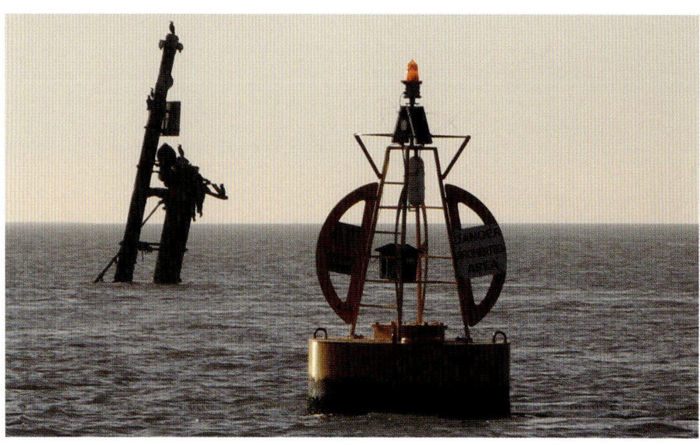

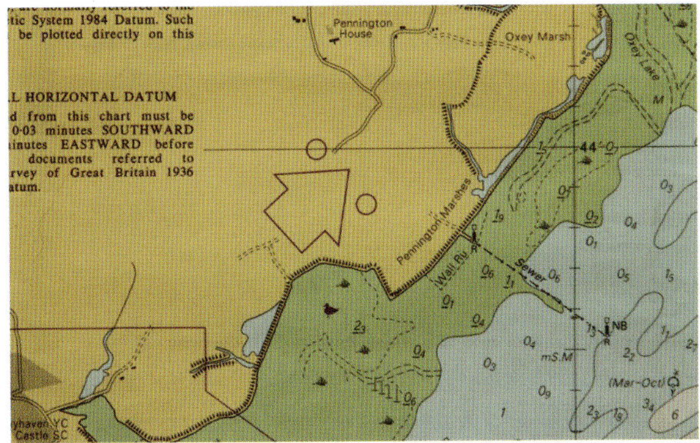

▲ *Der Pfeil zeigt die Richtung der Betonnung an.*

▶ *Darstellung der Richtung der Betonnung auf farbigen Papierseekarten sowie Rasterkarten.*

sobald das Wrack geborgen oder für die Berichtigungen in der Seekarte vermessen wurde. Diese Tonnen können blau-gelb gestreift sein und als Toppzeichen ein Kreuz haben.
Die Richtung der Betonnung verläuft immer von See kommend zum Hafen. Die Richtung in Fahrwassern wird in der Karte mit einem großen Pfeil mit zwei kleinen Kreisen neben der Pfeilspitze angegeben.

Wie man erkennt, ob ein Seezeichen befeuert ist

Befeuerte Seezeichen haben ein kleines, schräg nach unten gerichtetes Fahnensymbol meist magentafarben, auf Vektorkarten und in neueren Papierseekarten auch in der Farbe des jeweiligen Leuchtfeuers. Ein weißes Licht wird meist magentafarben oder gelb angezeigt.

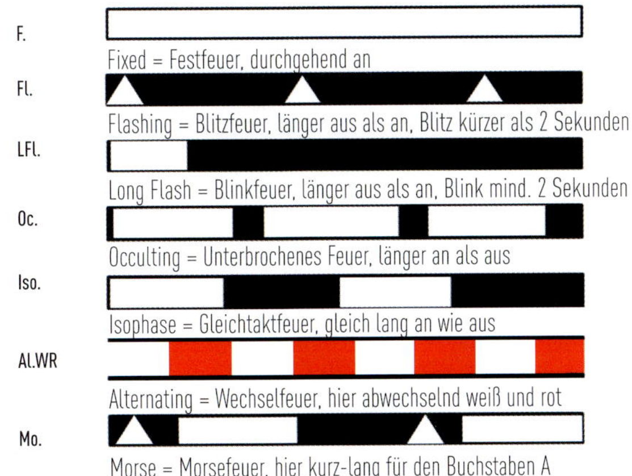

▲ *Die Kennungen einiger Leuchtfeuer.*

IALA – INTERNATIONAL ASSOCIATION OF LIGHTHOUSE AUTHORITIES

Erst im Jahr 1973 hat die IALA die Zahl der weltweiten Betonnungssysteme von 30 auf nur zwei reduziert hat. Die Region B gilt in Nord- und Südamerika, Japan, Südkorea und auf den Philippinen. Die Region A gilt in allen übrigen Ländern der Welt.

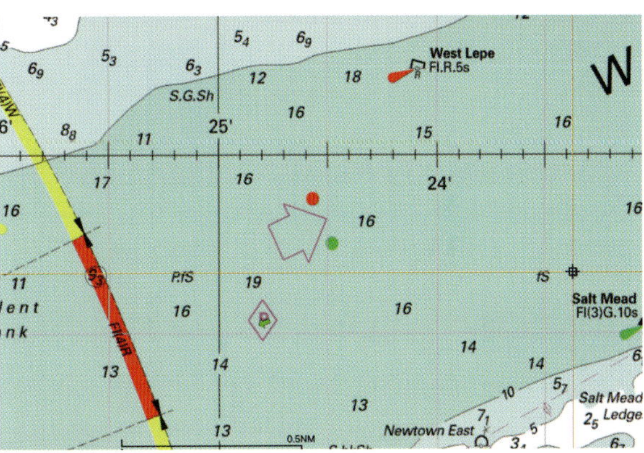

SCHWIMMSTEG MIT LANDZUGANG

Nachts kann ein Schwimmsteg mit zwei senkrecht übereinander angebrachten Lichtern versehen sein. Rot für Backbord und grün für Steuerbord in der IALA-Region A. Die Abkürzung dieser Befeuerung ist in der Seekarte mit 2F.R(vert.) dargestellt.

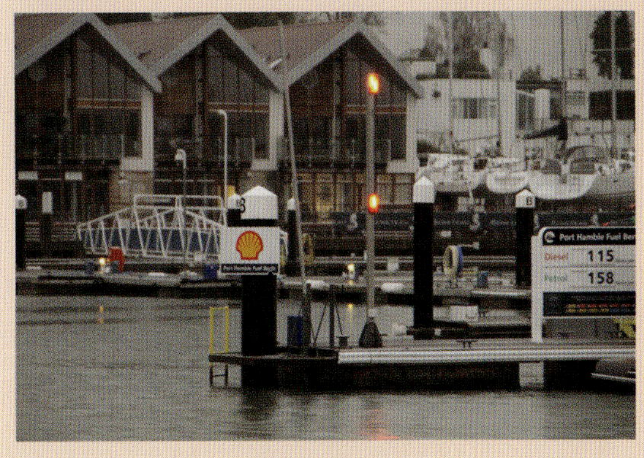

▲ *Schwimmsteg mit Landzugang.*

NUMMERIERUNG VON LATERALZEICHEN (IALA-REGION A)

Grüne Tonnen haben ungerade Zahlen, rote Tonnen haben gerade Zahlen.
Merke: Die Ziffer 1 ist ungerade und oben spitz, also haben die grünen Spitztonnen ungerade Zahlen. Die Ziffer 2 ist gerade und oben rund, also haben die roten Stumpftonnen gerade Zahlen.

Rasterkarten sind exakte Kopien von Papierseekarten und zeigen Leuchtfeuer entsprechend genau so wie dort an.

Ein Fahrwasser kann durch die Betonnung mit Lateralzeichen in ein Hauptfahrwasser und ein oder mehrere Nebenfahrwasser aufgeteilt sein. Dort, wo sich ein Fahrwasser aufteilt, haben rote Lateralzeichen einen waagrechten grünen Streifen in der Mitte und grüne Lateralzeichen einen roten Streifen. Beispielsweise gibt es im River Hamble ein Nebenfahrwasser links des Hauptfahrwassers, um die Hamble Point Marina zu erreichen. An der Stelle der Teilung hat die rote Backbord-Lateraltonne einen grünen Streifen in der Mitte. Es ist die Backbord-Tonne für das Hauptfahrwasser und die Steuerbordtonne für das abzweigende Nebenfahrwasser.

TONNE, BOJE, BAKE – WAS IST DER UNTERSCHIED?

Alle drei Begriffe bezeichnen künstliche Seezeichen. Zu unterscheiden sind schwimmende Seezeichen, die mit Grundgeschirr am Boden verankert sind, und feste Seezeichen, die auf festen Grund gebaut sind. Auf Vektorkarten sind schwimmende und feste Seezeichen senkrecht dargestellt. Mit einem Klick auf das Symbol kann man ablesen, um welche Art es sich handelt. Auf Papierseekarten und Rasterkarten sind schwimmende Seezeichen meist leicht geneigt und feste Seezeichen senkrecht eingezeichnet.

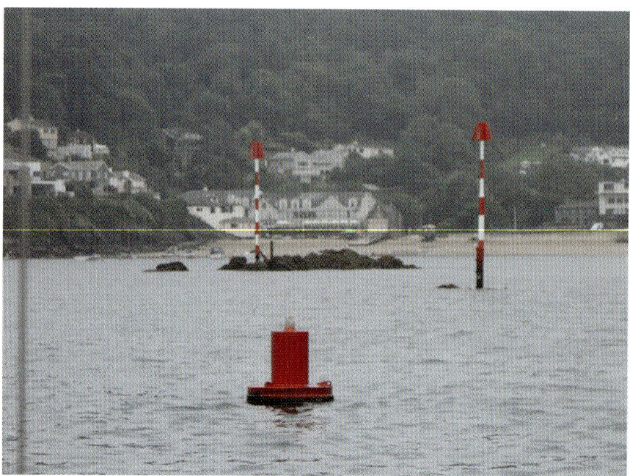

▶ *Zwei Richtbaken und eine rote Fahrwasserboje bei Salcombe in England.*

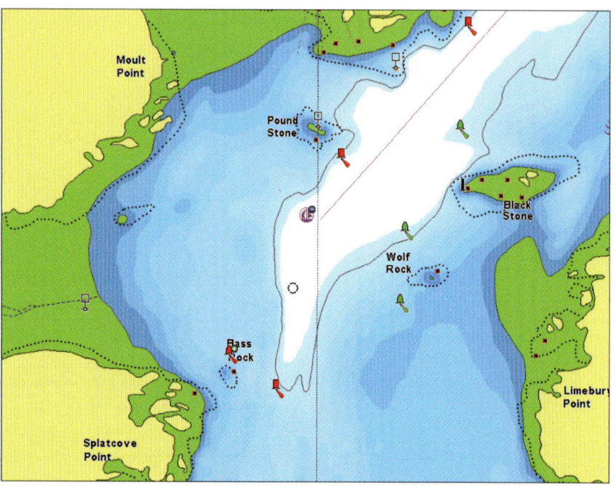

▲ *Auf einer Vektorkarte (Navionics) sind alle Bojen und Baken senkrecht dargestellt.*

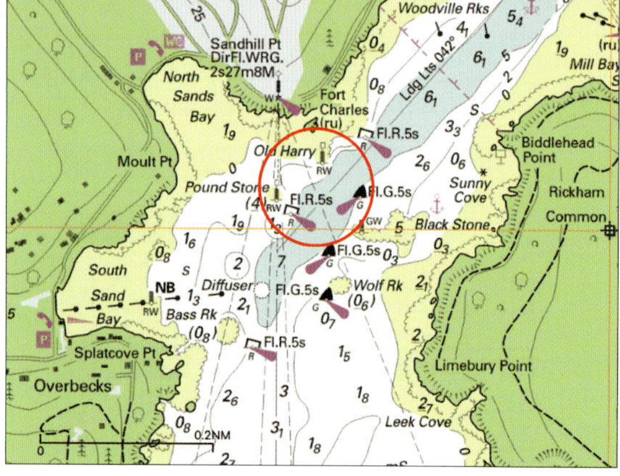

▲ *Auf dieser Rasterkarte (Imray Navigator) sind schwimmende Seezeichen leicht geneigt dargestellt.*

Die Befeuerung besteht aus zwei roten Blitzen, gefolgt von einem längeren roten Blitz. Daran sieht man, dass man ein Leuchtfeuer immer über etwas längere Zeit beobachten sollte, um seine volle Wiederkehr zu erfassen und es korrekt identifizieren zu können.

▶ *Hinter dem Lateralzeichen liegt das Nebenfahrwasser, davor das Hauptfahrwasser.*

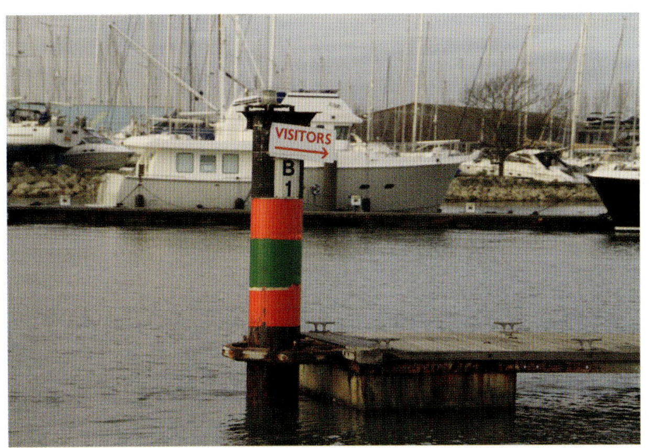

MERKHILFEN FÜR KARDINALZEICHEN

Nord-Kardinalzeichen: Die Toppzeichen zeigen nach oben, also nach Norden, das ist klar. Bei der Farbkennung, schwarz oben gelb unten, kann man gelb mit der Sonne gleichsetzen, die im Norden tiefer, also unten steht.

Süd-Kardinalzeichen: Die Toppzeichen zeigen nach unten, also nach Süden, das ist ebenfalls klar. Denkt man bei der Farbkennung, gelb oben und schwarz unten, wieder für gelb an die Sonne, so ist klar, dass sie im Süden höher steht, also ist bei einem Süd-Kardinalzeichen gelb oben.

Ost-Kardinalzeichen: Die Toppzeichen, das obere nach oben, das untere nach unten, formen ein »O«, also Osten. Bei der Farbkennung schwarz, gelb schwarz, kann man sich denken: Oh Mist, wenig Sonne und viele schwarze Wolken, wieder O für Osten.

West-Kardinalzeichen: Die Toppzeichen, das obere nach unten, das untere nach oben, formen ein »W«, zumindest 90° gekippt, also W für Westen. Bei der Farbkennung, gelb, schwarz, gelb, kann man sich denken: Wow, toll, viel Sonne und wenige schwarze Wolken, also W für Westen.

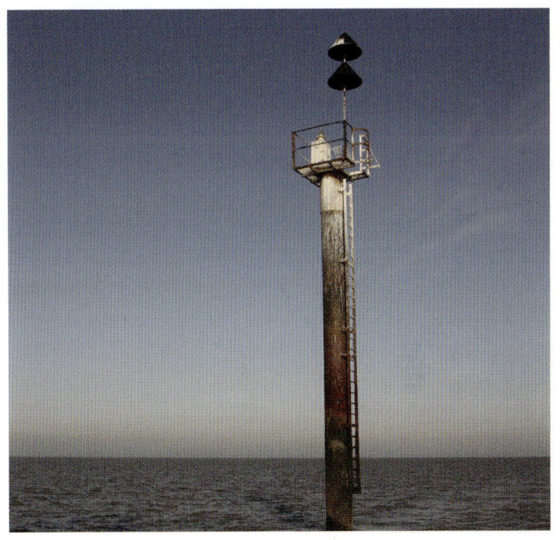

▲ *Durch den starken Bewuchs ist die Farbe an diesem Nord-Kardinalzeichen nicht mehr zu sehen.*

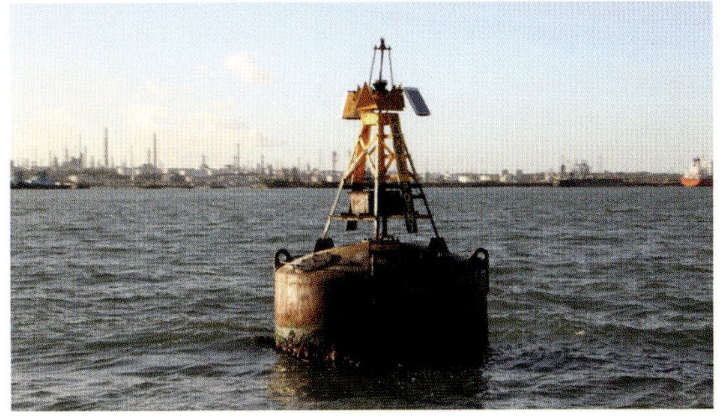

▶ *Dieser Tonne fehlt das Toppzeichen, doch gelb oben und schwarz unten zeigt, dass es sich um ein Süd-Kardinalzeichen handelt.*

Leuchtfeuer

Leuchttürme

Ein Leuchtturm dient zur Orientierung und warnt vor einer Gefahr wie einem Kap oder Felsen. Die Befeuerung hat eine große Tragweite: Leuchtturm Portland Bill, England 25 Seemeilen, Cape May, Delaware, USA 24 Seemeilen, Cape Otway, Australien 25 Seemeilen, Leuchtturm Helgoland, Deutschland 28 Seemeilen. Die Kennung ist beispielsweise angegeben mit:

Fl(2)15s.58m18M.

Das bedeutet: weißes Blitzfeuer (Fl. Für Flashing) mit zwei Blitzen, Wiederkehr: 15 Sekunden, Höhe des Feuers über MSpHW: 58 Meter, Tragweite: 18 Seemeilen.

Leuchttürme können auch ein Nebelhorn für schlechte Sichtverhältnisse haben, was beispielsweise mit Horn(1)60s angegeben sein kann. Das bedeutet: Ein Schallsignal alle 60 Sekunden.

Sektorenfeuer

Sektorenfeuer zeigen einen sicheren Sektor mit weißer Befeuerung an. Mit Blick zum Leuchtfeuer werden Sektoren mit Gefahrstellen links des sicheren Sektors mit rot, rechts des sicheren Sektors mit grün angezeigt. Die Kennung kann beispielsweise lauten: Fl(3) WRG.15s20m10M-8M. Das bedeutet: Sektoren-Blitzfeuer mit drei Blitzen weiß, rot und grün, Wiederkehr: 15 Sekunden, Höhe des Feuers: 20 Meter über MSpHW, Tragweite 10 Seemeilen für das weiße Blitzlicht, 8 Seemeilen für die farbigen Blitze rot, grün.

Feuerschiffe

Feuerschiffe dienen zur Orientierung und warnen vor Gefahren, wie das Channel Light Vessel am westlichen Ende des Casquets-Verkehrstrennungsgebiets. Heute erinnern Feuerschiffe nicht mehr unbedingt an ein Schiff. So zeigt das »Light Vessel Calshot Spit« den Rand einer Sandbank im Solent an, gleicht aber eher einem schwimmenden Gerüst als einem richtigen Feuerschiff. Es liegt aber vor Anker, hat als Signalkörper einen schwarzen Ankerball und nachts ein Ankerlicht zusätzlich zu seiner Befeuerung mit Fl.5s., einem weißen Blitzlicht mit einer Wiederkehr von fünf Sekunden.

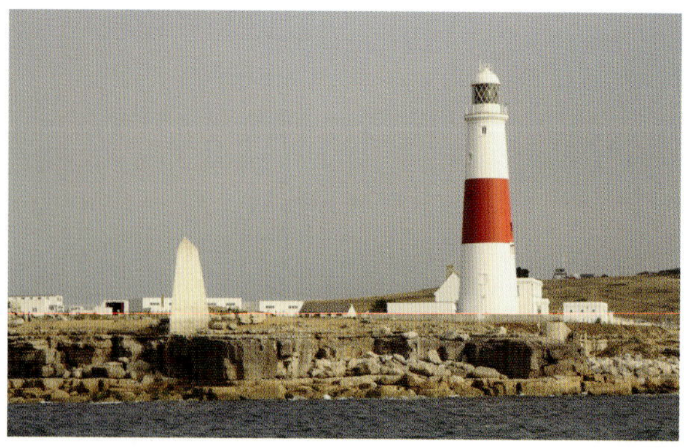

▲ *Leuchtturm Portland Bill.*

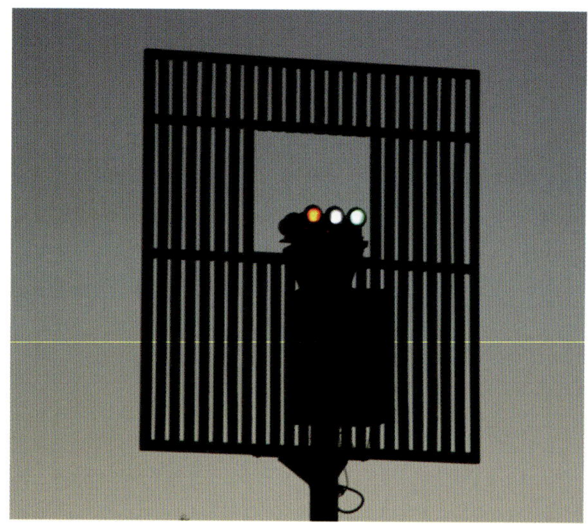

▲ *Sektorenfeuer.*

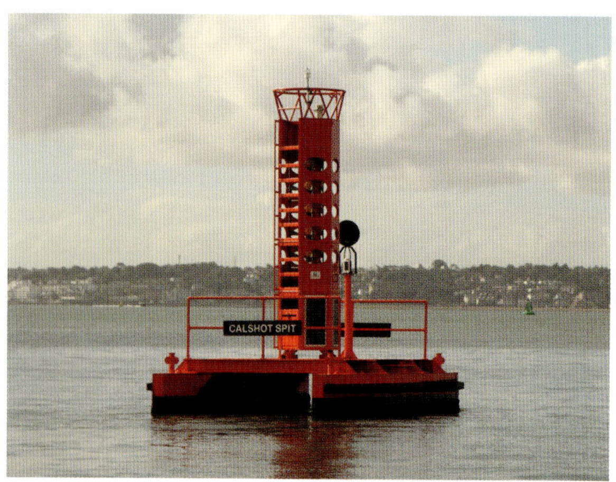

▲ *Das »Feuerschiff« Calshot Spit mit einem schwarzen Ankerball am Bug.*

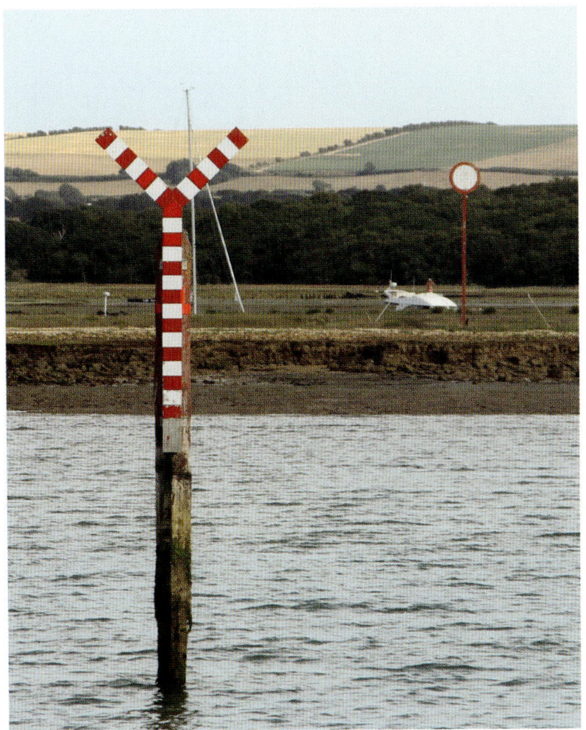

▲ *Diese Richtbaken befinden sich noch nicht ganz in Deckungspeilung.*

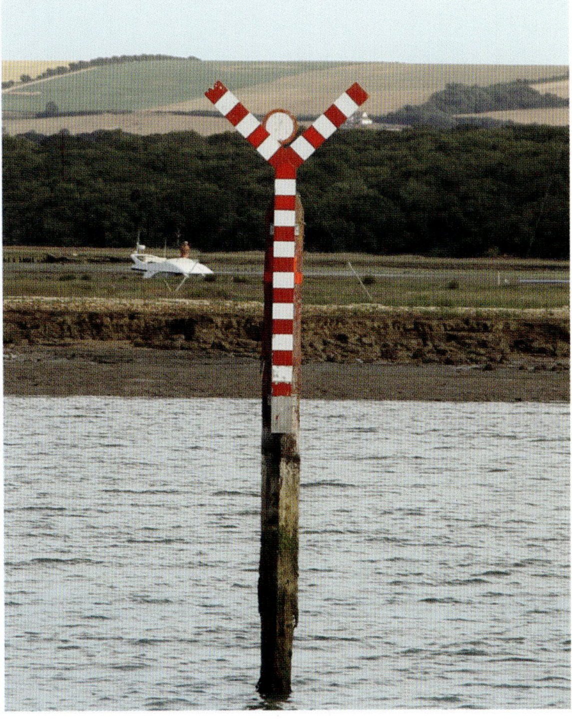

▲ *Jetzt sind die beiden Richtbaken in Deckungspeilung.*

Richtbaken

Befinden sich zwei Seezeichen in einer Linie spricht man von einer Deckungspeilung. Man kann auf der Seekarte eine Linie durch diese Seezeichen ziehen und weiß, dass man sich auf dieser Linie befinden muss, wenn man die Seezeichen in Deckung peilt. Mit einer weiteren Peilung zur Seite oder durch eine Tiefenmessung kann man die eigene Position auf dieser Linie finden. Deckungspeilungen werden oft benutzt, um einen Hafen oder eine Zufahrt sicher anzusteuern. Dazu können zwei Stangen oder spezielle Peilmarken oder zwei Leuchtfeuer, die hintereinander in einer Linie stehen, verwendet werden.

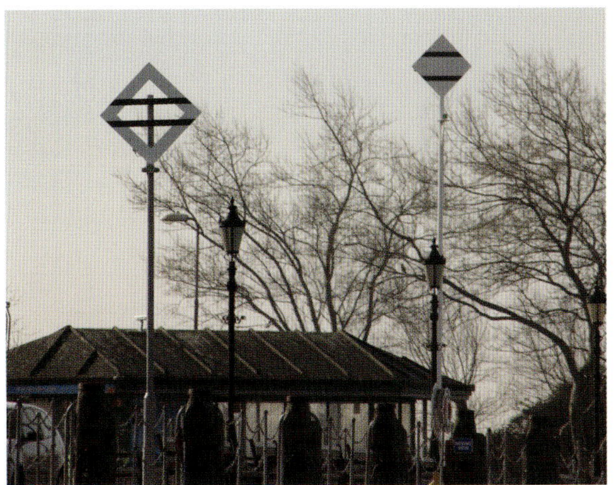

▶ *Bringen Sie diese Peilmarken in eine Linie, um sicher in den Hafen einzulaufen.*

18 Kollisionsverhütungsregeln

Die internationalen Regeln von 1972 zur Verhütung von Zusammenstößen auf See, kurz Kollisionsverhütungsregeln (KVR), besagen in Regel 5:

Jedes Fahrzeug muss jederzeit durch Sehen und Hören sowie durch jedes andere verfügbare Mittel, das den gegebenen Umständen und Bedingungen entspricht, gehörigen Ausguck halten, der einen vollständigen Überblick über die Lage und die Möglichkeit der Gefahr eines Zusammenstoßes gibt.

In Regel 6 werden zusätzlich sechs Faktoren genannt, auf die der Schiffsführer bezüglich einer sicheren Geschwindigkeit achten muss:

1. Die Sichtverhältnisse
2. Die Verkehrsdichte
3. Die Manövrierfähigkeit des Fahrzeugs
4. Die Hintergrundhelligkeit bei Nacht durch eigene oder andere Lichter
5. Die Wind-, Seegangs- und Strömungsverhältnisse sowie die Nähe von Schifffahrtsgefahren
6. Der Tiefgang des Fahrzeugs im Verhältnis zur vorhandenen Wassertiefe

Bei einer stehenden Kompasspeilung zu einem anderen Fahrzeug besteht die Gefahr eines Zusammenstoßes.

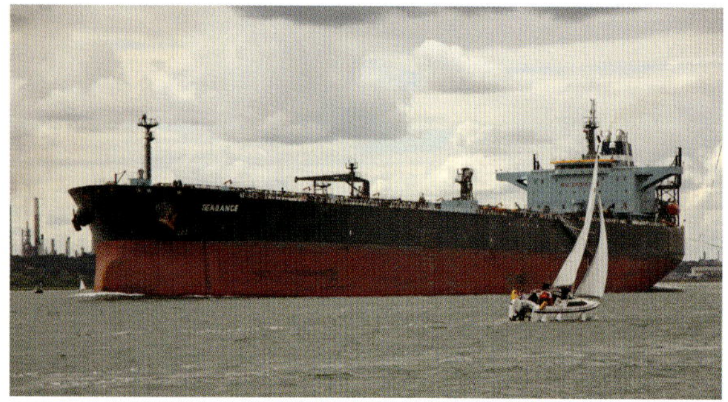

▲ *Dieser Tanker ist tiefgangbehindert. Deshalb muss sich das Segelboot freihalten. Der Signalkörper für tiefgangbehinderte Fahrzeuge ist ein schwarzer Zylinder, wie er am hinteren Mast des Tankers zu sehen ist.*

Wer ist wem ausweichpflichtig?

Es ist natürlich wichtig zu wissen, ob man selbst oder ob das andere Fahrzeug ausweichpflichtig ist. Aber selbst wenn man nicht ausweichpflichtig ist, muss man doch alles Nötige tun, um eine Kollision zu vermeiden, sollte das andere Fahrzeug seinen Kurs nicht ändern. In engen Fahrwassern halte ich mich immer gut frei von größeren Schiffen. In Sicherheitszonen darf man die Berufsschifffahrt grundsätzlich nicht behindern. Zudem halte ich mich auch noch unmittelbar außerhalb solcher Zonen frei. Erst auf offener See behalte ich meinen Kurs bei, wenn ich unter Segel bin, denn das erwartet man auch auf der Brücke eines großen Schiffs. Nachts werde ich oft von großen Schiffen kurz mit einem Scheinwerfer angestrahlt, um mir zu zeigen, dass man mich gesehen hat – zumindest vermute ich, dass das der Grund ist.

? WER WEICHT WEM AUS? – DIE RANGORDNUNG

- Ein Maschinenfahrzeug in Fahrt (z. B. ein Motorboot mit Propeller oder Jetantrieb) muss einem Ruderboot ausweichen.
- Ein Ruderboot in Fahrt muss einem Segelfahrzeug ausweichen.
- Ein Segelfahrzeug in Fahrt muss einem fischenden Fahrzeug ausweichen.
- Ein fischendes Fahrzeug in Fahrt muss, so weit möglich, einem tiefgangbehinderten Fahrzeug ausweichen.
- Ein tiefgangbehindertes Fahrzeug in Fahrt muss einem manövrierunfähigen Fahrzeug ausweichen.

Ausweichregeln für Segelfahrzeuge untereinander: Haben zwei Segelfahrzeuge den Wind nicht von derselben Seite, muss das Fahrzeug, das den Wind von Backbord hat, dem anderen ausweichen.

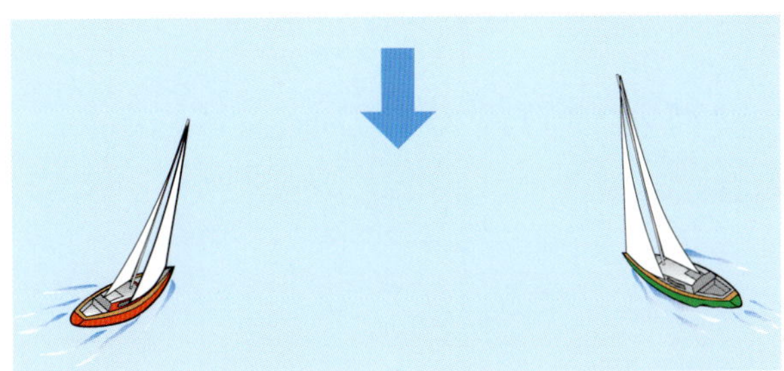

▲ *Das Segelboot mit Wind von Backbord weicht aus.*

Haben zwei Segelfahrzeuge den Wind von derselben Seite, muss das luvwärtige dem leewärtigen ausweichen.

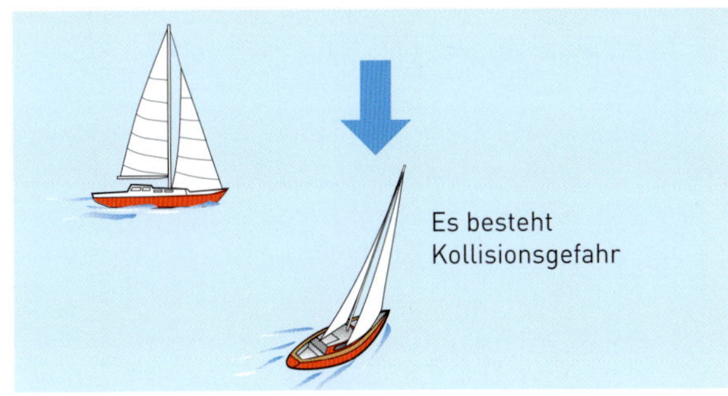

▲ *Das Segelboot in Luv weicht dem in Lee aus.*

Ein überholendes Fahrzeug muss dem anderen Fahrzeug ausweichen. Ein Fahrzeug gilt als überholendes Fahrzeug, wenn es sich einem anderen aus einer Richtung von mehr als 22,5° achterlicher als querab nähert.

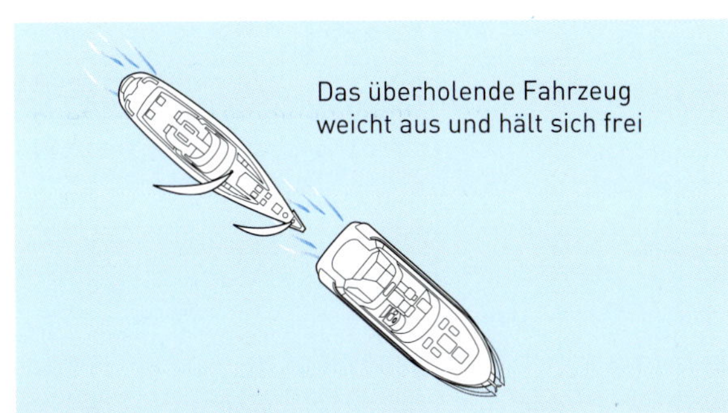

Entgegengesetzte Kurse

Wenn sich zwei Maschinenfahrzeuge auf entgegengesetzten Kursen nähern, muss jedes den Kurs so nach Steuerbord ändern, dass sie an Backbord passieren.

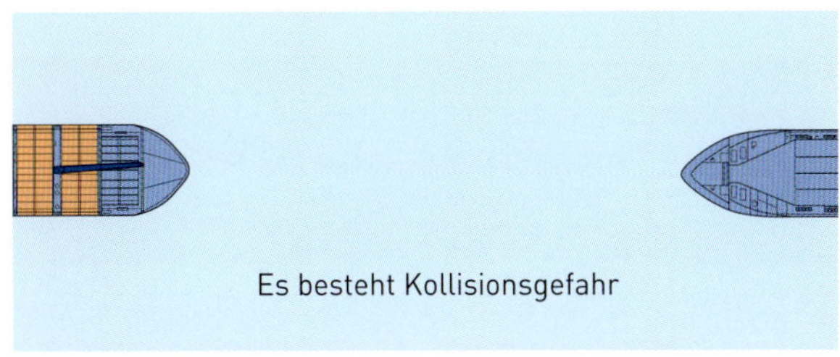

▲ *Beide Fahrzeuge weichen nach Steuerbord aus.*

Wenn Sie ausweichpflichtig sind, ändern Sie den Kurs nach Steuerbord, um jeglichen Schiffen, die vorlicher als querab auf Kollisionskurs fahren, auszuweichen.

Kreuzende Kurse

Kreuzen die Kurse zweier Maschinenfahrzeuge derart, dass Kollisionsgefahr besteht, muss dasjenige ausweichen, welches das andere an seiner Steuerbordseite hat (Rechts-vor-links-Regel). Weichen Sie in diesem Fall nach Steuerbord aus, und passieren Sie hinter dem Heck des anderen.

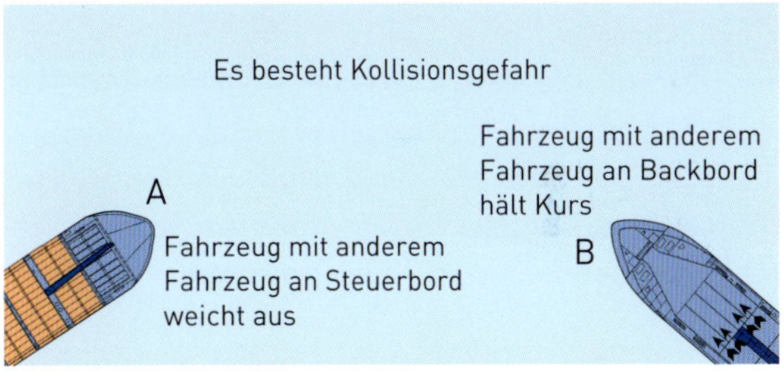

▲ *Zwei Maschinenfahrzeuge auf Kollisionskurs. A weicht B aus. Dazu ändert A den Kurs nach Steuerbord (Schallsignal: ein kurzer Ton) und passiert hinter dem Heck von B.*

Nachts würde Schiff A das rote Navigationslicht von Schiff B an Steuerbord sehen. Rot bedeutet »Stopp«. Schiff B würde das grüne Navigationslicht von Schiff A an Backbord sehen. Grün bedeutet »Freie Fahrt«.

Auf eine Kollisionsgefahr sollte man bereits frühzeitig aufmerksam werden. Ausweichmanöver sollten eben-

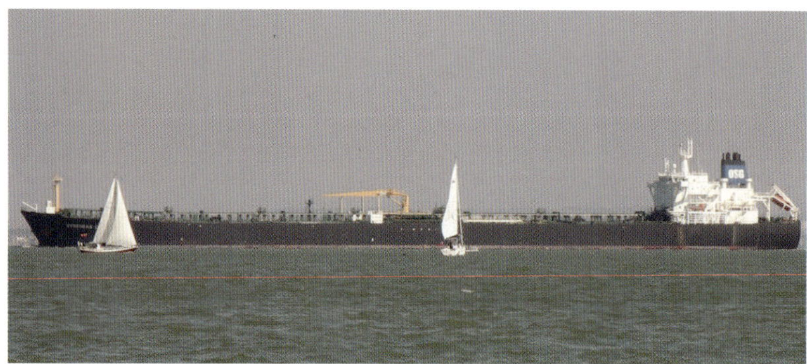

▲ *Nach den KVR sind hier zu sehen: zwei Maschinenfahrzeuge – der Tanker und die Segelyacht, die das Großsegel setzt – und ein Segelfahrzeug.*

i IN FAHRT / FAHRT DURCHS WASSER

- »In Fahrt«: Fahrzeug, das weder vor Anker liegt noch an Land festgemacht ist noch auf Grund sitzt.
- »Fahrt durchs Wasser«: Fahrzeug, das durch Maschinenkraft, Segel oder Körperkraft im Wasser angetrieben wird.

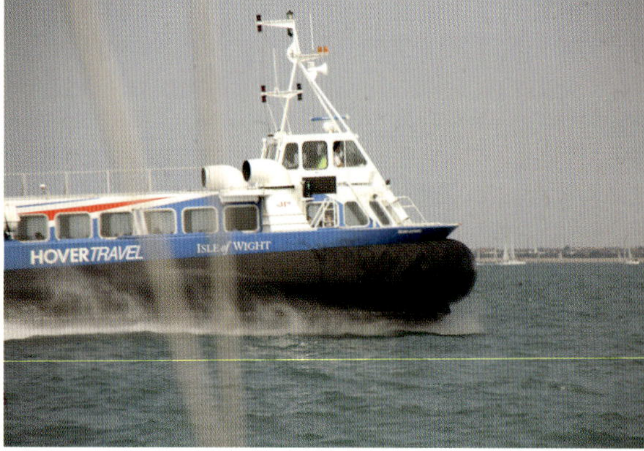

▲ *Zu den Maschinenfahrzeugen zählen auch Luftkissenboote. Diese schnelle Fähre wollte keine Zeit verlieren, wich aus und passierte hinter meinem Heck, als ich unter Segel war – und zwar ziemlich knapp!*

? ANNÄHERUNG MIT KOLLISIONSGEFAHR?

Peilen Sie das andere Fahrzeug über ein Objekt (z. B. Relingstütze) an Bord hinweg.

- Wandert das andere Fahrzeug nach vorn aus, wird es vor dem eigenen Bug passieren.
- Wandert das andere Fahrzeug nach achtern aus, werden Sie vor ihm passieren.
- Bleibt die Peilung gleich, besteht Kollisionsgefahr.

Bei Landsicht achten Sie auf das Land hinter einem Boot. Verschlingt der Bug des Bootes das Land, das dann an seinem Heck wieder auftaucht, wird das Boot vor dem eigenen Bug passieren. Erscheint immer mehr vom Land vor dem Bug des anderen Bootes, und sein Heck verschlingt das Land, wird man selbst vor dem Bug des anderen Bootes kreuzen.

falls frühzeitig und mit einer deutlichen Kursänderung eingeleitet werden, damit das andere Fahrzeug klar erkennen kann, dass man ausweicht. Nachts sollte die Kursänderung so stark sein, dass sie das andere Fahrzeug auch an den Navigationslichtern erkennen kann.

Nebel

- Bei verminderter Sicht gibt es keinen Ausweichpflichtigen und keinen Kurshalter.
- Jedes Fahrzeug ist dafür verantwortlich, eine Kollision zu vermeiden.
- Reduzieren Sie Ihre Geschwindigkeit oder stoppen Sie Ihre Fahrt, wenn andere Schiffe in der Nähe navigieren. Suchen Sie flaches Wasser auf, sofern möglich.
- Beachten Sie die Schallsignale der Bojen und Tonnen. Auch wenn man sie nicht sehen kann, ist es eine große Hilfe, sie zu identifizieren.

Ausguck halten

Ältere Kartenplotter benötigen oft einige Zeit, um die Darstellung der Karte und etwaiger Overlays regelmäßig neu zu laden. Besonders bei Vektorkarten kann das einige Sekunden in Anspruch nehmen.

Das zeigt, dass ein gehöriger Ausguck unverzichtbar ist. Dazu zählt neben Augen und Ohren auch der Einsatz von Radar und AIS. Zwar haben letztere Mittel viele Vorteile, am wichtigsten sind für mich jedoch ein scharfer Blick, ein gutes Fernglas und ein Handpeilkompass.

Enge Fahrwasser

Sie sollten sich außerhalb enger Fahrwasser halten und dürfen andere Fahrzeuge, die auf das Fahrwasser angewiesen sind, nicht behindern.

Verkehrstrennungsgebiete

Meiden Sie Verkehrstrennungsgebiete. Falls Sie dennoch eines queren müssen, muss dies mit der Kielrichtung im rechten Winkel zur allgemeinen Verkehrsrichtung erfolgen.

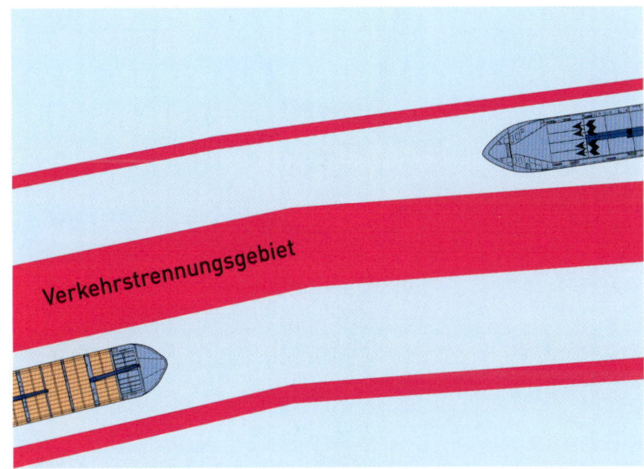

Radar

Zur Kollisionsvermeidung ist Radar äußerst nützlich. Voraussetzung ist aber, dass man die Radarechos richtig interpretieren kann und weiß, ob man eine relative Darstellung mit Vorausorientierung oder eine absolute Darstellung mit unbewegten Landmassen vor sich hat.

AIS

Das Automatische Identifikationssystem (AIS) ist leicht verständlich und liefert klare Angaben zu Kurs und Geschwindigkeit über Grund anderer Fahrzeuge sowie deren Schiffsdaten und Zielhäfen.

Nur zur Klarstellung: AIS-Sende- und Empfangseinheiten sind keine Transponder, auch wenn sie manchmal so bezeichnet werden. Ein Transponder ist ein aktiver Antwortgeber, wie beispielsweise eine RACON-Radarbake oder ein aktiver Radarreflektor, welche ein Signal aussenden, wenn sie von einem Radargerät erfasst werden. Dieses Signal erscheint am Radarschirm des Senders.

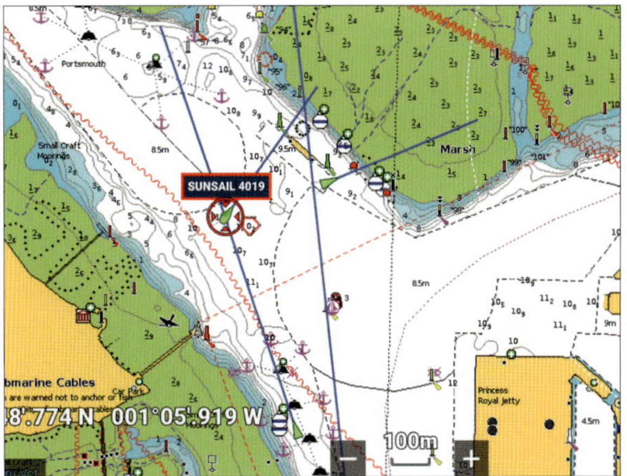

▲ *AIS-Ziele mit ihrer vorausprojizierten Kurslinie über Grund (blau). Bei einem Klick auf Sunsail 4019 …*

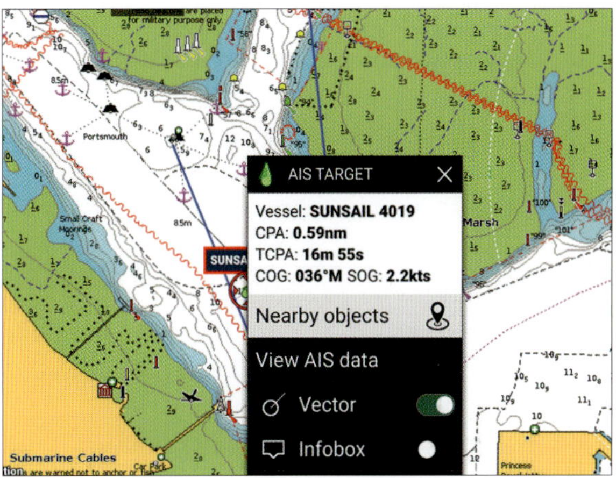

▲ *… erscheint ein Menü, das bei einem weiteren Klick …*

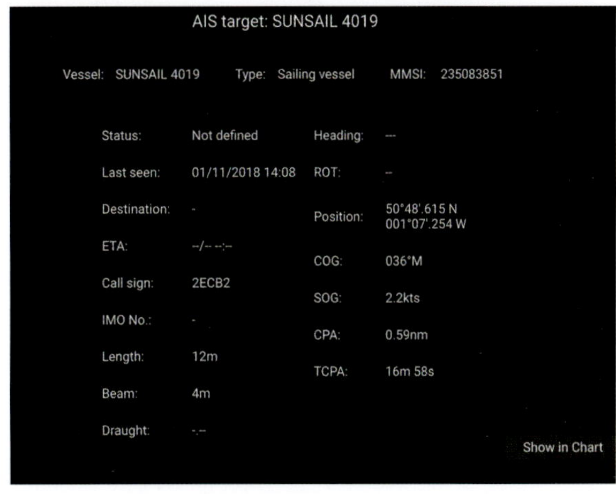

▲ *… noch nähere Details dieses Fahrzeugs preisgibt.*

Navigationslichter, Signalkörper und Schallsignale

Meiner Meinung nach muss man alle Lichter, Signalkörper und Schallsignale kennen, unabhängig davon, ob man Freizeitskipper, Yachtmaster oder Kapitän eines Supertankers ist. Außerdem ist es interessant und wer weiß, ob Sie die Kenntnis der Signalkörper eines Schleppverbandes von über 200 Metern Länge nicht eines Tages davor bewahrt, in genau diesen hineinzusegeln.

Navigationslichter

Es gibt Rundumlichter und Lichter, die nur in einem bestimmten Sektor abstrahlen, wie beispielsweise die roten und grünen Seitenlichter, das weiße Hecklicht und das weiße Dampferlicht, die alle von oder bis 22,5° achterlicher als querab scheinen.
Dadurch kann man die Ausrichtung des Fahrzeugs erkennen. Mit zusätzlichen Rundumlichtern werden zudem die speziellen Aufgaben eines Fahrzeugs oder seine eingeschränkte Manövrierfähigkeit angezeigt.

Signalkörper

Signalkörper werden bei Tag gesetzt und haben eine ähnliche Aufgabe wie die Navigationslichter bei Nacht.

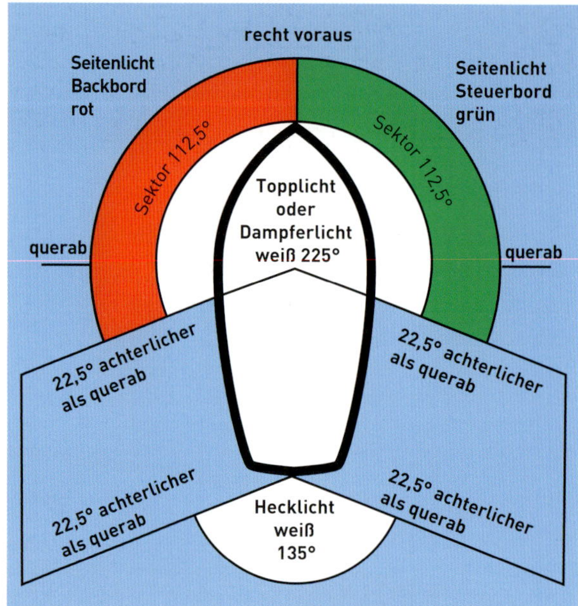

▲ *Navigationslichter und ihre Sektoren.*

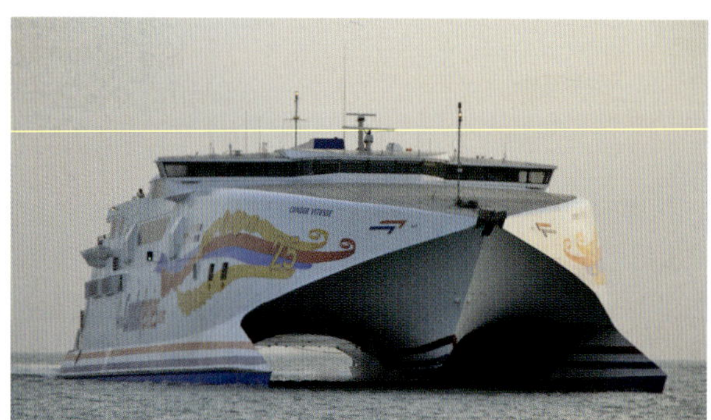

▲ *Maschinenfahrzeug über 50 Meter Länge.*

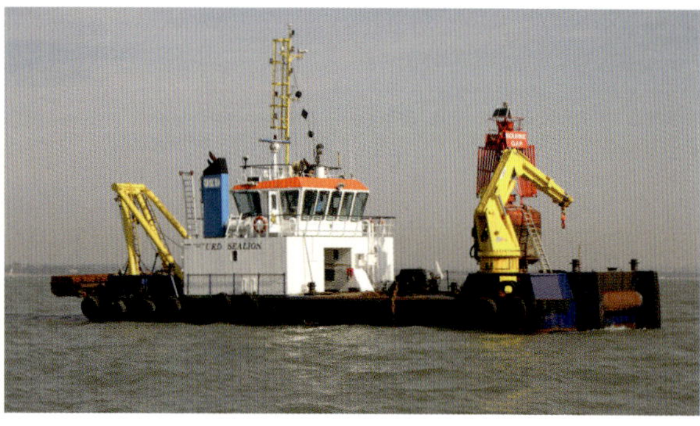

▲ *Manövrierbehindertes Fahrzeug.*

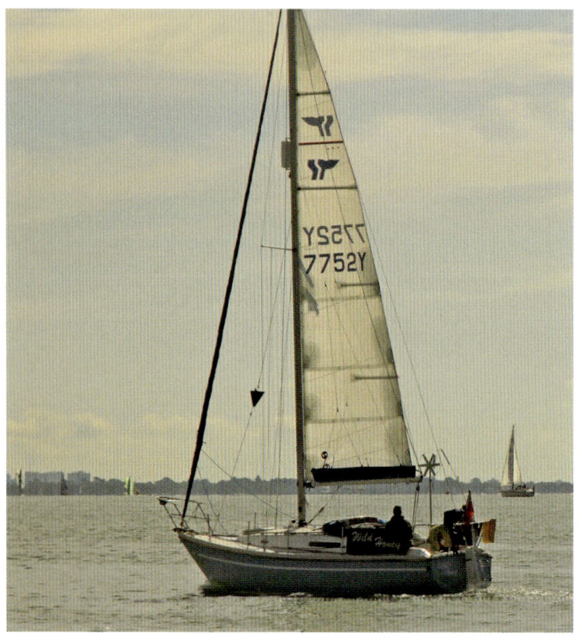

◀ *Der schwarze Kegel zeigt, dass dieses Segelfahrzeug mit Maschine fährt und daher Maschinenfahrzeug ist.*

Scannen Sie diesen QR-Code, um ein PDF über alle Navigationslichter und Signalkörper gemäß KVR zu sehen.

Schallsignale

Schallsignale zeigen ebenfalls an, wo sich ein Fahrzeug befindet oder was es beabsichtigt. Ein kurzer Ton dauert ungefähr eine Sekunde an und ein langer Ton ungefähr vier bis sechs Sekunden.

Schallsignale für Fahrzeuge in Sicht:

FAHRZEUGE MIT SICHT ZUEINANDER

Signal	Bedeutung
▬	Ich ändere meinen Kurs nach Steuerbord.
▬ ▬	Ich ändere meinen Kurs nach Backbord.
▬ ▬ ▬	Ich arbeite rückwärts.
▬ ▬ ▬ ▬ ▬	Ich verstehe Ihre Absicht nicht.

Weiße Lichtsignale zu den Schallsignalen:

- Ein kurzes Lichtsignal: Ich ändere meinen Kurs nach Steuerbord.
- Zwei kurze Lichtsignale: Ich ändere meinen Kurs nach Backbord.
- Drei kurze Lichtsignale: Ich arbeite rückwärts.
- Fünf kurze Lichtsignale: Ich verstehe Ihre Absicht nicht.

SCHALLSIGNALE IN ENGEN FAHRWASSERN

Signal	Bedeutung
▬▬▬	Bei Annäherung an eine Krümmung verdeckter Sicht. mit
▬▬▬ ▬▬▬ ▬	Ich beabsichtige, Sie an ihrer Steuerbordseite zu überholen.
▬▬▬ ▬▬▬ ▬ ▬	Ich beabsichtige, Sie an Ihrer Backbordseite zu überholen.
▬▬▬ ▬ ▬▬▬ ▬	Zustimmung.
▬ ▬ ▬ ▬ ▬	Ich verstehe Ihre Absicht nicht.

Schallsignale bei verminderter Sicht:

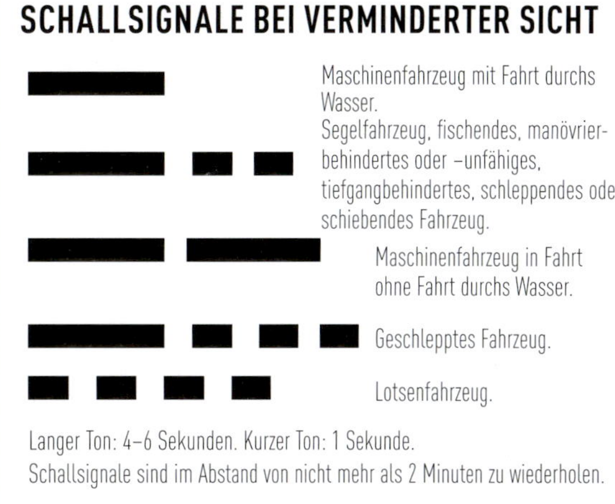

SCHALLSIGNALE BEI VERMINDERTER SICHT

Signal	Bedeutung
▬▬▬	Maschinenfahrzeug mit Fahrt durchs Wasser.
▬▬▬ ▬ ▬	Segelfahrzeug, fischendes, manövrierbehindertes oder -unfähiges, tiefgangbehindertes, schleppendes oder schiebendes Fahrzeug.
▬▬▬ ▬▬▬	Maschinenfahrzeug in Fahrt ohne Fahrt durchs Wasser.
▬▬▬ ▬ ▬ ▬	Geschlepptes Fahrzeug.
▬ ▬ ▬ ▬	Lotsenfahrzeug.

Langer Ton: 4–6 Sekunden. Kurzer Ton: 1 Sekunde.
Schallsignale sind im Abstand von nicht mehr als 2 Minuten zu wiederholen.

EIN FAHRZEUG BEI VERMINDERTER SICHT VOR ANKER

Unter 100 m Länge:
- muss jede Minute 5 Sekunden lang die Glocke rasch läuten.

Über 100 m Länge:
- muss jede Minute die Glocke 5 Sekunden lang auf dem Vorschiff läuten und unmittelbar danach auf dem Achterschiff etwa 5 Sekunden lang den Gong rasch schlagen.

EIN FAHRZEUG BEI VERMINDERTER SICHT AUF GRUND

Unter 100 m Länge:
- muss zusätzlich 3 scharf voneinander getrennte Glockenschläge vor und nach dem Glockensignal von 5 Sekunden Dauer pro Minute geben.

Über 100 m Länge:
- muss zusätzlich 3 voneinander getrennte Glockenschläge vor und nach dem Glockensignal von 5 Sekunden Dauer pro Minute auf dem Vorschiff geben und dann auf dem Achterschiff ca. 5 Sekunden lang den Gong rasch schlagen.

Ein weiteres wichtiges Signal ist das Flaggensymbol »Alpha«, das an einem Boot anzeigt, dass sich ein Taucher im Wasser befindet. Reduzieren Sie in diesem Fall die Geschwindigkeit, und halten Sie sich frei.

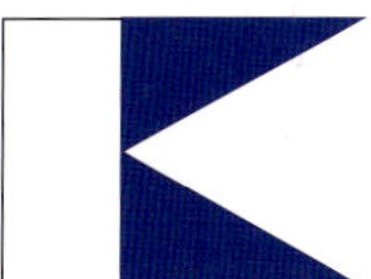

▶ *Flagge »Alpha« für den Buchstaben A, auch Taucherflagge genannt.*

Ich persönlich verwende diese Merktafel. Auf der Vor- und Rückseite befinden sich sämtliche Navigationslichter und Signalkörper gemäß den internationalen KVR.

▼ *Die Merktafel »Lights, Shapes and Signals at a Glance« von Westview Sailing und Keith Bater.*

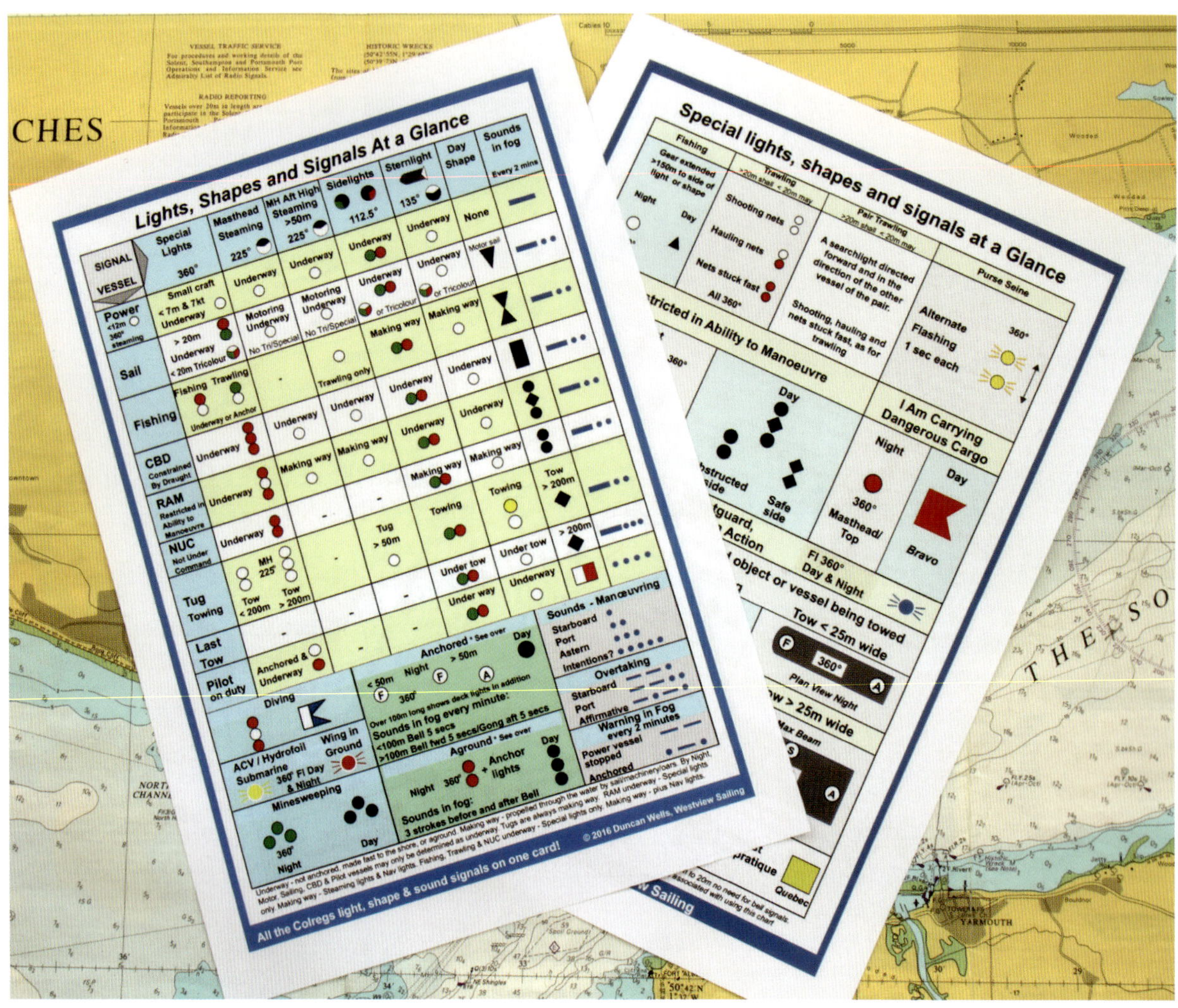

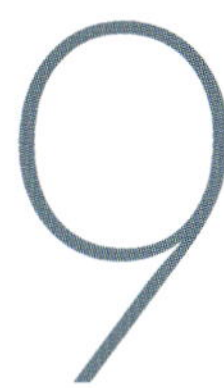

Wetterkunde

Ohne Wettervorhersage begibt man sich nicht auf See. Heutzutage kann man Vorhersagen über Handy, Computer, Tablet oder direkt am Kartenplotter erhalten, welche Windrichtung und Windstärke für die kommenden Stunden und Tage anzeigen.

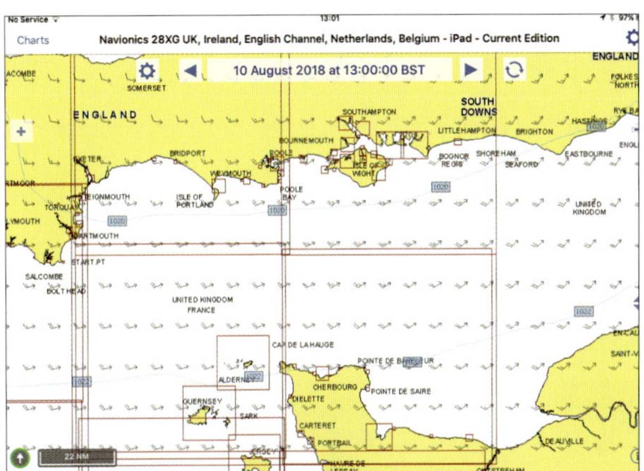

Die meisten Vorhersagemodelle geben Durchschnittswerte an und manchmal zu geringe Windgeschwindigkeiten. Vergleicht man die Apps miteinander, bekommt man gleichzeitig einen wunderbaren Überblick über das Wettergeschehen.
Alternativ kann man die Vorhersage anhand einer Wetterkarte auch selbst erstellen.

Die Sonne erwärmt die Erdoberfläche, und die Luft an der Oberfläche steigt auf. Dadurch sinkt der Luftdruck. Die aufsteigende Luft kühlt in der Höhe ab und sinkt an anderer Stelle wieder zurück auf die Oberfläche. Dort steigt der Luftdruck. Das Wetter wird also stark durch unterschiedlichen Luftdruck verursacht.

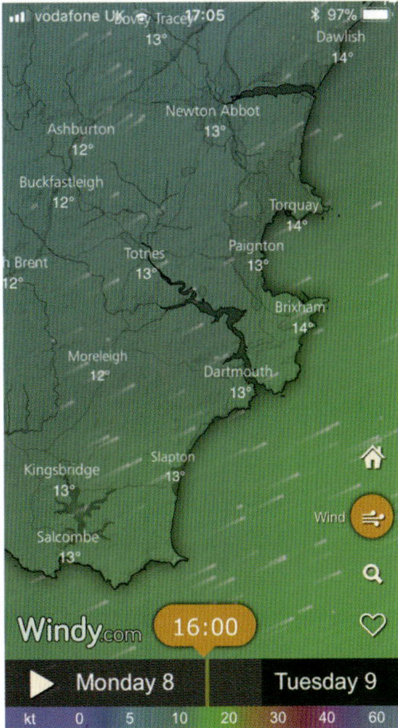

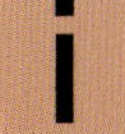

ALLGEMEINE WETTERREGELN

- Warme Luft steigt auf.
- Warme Luft dehnt sich aus, sodass sie eine geringere Dichte hat und damit der Luftdruck fällt.
- Kalte Luft sinkt ab.
- Kalte Luft hat eine höhere Dichte und führt zu höherem Luftdruck.
- Warme Luft kann mehr Feuchtigkeit aufnehmen als kalte Luft.
- Warme, aufsteigende Luft kühlt ab.
- Durch Abkühlung unter die sog. Taupunkttemperatur kondensiert die Feuchtigkeit in Form von Wolken.
- Bei weiterer Abkühlung fällt das kondensierte Wasser als Regen oder Hagel zur Erde.
- Kalte Luft bewegt sich schneller als warme Luft.
- Der Wind weht von einem Hochdruckgebiet zu einem Tiefdruckgebiet, wird aber durch die Corioliskraft und die Reibung an der Erdoberfläche zur Seite abgelenkt, sodass die Windrichtung nahezu parallel zu den Isobaren verläuft. Der durch Luftdruckunterschiede hervorgerufene Wind wird Gradientwind genannt.
- Wind wird immer mit der Richtung angegeben, aus der er kommt. Bei Nordwind weht der Wind also aus Nord.

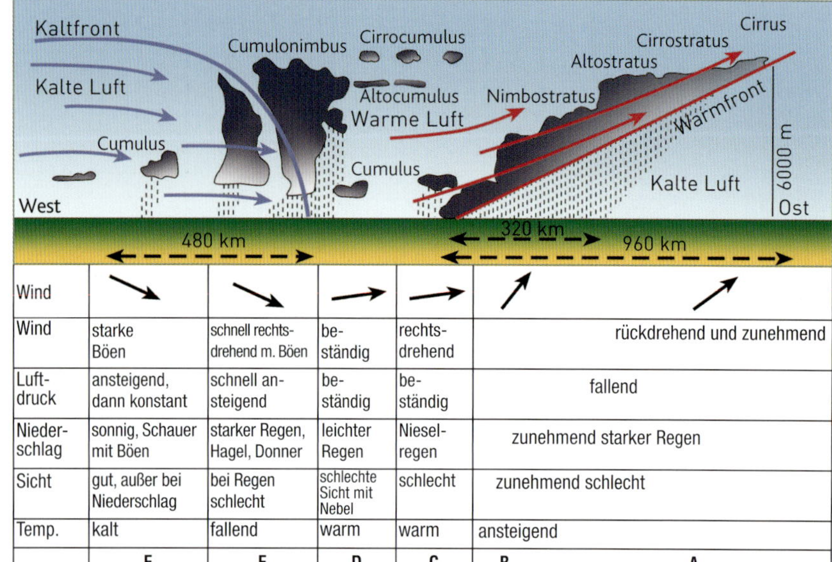

	F	E	D	C	B	A
Wind						
Wind	starke Böen	schnell rechtsdrehend m. Böen	beständig	rechtsdrehend	rückdrehend und zunehmend	
Luftdruck	ansteigend, dann konstant	schnell ansteigend	beständig	beständig	fallend	
Niederschlag	sonnig, Schauer mit Böen	starker Regen, Hagel, Donner	leichter Regen	Nieselregen	zunehmend starker Regen	
Sicht	gut, außer bei Niederschlag	bei Regen schlecht	schlechte Sicht mit Nebel	schlecht	zunehmend schlecht	
Temp.	kalt	fallend	warm	warm	ansteigend	

▶ *Durchzug eines Tiefdruckgebiets.*

▼ *Die Buchstaben in dieser Wetterkarte zeigen die Wetterphänomene während des Durchzugs eines Tiefdruckgebiets an.*

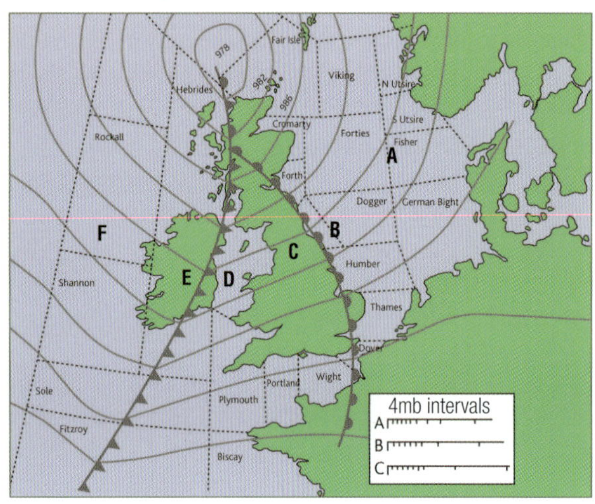

TEMPERATURGRADIENT

Der Adiabatische Temperaturgradient bezeichnet die Abkühlung aufsteigender Luft. Trockene Luft kühlt alle 1.000 Meter um 10 °C ab, feuchte oder gesättigte Luft kühlt dagegen nach 1.000 Meter Höhe nur um 5,5 °C ab.

Trockene Luft hält Feuchtigkeit so, dass sie nicht sichtbar ist.

Gesättigte Luft gibt kondensierte Feuchtigkeit in Form von Wolken, Nebel oder Regen ab.

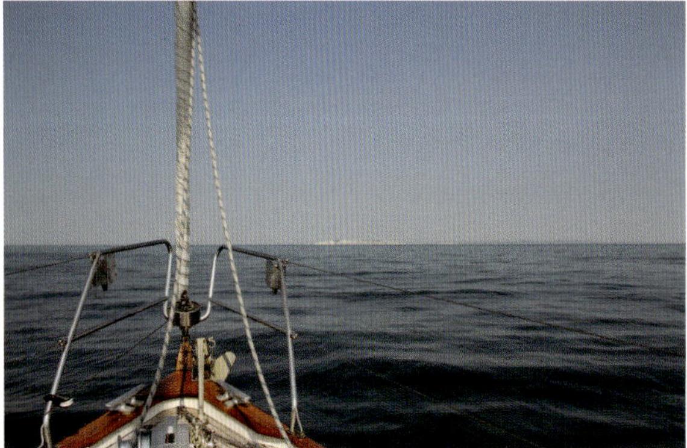

▲ *Sonniger Tag – absinkende, kalte Luftmassen*

Wetterphänomene

Sonnig

Ein sonniger Tag ist das Ergebnis von kalter, absinkender Luft – Hochdruck. Bei kalter, absinkender Luft ist der Himmel klar, und die Sonne kann den Boden erwärmen. Das Ergebnis ist ein warmer, sonniger Tag. Nachts kühlt es allerdings schnell ab, und man spürt die Kälte der absinkenden Luftmassen.

Bewölkt, regnerisch

Ein wolkiger, regnerischer Tag ist das Ergebnis von warmer und feuchter aufsteigender Luft – Tiefdruck.

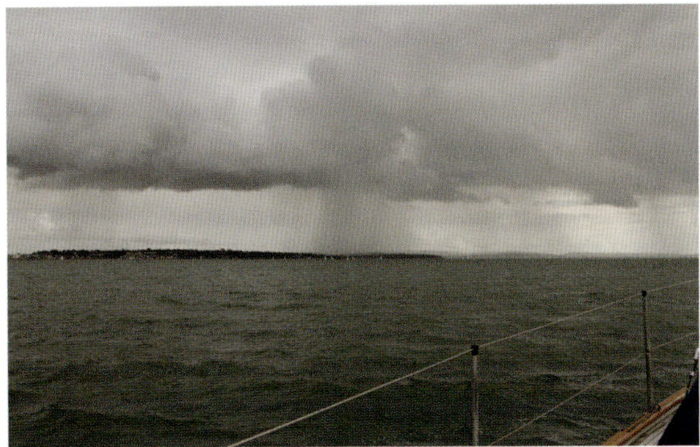

▲ *Warmluft steigt auf und kondensiert zur Regenwolke.*

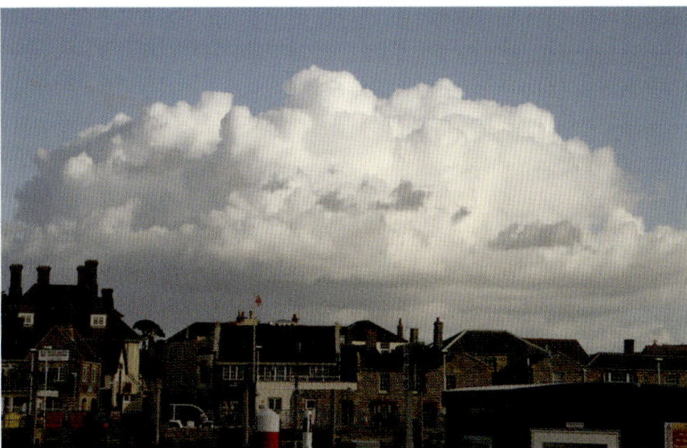

▲ *Wolke an einem sonnigen Tag.*

Warme, feuchte Luft steigt auf und kühlt ab. Die Feuchtigkeit kondensiert zu Wolken. Kühlt die Luft weiter ab und unterschreitet den Taupunkt, bilden sich Regentropfen oder sogar Eiskristalle. Nachts kann der Boden die Wärme wegen des bedeckten Himmels nicht so abstrahlen wie bei klarem Himmel. Bei bedecktem Himmel wird die warme, aufsteigende Luft gehalten, und die Nacht ist nicht so kalt.

Bewölkt und sonnig

Bei Wolken an einem sonnigen Tag hat die Sonne den Boden erwärmt, warme Luft ist aufgestiegen, hat sich dann abgekühlt und ist zu einer Wolke kondensiert.

Wolken und ihre Bedeutung

Cirrus

Cirruswolken sind die höchsten Wolken. Die ausgefransten Ränder werden durch Eiskristalle hervorgerufen, die von starken Winden verweht werden. Cirren, auch Federwolken genannt, sind sehr hoch, sodass es dort auch sehr kalt ist. Sie kündigen stets ein nahendes Tiefdruckgebiet an.

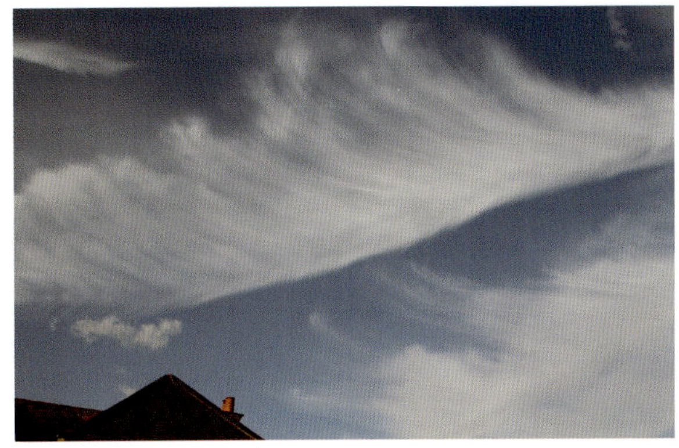

▲ *Cirruswolke.*

Cumulus

Das ist die klassische Schäfchenwolke oder Quellwolke. Sie wird durch warme, von der Sonne erhitzte, aufsteigende Luft gebildet, die in größerer Höhe abkühlt und zu einer Wolke kondensiert. Cumuluswolken bilden sich bei Hochdrucklagen, wenn genügend kalte Luft auf der Erdoberfläche liegt, die durch die Sonneneinstrahlung erwärmt wird, aufsteigt und zu Cumuluswolken kondensiert.

Stratus

Das ist eine Schichtwolke, die im Gegensatz zu Cirren oder Cumuluswolken nicht abgegrenzt ist, sondern als ausgedehnter Hochnebel alles bedeckt.

Nimbus

Nimbus bedeutet Regen. Steht man unter einer tiefen Schicht Regenwolken, Nimbostratus genannt, wird man einen Regenschirm benötigen. Sie stehen im Zusammenhang mit einem Tiefdruckgebiet, wenn warme, aufsteigende Luft mit Erreichen des Taupunkts zu Wolken und Regen kondensiert.

Cumulonimbus

Das sind die Sturmwolken vor einer Kaltfront, die ein geschlossenes System mit warmer, aufsteigender Luft im Inneren und kalter, absinkender Luft an den Rändern bilden. Flugzeuge meiden Cumulonimbuswolken aufgrund der heftigen Auf- und Abwinde. Cumulonimbus-Wolken bringen Gewitter mit Blitz und Donner.

Warm- und Kaltfront

In einem Tiefdruckgebiet, auch Depression oder Zyklone genannt, steigt warme Luft auf, Winde füllen das

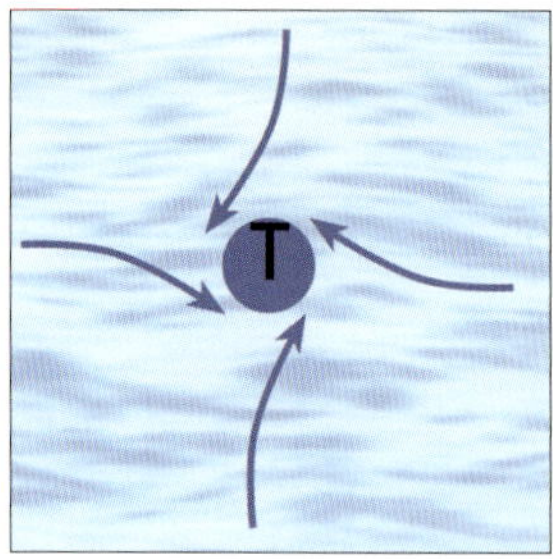

▲ *Tief: Warme Luft steigt auf, Wind konvergiert.*

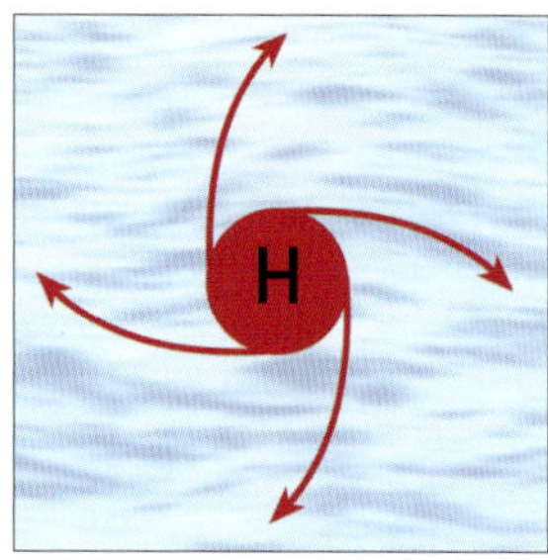

▲ *Hoch: Kalte Luft sinkt ab, Wind divergiert.*

Tief und strömen zusammen. In einem Hoch, auch Antizyklone genannt, sinkt kalte Luft ab und fließt seitlich ab, man sagt sie divergiert. Der Schlüssel zur Wettervorhersage ist, die Informationen aus den Wetterkarten mit den eigenen Beobachtungen am Himmel und dem fortwährend gemessenen Luftdruck in Einklang zu bringen.

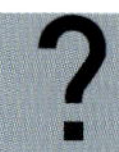

EIN HOF UM SONNE ODER MOND?

Dieses Phänomen entsteht durch die Eiskristalle in hohen Cirruswolken, an denen das Licht gebrochen wird. Es mag schönes Wetter herrschen, aber ein Tief ist im Anmarsch.

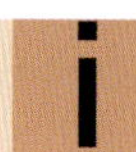

CORIOLISKRAFT

Warum wehen Winde auf der Nordhalbkugel gegen den Uhrzeigersinn um ein Tiefdruckgebiet und auf der Südhalbkugel im Uhrzeigersinn? Der Grund dafür ist die Corioliskraft.

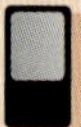

Scannen Sie diesen QR-Code, um ein Video über die Wirkung der Corioliskraft zu sehen.

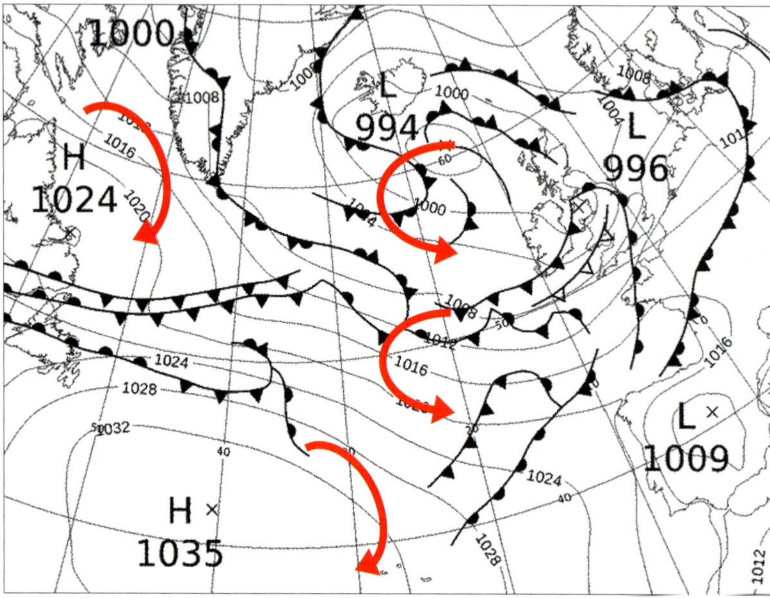

Isobaren

- Enge Isobaren: starker Wind und Regen
- Größerer Abstand zwischen den Isobaren: sonniges Wetter, schwächerer Wind

Selbst beim Durchzug eines Tiefs kann sich die Sonne zeigen, nämlich dort, wo die Isobaren größeren Abstand haben.

◀ *Der Wind weht auf der Nordhalbkugel gegen den Uhrzeigersinn um ein Tief und im Uhrzeigersinn um ein Hoch. Auf der Südhalbkugel ist es genau umgekehrt.*

Der Wind weht nicht genau in Richtung der Isobaren, sondern wird abgelenkt. Man kann die Windstärke am Abstand der Isobaren zueinander messen. Dieser Abstand im entsprechenden Maßstab kann an der Skala der Breitengrade direkt als Windgeschwindigkeit in Knoten abgelesen werden.

Okklusion

Kalte Luftmassen bewegen sich schneller fort als warme. Warme Luft hat mehr Feuchtigkeit aufgenommen. Zieht eine Kaltfront über eine Warmfront, spricht man von einer Okklusion. Dabei schließen sich die Halbkreis-Symbole der Warmfront und die Spitzen der Kaltfront auf der Wetterkarte wie ein Reißverschluss. Vor der Warmfront befindet sich kalte Luft und die kalte Luft der anrückenden Kaltfront drückt die warme, dazwischen eingeschlossene Luft nach oben. Dabei kühlt sie ab und kondensiert zu Wolken, mit Erreichen des Taupunktes fällt Regen. Es gibt zwei Arten von Okklusions-Wetterlagen: eine Warmfront, bei der die kalte Luft vor der Front wärmer ist als die Luft dahinter und eine Front, bei der es genau umgekehrt ist. Regnen wird es in beiden Fällen.

Wetterphänomene und Windrichtung (Nordhalbkugel)	
Warmfront	Vor der Front dreht der Wind nach links, bei Durchzug der Front nach rechts, und er nimmt an Stärke zu.
Zwischen zwei Fronten	Windrichtung bleibt gleich.
Kaltfront	Beim Durchzug der Front dreht der Wind stark nach rechts.
Okklusion	Der Wind dreht beim Durchzug der Front nach rechts.
Land und Wasser	Über dem Wasser wird der Wind aufgrund von Reibung um 15° nach links abgelenkt, über Land sind es sogar 30°.
Konvergenz	Weht der Wind parallel zur Küste und liegt das Meer auf der linken Seite, erhöht sich die Windgeschwindigkeit durch Konvergenz. Der Wind fließt zusammen, da er über dem Land stärker (30°) nach links abgelenkt wird als über dem Meer (15°).
Divergenz	Weht der Wind parallel zur Küste und liegt das Land auf der linken Seite, wird er abgeschwächt. Der Wind fächert sich weiter auf, er divergiert, da er über dem Land stärker (30°) nach links abgelenkt wird als über dem Meer (15°).

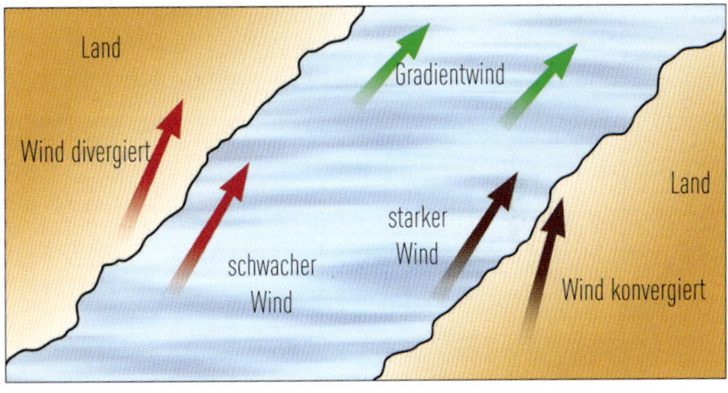

▲ *Konvergierende und divergierende Küstenwinde.*

Die Buys-Ballot-Regel

Das Barische Windgesetz, auch Buys-Ballot-Regel genannt, besagt, dass man mit dem Wind im Rücken das Tief auf seiner linken und das Hoch auf seiner rechten Seite hat. Das gilt für die nördliche Hemisphäre, auf der Südhalbkugel ist es genau umgekehrt.

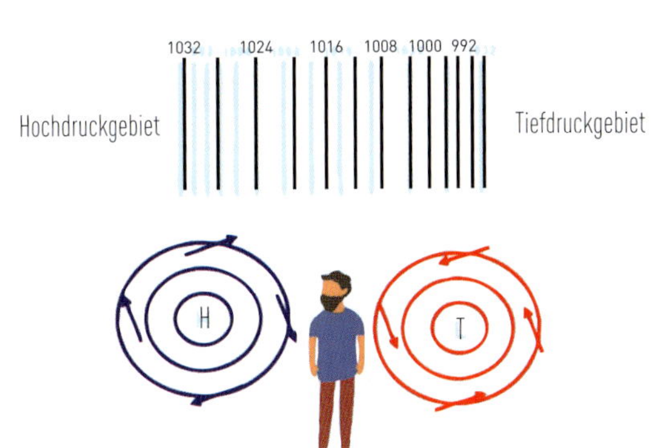

▲ *Das Barische Windgesetz.*

Jetstream

Befindet sich der Jetstream

- nördlich von Großbritannien, zieht er warme, mediterrane Luftmassen nach oben, und das Wetter ist überdurchschnittlich warm.

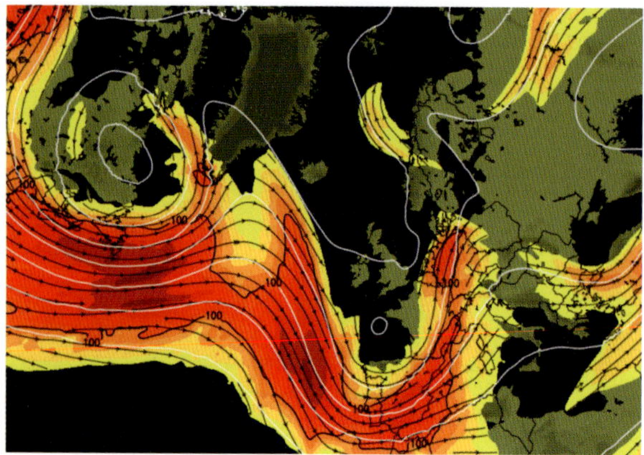

▲ *Jetstream mit kalter Polarluft südlich Großbritanniens.*

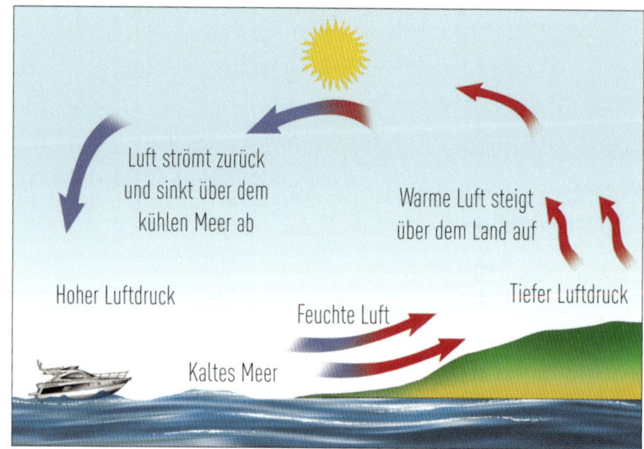

▲ *Seewind.*

- südlich von Großbritannien, bringt er kalte Polarluft, und die Temperaturen sind kälter als im Durchschnitt.
- direkt über den Britischen Inseln, verstärkt er die vorhandenen Tiefdruckgebiete, da er die warme Luft zusätzlich nach oben saugt, was zu windigem und nassem Wetter führt.

Seewind

Das Land erhitzt sich schneller und kühlt auch schneller ab als das Meer. Die Sonne erwärmt das Land. Die Luft steigt auf, und es entsteht niedriger Luftdruck über dem Land. Die kalte Luft über dem Meer, die einen höheren Luftdruck hat als die aufsteigende Luft über dem Land, weht auf das Land zu. Die aufsteigende warme Luft zieht in größerer Höhe hinaus über das Meer, kühlt ab und sinkt, wodurch sich der Luftdruck über dem Meer erhöht. Dieser Kreislauf endet erst, wenn die Wärmequelle versiegt, also die Sonne untergeht.

Landwind

Nach Sonnenuntergang kühlt das Land schnell ab. Jetzt ist das Meer wärmer als das Land, und der Kreislauf dreht sich um.

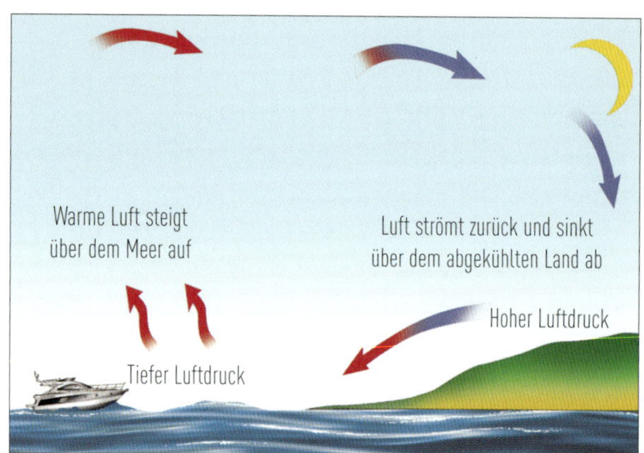

▲ *Nächtlicher Landwind.*

Querwindregel

Stellt man sich mit dem Rücken zum Bodenwind und zieht der Höhenwind oder die Wolken von links nach rechts, befindet man sich vor einem Tief, und das Wetter wird sich verschlechtern. Ziehen die Wolken dagegen von rechts nach links, wird sich das Wetter verbessern. Man befindet sich bereits hinter dem Tief. Auf der Südhalbkugel ist es genau umgekehrt.

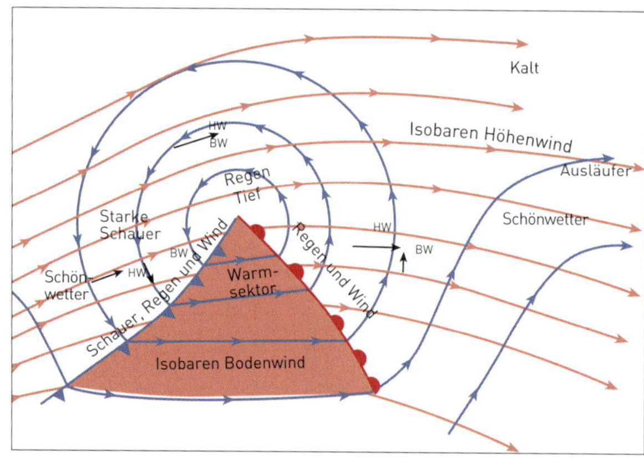

▲ *Querwindregel.*

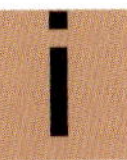

WINDDREHER

Die vorhergesagte Windrichtung bleibt in der Regel nicht konstant. Ändert sich bei einem Nordwind die Windrichtung auf Nordwest, wird dieser Winddreher als rückdrehend oder linksdrehend bezeichnet. Ändert sich die Windrichtung dagegen auf Nordost, also im Uhrzeigersinn, wird diese Winddrehung als rechtsdrehend bezeichnet.

Wind und Gezeitenstrom

Weht der Wind in entgegengesetzter Richtung zum Gezeitenstrom, entsteht kurzer, unangenehmer Seegang. Verlaufen Wind und Gezeitenstrom dagegen in die gleiche Richtung, sind die Wellen langgezogen und flach.

Wind auf See

Die Luftströmung des Windes schiebt das Wasser erst zu kleinen, dann zu größeren Wellen, abhängig von der Windwirkstrecke (Fetch) – der Distanz, die der Wind auf das Wasser einwirken kann. Zu hoher Wellenbildung trägt auch stark ansteigender Meeresgrund bei, der zusammen mit starkem Wind zu brechenden Seen wie an einem Strand führen kann. Ein Beispiel dafür ist die Biskaya, wo eine tausende Meilen lange Windwirkstrecke und ansteigender Meeresgrund zu besonders hohen Wellen führen können. An ruhigen Tagen kann man Windfelder auf dem Wasser an der dunkleren Färbung durch die kleinen Wellen erkennen. Die Windrichtung ist immer rechtwinklig zu den Wellenkämmen.

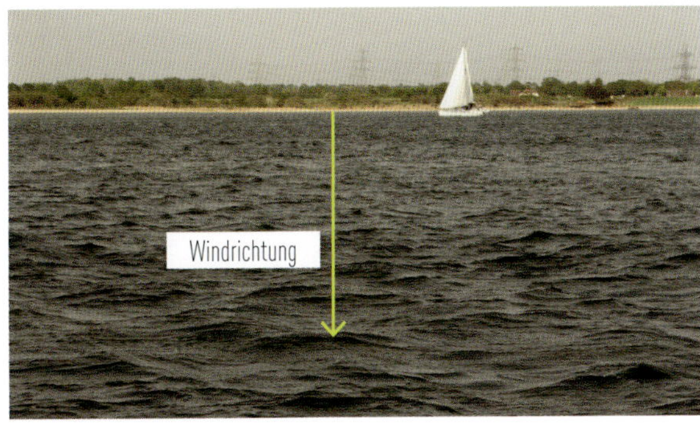

▲ *Die Richtung des Windes ist am Wellenbild erkennbar.*

Seewetterbericht

An vielen Küsten wird ein Seewetterbericht über Funk in Landessprache und auf Englisch gesendet. Er wird gewöhnlich zuvor auf Kanal 16 mit dem Hinweis angekündigt, auf welchem Kanal die Ausstrahlung erfolgt. Dabei sollte man folgende englischen Begriffe kennen:

ANGABEN IM WETTERBERICHT UND IHRE BEDEUTUNG		
Zeitangaben Timing	bevorstehend	In den nächsten 6 Stunden*
	bald	In 6–12 Stunden*
	später	In 12–24 Stunden
Windstärke	In Beaufort zwischen Stärke 1 und 12 angegeben	
Seegang	ruhig, leicht bewegt, mäßig bewegt, grobe See, sehr grobe See	
Wetter	Dunst, Nebel, Schauer, Regen, Schönwetter	
Sicht	gut	über 5 Seemeilen
	mäßig	2–5 Seemeilen
	schlecht	1000 Meter – 2 Seemeilen
	sehr schlecht	unter 1000 Meter
Luftdruck**	gleich bleibend	Änderung unter 0,1 mb
	langsam steigend / fallend	Änderung 0,1–1,5 mb
	steigend / fallend	Änderung 1,6–3,5 mb
	schnell steigend / fallend	Änderung 3,6–6 mb
	sehr schnell steigend / fallend	Änderung über 6 mb
*Die Zeitangaben beziehen sich nicht auf den Moment der Ausstrahlung, sondern ab wann der Wetterbericht Gültigkeit hat.		
**Änderungen des Luftdrucks innerhalb von 3 Stunden. Eine starke Änderung von 6 mb in 3 Stunden hat einen starken Wind von 6 Beaufort zur Folge.		

Nebel

Bei warmer Luft über einer kalten Oberfläche entsteht Nebel.

Advektionsnebel: warme Luft über dem kalten Meer – vom Wind verteilt.

Strahlungsnebel: warme Luft über kaltem Land – von der Sonne aufgelöst.

Die Beaufortskala

0	Windstille	0 Knoten
1	leiser Zug	1–3 Knoten
2	leichte Brise	4–6 Knoten
3	schwache Brise	7–10 Knoten
4	mäßige Brise	11–16 Knoten
5	frische Brise	17–21 Knoten
6	starker Wind	22–27 Knoten
7	steifer Wind	28–33 Knoten
8	stürmischer Wind	34–40 Knoten
9	Sturm	41–47 Knoten
10	schwerer Sturm	45–55 Knoten
11	orkanartiger Sturm	56–63 Knoten
12	Orkan	> 64 Knoten

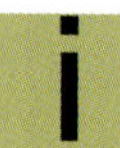

FACHBEGRIFFE

- Isobare – Linie gleichen Luftdrucks
- Gradientwind – durch Hoch- und Tiefdruck verursachter Wind
- Steigender Luftdruck – eine Front löst sich auf, das Wetter wird besser
- Sinkender Luftdruck – eine Front verstärkt sich, das Wetter wird schlechter

20 Navigation auf Sicht

In Küstennähe ist die terrestrische Navigation von Bedeutung, bei der man unterschiedliche, in Sicht befindliche Objekte nutzt, um sicher ans Ziel zu gelangen.

Grundlagen

Seezeichen identifizieren

Vergewissern Sie sich immer anhand der Karte, welches Seezeichen Sie sehen. Beobachten Sie nachts die Kennung der Leuchtfeuer über mehrere Sequenzen hinweg, sodass Sie sie eindeutig auf der Karte oder dem Plotter identifizieren können.

Deckungspeilung

Mit Peilungen kann man schnell feststellen, wo und auf welchem Kurs man sich relativ zum Land befindet.

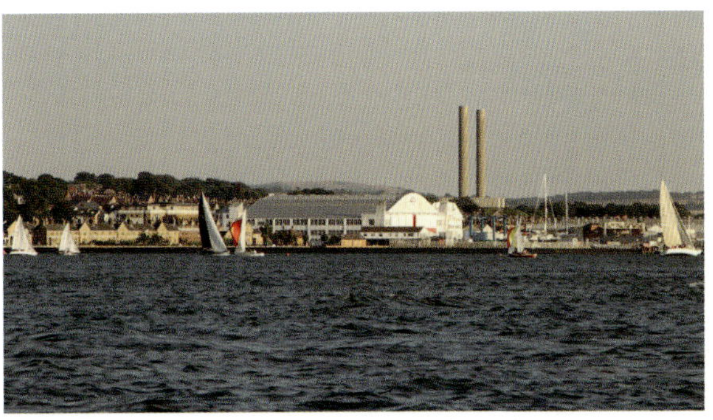

▲ *Segelt man über die Deckungspeilung der beiden Schornsteine hinaus, kann man die Untiefen sicher passieren.*

▼ *Die Peilungen von Bord und auf der Karte stimmen mit der elektronischen Seekarte überein. Sie befinden sich irgendwo auf der rechtweisenden Linie mit 273°T.*

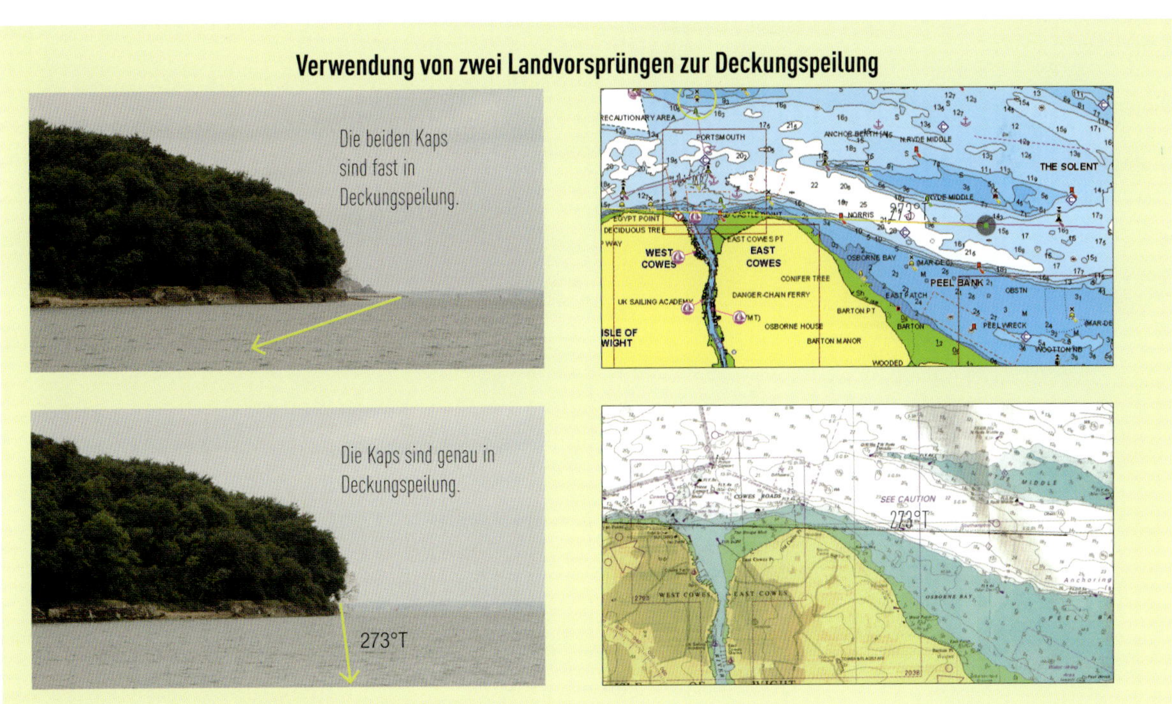

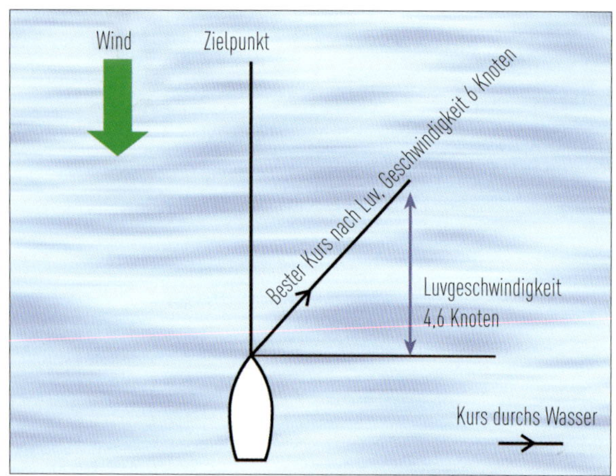

▲ *Gutgemachte Geschwindigkeit (VMG).*

Gutgemachte Geschwindigkeit VMG

VMG steht für »velocity made good« und gibt die Geschwindigkeit an, mit der man sich einem Ziel nähert, wenn man beispielsweise nicht direkt auf das Ziel zuhalten kann, sondern kreuzen muss.

Aufkreuzen

Allzu oft liegt das Ziel gegen die Windrichtung, sodass man kreuzen muss. Bleiben Sie dabei am besten in einem Sektor von 15° beiderseits der direkten Linie zum Zielpunkt.

Wenden an der Sektorbegrenzung

Legen Sie die Peilungen mit 15° beiderseits der direkten Linie zum Zielpunkt fest, an denen Sie wenden müssen, um im Sektor zu bleiben. Achten Sie aber auch auf mögliche Gefahrenstellen in diesem Sektor, und schränken Sie ihn gegebenenfalls entsprechend ein.

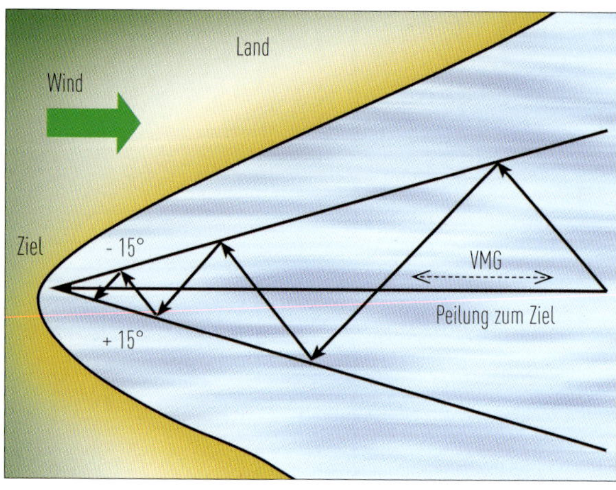

▲ *Wenden Sie an den Sektorbegrenzungen.*

Peilung voraus

Peilt man ein in der Karte verzeichnetes Objekt voraus, notiert man sich die Peilung und die nötige Kursänderung, wenn die Peilung größer oder kleiner wird.

Peilung nach achtern

Bei Peilungen nach achtern geht man genauso vor. Es kann etwas verwirrend sein, zu welcher Seite man den Kurs ändern muss, wenn sich die Peilung ändert. Am besten macht man sich eine Skizze.

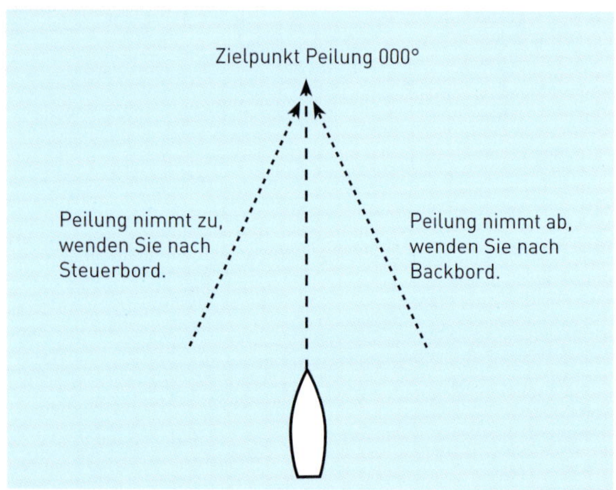

▲ *Peilung zu einem Zielpunkt voraus.*

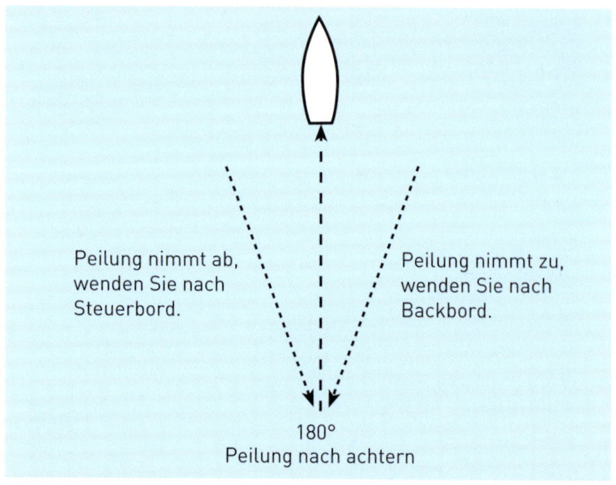

▲ *Kursänderung bei auswandernder Peilung achteraus.*

DAS ROADBOOK

Colin Jarman, Garth Cooper und Dick Holness haben in dem Törnführer East Coast Pilot mit der sogenannten »Rolling Road« eine hervorragende Methode beschrieben, wie man sich die Seezeichen entlang einer Route notieren kann. Dabei kommt es gar nicht auf die exakte Beschreibung der Seezeichen an, aber man muss die Peilung und Entfernung von einem Seezeichen zum nächsten genau angeben sowie die Kennung der Befeuerung, damit man eines nach dem anderen beim Passieren abhaken kann.
In diesem Beispiel führt die Route in den Langstone Harbour und dort in die Southsea Marina, wobei sich der Kurs um mehr als 180° ändert.

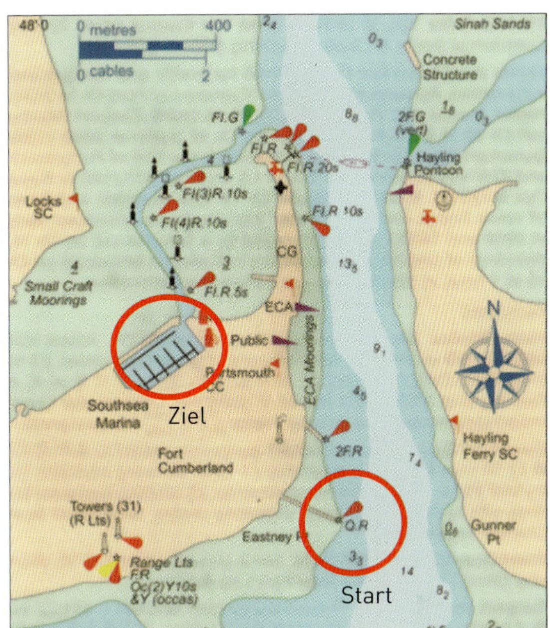

▶ *Die Karte zeigt die zu passierenden Bojen an.*

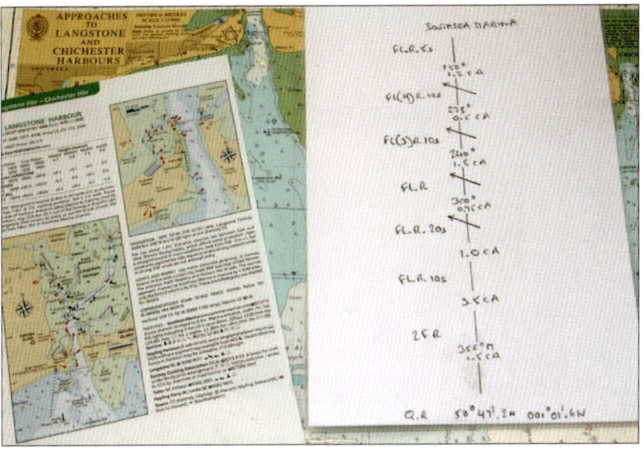

▶ *Für ein Roadbook notiert man sich die Kursänderungen, Kurszahlen und Entfernungen in der richtigen Reihenfolge auf ein Blatt Papier.*
Die Missweisung beträgt lediglich 1°W und kann in diesem Fall vernachlässigt werden.

Die Notierung beginnt an der Einfahrt in den Langstone Harbour neben dem roten Funkelfeuer Q.R. auf Position 50°47,2'N und 001°01,6'W.
Das kann man natürlich auch mit einem Navigationsprogramm wie beispielsweise Dock to Dock machen. Man sollte jedes Seezeichen anklicken, um nähere Informationen zu erhalten und es leichter identifizieren zu können.

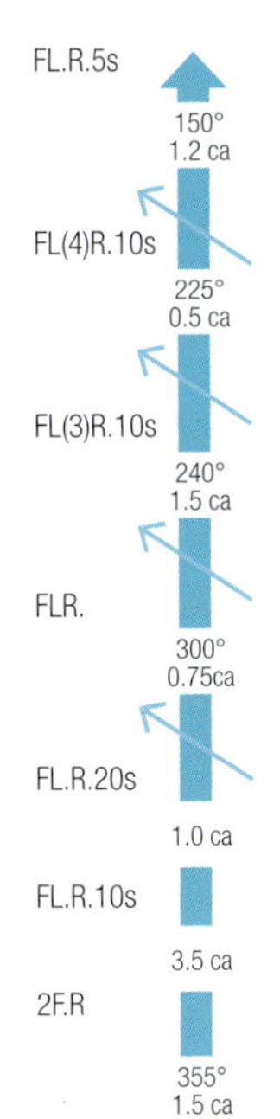

▶ *Die Annäherung an die Southsea Marina im Stil eines Roadbooks.*

Fahren Sie nicht über ein Seezeichen hinaus, ohne bereits das nächste ausgemacht zu haben. Vermeiden Sie es, unbekannte Häfen bei Nacht anzulaufen. Warten Sie auf See ab, drehen Sie bei oder ankern Sie, bis es hell wird. Binden Sie die Crew in das Geschehen mit ein, geben Sie jedem eine Aufgabe. Ein Crewmitglied kann Peilungen mit dem Kompass vornehmen, ein anderes das Echolot beobachten und ein weiteres Ausguck halten.

21 Törnplanung

Kartenplotter und Navigationsprogramme können eine komplette Route ausarbeiten. Bei manchen kann man dabei zwischen Großkreisroute und Kompasskurs wählen, viele Geräte rechnen die Gezeiten ein, einige geben sogar den optimalen Zeitpunkt an, wann man aufbrechen sollte. Zudem kann man Höchstwerte für die Windstärke und die Wellenhöhe eingeben, bei denen man unterwegs sein möchte, um den Törn so angenehm wie möglich zu machen.

▲ Routenplanung am Plotter mit Angaben zu Kursen und Entfernungen zwischen den Wegepunkten.

Man kann eine Route aber auch auf der Papierseekarte planen. Bei der Törnplanung geht es darum, vom Start bis zum Ziel nicht nur so sicher und effizient wie möglich, sondern auch so angenehm wie möglich unterwegs zu sein. Besonders die Gezeitenströme gilt es zu berücksichtigen, denn es macht keinen Spaß mit sechs Knoten gegen einen Strom von vier Knoten anzudampfen und dabei mit nur zwei Knoten über Grund voranzukommen. Da ist es viel angenehmer, mit dem Strom zu segeln und dabei zehn Knoten über Grund zu laufen.

Bestimmende Faktoren bei der Törnplanung

1. Gibt es Besonderheiten oder Einschränkungen beim Ablegen, wie eine Schleuse oder einen mindestens erforderlichen Wasserstand, um auslaufen zu können?

2. Gibt es ähnliche Besonderheiten oder Einschränkungen am Zielort?

3. Ist es aufgrund der Gezeiten erforderlich, zu einer bestimmten Zeit an einem bestimmten Ort zu sein,

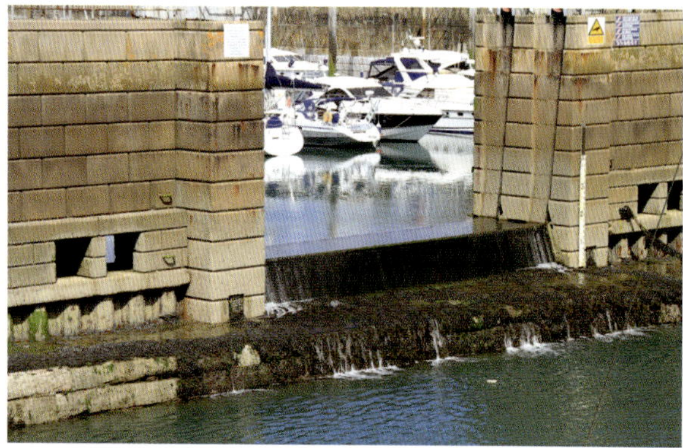

▲ *Wie lang wird man wohl noch warten müssen, bis man in diesen Gezeitenhafen wieder einlaufen kann?*

um den Gezeitenstrom ausnutzen zu können oder um Stromkabbelungen zu vermeiden? Das Alderney Race ist dafür ein gutes Beispiel. Kommt man zum HW Dover dort an, kann man mit dem Gezeitenstrom segeln, verpasst man den richtigen Zeitpunkt, hat man bis zu sieben Knoten Strom gegen sich. Dabei würde ich mit meinen üblichen sechs Knoten Fahrt rückwärts segeln und das macht keinen Spaß.

4. Stellen Sie fest, welche Ausweichhäfen und möglichen Schlupflöcher es entlang der Route gibt, falls die Bedingungen zu rau werden sollten.

5. Legen Sie fest, ab welchen See- und Windverhältnissen Sie und vor allem auch Ihre Mitsegler nicht mehr unterwegs sein wollen.

6. Holen Sie eine Wettervorhersage für die gesamte geplante Dauer des Törns ein.

7. Achten Sie auf die Richtungen von Strom und Wind zueinander. Strom gegen Wind erzeugt eine unangenehme, kurze See. Je länger dabei die Windwirkstrecke ist, desto höher baut sich der Wellengang auf. Der Wind allein macht einem Boot in der Regel nichts aus, die Windsee dagegen schon.

8. Führen Sie ausreichend Proviant, Wasser und Kraftstoff an Bord mit.

9. Schlechtes Wetter: Beim Küstensegeln kann man es meiner Meinung nach vermeiden, in schlechtes Wetter zu geraten, indem man im Hafen abwartet. Es ist absolut keine Schande, im Hafen eingeweht zu sein. Ein Törn bei mehr Wind muss gut geplant sein. Die Segel müssen gerefft werden, jeder an Bord benötigt warme Schwerwetterkleidung und eine Rettungsweste mit Lifeline. Das Boot muss aufgeklart und sturmfest gemacht, Essen muss vorbereitet werden, beispielsweise Suppe in Thermoskannen, denn bei starkem Seegang möchte niemand unter Deck kochen müssen.

10. Nebel: Verschlechtert sich die Sicht durch Nebel sollte man beachten:

- Die eigene Position bestimmen, bevor das Boot vom Nebel eingehüllt wird.
- Die Maschine starten und die Segel bergen.
- Jeder Mitsegler sollte sich an Deck aufhalten.
- Jeder Mitsegler sollte eine Rettungsweste anlegen.
- Die Navigationslichter und das Dampferlicht einschalten.
- Das UKW-Funkgerät einschalten. Große Schiffe melden oft ihre Position und ihre momentanen Sichtverhältnisse der Küstenwache.
- Das Radargerät einschalten.
- Das zutreffende Schallsignal geben.
- Flaches Wasser aufsuchen.

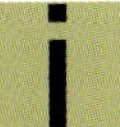

NAVIGATION BEI NACHT

Das Schöne an einem Törn bei Nacht ist, dass das Land überall beleuchtet ist. Alles ist viel klarer auszumachen. Aus dem am Tag undeutlichen Fleck an Steuerbord wird nachts ein nicht zu übersehendes grünes Funkelfeuer. An einem Containerschiff, das in offenem Wasser ausweichpflichtig ist, wenn es von Backbord kommt – ganz egal, ob man selbst segelt oder mit Maschine fährt –, kann man die kleine Kursänderung deutlich an den beiden Topplichtern erkennen, wenn das vordere genau unter das hintere wandert und man weiß, dass das Schiff hinter dem eigenen Heck passieren wird. Tagsüber ist das viel schwerer zu erkennen, es sei denn, dass man AIS an Bord hat.

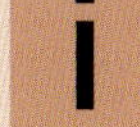

PRAKTISCHER TIPP: WARME GETRÄNKE

Füllen Sie Getränke wie Tee und Kaffee sowie Suppe nicht zu heiß in Thermoskannen ab. Schenkt man sie aus, sind sie sonst immer noch so heiß, dass sie niemand sofort trinken kann. Ein wärmendes Getränk soll genau das sein: wärmend und nicht brühend heiß. Zu heiße Getränke muss man erst abkühlen lassen. Das dauert bei einem Thermosbecher ewig, und auch bei einem normalen Becher dauert es noch sehr lange, bis man sie trinken kann.

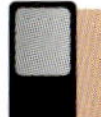

Scannen Sie diesen QR-Code, um ein Video über die Planung eines Törns von Hamble nach Jersey zu sehen.

22 Ankern

Der Schlüssel zu erfolgreichem Ankern ist, über ein gutes Grundgeschirr zu verfügen, die fünf Grundregeln beim Ankern zu berücksichtigen und genau zu wissen, wie viel Kette oder Trosse man gesteckt hat.

ANKER

Ausführung	Name	Vorteile	Nachteile	Ankergrund
Stockanker	Yacht- oder Admiralitätstanker	teils mit klappbaren Flunken, gut bei felsigem Grund und Seegras	geringe Haltekraft trotz hohen Gewichts	Fels, Seegras
Pflugschar-Anker	CQR-Anker	guter Allzweck-Anker, Gelenk am Schaft hilft bei wechselnden Zugrichtungen	kann beim Schwojen ausbrechen, gräbt sich in der Regel jedoch wieder ein	jeglicher Grund, bei Felsgrund Aufholleine verwenden
	Delta	große Haltekraft, gräbt sich schnell ein, kann von allein aus der Bugrolle laufen		jeglicher Grund, bei Felsgrund Aufholleine verwenden
	Kobra	große Haltekraft, gräbt sich schnell ein, kann von allein aus der Bugrolle laufen		jeglicher Grund, bei Felsgrund Aufholleine verwenden
Klauenanker	Bruce	große Haltekraft		jeglicher Grund, bei Felsgrund Aufholleine verwenden
Leichtgewicht-Anker	Danforth (Stahl), Fortress (Aluminum), Brittany	flache Form, Winkel der Flunken passt sich unterschiedlichem Grund an	gräbt sich bei hartem Grund schwer ein, kann ausbrechen und slippen, idealer Warpanker	Lehm, Sand und Schlamm
Moderne Varianten	Spade	große Haltekraft, gräbt sich schnell ein, kann von allein aus der Bugrolle laufen		jeglicher Grund, bei Felsgrund Aufholleine verwenden
	Rocna	große Haltekraft, gräbt sich sehr schnell ein, kann von allein aus der Bugrolle laufen	auf Stahlqualität achten, bei manchen Modellen treten Materialfehler auf	jeglicher Grund, bei Felsgrund Aufholleine verwenden
	Manson Supreme	große Haltekraft, gräbt sich sehr schnell ein, clevere Aufholöse, kann von allein aus der Bugrolle laufen		jeglicher Grund, bei Felsgrund Aufholleine verwenden
	Ultra	große Haltekraft, gräbt sich sehr schnell ein, kann allein aus der Bugrolle laufen		jeglicher Grund, bei Felsgrund Aufholleine verwenden
	Bügel	große Haltekraft, gräbt sich sehr schnell ein, selbstaufstellend		jeglicher Grund, bei Felsgrund Aufholleine verwenden
Faltanker	Klappdraggen	klappbar, für leichten Einsatz	nur als Warpanker oder für Beiboote geeignet	jeglicher Grund

Das Ankergeschirr

Das gesamte Ankergeschirr muss korrekt dimensioniert sein. Der Anker und die Kette oder Kette kombiniert mit Trosse müssen zur Bootsgröße passen.

▲ *CQR- oder Pflugschar-Anker.*

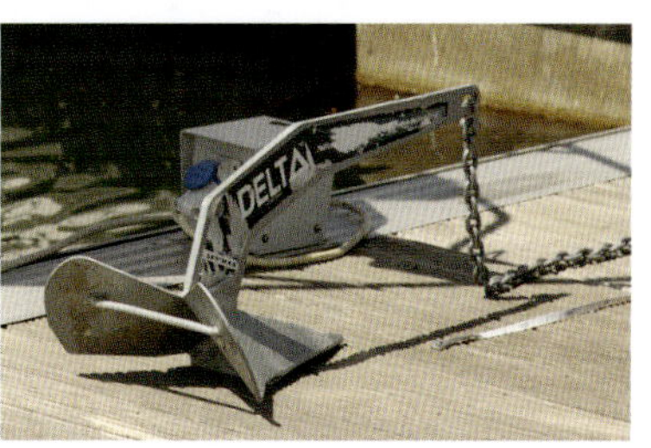

▲ *Delta-Anker.*

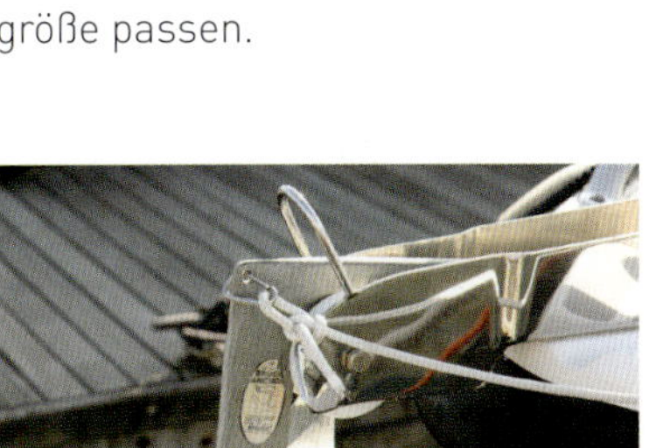

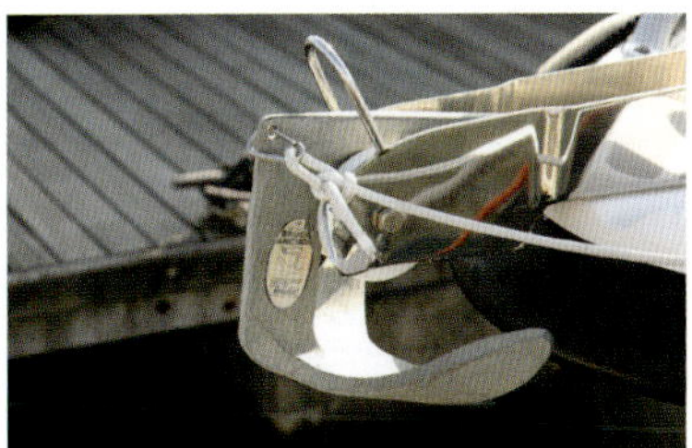

▲ *Bruce-Anker, mit einem Stropp gesichert.*

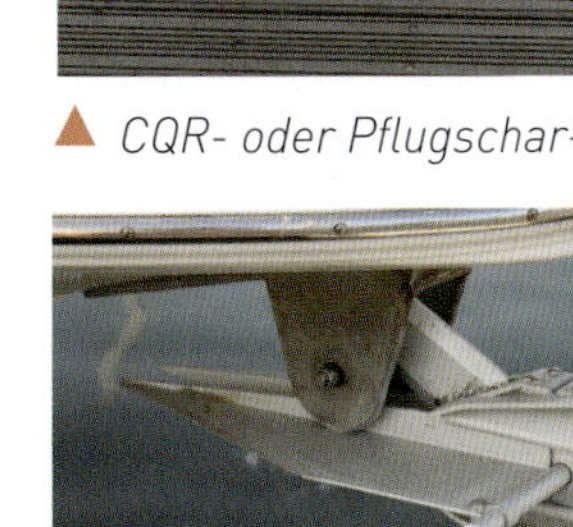

▲ *Fortress-Anker aus Aluminium (Danforth-Anker sind aus Stahl).*

▲ *Rocna-Anker, mit einem Klappnasenbolzen gesichert.*

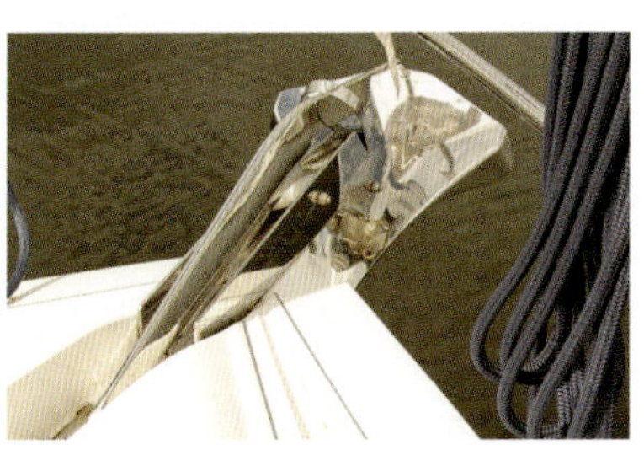

▲ *Ultra-Anker.*

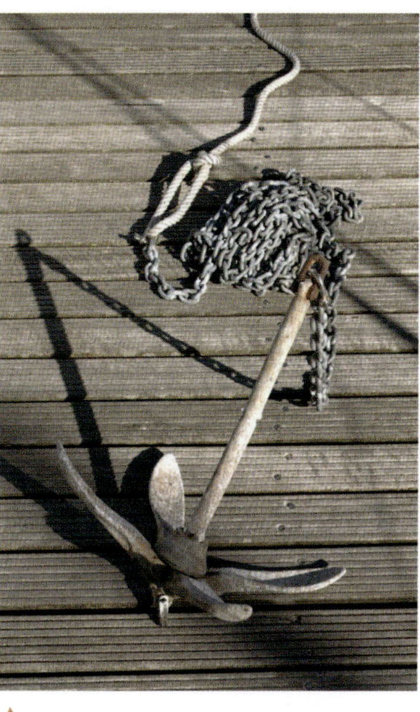

▲ *Klappdraggen, mit 10 Meter Kette und Leine.*

Fünf Grundregeln beim Ankern

Schutz: Nicht vor einer Leeküste oder einer Küste, die zur Leeküste werden könnte, nicht im Bereich tückischer Gezeitenströme

Verbote: Nicht in Fahrwassern, Schifffahrtsstraßen oder ausgewiesenen Ankerverbotszonen

Tiefe: Ausreichend Wasser unter dem Kiel bei Niedrigwasser und genug Ankertrosse bei Hochwasser

Grund: Kann der verwendete Ankertyp bei vorhandenem Grund gute Haltekraft entfalten? Sand und Schlick bieten in der Regel guten Halt, Fels und Kies dagegen weniger.

Raum zum Schwojen: Ist genug Platz vorhanden, wenn der Wind dreht oder der Strom kentert?

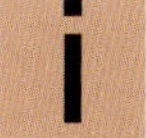

i

WARPANKER

Ein Warpanker wird neben dem Hauptanker am Bug oft als Zweitanker am Heck gefahren. Warpen bedeutet, einen Anker zum Beispiel mit dem Beiboot auszubringen, um ein Boot durch Zug an der Warpleine zu verholen, etwa weil es auf eine Sandbank aufgelaufen ist. Als Warpanker kann jeder Ankertyp verwendet werden, üblich sind jedoch Danforth- und Fortress-Anker.

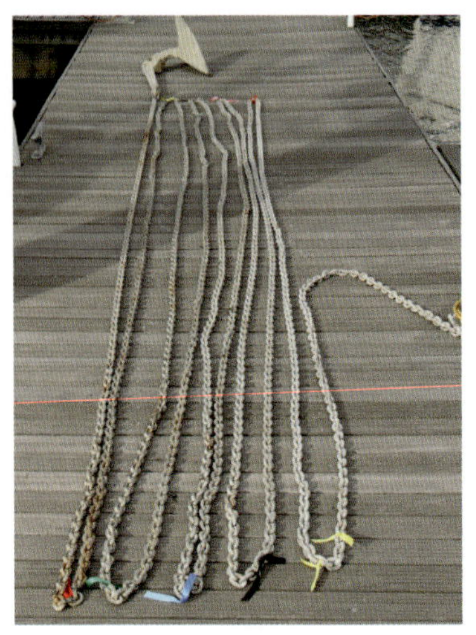

◀ Ankerkette mit Markierungsstreifen.

ALPHABETISCHE FARBKENNUNG									
	5 m	10 m	15 m	20 m	25 m	30 m	35 m	40 m	45 m
Englisch	Black	Blue	Brown	Green	Pink	Red	Yellow	2 × Black	2 × Blue
Französisch	Bleu	Brun	Jaune	Noir	Rose	Rouge	Vert	2 × Bleu	2 × Brun
Deutsch	Blau	Braun	Gelb	Grün	Rosa	Rot	Schwarz	2 × Blau	2 × Braun
Walisisch	Coch	Du	Glas	Glyrrd	Gwrm	Melyn	Pinc	2 × Coch	2 × Du

▲ Wer mit Snooker nichts anzufangen weiß, kann die Markierungen in alphabetischer Reihenfolge anbringen.

Markierungen an Kette und Trosse

Um erfolgreich zu ankern, ist es wichtig, genug Ankerkette oder Trosse abzulassen. Zur Erkennung, wie viel Kette man gesteckt hat, bringt man Markierungen an.

Snooker

Aus irgendeinem Grund kann ich mir die Reihenfolge der Snookerbälle gut merken, obwohl ich kein Snookerspieler bin. Deshalb markiere ich meine Ankerkette alle fünf Meter mit eingeknoteten Streifen aus Spinnakertuch in den entsprechenden Farben: rot, gelb, grün, braun, blau, pink, schwarz. Damit komme ich zwar nur auf 35 Meter, und meine Ankerkette ist 50 Meter lang, aber ich beginne den Farbcode wieder von vorn und bringe doppelte Markierungen an.

1 x rot = 5 m
1 x gelb = 10 m
1 x grün = 15 m
1 x braun = 20 m
1 x blau = 25 m
1 x pink = 30 m
1 x schwarz = 35 m
2 x rot = 40 m
2 x gelb = 45 m

Legen Sie den Anker auf den Steg, und ziehen Sie die gesamte Ankerkette aus dem Ankerkasten. Messen Sie mit einem Metermaß Abstände von fünf Metern ab.
So weiß ich, dass zum Beispiel genau 25 Meter Kette abgelassen sind, wenn ich ein Stück blaues Tuch an der Kette über dem Wasser sehe. Hat man hauptsächlich Leine und nur einen kurzen Kettenvorlauf von ungefähr zehn Metern, damit sich der Anker besser eingraben kann, so lassen sich die Markierungsbänder auch in die Kardeele einer dreischäftig geschlagenen oder quadratgeflochtenen Ankerleine einbinden oder alternativ farbige Taklinge an der Leine anbringen.
Wichtig ist auch, eine Erklärung des Farbcodes an der Innenseite des Ankerkastens anzubringen, sodass alle an Bord die Markierungen verstehen können.

Wie viel Durchhang?

- mindestens viermal die Wassertiefe bei Kette
- mindestens sechsmal die Wassertiefe bei einer Ankerleine

Dabei darf man nicht vergessen, die Höhe der Ankerrolle am Bug einzurechnen. Bei auffrischendem Wind sollte man lieber etwas mehr Kette stecken, vorausgesetzt, es ist genug Raum zum Schwojen vorhanden. Im Ankerkasten nützt die Kette nicht viel, man kann sie genauso gut ablassen.

Tipps für erfolgreiches Ankern

Den Anker ausbringen

Steuern Sie den Ankerplatz immer gegen den Strom an, es sei denn, dass der Wind stärker als der Strom ist. Das Boot wird vom Strom so stark zurückgetrieben, dass sich der Anker eingräbt.

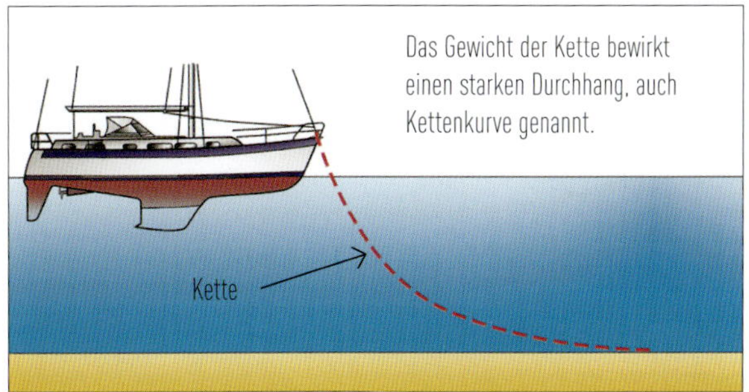

▲ *Durchhang der Ankerkette.*

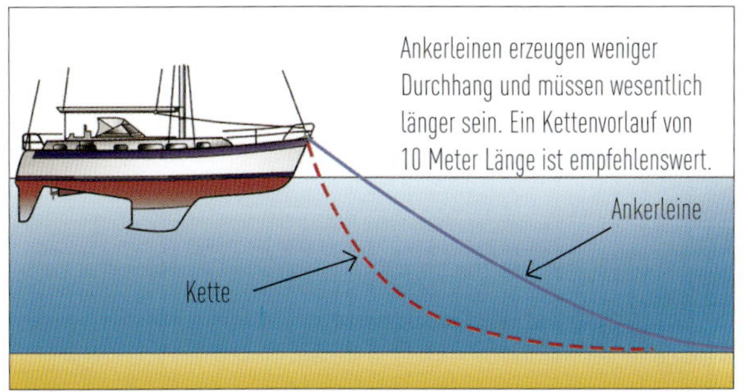

▲ *Durchhang bei einer Ankerleine.*

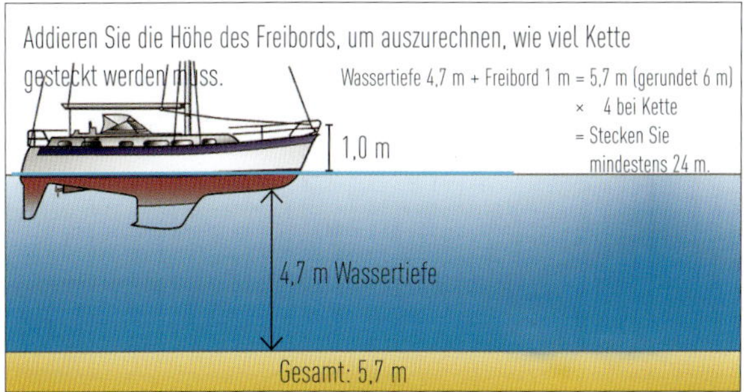

▲ *Kettenlänge ermitteln unter Beachtung des Freibords.*

Herrscht kein Gezeitenstrom, kann der Anker mit Rückwärtsschub des Motors eingegraben werden.

Einrucken vermeiden

Bei kabbeligem Wellengang kann das Boot in die Kette einrucken. Stecken Sie in diesem Fall mehr Kette oder bringen Sie einen Stropp aus Tauwerk mit einem Stopperstek oder einer Teufelsklaue an der Kette an und belegen Sie ihn an einer Klampe an Bord. Dann fieren Sie etwas mehr Kette, sodass sie und auch die teure Ankerwinsch durch den Stropp vollständig entlastet werden.

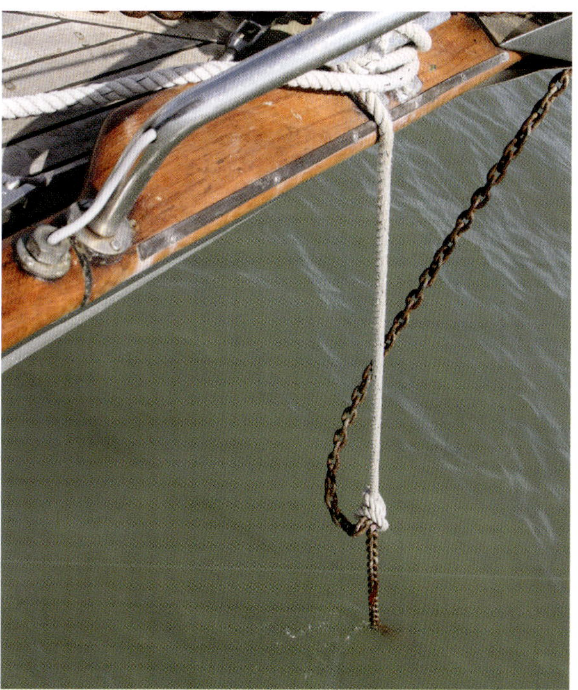

▲ *Der Ankerstropp entlastet die Kette an Bord.*

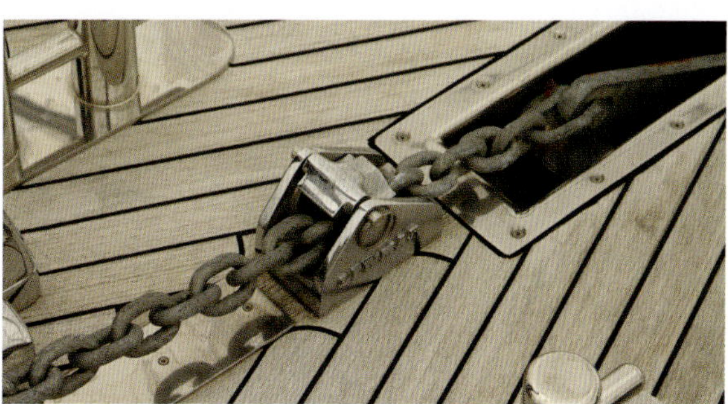

▲ *Ein Stopper verhindert ein Ausrauschen der Kette.*

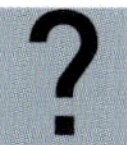

WAS IST EINE KABELLÄNGE?

Zu Zeiten der großen Segelschifffahrt hatten Kette und Ankertrosse – auf Englisch unter dem Begriff »cable« zusammengefasst – oft eine Länge von 100 Faden, was 600 Fuß entspricht, was wiederum annähernd 185,2 Metern und damit genau einem Zehntel einer Seemeile entspricht. Und wie nennt man ein Zehntel einer Seemeile? Richtig, eine Kabellänge.

Wie man feststellt, ob der Anker hält

- Legen Sie die Hand vor der Bugrolle auf die Kette. Liegt die Kette ruhig in der Hand, hält der Anker. Stellt man ein leichtes Vibrieren oder Rucken fest, schleift der Anker über Grund.
- Peilen Sie querab zu einem Objekt an Land, und beobachten Sie, ob die Peilung auswandert.
- Schalten Sie den Ankeralarm am GPS ein.

So bleiben Kette und Trosse auf der Bugrolle

An einem unruhigen Ankerplatz kann es passieren, dass die Ankerleine oder die Kette von der Bugrolle springen, wenn kein Ankerstropp an der Kette angeschlagen ist. Ein Steckbolzen zwischen den Seitenblechen der Bugrolle oder ein Bändsel aus Tauwerk können das verhindern.

Den Anker an Bord sichern

Damit der Anker nicht aus seiner Halterung fällt und unvorhergesehen auf Grund geht, sollte man ihn am Boot festmachen. Das kann mit einem Bändsel geschehen. Oft haben Ankerbeschläge zu diesem Zweck einen Steckbolzen zwischen den Seitenblechen.

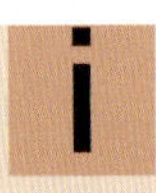

ANKERKETTE NIE AM BOOT ANSCHÄKELN!

Machen Sie das lange Ende der Kette mit einem kurzen Stropp aus Tauwerk fest, den man mit einem Messer durchtrennen kann, für den Fall, dass Sie schnell loskommen müssen.

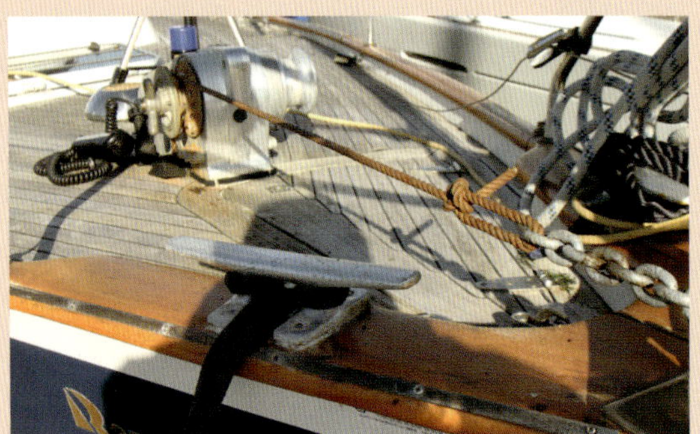

▲ *Das Kettenendglied ist mit einem Stropp an Bord gesichert.*

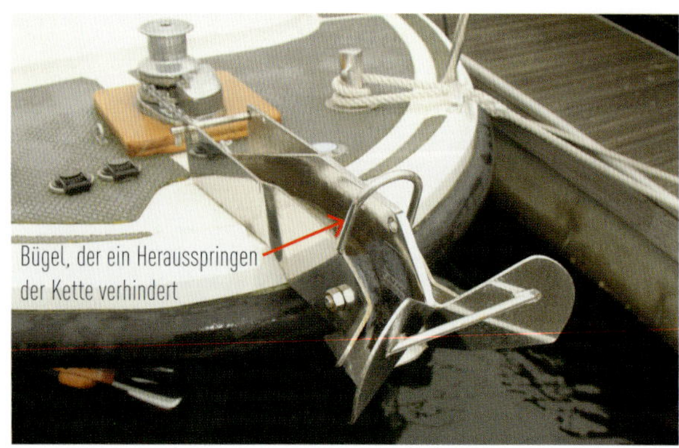

▲ *Manche Bugrollen haben einen Bügel, damit die Kette nicht von der Rolle springen kann.*

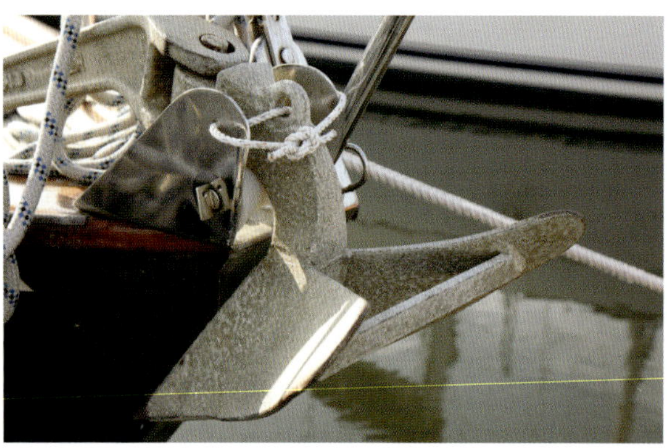

▲ *Hier wird der Anker von einem Bändsel gehalten.*

Die richtigen Signale geben

Das Tagsignal für einen Ankerlieger ist ein schwarzer Signalball, der gut sichtbar über dem Vorschiff gesetzt wird. Nachts zeigt man ein weißes Rundumlicht.

Schwojeraum

Beobachten Sie, wie sich andere Boote vor Anker ausrichten. Segelyachten mit hoher Verdrängung richten sich mehr nach dem Strom aus als nach dem Wind, Motorboote mit Flybridge und flachem Unterwasserschiff dagegen mehr nach dem Wind als dem Strom. Wählen Sie Ihren Ankerplatz mit entsprechender Vorsicht.

Was passiert, wenn der Strom kentert?

Anker, die sich in den Grund graben, brechen in der Regel nicht aus, wenn sich die Richtung des Gezeitenstroms dreht. Und wenn sie ausbrechen, graben sie sich schnell wieder ein. Danforth- und Fortress-Anker finden allerdings manchmal schwer wieder Halt. Moderne Ausführungen wie Rocna-, Manson- und Bügelanker graben sich sehr schnell wieder ein, ebenso verhält es sich mit Delta-, Spade- und CQR-Anker.

Anker fest?

Fahren Sie mit dem Boot über den Anker, wenn er sich nicht mehr vom Grund aufholen lässt. Versuchen Sie den Anker von verschiedenen Richtungen aus aufzuholen. Lässt er sich immer noch nicht ausbrechen, wird man den Anker (mindestens 500 Euro) und die Ankerkette (nochmal mindestens 500 Euro) zurücklassen müssen. Da niemand gern 1.000 Euro verliert, sollte man eine Boje oder einen Fender zur Markierung an der Kette anschlagen, die Position mit der MOB-Taste am GPS-Gerät speichern und kann dann nur hoffen, dass der örtliche Tauch-Service günstige Preise hat.

Aufholleine

Man könnte natürlich eine Aufholleine (Trippleine) an der vorderen Öse am Anker befestigen. Dadurch lässt sich der unklar gekommene Anker auch in andere Richtungen ziehen. Wer jedoch von vornherein eine Trippleine am Anker anbringt, misstraut dem Ankergrund. Ich würde an einem solchen Ort auf das Ankern lieber ganz verzichten. Müsste ich im Notfall dort ankern, würde ich vorsorglich auch eine Trippleine anbringen.

WIE MAN DAS ECHOLOT KALIBRIERT

- Stellen Sie fest, wo sich der Geber für das Echolot befindet.
- Verwenden Sie eine Lotleine und ein Maßband.
- Loten Sie die aktuelle Wassertiefe von der Höhe des Gebers aus. Das geht am besten, wenn man neben dem Boot am Steg steht.
- Messen Sie die Höhe an der Lotleine.
- Befestigen Sie an dieser Stelle ein Stück Klebeband an der Lotleine.
- Messen Sie die Wassertiefe auf der anderen Seite des Bootes. In der Regel kann man dort nicht neben dem Boot stehen, aus diesem Grund haben Sie die Lotleine mit dem Klebeband markiert. Befindet sich die Markierung bei der Messung wiederum an der Wasseroberfläche, ist das Wasser auf beiden Seiten des Bootes gleich tief. Andernfalls berechnen Sie den Mittelwert der beiden unterschiedlichen Tiefen unter dem Boot.

Ob die Anzeige des Echolots die tatsächliche Wassertiefe oder die Tiefe unter dem Kiel anzeigen soll, bleibt jedem selbst überlassen. Wichtig ist nur, dass jeder an Bord weiß, welche Tiefe das Echolot anzeigt. Damit sind die Vorarbeiten abgeschlossen. Um die Anzeige des Echolots nun entsprechend anzupassen, folgt man den Anweisungen der Bedienungsanleitung.

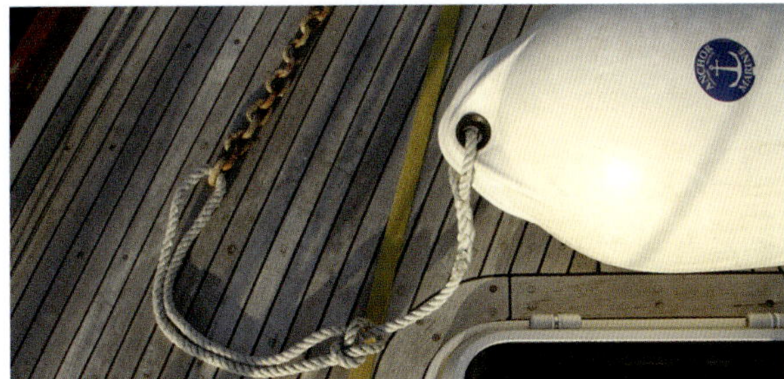

▲ *Ankerkette mit angebrachtem Fender.*

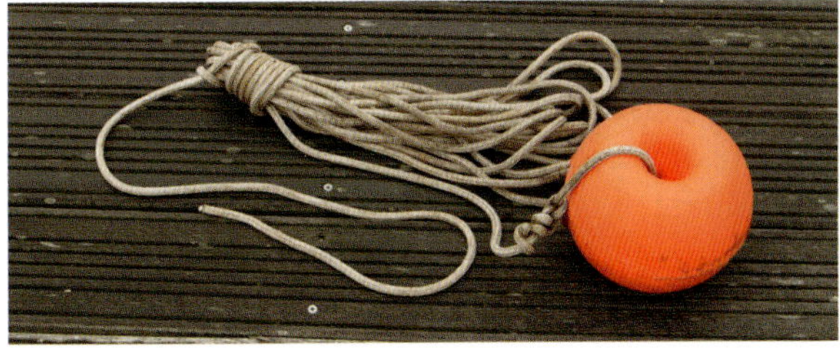

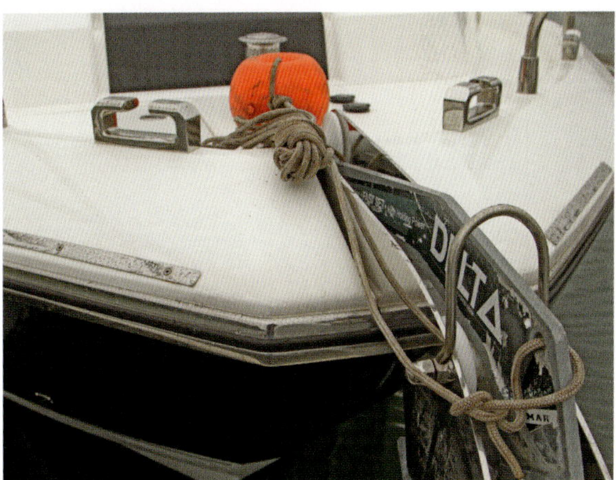

▲ *Am Anker angeschlagene, einsatzbereite Aufholleine.*

◀ *Aufholleine mit Boje.*

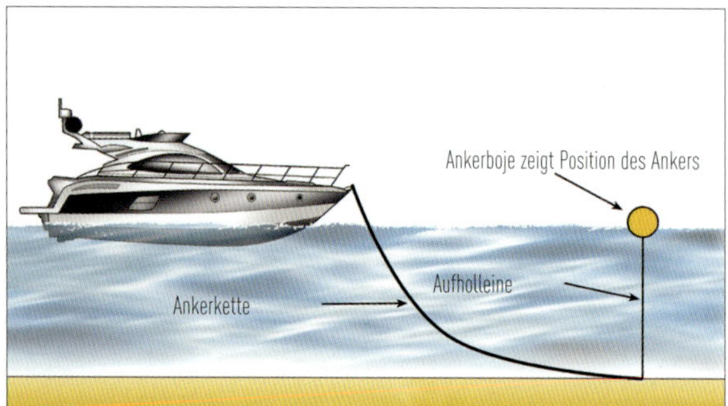

▲ *Anker mit Boje und Aufholleine.*

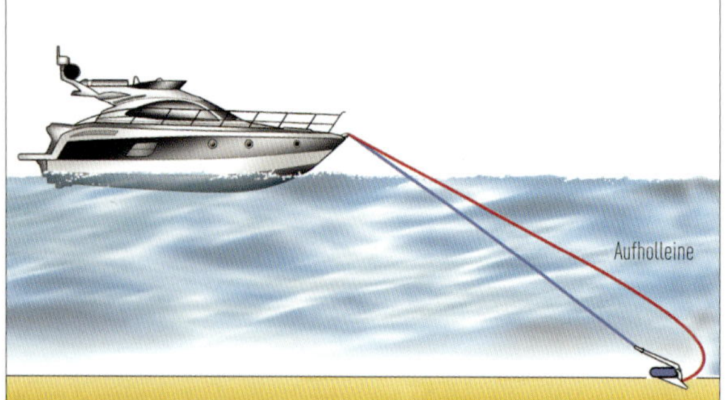

▲ *Der Anker ist unter einer Kette festgekommen.*

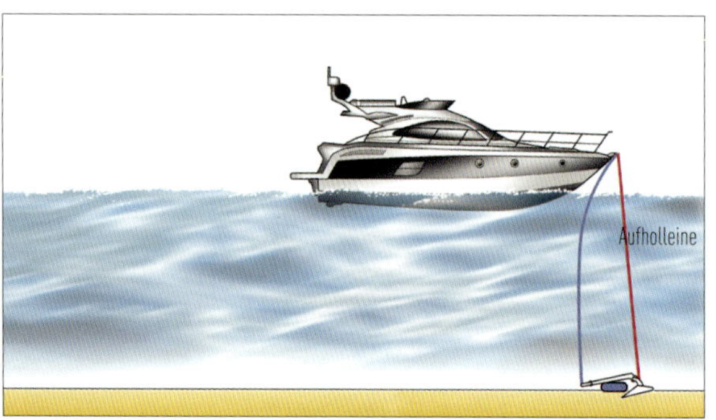

▲ *Mit Aufholleine kann der Anker ausgebrochen werden.*

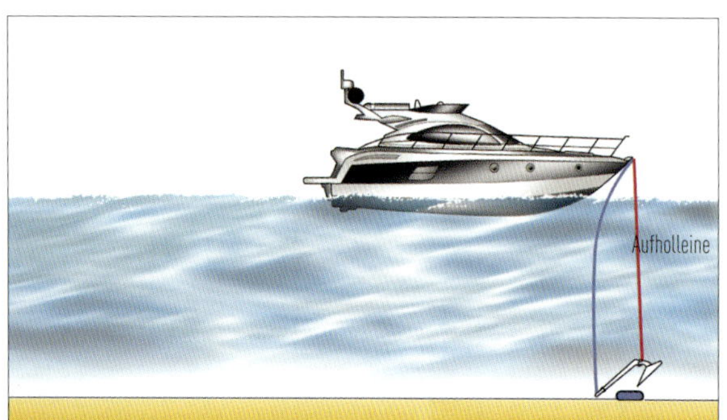

▲ *Der Anker ist wieder frei.*

FACHBEGRIFFE

Ankerstropp: Kurze Leine, die mit einem Haken, zum Beispiel einer Teufelsklaue, oder einem Knoten an der Ankerkette angeschlagen und am Bug belegt wird. Durch einen Ankerstropp wird der Zug der Kette von der Ankerwinsch genommen und die Ankerwinsch entlastet.

Ankerwinsch: Manuell, elektrisch oder hydraulisch angetriebene Winde zum Aufholen und Fieren der Ankerkette und Ankerleine. Die Achse einer Ankerwinsch kann horizontal oder vertikal ausgerichtet sein.

Fieren: Ablassen oder herunterlassen, allgemein: einer Last an einer Leine oder Kette nachgeben, Gegenteil von dichtholen.

Kettenkurve: Durchhang der Ankerkette zwischen dem Anker auf Grund und dem Boot. Das Gewicht der Kette verhindert starkes Einrucken.

Kettennuss: Laufrad an der Ankerwinsch mit passenden Ausnehmungen für die Kette.

Kettenstopper: Decksbeschlag, an dem die abgelassene Ankerkette blockiert werden kann, um die Ankerwinsch zu entlasten.

Leeküste: Eine Küste, die vom Boot aus in Lee liegt, d. h. auf die der Wind zuweht.

Luvküste: Eine Küste, die vom Boot aus in Luv liegt, d. h. von der der Wind zum Boot weht.

Teufelsklaue: Offener Haken an einem Tauwerkstropp, der sich über ein Kettenglied in die Kette einhaken lässt. Zur Verwendung zum Beispiel als Ankerstropp.

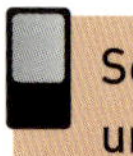

Scannen Sie diesen QR-Code, um ein Video über das Ankern zu sehen.

23 Sicherheit auf See

Navigation bedeutet, einen Törn von Anfang bis Ende sicher durchzuführen. Dabei liegt es in der Verantwortung des Skippers, allen Mitseglern das richtige Verhalten in Notsituationen zu erklären.
Die Sicherheitsausrüstung ist teuer, nicht zuletzt weil sie im Notfall zuverlässig funktionieren muss, und sie sollte immer in einwandfreiem Zustand sein.
Lassen Sie den Rettungskragen mit Notlicht oder die Markierungsboje nicht am Heckkorb angeschlagen, sondern stauen Sie sie unter Deck, wenn Sie nicht an Bord sind. So halten Batterien und Leuchtmittel länger, und die Ausrüstung ist vor UV-Strahlung geschützt. Prüfen Sie die Abdeckung des Notlichts, denn dort sammelt sich gern Wasser. Ich nehme auch die Batterien heraus, damit sie nicht korrodieren oder auslaufen können. Wenn ich sie vor einer Nachtfahrt einlege, überprüfe ich gleichzeitig, ob das Notlicht funktioniert.

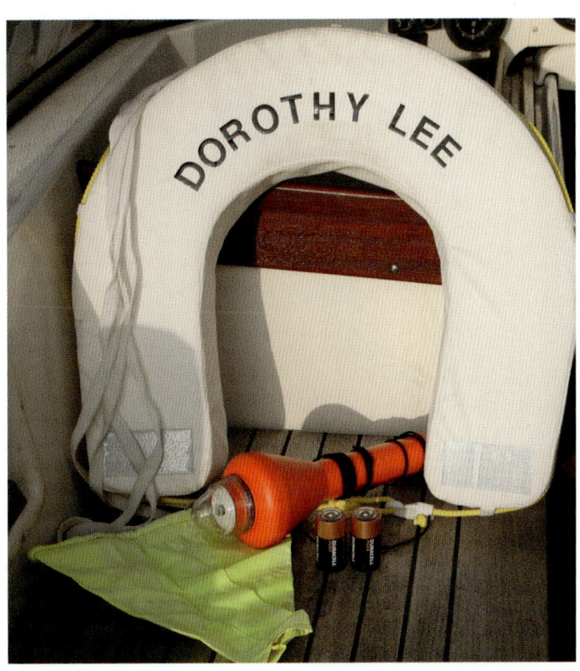

▲ *Wenn ich nicht an Bord bin, staue ich den Rettungskragen unter Deck. Dieser ist bereits zehn Jahre alt.*

Sicherheitsausrüstung

Rettungswesten

Rettungswesten müssen regelmäßig gewartet werden. Geben Sie Ihre Rettungsweste dazu an einen Fachbetrieb. Um die Weste selbst zu überprüfen, können Sie:

- bei Auslösern mit Ablaufdatum überprüfen, ob das Datum überschritten ist.
- die Patrone auf einwandfreien Zustand prüfen. Feststellen, ob die Weste ausgelöst wurde. Den Füllzustand der Patrone prüfen, sie muss das an der Seite angegebene Gewicht haben. Pumpen Sie den Auftriebskörpers auf, um die Dichtigkeit zu überprüfen. Reinigen Sie den Auftriebskörper von Salz und Sand. Hängen Sie die aufgeblasene Weste 24 Stunden zum Trocknen auf, und falten Sie sie dann entsprechend den Herstellerangaben wieder zusammen. Diese Überprüfungen können jedoch die vorgeschriebene Wartung durch einen Fachbetrieb nicht ersetzen!

Prüfen Sie auch andere Sicherheitsausrüstung wie AIS-Notfallsender, EPIRB, Rettungswesten-Notlicht, Spraycap und Rettungsschlaufen auf ihren einwandfreien Zustand. Ich verwende z. B. als persönlichen Notfallsender das Modell AIS-MOB1 von Ocean Signal, das auch über einen integrierten DSC-Sender verfügt, der einen Alarm am DSC-Funkgerät an Bord auslöst. Der Notfallsender überträgt die GPS-Position zudem an alle in der Nähe befindlichen AIS-Empfänger. Zudem sollte eine Rettungsweste mit Spraycap, Notlicht, Schrittgurt und dem MOB-Lifesaver ausgerüstet sein.

Pyrotechnische Notsignale

Signalraketen sollten in einem geeigneten Behälter aufbewahrt werden. Am besten ist ein gepolsterter Ak-

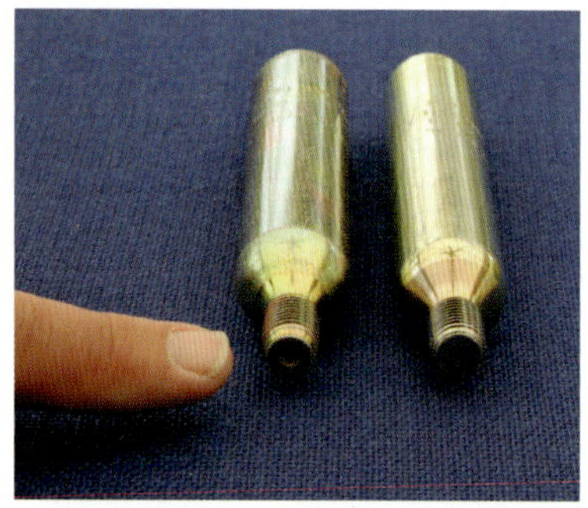

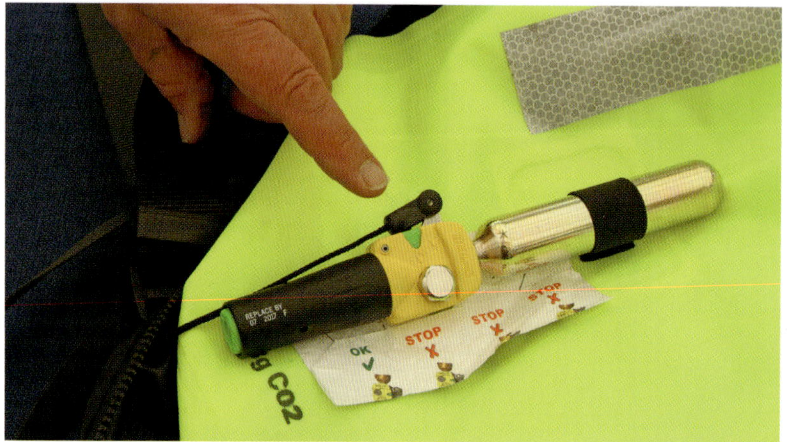

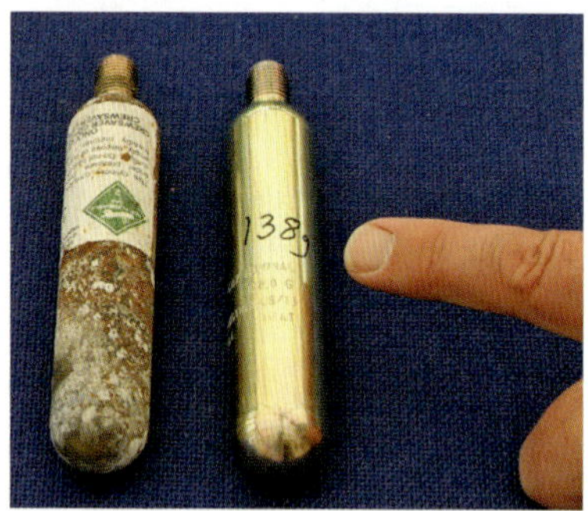

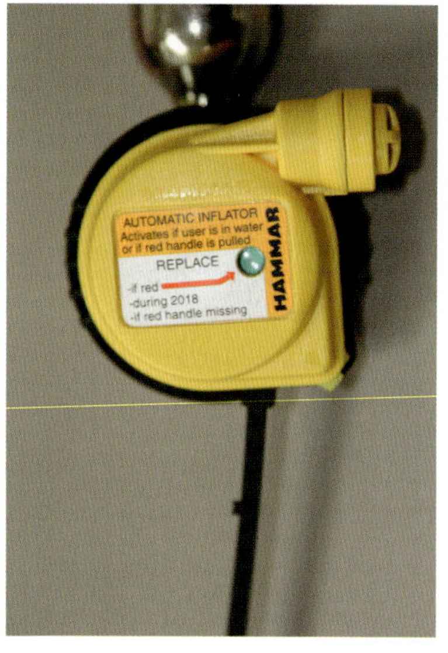

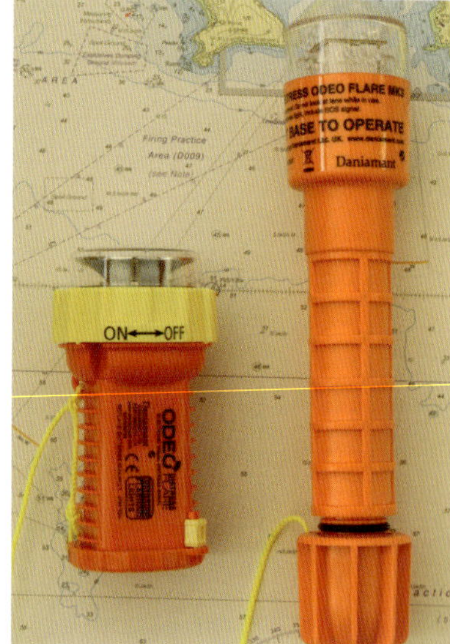

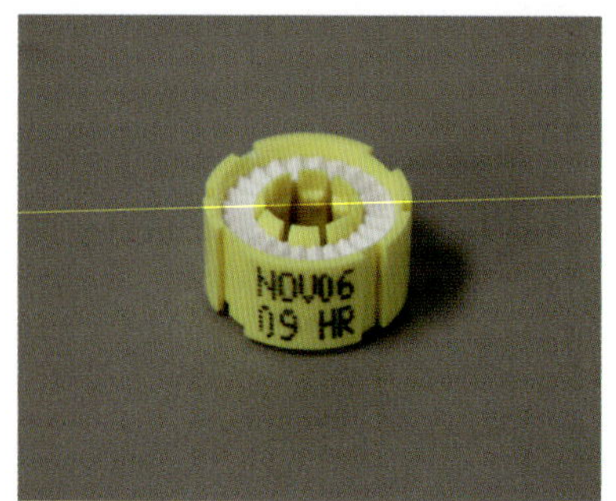

tenkoffer, wo sie trocken bleiben und nicht umherrollen können. Prüfen Sie, dass das Ablaufdatum der Signalmittel nicht überschritten ist. Am besten führt man ein Wartungsbuch für alle Ausrüstungsgegenstände an Bord mit den jeweiligen Ablauf- und Wartungsdaten.

Rettungsinseln

Rettungsinseln müssen von autorisierten Fachbetrieben gewartet werden. Ich besitze keine Rettungsinsel mehr, da es für mich günstiger ist, eine Rettungsinsel zu mieten. Früher hatte ich eine Sechs-Personen-Insel, segelte aber nie mit mehr als zwei Gästen. Mittlerweile miete ich bei Bedarf eine Vier-Personen-Insel. Es lohnt sich, die Preise zu vergleichen.

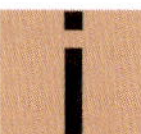

EIN WACHES AUGE

Sicherheit auf See ist nicht nur eine Frage der zur Verfügung stehenden Ausrüstung in Notfällen. Gar nicht erst in eine Notsituation zu geraten, sollte an erster Stelle stehen. Nehmen Sie daher alles an Bord in Augenschein. So wie ein Pilot vor jedem Flug einmal um das Flugzeug mit wachem Auge herumgeht, sollte man es auch mit dem eigenen Boot halten.

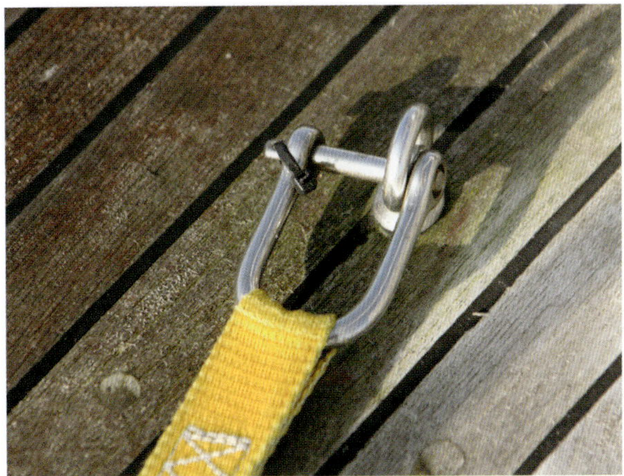

▲ *An einem gesicherten Schäkel befestigtes Strecktau.*

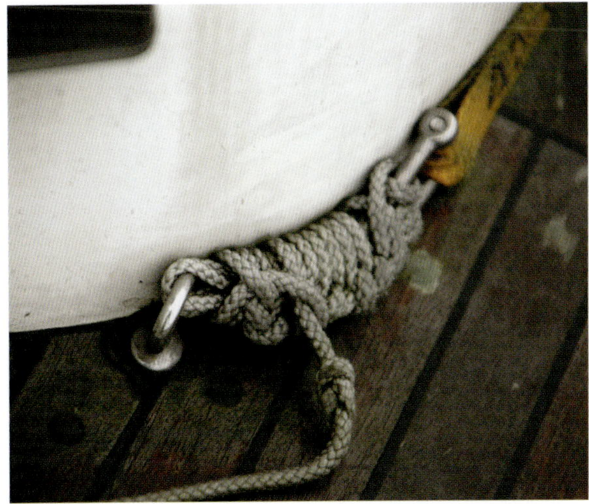

▲ *Mit einer Lasching an Deck festgemachtes Strecktau.*

Feuerlöscher

Feuerlöscher müssen regelmäßig gewartet werden und haben Verfallsdaten. Überprüfen Sie die aufgedruckte Plakette entsprechend.

Strecktaue

Überprüfen Sie die über Deck gespannten Sicherungsleinen zum Einpieken auf Abnutzung. Prüfen Sie auch die Befestigungspunkte achtern und am Bug. Strecktaue sollten am Bug mit einem gesicherten Schäkel und achtern mit einer Lasching angeschlagen sein, um sie in einem Notfall bei Bedarf schnell durchschneiden zu können.

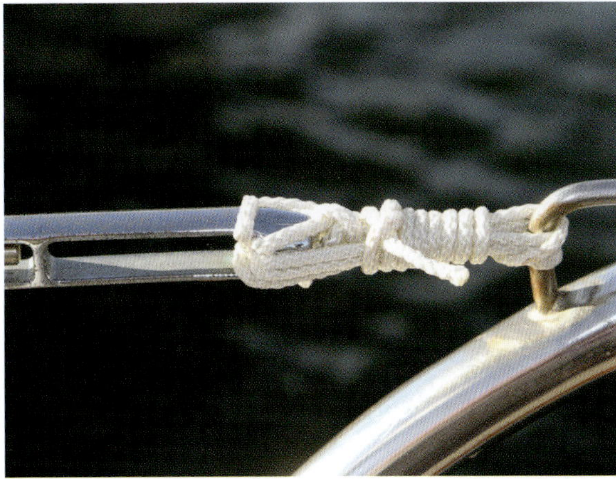

▲ *Der Relingsdraht ist mit einer Lasching angeschlagen, die bei Bedarf schnell durchtrennt werden kann.*

Relingsdraht

Ich persönlich muss den oberen Relingsdraht bei einem Mensch-über-Bord-Manöver nicht kappen, da ich an Bord dafür ausgerüstet bin, eine Person über die Reling an Deck zu hieven. Zudem ziehe ich es vor, grundsätzlich bei Arbeiten an Deck von einer intakten Reling geschützt zu sein. Wer jedoch in der Lage sein möchte, den oberen Relingsdraht schnell zu lösen, sollte ihn an einem Ende mit einer Lasching befestigen.

Lifelines und Sicherheitsgurte

Überprüfen Sie die Gurte auf Abnutzung. Verwenden Sie Sicherheitskarabiner in einwandfreiem Zustand.

Motoren und Außenborder

Hauptmaschine und Außenborder benötigen einen jährlichen Service. Zur täglichen Überprüfung des Einbaudiesels kann man sich merken: WÖK (Wasser, Öl, Keilriemen) und BLA (Batterie, Leckagen, Auspuff).

Wasser: Überprüfen Sie den Kühlwasserfilter.

Öl: Kontrollieren Sie das Motoröl und das Getriebeöl.

Keilriemen: Zustand und Spannung okay? Er sollte sich mittig nicht mehr als 1,5 cm eindrücken lassen.

Batterie: Ladezustand in Ordnung? Batteriepole frei von Ablagerungen?

Leckagen: Ist alles dicht? Ölverlust? Wasserverlust?

Auspuff: Kommt bei laufendem Motor Kühlwasser aus dem Auspuff?

Notruf absetzen

Befindet sich eine Person oder ein Boot in schwerer und unmittelbarer Gefahr und benötigt sofortige Hilfe, wird ein Mayday-Ruf (vom französischen m'aidez) abgesetzt. Auf DSC-Funkgeräten wird dafür die Distress-Taste gedrückt. Danach kann zusätzlich über Sprechfunk ein Notruf auf Kanal 16 erfolgen. Ebenso kann ein Notruf durch eine EPIRB (Emergency Position Indicating Radio Beacon) oder einen PLB-Notfallsender (Personal Locator Beacon) und AIS-Sender erfolgen.
Weitere Möglichkeiten, einen Notruf abzusetzen, sind:

- SOS im Morsecode durch Schall- oder Lichtsignale: kurz, kurz, kurz – lang, lang, lang – kurz, kurz, kurz
- Rote Signalraketen
- Rote Handfackeln
- Orange Rauchsignale als Handfackel oder Rauchtopf auf dem Wasser
- Ein Ball über oder unter einer viereckigen Flagge im Mast
- Flaggensignal N (nein) über C (ja)
- Flammen auf dem Fahrzeug, zum Beispiel durch brennende Teer- oder Öltonnen
- Langsames, synchrones seitliches Heben und Senken der Arme
- Abgabe von Knall-Signalen aller Art

Verwenden Sie Notsignale, die in der Situation geeignet erscheinen, mit Flammen an Bord und brennenden Ölfässern wäre ich jedoch etwas vorsichtig.
Die ersten 15 Minuten in einer Notfallsituation sind oft entscheidend. Verlieren Sie daher keine Zeit, egal ob Sie allein an Bord sind oder mit voller Crew. Verständigen Sie bei lebensbedrohlicher Gefahr so schnell wie möglich die Küstenwache, und nennen Sie Ihre Position, damit Ihnen geholfen werden kann.

- Drücken Sie die Distress-Taste an einem DSC-Funkgerät.
- Setzen Sie einen Mayday-Ruf auf Kanal 16 ab.

Um alle nötigen Angaben bei einem Mayday-Ruf in ungefähr 90 Sekunden zu übermitteln, kann man sich die Abkürzung MIRPDANIO (siehe Schema rechts) merken. So können die Rettungskräfte schnell und effektiv alles Nötige in die Wege leiten.

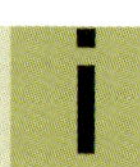

MAYDAY-RUF

Hier ist Segelyacht Fairwind (Rufzeichen GION6, MMSI-Nummer 235086183 auf Position 50°47,2´N und 001°17,5´W). Wir haben Wassereinbruch nach Kollision mit unbekanntem Objekt und sinken. Fünf Personen an Bord. Wir steigen in zehn Minuten in die Rettungsinsel.

Der Ablauf bei einem Mayday-Ruf:

Abk.	Erklärung	Sie sagen
M	steht für Mayday	Mayday, Mayday, Mayday.
I	steht für Identifikation	Hier ist Segelyacht Fairwind, Fairwind, Fairwind MMSI-Nummer 235086183 Rufzeichen Golf India Oscar November Six
Kurze Pause, damit jeder, der mithört, schreibbereit ist.		
R	steht für Repeat (Wiederholen)	Mayday hier ist Segelyacht Fairwind MMSI-Nummer 235086183 Rufzeichen Golf India Oscar November Six
P	steht für Position	Meine Position ist 50°47,2'N und 001°17,5'W
D	steht für Distress	Wir machen Wasser und sinken
A	steht für Assistence	Wir benötigen sofortige Hilfe
N	steht für Number on board	Wir sind fünf Personen
I	steht für weitere Informationen	Wir steigen in zehn Minuten in die Rettungsinsel
O	steht für Over	Over.

Befinden Sie sich dagegen nicht in Lebensgefahr und möchten die Küstenwache trotzdem auf eine Problemsituation aufmerksam machen, senden Sie einen Pan-Pan-Dringlichkeitsruf auf Kanal 16. Beispielsweise haben Sie in freiem Seeraum die Ruderfunktion verloren und versuchen, das Problem selbst in den Griff zu bekommen. Falls das nicht klappt, benötigen Sie später eventuell Schlepphilfe.

- Pan-Pan, Pan-Pan, Pan-Pan
- All Ships, All Ships, All Ships
- Hier ist Segelyacht Fairwind, MMSI-Nummer 235086183, Rufzeichen GION6
- Meine Position ist 50°47,2'N und 001°17,5'W
- Wir haben keine Ruderfunktion
- Wir versuchen den Schaden zu reparieren, benötigen aber unter Umständen Schlepphilfe
- Wir sind ein 9-Meter-Segelboot mit zwei Personen an Bord
- Over.

Mensch über Bord

Fällt eine Person über Bord, dann:

- sollte jemand ununterbrochen mit ausgestrecktem Arm auf die Person im Wasser (MOB) zeigen, bis die Person wieder in Sicherheit ist.
- sollte jemand einen Rettungskragen und eine Markierungsboje über Bord werfen.
- sollte jemand die MOB-Taste am Kartenplotter drücken.
- sollte jemand den Motor starten.
- sollte jemand dem MOB eine Wurfleine zuwerfen.
- sollte jemand die Distress-Taste am DSC-Funkgerät drücken und einen Mayday-Ruf absetzen.
- sollte jemand die Bergevorrichtung einsatzbereit machen.
- sollte jemand das Boot zum MOB zurücksteuern.

Das macht insgesamt acht Personen. Bei einem Ehepaar auf Törn bleibt in einer MOB-Situation allerdings nur eine Person an Bord übrig, die all diese Aufgaben allein bewältigen muss, was natürlich ungleich schwieriger ist als mit großer Crew.

Auf einem Amwindkurs kann man wahrscheinlich sofort bis vor den Wind abfallen, segelt man dagegen mit achterlichem Wind unter Spinnaker oder Gennaker, müssen diese Segel erst geborgen werden, bevor man in Richtung MOB umdrehen kann.

MOB-Bergung

Überlegen Sie, wie Sie eine bewusstlose Person aus dem Wasser und an Bord bekommen können. Ich habe mich sehr ausführlich mit dieser Problematik beschäftigt und den MOB-Lifesaver entwickelt. Das ist eine kurze Seilschlaufe, die an der Rettungsweste befestigt ist. Diese Seilschlaufe schwimmt neben der ausgelösten Rettungsweste auf, kann mit dem Bootshaken aufgenommen werden und dient dann dazu, den MOB aus dem Wasser und an Deck zu ziehen.

Benutzen Sie zusätzlich eine Beinschlaufe, um den MOB in waagerechter Lage aus dem Wasser zu ziehen. Die Seilschlaufe des Lifesavers und die Beinschlaufe werden zum Hochziehen des MOB mit einem Karabiner an eine sechsfach geschorene Talje eingehängt.

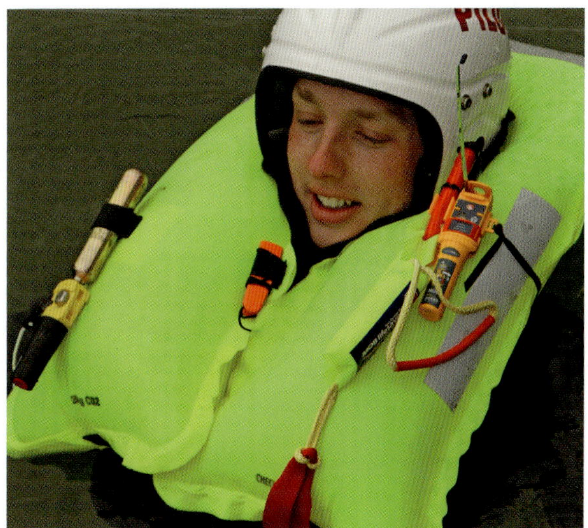

▲ *MOB-Übung in Cowes. Die gelbe Seilschlaufe des Lifesavers ist an der Oberseite des Auftriebskörpers zu sehen, der Notsender MOB1 ist aktiviert.*

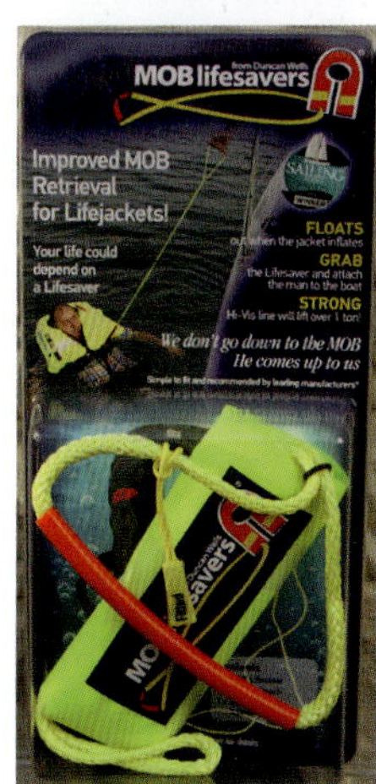

▶ *Mit dem Lifesaver hat der MOB ein Mittel zur Bergung in der eigenen Rettungsweste integriert.*

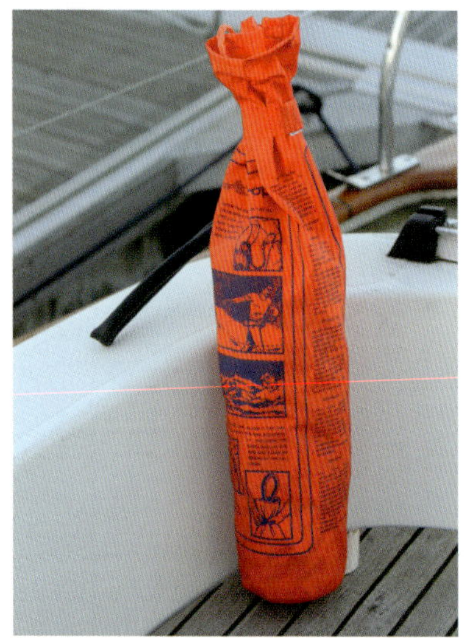

▲ Eine Wurfleine kann eingesetzt werden, wenn man mit dem Boot nah an den MOB zurückgekehrt ist und der MOB die Leine greifen und bei seiner Bergung mithelfen kann. Ist der MOB jedoch nicht in der Lage, aktiv mitzuhelfen, muss man ihn allein an Bord bekommen.

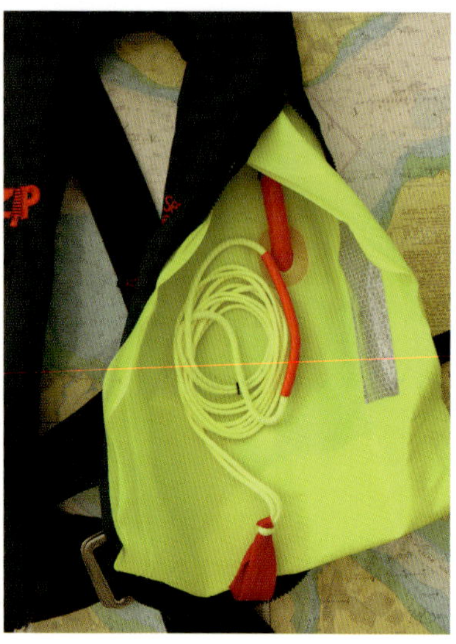

▲ Die gelbe Leine des Lifesavers ist an der Bergeschlaufe der Rettungsweste befestigt. Sie wird lose auf den Auftriebskörper gelegt, damit sie beim Auslösen der Weste im Wasser aufschwimmen kann.

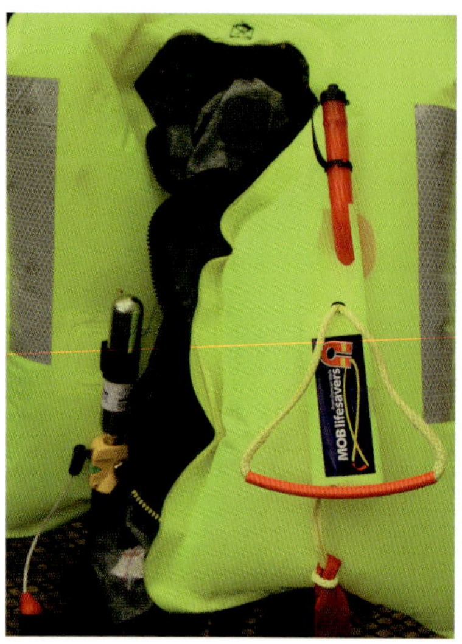

▲ Alternativ kann der Lifesaver auch in einer kleinen Tasche auf dem Auftriebskörper der Weste gestaut werden.

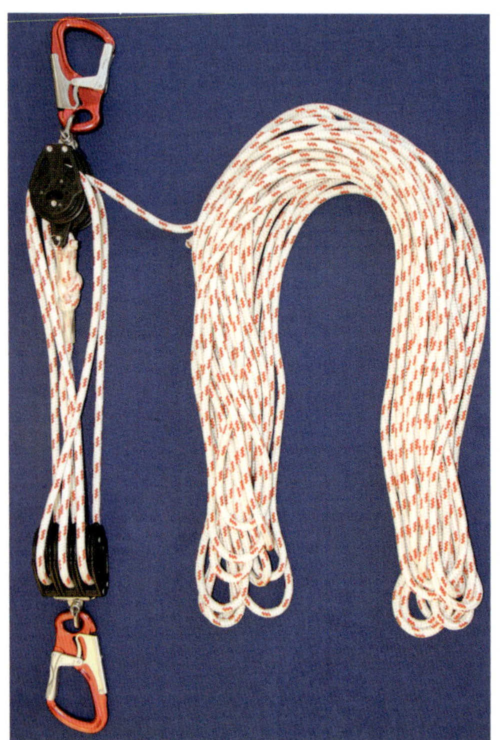

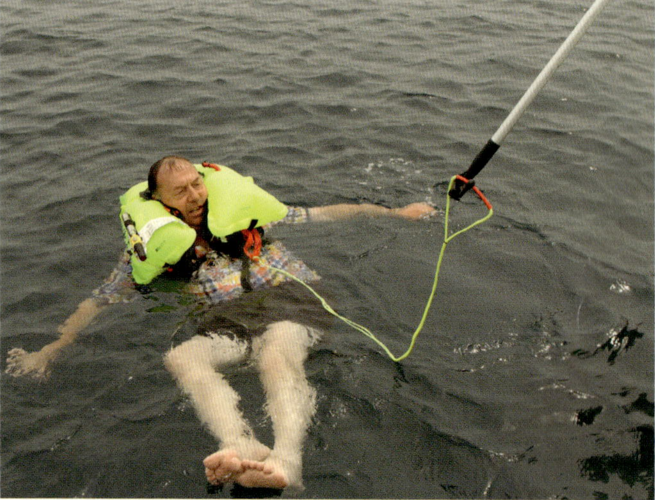

▲ Mit dem Bootshaken kann die Schlaufe des Lifesavers aufgenommen werden.

◀ Die sechsfach geschorene Talje mit Ratschenblock und Karabinern wird am Spinnakerfall vorgeheißt. Der Ratschenblock gewährleistet einer einzigen Person, die Last des MOB zu halten.

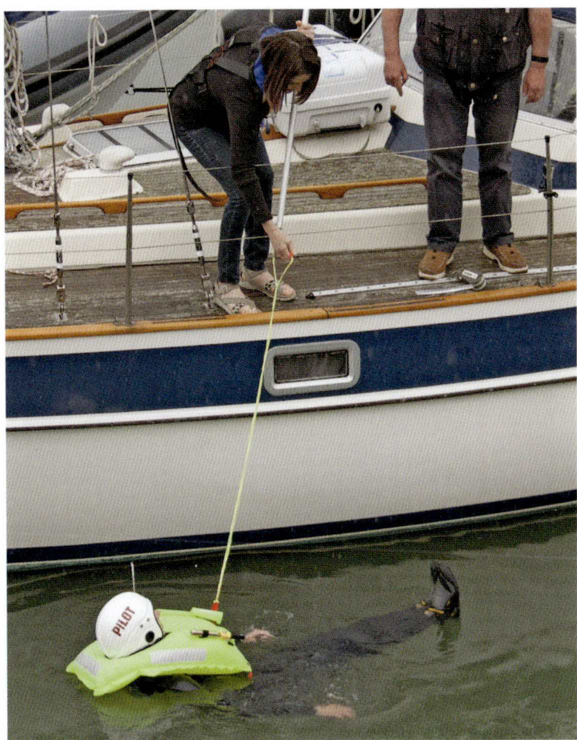

▲ *Mit dem Lifesaver lässt sich eine Leinenverbindung zum MOB herstellen.*

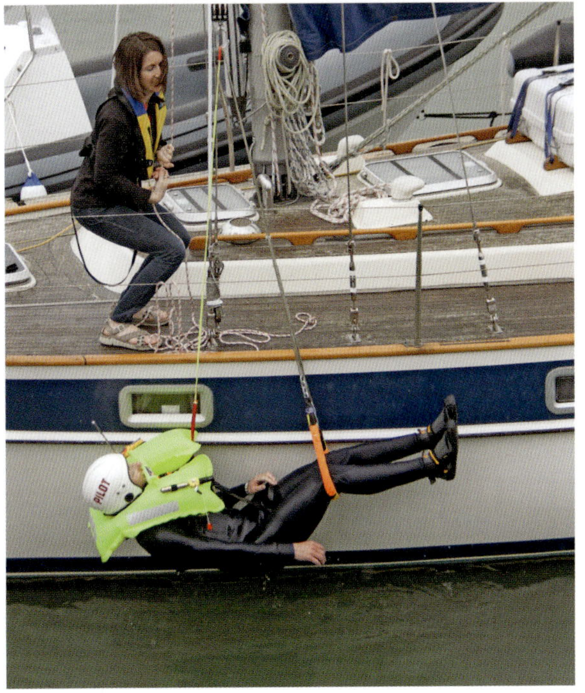

▲ *So wird der MOB aus dem Wasser gezogen.*

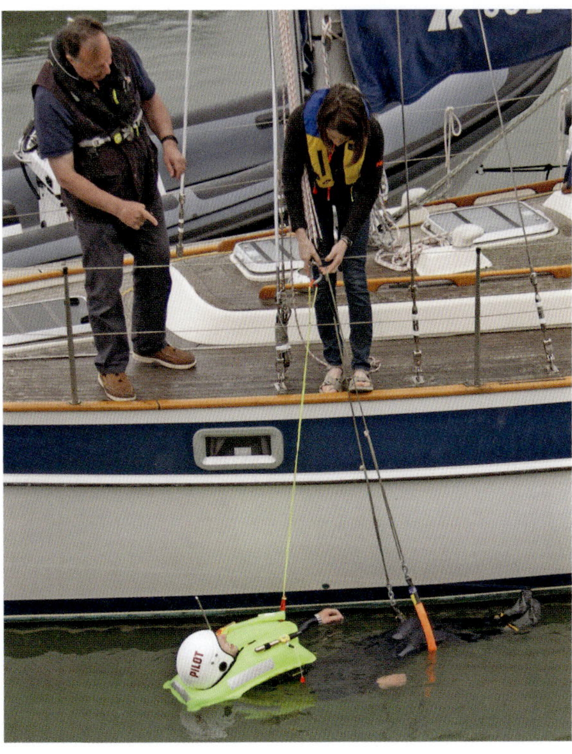

▲ *Die Seilschlaufe des Lifesavers und die Beinschlaufe werden in den Karabiner eingehakt.*

Es gibt auch noch andere Methoden, um eine bewusstlose Person aus dem Wasser an Deck zu ziehen, beispielsweise mithilfe einer ausgebrachten Sturmfock oder einer MOB-Matte oder mit dem Hypo-Hoist. Es ist letztlich gar nicht so wichtig, für welche Methode man sich entscheidet. Wichtig ist, dass man einen Plan hat und vorbereitet ist. Ich bevorzuge den Lifesaver und die lange Talje. Denn wenn man keine Leinenverbindung mit einem bewusstlosen MOB herstellen kann und wenn man auch nicht an der Bordwand hinuntergreifen und den MOB mit den Händen packen kann, wird es sehr schwer werden, eine Person, die selbst nicht mithelfen kann, aus dem Wasser zu bekommen. Tatsächlich könnte es sich als unmöglich herausstellen.

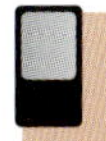

Scannen Sie diesen QR-Code, um ein Video über den MOB-Lifesaver zu sehen.

Register